U0836093

国家哲学社会科学重大项目“科学发展观与政府管理改革”
[项目编号：04&ZD015]研究成果

项目首席专家：王浦劬
项目组成员（按姓氏笔画排列）：
马志达 王 清 邓湘树 吕普生 孙一平 孙朝阳 杨晓曦
李风华 李玲玲 李 锋 吴新星 佟德志 张剑鸣 陈璇雯
范炜烽 胡若隐 胡 穗 倪宇洁 高鹏程 龚宏龄 傅景亮

当代中国治理研究丛书 / 王浦劬 主编

纯公共物品供给模式研究

以中国义务教育为例

吕普生 著

北京大学出版社
PEKING UNIVERSITY PRESS

向人民共和国的治理政治,政治领导力量从革命型政党转为执政型政党而形成的政治历史形态。在这样的政治历史方位上,社会政治形态的基本着眼点和立足点是治国理政,实现良政善治,推进社会主义经济建设、政治建设、文化建设和社会建设,推进社会主义现代化和文明进步,因此,中国社会公共政治实际是改革开放和现代化建设特定历史阶段的政治形态,也是中国社会历史与中国政治逻辑的必然和统一。

2. 从国家基本职能来看,中国社会公共政治是国家的社会职能上升发展成为主导职能,阶级统治职能以社会职能为前提和基础的社会政治形态。无论是马克思主义的理论逻辑,还是中国社会政治发展的实践逻辑,都规定了人民共和国建立以后,国家阶级统治和阶级压迫的政治职能开始消亡,社会公共职能逐步上升,发展成为社会政治的主导职能。因此,社会公共职能的主导性配置,构成了中国社会公共政治的基本职能形态。正是这一职能形态,赋予政治生活诸多方面以公共性。

3. 从社会政治基础来看,中国社会公共政治的根本基础是社会公共利益。从社会利益结构的视角看,阶级之间利益关系对于社会政治的基础性和主导性地位,逐步被人民内部的利益关系取代。在人民内部的利益关系中,公共利益成为社会政治的利益基础。这种公共利益,呈现多重结构性叠加的共同性,因此,公共政治建基的公共利益,实则为多种含义、多个层次、多个方面的共同利益的复合构成。

4. 从政治权力特性来看,中国社会政治在公共利益及其实现的驱使下,政治权力呈现公共化的发展趋向,政治权力从单一阶级权力向阶级权力与社会公共权力一致性转变。如同马克思、恩格斯指出的那样,政治权力的政治性、阶级性,将逐步让位于政治权力的公共性,"当阶级差别在发展进程中已经消失而全部生产集中在联合起来的个人的手里的时候,公共权力就失去政治性质。"①

5. 从社会成员身份看,中国社会公共政治形成过程,也是社会成员

---

① 《共产党宣言》,《马克思恩格斯选集》第1卷,人民出版社1995年版,第294页。

的公民权利成长发育的过程。在中国社会公共政治形成和发展过程中，中国公民权利意识发生重要变化，总体趋势是权利意识不断提高，而根据北京大学中国国情中心 2008 年的调查，中国公民政治权利意识明确而强烈，64% 的受访人对批评政府的权利的保障表示非常或比较满意；近九成的受访人对言论自由的保障表示满意；超过 2/3 的受访人对政务信息知情权的保障表示满意。“在界定民主概念时，大多数受访人听到民主就是要权利、自由和平等公正，其中，认为民主就是‘有权利’的人最多，占有效回答人数的 31%”。①

6. 从价值顺序来看，中国社会公共政治是公共性优先的政治形态。从阶级斗争为纲的政治形态转向人民内部的政治关系，由此形成社会生活的共同体。这个社会共同体的政治生活既不是阶级斗争为纲的绝对对立和冲突政治，也不是西方原子化的个人为本位的自由主义政治，而是社会公共性为本位的政治，或者严格意义上讲，是社会公共性优先，兼顾公民个人性的政治。由此可见，中国社会公共政治具有鲜明的公益政治的特性。

7. 从内在结构来看，中国社会公共政治由相辅相成的诸要素复合构成。比如，在根本战略上，中国社会公共政治的规范目标和核心原则，是中国共产党的领导、人民当家作主和依法治国的有机结合的公共政治。这一规定性，既是中国社会公共政治规范性的战略目标，也是其实际政治运行的基本构成。比如，在政治组织构成上，中国社会公共政治奉行民主集中制，即民主与集中的有机结合。比如，在发展方略上，中国社会公共政治坚持稳定、发展与改革的有机结合。如此等等。这种相辅相成要素复合辩证构成形式，体现着东方政治的辩证法，演绎着东方大国政道的对立统一。

8. 从政治运行来看，公法成为中国社会政治运行的重要依据和规则基础。在法的本质方面，法律在体现阶级性的同时，以人民民主基础上的

---

① 沈明明等著：《中国公民意识调查数据报告》(2008)，社会科学文献出版社 2009 年版，第 6—7 页。

“公意”为皈依。而由于社会公共政治的多层次、多方面和多主体性,“法所体现的‘公意’不再局限于国家意志,还可以体现政治组织的意志、社会共同体的意志等,因此总体上说法所体现的应当是公共意志。”[①]与此同时,在社会公共领域,公法范畴的专门法逐步系统整齐,公法体系日趋完善,公共权力与公民权利的法治关系得到不断优化和调整,公共领域法治化进程取得积极进展,法治政治形态逐步凸显。而随着公共政治的发展和公共治理的凸显,“一元多样混合法模式”成为中国社会公共政治的法治特色。[②]

9. 从政治文化来看,公共政治文化得以孕育酿造。政治的公共化带来文化的公共化,而“由于公共文化本质上就是公共政治文化”,[③]因此,公共政治文化逐步成为社会公共文化的主流,在政治心理层面上,社会政治的“公共性”继“革命性”和“改革性”以后,成为社会成员政治认同的基本依据、政治正当性的标准标尺。在政治价值层面上,社会核心价值体系呈现公共性。在公共政治文化和公共性认同的基础上,社会政治共同体的体认和共同体和谐政治的价值,逐步形成和凸显。在政治理论层面上,公共性成为政治与行政思想和理论的焦点。此外,在社会生活层面,公共舆论空间逐步形成,公共政治文化话语成为社会政治的主导话语。

10. 从总体特征来看,中国社会公共政治呈现发展型人民共和主义。中国的社会公共政治并非西方发展型国家理论所论述的所谓威权主义“发展型国家”[④],也并非以西方民主和政治制度为蓝本的西式民主政治,而是中国特色的发展型人民共和主义的民主政治形态。这种政治形态的根本特征在于人民性,“人民民主最突出的特点是‘人民性’。”[⑤]在这一前

---

① 罗豪才:《公共治理的崛起呼唤软法之治》,http://news.QQ.com,2008年12月14日,法制网—法制日报。

② 罗豪才:《坚持走中国特色行政法治建设之路》,《中国社会科学报》2009年7月1日。

③ 任剑涛:《后革命时代的公共政治文化》,广东省出版集团、广东人民出版社2008年版,前言,第17页。

④ 参见 Chalmers Johnson, *MITI and the Japanese Miracles: The Growth of Industrial Policy, 1925—1975*, Stanford, CA: Stanford University Press, 1982。

⑤ 潘维:《当代中华体制——中国模式的经济、政治、社会解析》,载潘维主编:《中国模式:解读人民共和国的60年》,中央编译出版社2009年版,第57页。

提下,中国社会公共政治的人民同一性、多样性的共存统一性、公共利益价值的优先性、多种社会阶层和利益结构的均衡和谐性、多重价值的平等共容性、公共之善和人民根本利益的至上性、全面协调建设和科学发展良政善治的最高支配性,所有这些,共同构成了中国社会公共政治作为发展型人民共和政治的基本要素,形成了中国社会公共政治的总体特征。

由此可见,中国社会公共政治的形成和发展,实际上是改革开放以来,中国共产党和中国人民建设中国特色社会主义的政治思维、治国战略和理政举措辩证结合的结果,这一过程典型地体现着东方大国发展社会主义和从事现代化建设的实际历史进程中"辩证结合政治"的特点。适如胡锦涛总结的那样,"在改革开放的历史进程中,我们党把坚持马克思主义基本原理同推进马克思主义中国化结合起来,把坚持四项基本原则同坚持改革开放结合起来,把尊重人民首创精神同加强和改善党的领导结合起来,把坚持社会主义基本制度同发展市场经济结合起来,把推动经济基础变革同推动上层建筑改革结合起来,把发展社会生产力同提高全民族文明素质结合起来,把提高效率同促进社会公平结合起来,把坚持独立自主同参与经济全球化结合起来,把促进改革发展同保持社会稳定结合起来,把推进中国特色社会主义伟大事业同推进党的建设新的伟大工程结合起来,取得了我们这样一个十几亿人口的发展中大国摆脱贫困、加快实现现代化、巩固和发展社会主义的宝贵经验。"①

在社会政治"政道"与"治道"的区分意义上,中国社会公共政治的形成,是中国社会政治之"政"的形成,这种社会政治的公共性,构成了中国政治的特定形态和内在规定性,由此构成了社会政治科学发展战略的政治基础和运行前提。

在社会政治实践中,中国社会公共政治形态和内在规定性,则是通过社会政治之"治"来实现的,正因为如此,中国社会公共政治与公共治理、公共管理形成紧密关联性,由此构成了社会公共政治和政治公共性实现

① 胡锦涛:《高举中国特色社会主义伟大旗帜,为夺取全面建设小康社会新胜利而奋斗——在中国共产党第十七次全国代表大会上的报告》。

的治理途径和管理途径。

中国公共政治实现的第一层次的途径是公共治理。在公共政治的意义上,所谓公共治理,就是按照公共政治的特性和规定,实现社会政治形态的本质要求和基本价值的途径。从这个意义上来讲,中国社会治理模式,是公共政治实现的基本政治方式。

从中国公共政治形成的历史过程看,中国治理的起点是传统计划经济下的全能主义治理。在中国公共政治形成过程中,中国治理方式随之发生转型和变化。分析和提炼中国公共政治形成和发展过程中形成的有效和优效治理实践,可以看出中国公共治理具有如下特点:

1. 在治理主体方面,奉行党政一体的治理主体主导国家治理的原则。

在治理的主导力量方面,中国治理模式体现为统一的公共治理主体。这种统一的公共治理主体,在社会政治生活中体现为中国共产党领导的公共权力和政治体系。

在国家治理实践中,党政一体的治理主体主导是中国治理的根本原则,即“坚持党总揽全局、协调各方的领导核心作用,坚持党的领导、人民当家作主、依法治国有机统一,改革和完善党的领导方式和执政方式,提高党的领导水平和执政水平。”[①]根据这一根本原则,扶持和培育参与公共治理的其他合法主体,积极协同多层次、多方面、多机制的治理主体,达成公共治理的目标。

2. 在治理主体的权能配置方面,根据社会经济发展的要求,回应性和适应性地逐步调整权力、职能和责任结构。

中国公共治理主体的权能配置的结构,是在回应社会经济转型过程中形成的,是在社会主义市场经济发育和发展过程中不断调整的,也是在中国公共政治的形成中演化而成的,其权能、职能和责任的边界,实际是以公共政治的发展边界为边界的。从发展的角度看,这样的边界还在不

---

① 《中共中央关于加强和改进新形势下党的建设若干重大问题的决定》(2009 年 9 月 18 日中国共产党第十七届中央委员会第四次全体会议通过)。

断调适过程中。就此而言，中国政府的职能转变，实际是按照政府调控市场、治理社会的适切性、科学性、合理性和有效性来进行的，并非按照纯粹理论上的市场缺陷或者公共管理理论阐述来确定。

3. 在治理出发点方面，奉行公共利益优先的治国要领。这种公共利益要领具体体现为国家本位、集体本位和公共性优先的选择。在国家治理的意义上，这种优先性集中体现为在国家建设和社会发展中“坚决捍卫国家主权和利益”①；治理的政治合法性和正当性基础从阶级斗争转变到经济建设，从经济建设进一步全面转化为公共性；治理的公共性优先，意味着政治实现和归宿并非个人性和个人权利优先；治理的公共性优先，在价值取向和出发点上意味着治理的公共本位，而不是自由主义或新自由主义主张的个人本位或者权利本位。

4. 在治理国家的基本精神方面，弘扬“和而不同”与不同而合的政治精神，以“和合”作为治理的追求境界。“和而不同”这一中国文化的传统治理精神被赋予现代内涵，体现为科学发展基础上的和谐社会建设，“社会和谐是中国特色社会主义的本质属性，是国家富强、民族振兴、人民幸福的重要保证。”②按照和谐社会建设的要求，中国公共政治的治理实现，贯彻“和而不同”的人民共和原则和精神，体现中国共产党主张的人民民主与共和精神。“我们要构建的社会主义和谐社会，是在中国特色社会主义道路上，中国共产党领导全体人民共同建设、共同享有的和谐社会。必须坚持以马克思列宁主义、毛泽东思想、邓小平理论和‘三个代表’重要思想为指导，坚持党的基本路线、基本纲领、基本经验，坚持以科学发展观统领经济社会发展全局，按照民主法治、公平正义、诚信友爱、充满活力、安定有序、人与自然和谐相处的总要求，以解决人民群众最关心、最直接、最现实的利益问题为重点，着力发展社会事业、促进社会公平正义、建设和谐文化、完善社会管理、增强社会创造活力，走共同富裕道路，推动社会

① 〔英〕乔舒亚·库珀·雷默：《北京共识》，《金融时报》2004 年 5 月 7 日。

② 《中共中央关于构建社会主义和谐社会若干重大问题的决定》(2006 年 10 月 11 日中国共产党第十六届中央委员会第六次全体会议通过)。

建设与经济建设、政治建设、文化建设协调发展。”①

5. 在治理战略方面,中国社会公共政治的公共治理实现,选择和贯彻的是“优化治理优先”的战略。

治理优先,本质上是适应公共政治的优化治理优先。这就是说,国家和社会的优化治理及其实效,是公共政治的支配性目标,其他价值和要求相对这一目标具有工具价值,而且需要服从这一目标的要求。在这一优先性下,根据社会经济生活和公民权利的发展,在保障国家和社会优化治理的前提下,回应性、渐进性、适切性和有效性地发展和建设民主政治。

6. 在治理方略制定和实施方面,在优化治理优先战略选择的前提下,中国社会公共政治的实现,在完善人民民主的根本制度的同时,选择开创和发展“治理民主”。

治理民主,是以有效实现公共利益为首要目标的民主。这就是说,“如何有效地代表和实现公共利益,取代保护公民权利和自由,成为民主治理的首要目标。”②治理民主注重政府治理效能与民主要求之间的均衡性。“这种新的民主模式所昭示我们的是,为了适应当代社会需要的变化,实现对社会的有效治理。”③

在公共治理发展过程中,治理民主对于这种均衡的实现,就是在治理优先的战略下,选择民主发展和推进的适切性路径,其中蕴含的基本前提性预设是:民主实际上是由多要素组成的,在发展和实现中,民主的多种制度要素和程序要素实际上是可以分解的。分解民主的不同要素,在社会经济发展和治国理政的过程中逐步实施和实现。其选择不同要素予以实施的标准是良政善治的支配性价值要求。由此可见,治理民主的具体措施的选择和实施,是根据这些措施是否有利于社会合理有效的科学发展来决定,根据社会政治经济文化诸方面条件和状况,逐次逐级逐步予以

---

① 《中共中央关于构建社会主义和谐社会若干重大问题的决定》(2006 年 10 月 11 日中国共产党第十六届中央委员会第六次全体会议通过)。

② 赵成根:《民主与公共决策研究》,黑龙江人民出版社 2002 年版,第 27 页。

③ 同上书,第 31 页。

实施和实现的。

中国公共治理正是在优化治理的前提下,实现治理与民主的相对均衡。“中国走的是一条优化政府治理与发展渐进民主相结合、相协调、相平衡的政治发展道路。”①

就其基本内容来看,中国公共治理中实施的“治理民主”,典型地体现为以公共治理的“过程民主”作为发展民主的重点选择,其具体形态表现为协商民主、参与民主②、共识民主、监督民主、政务公开、行政问责、服务行政等。

7. 在治理绩效评估方面,按照邓小平制定的“三个有利于”即“是否有利于发展社会主义社会的生产力,是否有利于增强社会主义国家的综合国力,是否有利于提高人民的生活水平”③作为治理国家的根本评价标准。在“三个有利于”的治理评估标准中,实际蕴含着绩效和效能优先的治理评估方法。因此,对于中国公共政治的公共治理实现来说,关键是绩效优先的战略和政策。在中国治理实践发展过程中,这种绩效管理先以经济发展为标准,进而以全面协调可持续的科学发展为战略予以实施。绩效评估标准亦以此战略为依据予以建立和运行,在此基础上,逐步发展形成了中国公共治理的绩效管理方式。

8. 在治理体制和机制方面,维护和保证根本制度的优化和稳定。这些根本制度是中国的人民代表大会制度、中国共产党领导的多党合作与政治协商制度,民族区域自治制度和社会基层民主制度。与此同时,积极

---

① 郭定平:《上海治理与民主》,重庆出版社 2005 年版,第 25 页。

② 中国公共治理中的参与民主主要是“赋予公众以越来越多的参与行政治理的权利,促进行政机关的回应性,使得‘公议’成为行政治理过程的有机部分。”(参见《从“管理主义模式”到“参与式治理模式”——两种公共决策的经验模型、理论框架及制度分析》,北大法律信息网)。就发展实际状况看,当前中国公共治理中的参与民主,主要体现为从政治/行政精英决策向社会精英参与决策的转变,还有待于发展为广泛的大众政治参与民主,根据朱旭峰的实证研究,“从1990 年代中后期开始,社会精英中的一些成员开始参与到政策过程之中”,因此,可以把“中国的政策决策转型概括为从原来的政治/行政精英垄断政策决策过程向社会精英逐步参与政策决策过程的转变”。参见朱旭峰:《政策决策转型与精英优势》,《社会学研究》2008 年第 2 期,第 76 页。

③ 《邓小平文选》第 3 卷,人民出版社 1993 年版,第 372 页。

鼓励和开创多种治理体制机制,鼓励和开创制度创新、机制创新、政策创新和管理创新。

9. 在治理价值方面,奉行一元价值主导、多种价值共存的政策取向。同时,以核心价值引领社会多种和多重价值。

中国公共治理价值形态,在国家主流意识形态方面,集中体现为一元主导、多元并存,以一元主导主流意识形态整合和统领多元社会价值的价值治理结构。这个一元主导意识形态,集中体现为社会公共利益要求的核心价值体系。“政治观念,即政府与人民间权力关系的观念,是‘为政之道’,能‘塑造’或‘建构’社会共同利益,因此,是政府权力正当性的来源,是政治体制的生命线。”①

10. 在治理目标方面,以社会经济发展的科学性、合理性作为总体目标,以人民根本利益的维护、实现和发展为根本目标,其他的目标,比如民主、效率、适切、有效、善政、良治等,则以这一目标为前提,并且受到这一目标支配。

中国社会公共政治实现的第二层次的途径是公共管理。在中国公共治理模式规定和约束下,中国社会公共政治通过公共管理具体实现公共利益要求。

公共管理涉及多方面多层次的内容,中国公共政治实现的制度机制优化路径要求,使得遵循公共治理战略和方略实现公共政治要求的公共管理,集中关注的焦点在于公共政治的实现机制方面。

公共管理机制实际涉及政治权力体系运行的内部机制和外部机制。所谓内部机制,即政治权力运行的过程动力和规则;所谓外部机制,则是作为社会利益和价值分配的权威机制与其他机制的规则性联系。政治权力体系的内部机制及其改革,集中体现为中国执政党与政府关系的构造和调整、公共权力体系的横向和纵向权力关系及其运行机制,政府权力职能和结构调整,政府行政流程调整和变革,这些内容广泛涉及中国改革开

① 潘维:《当代中华体制——中国模式的经济、政治、社会解析》,载潘维主编:《中国模式:解读人民共和国的60年》,中央编译出版社2009年版,第25页。

放以来的政治体制和行政管理体制改革。而政治权力体系的外部机制，实际是选择以合法性强制为核心特征的政治权威机制、以平等自由交换为核心特征的市场机制、以协商自治为核心特征的社会自治机制，或者三者的交错组合与相互有机结合，实现社会公共利益，进而实现社会公共政治。通常所说的政府管理改革，首先是指这种外部机制的改革。

相关研究表明，政府、市场和社会这三种机制对于公共政治的实现各有短长。在中国公共治理实践中，公共管理作为不同机制采用或者结合采用的实践特征，主要体现为：

1. 政治权力机制是承担公共管理，提供公共物品，实施公共服务的主要机制。在中国公共管理实践中，理论上作为公共管理主体的公共权力机制，特别是政府权力体系，在实施公共管理、提供公共产品与公共服务方面，发挥着主要作用，因此，是公共管理实施的主要机制。

2. 市场机制逐步成为提供公共产品和公共服务的重要机制。在这其中，作为市场机制主体的企业，主要着力于提供准公共产品，以高效率地实现公共利益。随着中国改革开放的发展，社会主义市场体制逐步完善，市场主体提供公共产品的领域，正在从一般公共利益实现领域，逐步发展到自然垄断性公共利益领域。

3. 社会自治机制不断发展，成为公共利益实现的主要途径。一方面，中国乡村的村民自治、城市的社区自治不断发展，成为公共管理和公共服务供给的主要基层机制。另一方面，在公共服务实施方面，中国的社会组织和民间组织逐步发育和发展，发挥日益重要的作用。在这其中，尤其值得指出的是，新型的公共服务社会提供机制，即社会志愿者机制，在中国公共服务提供过程中正在形成和发展，逐步成为值得瞩目和广泛有效的社会机制。

4. 混合机制的形成和发展，逐步成为公共管理实施的重要机制。这种混合机制，由政治权力机制、市场机制和社会自治机制交叉组合形成，呈现的具体形态多种多样，包括政治权力机制与市场机制的结合，即政府与企业的结合和合作，形成公私合作伙伴关系提供公共产品与公共服务的PPP机制结合模式;政府与社会组织结合与合作,形成政府与社会伙伴关系共同提供公共产品与公共服务的PPS机制结合模式,也包括政治权力机制、市场机制与社会组织机制合作形成的多机制有机结合提供公共产品与公共服务的PPPS机制结合模式。

5. 在所有的机制中,执政党的权威机制起着领导和主导作用,而执政党权威机制的运行范围、运行程度、运行能力和运行方式,对于公共管理绩效的合理性、科学性、有效性和适切性,无疑具有至关重要的关键性作用。

综上所述,在中国特色社会主义政治建设层面上,科学发展观与政府管理改革的关系,实际上可以理解为中国社会公共政治形态与实现这一政治形态内在规定性的治政途径和方式之间的关系。为此,课题组承担国家哲学社会科学重大项目的"科学发展观与政府管理改革"的研究,即是按照这一理解,努力从中国政治、治理和管理的实际出发,在中国社会公共政治、公共治理、公共管理面临的人与人、人与自然、人与制度的关系中来把握问题、研究问题、分析问题和提出解决问题的思路和对策的。也正是由此出发,本项目以"当代中国治理研究丛书"的形式作为最终研究成果。

历史唯物主义认为,历史是人们在既定的约束条件下创造和推进的,"人们自己创造自己的历史,但是他们并不是随心所欲地创造,并不是在他们自己选定的条件下创造,而是在直接碰到的、既定的、从过去承继下来的条件下创造。"①按照这一思想方法,深入贯彻实践科学发展观,实现中国社会公共政治,推进中国政治发展和政府管理改革的路径和方式,必然是历史的和实践的,是在中国广大人民群众伟大的政治实践基础上创造发展的,而不是空中楼阁式或者经院主义式的建构主义设计;必然是以现实政治的问题、矛盾甚至危机的解决和应对为路径的推进,而不是某些学术概念范畴或者外来模式套用、既有模式袭用的推进;必然是效率、公

① 《马克思恩格斯选集》第1卷,人民出版社1995年版,第585页。

平、正义价值实现要求与现实生活之间矛盾性作为动力的推进，而不是某种外部价值目标或者外部势力的推进。为此，中国特色、中国风格和中国气派的哲学社会科学研究的开拓发展，应该坚持以重大理论、现实和学术问题为导向，立足于中国特色社会主义伟大实践进行新的理论创造，深刻阐释中国特色社会主义道路是中国共产党领导中国人民立足中国国情、借鉴人类文明优秀成果走出的创新之路，是人类文明史上的伟大创举，是中国对世界的历史性贡献。① 按照这一规律和要求，我们的研究以科学发展观战略为总纲，以我国社会公共政治发展和实现过程中的公共治理与管理体制机制为路径，以公共治理的重要实践问题为基点和焦点，采用典型个案分析典型问题，形成相关对策，提炼具有中国公共政治、公共治理和公共管理坚实实践基础的理论。在此基础上，探讨科学发展观战略指导下的中国治理基本特点和规律，进而提炼建构中国治理模式的一般性和原创性理论。因此，从实践问题出发——形成相关对策和理论——探讨阐述中国公共政治、公共治理和公共管理基本特点和规律——提炼建构原创性理论，构成了本套丛书的结构性逻辑。

随着中国特色社会主义建设事业的不断发展，深入贯彻和实践科学发展观任重道远，中国公共政治的实现同样使命、责任和任务重大。为此，通过公共治理、公共管理实现中国社会公共政治，达成科学发展观指导下的政府管理改革，通过政府管理改革，支撑中国特色的公共治理、公共管理，进而逐步实现社会公共政治，贯彻落实科学发展观，必然是持续、开放和动态发展的历史性课题。为此，本套丛书的出版和该项目的完成，或许不过是这一重大课题的序幕和肇始。

该项目的研究得到国家哲学社会科学规划办公室领导的大力支持；项目研究得到北京大学政治发展与政府管理研究所的积极支持，为此，该项成果也是北京大学政治发展与政府管理研究所的学术研究成果；项目最终成果以“当代中国治理研究丛书”的形式出版，由此得到北京大学出

① 李长春对于全国高等学校哲学社会科学工作会议的批示，新华网，http://news.xinhuanet.com/2011-11/17/c_111175407.htm。

版社领导的鼎力相助,北京大学出版社的耿协峰、倪宇洁编辑为丛书的出版付出了极大心血和辛勤劳动。对此,谨代表课题组表示深切而真诚的感谢!

限于研究水平、协同能力和时空条件,在严格意义上,本项目的研究成果只是国家哲学社会科学重大项目的引玉之作。在丛书出版之际,特别诚挚欢迎读者批评指正。

国家哲学社会科学重大项目
"科学发展观与政府管理改革研究"首席专家
北京大学政府管理学院教授、政治发展与政府管理研究所所长
王浦劬
2011 年岁末于博雅西园

目　录

导　论 …………………………………………………………… 1
一、从公共利益出发 …………………………………………… 1
二、一份研究回顾 ……………………………………………… 5
三、总体思路与研究方法 ……………………………………… 20
四、全书结构与主要内容 ……………………………………… 25

第一部分　理论反思与分析框架

第一章　反思经典公共物品理论 ……………………………… 33
一、公共物品的概念界定及其分类 …………………………… 33
二、经典理论有关纯公共物品供给的基本观点 ……………… 36
三、经典公共物品理论面临的困惑:问题的提出 …………… 37
四、理论反思与修正方向 ……………………………………… 40
第二章　经验研究对象与分析框架 …………………………… 63
一、经验研究对象的选择:中国义务教育 …………………… 64
二、分析框架:供给方式、供给要件与供给绩效 …………… 99
三、分析框架在中国义务教育供给研究中的应用 ………… 102
四、中国义务教育区域供给模式的归纳路径 ……………… 108

第二部分 现实场景研究

第三章 政府单一供给模式:安徽省铜陵市案例 …… 115
一、铜陵市义务教育发展概况 …… 116
二、供给方式选择及其对供给要件的影响 …… 118
三、基于公共利益标准的供给绩效评价 …… 129
四、相对成功的区域模式(Ⅰ):政府单一供给模式 …… 132
第四章 政府供给—多方协助模式:北京市东城区案例 …… 136
一、东城区义务教育发展概况 …… 137
二、供给方式选择及其对供给要件的影响 …… 139
三、基于公共利益标准的供给绩效评价 …… 151
四、相对成功的区域模式(Ⅱ):政府供给—多方协助模式 …… 154
第五章 多主体合作供给模式:上海市浦东新区案例 …… 159
一、浦东新区义务教育发展概况 …… 160
二、供给方式选择及其对供给要件的影响 …… 163
三、基于公共利益标准的供给绩效评价 …… 175
四、相对成功的区域模式(Ⅲ):多主体合作供给模式 …… 178
第六章 政府支持—民办供给模式:河南省周口市案例 …… 183
一、周口市民办义务教育发展概况 …… 184
二、供给方式选择及其对供给要件的影响 …… 188
三、对民办义务教育供给绩效的评价 …… 196
四、有效的补充性模式(Ⅳ):政府支持—民办供给模式 …… 200
第七章 中国义务教育总体模式:政府主导的区域多样供给模式 … 203
一、四种典型供给模式的比较分析 …… 204
二、政府主导的区域多样供给模式的主要内涵 …… 216
三、政府主导的区域多样供给模式的基本特征 …… 218

第八章　政府主导的区域多样供给模式在中国义务教育发展中的适切性 …… 228
一、政府主导的区域多样供给模式的基本成就 …… 229
二、中国义务教育供给的区域差异及其解释 …… 237
三、政府主导的区域多样供给模式的适切性分析 …… 259
四、政府主导的区域多样供给模式在实践运用中需要注意的方面 …… 263

第三部分　扩展讨论与理论建构

第九章　供给方式的不同选择对教育公平的影响 …… 271
一、教育公平的基本理论 …… 272
二、政府供给对教育公平的影响 …… 294
三、市场供给对教育公平的影响 …… 301
四、社会供给对教育公平的影响 …… 306
五、复合供给与教育公平 …… 310
第十章　政府在义务教育供给中的职能转变与治理变革 …… 316
一、义务教育供给模式的整体设计原理 …… 317
二、政府在义务教育供给中的职能转变 …… 322
三、政府在义务教育供给中的治理变革 …… 330
第十一章　理论建构:纯公共物品的复合供给理论 …… 344
一、纯公共物品的复合供给理论 …… 345
二、纯公共物品复合供给理论的提升性讨论 …… 357
三、本书基本结论 …… 359
结　语 …… 363
参考文献 …… 365

附　　录

附录 1　有关教育指标项计算或测度方法的说明 …………………… 379
附录 2　相关统计数据与图表 ………………………………………… 381
附录 3　访谈笔记 ………………………………………………………… 398

后　记 …………………………………………………………………… 402

导　论

经典公共物品理论认为,纯公共物品由于同时具有消费的非竞争性和非排他性,所以应该而且只能由政府单一供给。然而,政府未必总是具有良善的供给意愿和充足的供给能力,这使得政府单一供给未必能够达到理想的供给效果。既然如此,在既定的资源禀赋和制度约束条件下,纯公共物品究竟应该采取什么样的供给方式才能取得良好的供给绩效? 这是本书研究的中心问题。

通过理论反思、经验研究和理论建构,本书将论证:若供给方式的选择能同时有效满足四个供给要件——形成良好的供给意愿、充分的提供能力、高效的生产能力,以及有效连接提供与生产的管理协调机制,纯公共物品就既可以由政府单一供给,也可以由多机制复合供给;在同样的约束条件下,政府主导型复合供给往往更容易满足四个供给要件,因而比任何一种单一供给都更具优势;复合供给的关键是政府机制与非政府机制的合理选择与正确复合,它们的正确复合方式不止一种,但也不是任意的,供给机制的选择与复合必须确保供给要件的充分满足才能实现良好的供给绩效。

一、从公共利益出发

本书选题源自笔者对公共利益的本质及其实现方式问题的关注。无论是在理论探讨中还是在国家法律制度安排中,我们经常把公共利益的切实实现与良好维护作为理论诉求的基本目标、国家法律制定的首要依据以及相关行动主体的行为准则。这里至少涉及两个紧密相关的问题:其一,公共利益究竟是什么?其二,“如何切实实现(包括维护、分配和发展)公共利益?”前者至今在理论上仍是甚有争议的话题,国家制度安排中也鲜有清晰的界定[①],该问题的解决尚待深入的理论探讨;后者直接关涉国家与社会公共治理的具体实践,与公共利益的实现方式有关。本书选题实际上是第二个问题的具体化。

就第二个问题而言,公共利益有多种实现途径,如利益调节、利益分配、公共资源治理,以及公共物品与公共服务供给等等。如果把利益调节、利益分配和公共资源治理都看做是公共服务的一种形式,那么公共物品与公共服务供给(我们简称“公共物品供给”)就是最具广泛代表性的公共利益实现途径。在把公共物品供给看做公共利益的一种实现途径的意义上,任何公共物品供给都有其致力于实现的公共利益目标,而这种公共利益目标的实现程度,实际上取决于公共物品供给绩效的优劣程度。公共物品供给不足、供给不良和供给过度,都不意味着公共利益的切实实现。正因为如此,“如何有效供给公共物品”就成了探讨公共利益实现方式的过程中一个至关重要的问题。

既然任何公共物品供给都有其致力于实现的公共利益目标,那么,公共物品的供给绩效就应当由公共利益的实现程度来衡量。可是,什么因素决定着供给绩效呢?一般而言,公共物品的供给绩效取决于三个因素:一是资源禀赋条件,二是国家制度安排,三是供给方式选择。在资源禀赋和国家制度安排既定的前提下,供给方式选择就成为公共物品供给绩效以及相应的公共利益实现程度的关键性决定因素,而“如何在既定的约束条件下选择适切的供给方式”由此成为公共物品有效供给的核心问题。

在如何选择公共物品供给方式的问题上,公共经济学曾作了较多讨论并形成了一个广为人知的公共物品理论,本书将这一理论称之为经典公共物品理论(有时简称为“经典理论”)。该理论认为,纯公共物品由于

---

① 2011年1月,我国国务院公布施行的《国有土地上房屋征收与补偿条例》第八条对符合公共利益的具体内容作了列举式规定,这是我国国家制度安排中少有的一项列举式条款。

同时具有消费的非竞争性和非排他性,因而应该而且只能由政府单一供给;不同时具有消费的非竞争性和非排他性的准公共物品,则以政府供给为主,也可以由市场供给;而私人物品则主要应该由市场供给。[①] 这些理论观点不仅在理论界广为接受,在公共物品供给的具体实践中也已经产生了广泛而深远的影响。

然而,经典公共物品理论也面临着一些问题和挑战,尤其是有关"纯公共物品应该而且只能由政府单一供给"的观点,不仅存在理论上的局限性,而且与经验性实践并不吻合。具体而言,政府对于纯公共物品的单一供给至少存在两个方面的问题:其一,政府未必总是具有良善的供给意愿,在公共物品供给过程中,政府也可能诉诸部门利益而非公共利益,在此情形下,政府供给难免出现寻租和腐败问题。其二,即使有良好的制度设计可以规避政府的非公共性意愿,促使其基于公共利益来供给纯公共物品,政府也未必具有充足的供给能力供给所有的纯公共物品。此外,在经验层次上,我们不难发现,有些纯公共物品并非完全由政府单一供给(如义务教育),有些纯公共物品即使由政府出资提供,实际也并非由政府或政府举办的"公共企业"进行生产。

经典理论在纯公共物品供给方式方面的经验证伪性,引发了本书所要研究的中心问题:纯公共物品由政府单一供给是否一定能够达到理想的供给效果?如果政府单一供给未必能够奏效,在既定的资源禀赋和制度约束条件下,纯公共物品究竟应该采取什么样的供给方式才能取得良好的供给绩效?据此,本书所着力分析的即是"纯公共物品的供给方式及其供给绩效"问题。

对于经典理论的检测和相关问题的阐述,单纯的理论分析显然是不

---

① 经典理论的具体论证方式将在第一章给出。这些理论观点广泛见诸西方公共经济学经典教材中。具体可参阅:〔美〕约瑟夫·E. 斯蒂格利茨:《公共部门经济学(第三版)》(郭庆旺等译),中国人民大学出版社 2005 年版,第 109—126 页;〔美〕哈维·S. 罗森、特德·盖亚:《财政学(第八版)》,郭庆旺、赵志耘译),中国人民大学出版社 2009 年版,第 53—66 页;〔英〕C. V. 布朗、P. M. 杰克逊:《公共部门经济学(第四版)》(张馨主译),中国人民大学出版社 2000 年版,第 50—72 页,以及其他西方公共经济学经典教材和著作。需要特别说明的是,随着理论发展,经典理论也注意到非政府组织供给和自愿供给的存在。

够的,因而,这一工作需要选择合适的经验对象予以验证。就本书而言,经验对象的选择需要满足三个条件:一是具有典型的纯公共物品性质;二是有助于充分解释供给方式的不同选择对供给绩效的影响;三是易于进入现实场景进行考察。在现实中,纯公共物品并不多见,除国防、治安、国家法律政治制度安排、政府管理(作为一种公共服务)以外,义务教育通常也被认为是纯公共物品。相比而言,义务教育更能满足第二、三个条件,而且笔者对之也更为熟知、更有切身感受。正因为如此,笔者选择具有典型纯公共物品性质的中国义务教育及其供给作为本书的经验研究对象。

纯公共物品供给方式的选择问题既是政治学和公共经济学的重要理论前沿问题,也是公共治理实践的重要现实问题,中国义务教育的有效供给和均衡发展则是当前中国教育领域乃至整个国家和社会治理中迫切需要解决的问题之一。二者的结合研究具有如下理论价值与现实意义:

首先,本书的立论目标是验证和修正经典公共物品理论,并努力构建一种纯公共物品的复合供给理论,这有助于推动公共物品理论的完善和发展,也有助于增强该理论对于公共物品与公共服务供给实践的解释力和指导力。虽然纯公共物品在所有公共物品中只占很小一部分,但是,纯公共物品供给问题却是整个公共物品理论的核心内容,因为对纯公共物品供给问题的讨论能够引出有关一般公共物品供给的重要结论,也能引起我们对公共物品供给实践中所面临的问题的重视。对此,哈维 · S. 罗森(Harvey S. Rosen)等人在概括和分析经典公共物品理论时就曾指出:"正如对完全竞争的分析能够引出关于现实市场运行的重要结论一样,对纯公共物品的分析可以帮助我们理解公共决策者所面临的问题。"①其次,对中国义务教育成功供给经验的归纳与分析,不仅能够为验证、修正和完善经典公共物品理论提供重要的经验基础,而且可以为中国不同地区义务教育的均衡发展,实现义务教育这一基本公共服务的均等化提供

---

① 〔美〕哈维 · S. 罗森、特德 · 盖亚:《财政学(第八版)》,第 54 页。

有益的参考和借鉴。另外,本书是政治学、公共经济学和教育学的交叉领域,笔者期望本项研究能够为教育政治学这一交叉学科的发展提供启发性思路。

二、一份研究回顾

本书主要涉及两个方面的研究文献,一是公共物品供给理论与供给实践研究,二是有关中国义务教育供给问题的研究,以下分而述之。

(一)公共物品供给理论与实践研究

公共物品供给问题是政治学、公共经济学、公共管理学等社会科学新兴的研究领域,其理论和实践研究都在不断发展深化中。目前,这类研究的理论成果主要出自西方学者,国内学界一方面译介这些理论成果,另一方面则努力尝试运用相关理论模型和分析方法研究和分析中国公共物品供给的经验实践。由于国内学者对公共物品供给理论的概括和介绍较多[①],在此仅介绍一些代表性文献。

1. 西方公共物品基本理论

现代公共物品理论的奠基者是萨缪尔森(P. A. Samuelson),他首次给出了公共物品的经典定义,通过分析公共物品的非竞争性和非排他性,建立了完全信息条件下的最优公共物品供给模型。[②] 蒂布特(Charles M. Tiebout)基于"以足投票"的理论模型提出了地方性公共物品供给理论。他认为,如果赋予人们在地区间自由流动的权利,理性经济人就能够通过"以足投票"的方式,选择公共物品与税收的组合最符合其偏好的地区为

---

① 进行过相关综述的文献较多,如吴伟:《公共物品有效提供的经济学分析》,经济科学出版社 2008 年版;岳军:《公共投资与公共产品有效供给研究》,上海三联书店 2009 年版。

② P. A. Samuelson, "The Pure Theory of Public Expenditure", *The Review of Economics and Statistics*, Vol. 36, No. 4, 1954, pp. 387—389; P. A. Samuelson, "Diagrammatic Exposition of a Theory of Public Expenditure", *The Review of Economics and Statistics*, Vol. 37, No. 4, Nov., 1955, pp. 350—356.

居住地。[①]

布坎南(James M. Buchanan)是公共物品供给理论的重要贡献者,他不仅探讨了以俱乐部物品为代表的准公共物品的供给问题,而且较为系统地提出了公共物品的需求与供给理论。[②] 奥尔森(Mancur Olson)分析了不同规模和不同类型的集团在提供公共物品方面的差别。他认为小集团比大集团更容易提供公共物品,相容性集团比排他性集团更容易提供公共物品,但必须运用有选择性的激励来克服搭便车问题。[③] 哈丁(Hardin)以公用地为例,对具有竞争性但不具有排他性的公共物品的供给问题进行了分析,得出了公用地悲剧的结论。

斯蒂格利茨(Joseph E. Stiglitz)用消费的非竞争性和非排他性来界定公共物品,并以此区分纯公共物品与非纯公共物品。[④] 这种概念界定方式和物品分类方法被学界广为接受,目前,公共物品分类方法的变化,大都是以此为基础的。哈罗·S.罗森和特德·盖亚(Harvey S. Rosen, Ted Gayer)在《财政学》中,C. V. 布朗(C. V. Brown)等人在《公共部门经济学》中,也都对公共物品理论进行了较为系统的梳理、归纳和分析。[⑤] 正因为如此,他们所归纳的公共物品理论也可被称作经典公共物品理论。

2. 西方公共物品供给方式研究

根据对不同供给主体的强调,西方学界对公共物品供给方式的研究可以分为侧重于政府的、市场的、多中心及公私合作的几个方面。

第一,侧重于政府供给的研究。萨缪尔森的研究提供了一种政府供给公共物品的最优理论模型。斯蒂格利茨认为,公共物品的特征导致了

---

① Charles M. Tiebout, "A Pure Theory of Local Expenditures", *The Journal of Political Economy*, Vol. 64, No. 5, Oct., 1956, pp. 416—424.

② James M. Buchanan, "An Economic Theory of Clubs", *Economica*, *New Series*, Vol. 32, No. 125, Feb., 1965, pp. 1—14; James M. Buchanan, *The Demand and Supply of Public Goods*, Indianapolis: Liberty Fund, 1999, Originally published: Chicago: Rand McNally, 1968.

③ 〔美〕曼瑟尔·奥尔森:《集体行动的逻辑》(陈郁等译),上海三联书店、上海人民出版社1995年版。

④ 〔美〕约瑟夫·E.斯蒂格利茨:《公共部门经济学(第三版)》,第109—126页。

⑤ 〔美〕哈维·S.罗森、特德·盖亚:《财政学(第八版)》,第53—66页;〔英〕C. V.布朗、P. M.杰克逊:《公共部门经济学》第四版,第50—72页。

公共物品市场供给的失灵①,这为公共部门供给提供了理由。他还进一步概括了公共物品供给的帕累托效率所需要的条件,探讨了公共物品有效供给与收入再分配和扭曲性征税之间的关系。② 休·史卓顿和莱昂内尔·奥查德(Hugh Stretton,Linoel Orchard)试图通过分析公共选择理论的缺陷,来肯定政府在公共经济和公共物品供给中的功能,并对公共企业的作用给予肯定。③ 此外,作为新规制经济学的创始人,让-雅克·拉丰和让·梯若尔(Jeam-Jacques Laffont,Jean Tirole)将激励理论引入公共部门规制问题的分析,探讨了规制中的最优机制设计问题,④这对公共部门在提供与生产公共物品过程中设计有效的激励机制具有重要的参考价值。

第二,侧重于市场供给与私人供给的研究。布坎南以个人间的自愿交易为基础,分析了公共物品的需求与供给问题。他认为,公共物品的供求是由社会成员自己而不是某种外生力量代为决定的;尽管如此,公共物品的交易与私人物品的交易有着本质的不同,它需要借助于某种政治决策机制,因而人们需要关注公共物品供求决定的实际交易过程。⑤ 德姆塞茨(Harold Demsetz,1970)认为,在任何情况下,公共物品都可以由私人生产进行提供。⑥ 弗雷德·E. 弗尔德瓦里(Fred E. Foldvary)将公共选择理论和社会选择理论应用于城市公共物品供给研究,首先指出,市场失灵论对于公共物品、尤其是区域性公共物品供给是一个谬误,继而提出,在市场过程中,私人通过社区协议是可以提供公共物品的,并主张大力发

---

① 斯蒂格利茨认为与公共物品相关的市场失灵有两种基本形式:消费不足和供给不足。见〔美〕约瑟夫·E. 斯蒂格利茨:《公共部门经济学(第三版)》,第 111 页。

② 〔美〕约瑟夫·E. 斯蒂格利茨:《公共部门经济学(第三版)》。斯蒂格利茨认为,当筹措财政收入和再分配收入存在成本扭曲时,公共物品供给的效率水平会下降,因而必须修正相应的基本规则。

③ 〔澳〕休·史卓顿、莱昂内尔·奥查德:《公共物品、公共企业和公共选择:对政府功能的批评与反批评的理论纷争》(费昭晖等译),经济科学出版社 2000 年版。

④ 〔法〕让-雅克·拉丰、让·梯若尔:《政府采购与规制中的激励理论》(石磊、王永钦译),上海三联书店、上海人民出版社 2004 年版。

⑤ James M. Buchanan, *The Demand and Supply of Public Goods.*

⑥ Harold Demsetz, "The Private Production of Public Goods", *Journal of Law and Economics*, Vol. 13, No. 2, Oct., 1970, pp. 293—306.

展私人社区。[1]

上述两类研究大都是从单方面探讨公共物品的供给主体和供给方式的,可以看做是单中心供给研究。

第三,侧重于多中心供给与公私合作供给的研究。与单中心供给不同的是,埃莉诺·奥斯特罗姆(Elinor Ostrom)和麦金尼斯(M. D. Mcginnis)等人则探讨了公共物品的多中心治理与供给问题。埃莉诺·奥斯特罗姆着眼于小规模公共池塘资源的治理问题[2],用制度分析与经验研究相结合的方法,在国家理论和企业理论的基础上,发展了一种由经验支持的自主组织和自主治理公共事物的集体行动理论,并提供了一个制度选择分析的总体框架。[3] 她还以"都市警察服务"为例,分析了公共产品的多重属性、多层次性和异质性,并以此认为公共产品的供给可以是多中心的,可以从不同的公共部门和私人部门及其内部组合中,选择较有效率的制度安排。[4] 麦金尼斯探讨了在多中心制度框架内,通过分权、多层次合作和自主组织等方式治理公共资源的问题。[5]

E. S. 萨瓦斯(Emanuel S. Savas)围绕民营化问题,描述和比较了公共服务提供的不同制度安排,认为每一种物品都可以由不同机制加以提供,而各种基本安排方式可以通过多样化、混合和局部安排等进行组合,因此可供选择的服务提供方式多种多样。他严格区分公共服务的提供与生产,进而认为政府与企业、社会力量之间在服务提供上可以形成公私间的伙伴关系。[6]

---

① Fred E. Foldvary, *Public Goods and Private Communities: The Market Provision of Social Services*, Brookfield, Vt.: E. Elgar Pub., 1994. 中译本:〔美〕弗雷德·E. 弗尔德瓦里:《公共物品与私人社区:社会服务的市场供给》(郑秉文译),经济管理出版社 2007 年版。

② 奥斯特罗姆认为,"公共池塘资源是一种人们共同使用资源系统但分别享用资源单位的公共资源"。见〔美〕艾莉诺·奥斯特罗姆:《公共事物的治理之道:集体行动制度的演进》(余逊达、陈旭东译),上海三联书店 2000 年版,中文版译序第 5 页。

③ 同上。

④ 〔美〕埃莉诺·奥斯特罗姆等:《公共服务的制度建构:都市警察服务的制度结构》(宋全喜等译),上海三联书店 2000 年版。

⑤ 〔美〕迈克尔·麦金尼斯主编:《多中心治道与发展》(王文章、毛寿龙译),上海三联书店 2000 年版。

⑥ 〔美〕E. S. 萨瓦斯:《民营化与公私部门的伙伴关系》(周志忍等译),中国人民大学出版社 2002 年版。

世界银行在2004年世界发展报告中基于长线责任和短线责任关系构建了一个以公民和客户为中心、多方共同参与的服务提供框架。该框架涉及四类参与方，分别是公民与客户、政治家与政策制定者、服务提供机构、一线服务提供者，后二者合称服务提供者。其中公民通过政治表达机制影响政策制定者，而政策制定者通过契约机制来控制服务提供者所构成的是长线责任关系；公民通过客户权利直接监督和影响服务提供者所构成的是短线责任关系。为使服务提供更为有效，需要将公民和客户置于服务提供的中心，增强其在两种责任关系中的影响力。[①]

3. 国内相关研究

国内学界有关公共物品供给的研究主要包括理论和实践两个方面：

第一，关于公共物品供给的理论研究。[②] 一些学者对公共物品供给的不同方式进行了比较研究。席恒分别以公仆人、经济人和公益人假设为基础，依次分析了政府机制、市场机制和志愿事业机制的必要性、可能性及其缺陷，探讨了三种供给机制的伙伴关系及其分工、互补和替代机制，认为应该选择一种复合的供给制度安排。[③] 唐娟从国家—社会关系的角度分析了公共物品的权威型供给、商业型供给、志愿型供给和自主型供给模式，试图从公共物品的多元化供给方式来探讨政府治理模式。[④] 吴伟在分析公共物品低效供给原因的基础上，探讨了如何有效供给公共物品的问题，认为应在政府、市场和非营利组织间构建复合型制度安排、多中心体制与互补机制，由此形成三者间的竞争—合作关系。[⑤]

还有一些学者重点分析了公共物品供给中的特定方式。句华从理

---

① 世界银行：《2004年世界发展报告：让服务惠及穷人》（本报告翻译组译），中国财政经济出版社2004年版。

② 这里指的理论研究是指侧重于理论方面的研究。这类研究大都也结合了实际的案例，为方便梳理，在此主要考察其理论分析的层面。

③ 席恒：《利益、权力与责任：公共物品供给机制研究》，中国社会科学出版社2006年版。

④ 唐娟：《政府治理模式研究——以公共物品供给模式多元化为研究视角》，北京大学博士论文，2002年；唐娟：《政府治理论》，中国社会科学出版社2006年版。

⑤ 吴伟：《公共物品有效提供的经济学分析》，经济科学出版社2008年版。

论、方式和技术层面,专门分析了公共服务中的市场机制。① 郑书耀则探讨了准公共物品的私人供给方式,分析了私人供给的可行性及供给不足问题,认为可以在准公共物品的私人供给过程中发挥政府的积极作用。②

第二,关于中国公共物品供给的研究。董礼胜等人以中国不同地区案例为基础,对中国公共物品供给的现状及其存在的问题进行了详细分析,认为多中心治理理论是引导中国未来公共物品供给制度变革的基本思想。③ 李雪萍研究了城市社区的公共产品供给问题。④ 郭瑞萍通过对中国农村公共产品供给制度的历史演变及其发展规律的分析,来探索其进一步创新的目标和实现途径,讨论了不同种类农村公共产品供给制度的创新与完善。⑤

4. 理论发展空间和可推进研究领域

从国内外学界有关公共物品供给理论和供给实践的研究可以发现,公共物品基础理论及供给方式的研究方兴未艾,而且有不少研究已努力把公共物品理论应用到经验性实践中,取得了较为丰富的研究成果。

与此同时,我们也应当看到,目前的研究仍然存在局限性:一方面,公共物品理论本身的内在逻辑受到一些质疑和挑战,亟待进一步修正和发展;⑥另一方面,公共物品与公共服务供给的具体实践相当丰富而复杂,这就要求我们对不同类型公共物品展开具体的实证分析和理论提炼。就本书所关心的主题而言,目前的研究在以下几个方面尚需进一步推进:

首先,关于如何选择公共物品供给方式的问题,目前学界的基本趋向是主张公共物品的复合供给和多中心供给,然而,这个基本趋向所指称的

---

① 句华:《公共服务中的市场机制:理论、方式与技术》,北京大学博士论文,2003 年。
② 郑书耀:《准公共物品私人供给研究》,中国财政经济出版社 2008 年版。
③ 董礼胜等:《中国公共物品供给》,中国社会出版社 2007 年版。
④ 李雪萍:《城市社区公共产品供给研究》,中国社会科学出版社 2008 年版。
⑤ 郭瑞萍:《我国农村公共产品供给制度研究》,中国经济科学出版社 2008 年版。
⑥ 本书第一章就经典公共物品理论有关纯公共物品供给方式的观点提出一些质疑和反思,第十一章进行理论修正。

对象大体上都是准公共物品而不是纯公共物品。在纯公共物品供给问题上，经典理论所声称的“纯公共物品应该而且只能由政府单一供给”的观点依然占据主导地位，至今较少受到有力的质疑和挑战，更缺乏经过经验验证和理论论证的替代方案。可是，纯公共物品由政府单一供给是否一定能够达到理想的供给效果？如若不能，纯公共物品是否也可以采取复合供给方式？这正是本书所要回应的问题。

其次，如果纯公共物品可以而且在特定条件下必须采取复合供给方式，那么，不同供给机制究竟应该如何加以复合？从目前的研究文献来看，即使是那些主张“准公共物品”应该采取复合供给方式的研究，也很少讨论不同供给机制的复合方式及其理论基础问题。之所以如此，一个重要的原因恐怕是研究者尚未在公共物品的供给方式与供给绩效之间建立可靠的联系。我们设想，一旦在供给方式与供给绩效之间建立起内在联系，如何选择供给机制及其复合方式的问题或许就会迎刃而解。

最后，若要判断什么样的供给方式选择能够取得良好的供给绩效，一个重要的前提是要明确公共物品供给绩效的衡量标准，而这正是当前公共物品理论所忽视的内容。经典理论很少关注公共物品供给所致力于实现的公共利益目标，更鲜于从公共利益目标出发来制定供给绩效的衡量标准，这也是本书在公共物品理论、尤其是纯公共物品复合供给理论研究中致力于发展的内容。

（二）中国义务教育供给问题研究

国内外学界对中国义务教育供给的研究涉及该领域的诸多方面，研究主题较多，研究成果也相当丰富。[1] 概括起来，这类研究主要有以下八

① 来自教育学、经济学、教育经济学和社会学领域的传统研究文献很少直接以中国义务教育的“供给制度”“供给方式”“供给机制”或“供给模式”等为题，不过这些研究都属于义务教育供给的具体方面。近年来，行政学、公共管理和公共政策科学开始出现以义务教育“供给制度”“供给方式”等为题的研究。

个主题:中国义务教育的发展过程与制度变迁研究,管理体制与公共政策研究,财政供给问题研究,义务教育产业化与市场化问题的讨论,供给的区域差异和发展不平衡问题研究,义务教育供给的公平性、公益性问题研究,义务教育的供给和发展水平研究,义务教育供给的国际比较研究,等等。鉴于本书的研究目的,笔者在此仅对其中四个紧密相关的主题作一述评。

1. 义务教育财政供给问题研究

义务教育的财政体制是国家公共财政体制的重要组成部分。由于财政问题是义务教育中的核心问题,因而学界已进行了大量研究,由此使得这一问题成为义务教育研究领域中文献最为丰富的一个主题。在此,笔者从三个主要方面作一概述。

(1) 义务教育财政体制研究。学界对义务教育财政体制问题的研究由来已久。王蓉、岳昌君和李文利分析了中国教育财政体制的基本特点和现实问题,就如何构筑中国公共教育财政体制提出了基本思路和具体举措,同时还对 2010 年和 2020 年中国的教育经费需求进行了预测分析。[①] 高如峰以一种大教育观的分析模式[②],着重对中国农村义务教育公共经费的需求与供给情况及以县级政府作为投资统筹主体的财政体制进行了实证考察,提出了重构中国农村义务教育财政体制的政策建议。[③] 针对"以县为主"财政体制存在的问题,一些学者提出构建"国家办学、分类承担"和"以省为主"的农村义务教育财政体制。[④] 这些对义务教育财

---

① 李文利、王蓉:《改进教育财政系统的保障性、有效性和公平性》,载闵维方、王蓉主编:《中国教育与人力资源发展报告:2005—2006》,北京大学出版社 2006 年版,第 60—88 页;王蓉等:《努力构筑我国公共教育财政体制(上)》,《北京大学教育评论》2003 年第 2 期;王蓉等:《努力构筑我国公共教育财政体制(下)》,北京大学教育评论 2003 年第 3 期。

② 在高如峰看来,所谓大教育观的分析模式就是把对各国农村义务教育财政投入体制的研究置于各国国家公共政策和国家财政体制的背景之中。该分析模式以如下观点为基础:任何国家的农村义务教育政策定然是该国国家公共政策的组成部分,任何国家的财政体制也定然是该国国家财政体制的组成部分。

③ 高如峰:《中国农村义务教育财政体制研究》,人民教育出版社 2005 年版。

④ 范先佐:《构建"国家办学、分类承担"的农村义务教育财政体制》,《教育发展研究》2004 年第 4 期;范先佐:《构建"以省为主"的农村义务教育财政体制》,《华中师范大学学报(人文社会科学版)》2006 年第 2 期。

政体制的研究大都是在税费改革后的背景下进行的,因而关于税费改革对义务教育的影响也成为一个重要的研究主题。

(2) 义务教育经费投入和资源配置问题研究。在经费投入方面,学界主要探讨了经费投入的总量和基本格局、投入不足和失衡的原因、当前经费负担主体的困境,以及相应对策。费菊瑛认为,中国义务教育存在各种非均衡发展状况的根源,是其投融资体制在初始路径选择上存在偏差,构建新型义务教育投融资体制的关键是明确划分并提高中央政府的投资责任与投资比例。[1] 在资源配置方面,研究者普遍认为,其关键问题是资源利用的低效和资源配置的不均衡。国家教育督导团 2005 年报告以 2000—2004 年全国 2800 多个县(市、区)的年度教育统计资料为基础,根据东、中、西部不同地区状况,分析了全国及省域内城乡间、县际间义务教育公共资源的配置状况,认为缩小差距是今后义务教育发展的重要任务。[2] 曾满超和丁延庆利用 1997 年至 2000 年全国县级数据对中国义务教育的资源利用和配置不均衡状况进行了描述性统计分析,发现不同地区间虽然资源利用模式相近,但地区间生均支出水平差异很大。[3] 一些学者提出,在教育资源配置过程中,政府应起基础性作用。

(3) 义务教育转移支付制度研究。正因为义务教育存在经费总体投入不足和资源配置不均的问题,所以,研究者基本上都主张运用教育转移支付制度来予以解决,中国现实的政策也是如此。财政部和教育部联合课题组对中国农村义务教育转移支付制度进行了研究,提出了以办学体制改革为核心,以转移支付为主线的"一揽子"改革方案,认为应该建立包括一般转移支付和专项转移支付在内的,多种筹资形式和转移支付形式有机结合的教育资金转移支付制度。[4] 王善迈、袁连生等认为,建立规

---

① 费菊瑛:《改善义务教育投融资体制研究》,中山大学出版社 2007 年版。

② 国家教育督导团:《国家教育督导报告 2005——义务教育均衡发展:公共教育资源配置状况》,《教育发展研究》2006 年第 5A 期。

③ 曾满超、丁延庆:《中国义务教育资源利用及配置不均衡研究》,《教育与经济》2005 年第 2 期。

④ 财政部教科文司、教育部财务司课题组:《中国农村义务教育转移支付制度研究》,上海财经大学出版社 2005 年版。

范的中央和省级政府承担更大财政责任的义务教育财政转移支付制度,是解决义务教育经费问题的根本保证。[①] 这些研究把握了解决义务教育财政问题的主要方向,不过尚未提出明确的转移支付比例,也很少就不同地区该采取什么具体转移支付办法提出公正可行的方案。

2. 义务教育市场供给问题的讨论

从20世纪80年代确立"普九"目标以来,义务教育财政供给不足的问题就一直困扰着该目标的实现。传统的做法是将经费承担责任转移到家长身上,从而极大地加重了家长负担。21世纪初的税费改革减弱了传统做法大规模实行的可行性。为了弥补因税费改革减少的经费来源,政府加大了财政投入力度,并且把筹资责任上移到县级甚至省级政府。尽管如此,政府投入到农村义务教育的总体经费依然明显不足,而转移支付制度也还尚未解决问题。那么,还有什么办法可以缓解财政经费严重短缺的问题呢?义务教育是否可以引入市场资源,实行产业化和市场化?这引起了学界的讨论。

(1)关于教育产业化与市场化的论争。在20世纪最后几年和21世纪最初两年,国内学界对教育产业化问题展开了激烈的讨论。概而言之,主要有三种观点:一种观点认为教育是产业,完全可以也必须引入市场机制和规则,进行彻底的产业化和市场化运作,让市场机制在教育资源配置中发挥基础性作用,政府的职能只在于宏观调控。一种观点认为教育是一种特殊产业,其市场化必须有一个限度,教育只能部分市场化而不能完全实行市场化。劳凯声就此指出,教育不能简单等同于一般商品,单纯依赖市场渠道不能平衡社会对教育的需求关系,政府必须对市场介入教育作出必要的限制。[②] 刘伟等人认为,应该提倡发展教育产业,但不提倡、

---

① 王善迈、袁连生:《建立规范的义务教育财政转移支付制度》,《教育研究》2002年第6期;王善迈等:《建立政府间转移支付制度的理论与制度分析》,《北京师范大学学报:社会科学版》1998年第3期。

② 劳凯声:《教育市场的可能性及其限度》,《北京师范大学学报:社会科学版》2005年第1期;劳凯声:《公共教育体制改革中的伦理问题》,《教育研究》2005年第2期。

也不可能实现教育完全产业化。胡瑞文从区别对待义务教育和选择性教育的角度,认为前者不能进入市场,后者可以不同程度地进入市场。[①] 还有一种观点认为,作为准公共产品的教育虽然是产业,但不应实行产业化。王善迈指出,教育管理体制必须适应市场经济体制的改革,但不应产业化即市场化。[②] 此外,针对"教育产业化"这一命题,张人杰提出了质疑,认为该命题根本就不能成立。[③]

由此可见,学界在教育是否应该产业化的问题上存在较大分歧。不过大多数人支持部分市场化的观点,这种看法实际上包含着两方面内容:一是认为教育的某些部分(如后勤管理)可以进行市场化,而另一部分不能实行市场化;二是认为不可以将教育行业产业化,但可以在教育行业中引入某些市场运行的机制。

(2)义务教育的办学模式与民办教育发展研究。在教育市场化讨论和实践推动下,办学模式开始多样化,民办教育开始发展,义务教育亦是如此。刘复兴讨论了转型期中国中小学办学模式的多样化及其制度安排,认为政府职能转变和市场机制的发展是促使办学制度变迁和类型多样化的关键性因素,这就要求把学校分类管理作为学校制度安排的基本选择。[④] 郭建如、阎凤桥等人分析了中国民办教育出现的历史情境、发展特征、发展机制和规律,以及民办学校在发展中遇到的问题,认为中国民办基础教育的发展具有地域性、阶层性和多样性特征,主张大力发展民办

---

① 刘伟等:《发展教育产业是教育改革和发展的要求》;胡瑞文:《培育教育市场,利用市场机制促进教育事业发展》,载钟启泉等编:《解读中国教育》,教育科学出版社 2000 年版,第 156—173 页。

② 王善迈的观点虽然强调教育服务不应产业化,但并不完全否定市场的作用,甚至认为教育应由政府和市场共同提供。王善迈:《教育服务不应产业化》,《求是》2000 年第 1 期;王善迈:《关于教育产业化的讨论》,《北京师范大学学报:人文社会科学版》2000 年第 1 期。

③ 张人杰:《"教育产业化":一个存疑的命题》,载钟启泉等编:《解读中国教育》,教育科学出版社 2000 年版,第 174—177 页。

④ 刘复兴:《转型期我国中小学类型的多样化及其制度安排》,《教育研究》2005 年第 4 期。

教育,构建多元化的教育提供机制。[①] 明航具体分析了包括家族制、集团制、股份制、国有民办制和中外合作制等形式在内的民办学校的产权配置和治理机制。[②] 王景英等人则基于各地的调研报告,考察了农村义务教育的整体办学模式,包括其办学体制、管理体制、投入体制和培养模式等方面。[③]

3. 区域差异和发展不均衡问题研究

在义务教育的财政研究方面中,研究者得出的基本结论是政府经费供给总体不足,转移支付还尚未达到预期目标;在市场化研究方面,研究者大都认为可以开发市场资源来增加经费供给,不过市场主体的利润动机会使资源配置不均衡。经费总体不足、资源配置不均以及经济发展的区域差距,使得义务教育出现了不均衡发展的问题,而且区域发展水平差距较大。这些问题成为当前学界和实务界致力于解决的关键问题。对该问题的研究可以从以下三个方面加以考察:

(1) 中国义务教育区域供给差异和发展不均衡研究。魏后凯和杨大利利用统计资料和相关分析、多元回归分析等方法,较早地考察了中国教育财政分权化改革对地区教育发展的影响。他们认为,分权化改革后,地区经济的不平衡发展必然会引起地区间教育投入的严重失衡,这种失衡势必引致地区间教育发展机会的不平等。[④] 王善迈等人于 1998 年对中国教育发展的不平衡进行了实证分析。[⑤] 马戎在 1999 年的研究中基于 24 个县的调查考察了中国农村教育发展的区域差距。[⑥] 国家教育督导团

---

① 阎凤桥:《满足多样化教育需求,构建多元化教育提供机制》,载闵维方、王蓉主编:《中国教育与人力资源发展报告》,北京大学出版社 2006 年版,第 89—109 页;郭建如:《我国民办教育发展背景、发展特征、发展机制及问题探析》,《清华大学教育研究》2003 年第 5 期;中国民办教育发展现状研究课题组:《我国民办基础教育发展的地域性、阶层性与多样性分析》,《民办教育研究》2006 年第 3 期;郭建如:《乡村社会的教育资源配置与民办教育的发展——从“私塾”到“村办学校”再到“民办学校”的社会学考察》,《民办教育研究》2003 年第 5 期。

② 明航:《民办学校办学模式——产权配置与治理机制》,教育科学出版社 2008 年版。

③ 王景英主编:《农村义务教育整体办学模式与评价》,北京大学出版社 2008 年版。

④ 魏后凯、杨大利:《地方分权与中国地区教育差异》,《中国社会科学》1997 年第 1 期。

⑤ 王善迈等:《我国教育发展不平衡的实证分析》,《教育研究》1998 年第 6 期。

⑥ 马戎:《中国农村教育发展的区域差异:24 县调查》,福建教育出版社 1999 年版。

2005 年报告从资源配置方面详细考察了全国各个地区间和省内城乡间、县际间义务教育发展的差距。[①]

近十年来,学界出现了不少专门研究义务教育发展不均衡问题的著作和论文,如杜育红对教育整体发展不均衡的研究[②],朱家存对教育均衡发展的政策分析[③],柳海民和杨兆山以“我国义务教育均衡发展问题研究”为题的探讨[④],翟博对中国基础教育均衡发展的实证分析[⑤],等等。由此可见,对这个问题的研究方兴未艾。

(2) 农村义务教育的布局调整研究。正是农村义务教育发展的区域差距和严重不平衡,促使研究者开始思考其布局调整问题,以期促进义务教育的均衡发展。范先佐等人以中西部地区 6 个省区 38 个县市的调查资料为基础,分析了义务教育布局调整的背景、目的和动力,基本方式的选择和取得的成效、存在的问题及其对策。他们认为,农村中小学布局调整是税费改革的自然选择、农村城镇化发展的必然结果和农村生源减少的客观要求。[⑥]

(3) 特殊群体的义务教育问题研究。在社会流动加剧的背景下,区域、城乡之间教育发展的不均衡和户籍制度的约束产生了以流动儿童和留守儿童为主体的特殊群体的义务教育问题。刘成斌和吴新慧从中央政府、地方政府、流入地居民、农民工个人等方面探讨了农民工子女教育选择的社会机制问题,认为流入地教育资源供给有限,因而流动可能性太小,农民工子女教育问题的解决最终必须回到国家层面。[⑦] 蒋太岩等人

---

① 国家教育督导团:《国家教育督导报告 2005——义务教育均衡发展:公共教育资源配置状况》,《教育发展研究》2006 年第 5A 期。

② 杜育红:《教育发展不均衡研究》,北京师范大学出版社 2000 年版。

③ 朱家存:《教育均衡发展政策研究》,中国社会科学出版社 2003 年版。

④ 柳海民、杨兆山主编:《我国义务教育均衡发展问题研究》,东北师范大学出版社 2007 年版。

⑤ 翟博:《教育均衡论:中国基础教育均衡发展实证分析》,人民教育出版社 2008 年版。

⑥ 范先佐:《农村中小学布局调整的原因、动力及方式选择》,《教育与经济》2006 年第 1 期;范先佐、郭清扬:《我国农村中小学布局调整的成效、问题及对策——基于中西部地区 6 省区的调查与分析》,《教育研究》2009 年第 1 期。

⑦ 刘成斌、吴新慧:《留守与流动——农民工子女的教育选择》,上海交通大学出版社 2008 年版。

回顾了农民工子女教育发展历程,分析了流动儿童和留守儿童义务教育的问题与出路,强调对农民工子女的教育必须从歧视走向公平。①

4. 义务教育供给的公平性、公益性问题研究

义务教育发展的区域差异和不均衡问题引发了学界对义务教育公平性和公益性的关注和讨论:

第一,对义务教育公平性问题的探讨。王善迈探讨了教育公平的分析框架和评价指标,认为必须将教育公平置于整个社会经济、政治环境背景下进行分析,应当从受教育权和入学机会公平、公共教育资源配置公平、教育质量公平、群体间教育公平等四个方面设计教育公平的具体评价指标。② 刘复兴从教育市场的角度,认为市场机制在教育领域中引发了新的教育公平问题,为解决市场与教育公平的矛盾,中国教育政策应确立差异平等、差别原则等新观念,而政府的基本教育责任就是供给公平的教育政策。③ 杨东平从"择校热"、重点校制度、"校中校"等事实出发,从教育投入、教育乱收费、教育的城乡差距和地区差距等方面,对中国教育公平问题进行了较为全面的调查与研究。④ 中国发展研究基金会2005年关于中国人类发展的报告也探讨了教育公平发展问题。⑤

第二,对义务教育公益性问题的讨论。这方面的讨论首先涉及义务教育物品属性问题。一些研究者从社会消费带来的总体收益角度认为义务教育属于纯公共物品,因而总体上只能由政府来供给。一些研究者则从供给技术的分析出发,认为义务教育的供给过程具有排他性,因而属于

---

① 蒋太岩等:《从歧视走向公平——中国农民工及其子女教育问题调查与分析》,东北大学出版社2008年版。

② 王善迈:《教育公平的分析框架和评价指标》,《北京师范大学学报:社会科学版》2008年第3期。

③ 刘复兴:《市场条件下的教育公平:问题与制度安排》,《北京师范大学学报:社会科学版》2005年第1期;刘复兴:《政府的基本教育责任:供给"公平"的教育政策》,《北京师范大学学报:社会科学版》2008年第4期;刘复兴:《我国教育政策的公平性与公平机制》,《教育研究》2002第10期。

④ 杨东平:《中国教育公平的理想与现实》,北京大学出版社2006年版。

⑤ 中国发展研究基金会:《中国人类发展报告2005——追求公平的人类发展》,中国对外翻译出版公司2005年版。

准公共物品，政府和市场都可作为供给主体。这类讨论的一个焦点是市场供给机制是否会对义务教育公益性形成挑战，面对可能的挑战，是否还要引入市场供给机制。劳凯声教授证明了市场化的公益行为也具有合法性，进而认为进入市场运作的教育仍然可以是市场化的公益行为，因而提供公共教育的机构可以是公益性机构，也可以是营利性机构；不过，市场化运作必然会对教育的公益性形成挑战，中国的公共教育体制改革必须诉求于公益性。[①] 有些学者认为政府必须对义务教育的市场供给方式有所限制。与之不同的是，有人认为引入市场会使义务教育丧失公益性，因而政府必须承担起完全的责任。

5. 不足之处及可推进研究的领域

综上可见，国内外学界对于中国义务教育供给问题的研究已经取得了相当丰富的研究成果。尽管如此，这方面研究仍有不足之处和尚待推进的领域。

（1）不足之处及可推进研究的领域。从学科角度来看，义务教育供给的传统研究大多来自教育学、教育经济学和社会学，很少有来自于政治学或行政学学科的研究文献。从政治学出发推进教育政治学这一交叉学科的发展还任重道远。

从研究视角来看，目前的研究较少把义务教育供给置于政治语境中进行分析。义务教育并不是独立运行的领域，它必然受到国家政治因素和行政权力因素的影响，因而需要从政治与行政的视角，从政府与市场、社会的关系的视角来把握义务教育的供给，处理好政府、社会、市场、学校与师生之间的关系。

从具体观点来看，当前的研究中还有许多问题存有较大争议。就供给机制而言，尽管政府供给机制应成为主导已是一个普遍的共识，但是否需要市场和其他供给机制供给义务教育，则存有很多争议，政府在市场供

① 劳凯声：《面临挑战的教育公益性》，《教育研究》2003 年第 2 期；劳凯声：《在教育改革中坚守公立学校的公益性》，《中国教育法制评论》2008 年第 6 辑，第 14—28 页。

给机制中应当扮演什么样的角色,也尚未达成一致,各种供给机制如何结合的问题更是鲜有探讨。

(2) 本书致力于推进的研究方向。为从经验层面论证纯公共物品的适切供给方式,本书将以供给方式与供给绩效之间的关系为主线,着重考察中国义务教育所采取的供给方式及其所产生的供给绩效。既然经典公共物品理论认为纯公共物品应该而且只能由政府单一供给,那么,作为具有典型纯公共物品性质的中国义务教育是否像经典理论所设想的那样,只能实行政府单一供给模式?如果不是,中国不同地区在差异性的约束条件下究竟采取了哪些不同的区域供给模式,这些不同的区域供给模式有何共同性和差异性?在这些不同的区域供给模式中,政府机制发挥了什么样的作用,非政府机制又发挥什么样的作用?从全国范围来看,中国义务教育经验层面的总体供给模式呈现什么基本特征,哪些因素决定了这种供给模式的选择?这种模式是否适合于中国义务教育的未来发展方向?所有这些,构成了本书考察中国义务教育供给实践所致力于回应的问题。

三、总体思路与研究方法

1. 中心问题与研究目标

如前文已提及的那样,本书的中心问题是:纯公共物品由政府单一供给是否一定能够达到理想的供给效果?如果政府单一供给未必能够奏效,在既定的资源禀赋和制度约束条件下,纯公共物品究竟应该采取什么样的供给方式才能取得良好的供给绩效?

一般而言,公共物品的供给绩效主要取决于三个因素:一是资源禀赋,二是国家制度安排,三是在前两个因素构成的外部约束条件下所选择的供给方式。尽管资源投入总量对于公共物品供给至关重要,但本书并不直接讨论资源投入总量的问题,而是确定一个既定的资源禀赋条件(在特定时期内,一个国家或地区的资源总量是既定的,能分配于特定公共物品供给的资源总量也有限度)，努力在此限度范围内考察供给方式对资源配置的影响。同样，国家制度安排对于公共物品的供给绩效也会产生重要影响，但一国的法律制度在短期内通常不会有很大变化，尤其是新修订的法律制度，如2006年新修订的《义务教育法》更是如此。在国家法律制度既定的前提下，对法律实施机制的选择就变得十分关键。所以，本书同样把国家制度安排确定为既定的外部约束条件，着力讨论其具体实施机制问题。在公共物品供给问题上，国家法律制度的具体实施机制就体现为供给机制的选择及其组合。

在设定上述两个外部约束条件的前提下，本书集中分析纯公共物品的供给方式选择问题，并把供给方式与供给绩效之间的内在关系作为全书的逻辑主线。通过对中心问题的理论反思和经验验证，本书最终努力构建纯公共物品的(政府主导型)复合供给理论，以此修正和发展经典理论观点。

2. 本书总体研究思路

为讨论上述中心问题，本书从理论问题出发，进入现实场景研究，最后回归理论讨论和建构。根据这种研究进路，全书主要分成三个部分：第一部分提出理论问题，反思经典理论，选定研究对象并给出分析框架；第二部分进入中国义务教育供给的典型案例及其显示的现实场景研究，考察中国义务教育的三种区域供给模式和一种补充性供给模式，在此基础上归纳提炼总体供给模式并讨论其在中国义务教育未来发展中的适切性；第三部分回归理论层面，扩展性地讨论供给方式的不同选择对教育公平的影响，分析未来中国义务教育供给中政府的职能转变与治理变革问题，以及构建纯公共物品的复合供给理论。

3. 分析框架及其变量关系

本书第二章根据供给方式与供给绩效之间的内在关系建立了一个一般化理论分析框架(图0-1)①。在这个分析框架中，供给方式是自变量，

---

① 该图与第二章的图2-1是一样的，为便于阅读，在两处均出现。

为取得良好供给绩效必须满足的几个条件(即供给要件)是中介变量,供给绩效是因变量,三个变量之间的内在关系(从因变量出发来考察变量关系)如图 0-1:

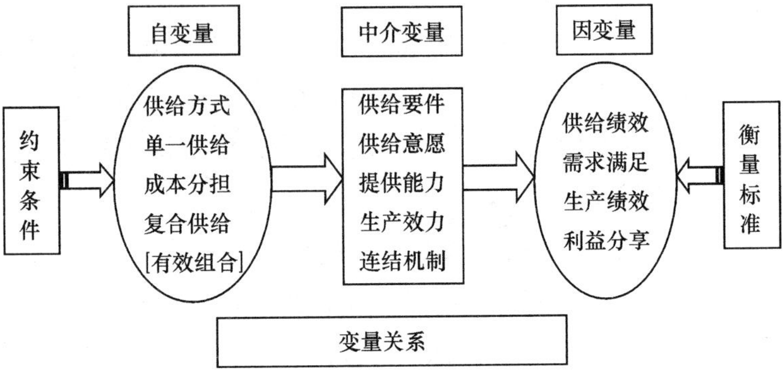

图 0-1　本书分析框架及其变量关系

纯公共物品的供给绩效需要由纯公共物品供给所致力于实现的公共利益目标来衡量;供给绩效如何取决于供给要件是否满足,供给要件是否满足取决于供给方式的选择,而供给方式的选择必须考虑既定的约束条件;供给方式的不同选择是通过影响供给要件来决定供给绩效的。

在这其中,供给绩效的衡量标准源自于由纯公共物品供给的国家制度安排所确定的公共利益目标,它可以区分为四个维度:(1) 公民需求的满足程度,包括基本需求和差异需求;(2) 成本分担的公正程度,包括基本成本和额外成本;(3) 生产绩效的优良程度,包括生产质量和生产效率;(4) 利益分享的公平程度,包括起点公平、过程公平和结果公平。

从理论上看,纯公共物品的整个供给过程可以区分为提供环节、生产环节,以及提供与生产的连接环节,所以,供给过程中所要满足的供给要件相应地可以分为四个:提供环节的①“供给意愿”与②“提供能力”,生产环节的③“生产能力”,以及连接环节的④“管理协调机制”(即连接机制)。

供给方式总体上可以归结为两类:一是“任一机制单一供给”,二是“任意多机制复合供给”。实际上,复合供给可以看作是从“任一机制单一供给”到“任意多机制复合供给”之间的连续统一集(continuum),因而复合供给可以包括单一供给,而单一供给是复合供给的极端情况。

在本书中,供给方式选择的约束条件主要是物品属性、资源禀赋条件和国家制度安排。

这个理论分析框架可以应用于中国义务教育供给过程的分析,本书第二章对此作了详尽论述(参阅图 2-2)。经过转化运用,中国义务教育的供给要件主要有四个:一是“教育期望”,利益相关者的教育期望将合成政府的教育目标与教育政策;二是“教育提供能力”,包括教育资源禀赋及其配置能力;三是“学校生产能力”,包括学校的资源利用效率和教育质量,它通常受政校关系、学校内部关系以及校社关系[①]的影响;四是连接提供与生产的管理协调机制,表现为“政府的教育管理能力”。义务教育的供给绩效直接取决于这四个供给要件的满足情况,而供给要件是否满足同样也取决于既定约束条件下的供给方式选择。

4. 主要研究方法

本书主要采取了如下几种研究方法:

一是规范分析与经验研究相互结合、相互印证。本书先从理论问题出发,运用规范演绎方式建立供给方式、供给要件与供给绩效之间的变量关系,然后把这种变量关系运用于中国义务教育供给实践的分析,力图从经验层面验证经典理论的不完备性,最后以中国义务教育供给经验为基础进行理论建构,进而修正和发展经典理论。经验研究印证了笔者的理论判断,并且为理论发展提供了经验基础。

二是个案分析方法。本书选择安徽省铜陵市、北京市东城区、上海市浦东新区与河南省周口市四个地区的义务教育供给作为典型个案,以供给方式、供给要件与供给绩效之间的关系为逻辑主线,分别考察三种相对成功的区域性供给模式和一种有效的补充性供给模式。需要说明的是,这四个典型案例的选择并不是随机性的,其选择主要基于如下方面的

① 校社关系是指学校与家庭、社区以及其他学校之间的关系,第二章将会提到。

考虑:

首先,四个区域案例所代表的区域模式(指铜陵、东城和浦东案例)和补充模式(指周口案例)都取得了相对良好的供给绩效,因而能为纯公共物品的供给方式选择提供成功的经验基础。

其次,四个区域案例在义务教育供给中所取得的成功,或者得到了政府的正式认可,或者获得了权威性民间教育组织的专业评价,有些案例甚至兼而有之。2009 年 11 月 3 日,中华人民共和国教育部作出了《关于表彰全国推进义务教育均衡发展工作先进地区的决定》,表彰了全国 92 个县市区,本书所选的铜陵案例、东城案例和浦东案例均名列其中。① 2008 年 12 月 6 日,由 21 世纪教育研究院、南都公益基金会等联合主办的首届地方教育创新奖对一些地方政府在教育制度创新方面取得的成功经验作出了较为客观、权威的专业评价,其中"安徽省铜陵市全面推进义务教育均衡发展"的案例和"上海市浦东区转变政府职能实行学校'委托管理'机制"的案例获得优胜奖,"河南省周口市用公共财政解决民办学校教师工资"的案例则获得了优秀奖。② 这些官方和民间的权威性评价为本书选择区域案例提供了可靠依据。

最后,四个区域案例既有经济相对发达的地区(东城区、浦东新区),也有经济发展处于中等水平的地区(铜陵),还有经济欠发达的地区(周口市),因而能在一定程度上代表不同经济发展水平背景下地方政府对义务教育供给方式的选择。

三是比较、归纳分析方法。为归纳四个区域案例所采用的差异性区域供给模式(或补充供给模式),本书在第二章设计了"中国义务教育供给模式分析要素表",以此作为归纳区域供给模式的基本路径。在归纳四种典型供给模式的基础上,本书比较分析了它们的共同性和差异性,并根

---

① 中华人民共和国教育部:《教育部关于表彰全国推进义务教育均衡发展工作先进地区的决定》(教基一[2009]17 号),2009 年 11 月 3 日。

② 《地方教育制度创新奖开创民间推动教育创新先河》,搜狐教育,2008 年 12 月 07 日,http://learning.sohu.com/20081207/n261066481.shtml。

据比较分析得出的经验启示,总结归纳了中国义务教育的总体供给模式。此外,本书还在相同约束条件的假设下,将复合供给模式与单一供给模式进行对比,以此证明复合供给相对于单一供给的优越性。

5. 资料和数据来源说明

本书的资料和数据主要来源于如下几个方面:(1) 国家和政府的法律、规章与政策文件。(2) 官方或准官方的统计资料与数据,包括历年中国教育统计年鉴、中国教育经费统计年鉴、中国统计年鉴、全国地市县财政统计资料、地方财政统计资料等等。(3) 调研过程中所作的访谈笔记。笔者围绕义务教育供给方式与供给绩效问题作了一些访谈,访谈的对象主要是义务教育阶段公办学校和民办学校的校长与专职教师,也包括一些学生家长。访谈形式一般都是非结构式面谈和漫谈式的电话交流,这可为获得客观的事实和真实的看法营造良好的交谈环境(其中部分访谈笔记可参阅附录3)。当然,遗憾的是,尽管笔者非常希望前往所有案例所在地进行实地考察,但因各种外在因素的约束,个别地方最终未能成行,因而不得不借助官方文件、网站、既有的学术研究文献、考察报告和报刊资料。这些资料中若有不实之处,很可能会削弱个别案例的说服力,但需要特别强调的是,这并不能对全书的理论论证产生实质性的影响,因为即使搁置个别案例,全书的理论论证也具有内在的一致性和连贯性。(4) 已有研究文献中相对可靠的调查资料和统计数据。

四、全书结构与主要内容

根据上述总体研究思路,本书主要由“理论反思与分析框架”、“现实场景研究”和“扩展讨论与理论建构”三个部分组成(如图0-2)。

第一部分包括第一章和第二章,主要任务是提出理论问题、反思经典理论、选定研究对象并给出分析框架。

第一章首先归纳了经典理论的基本观点——“纯公共物品应该而且只能由政府单一供给”,并围绕这一观点提出质疑和反思。由于政府未必

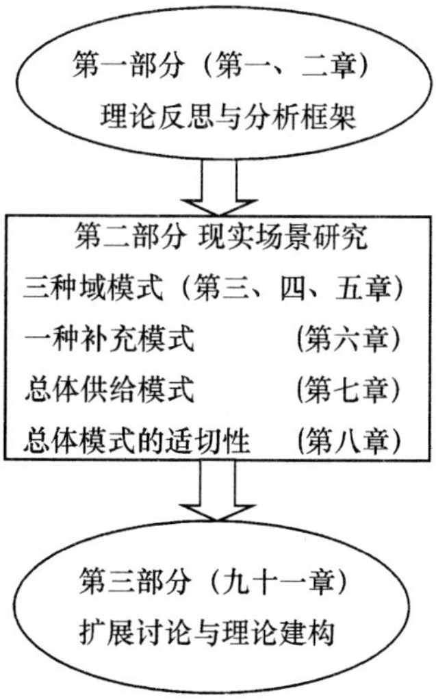

图 0-2 全书研究进路与结构安排

总是具有良善的供给意愿与充足的供给能力,如公共财政能力、资源配置能力以及生产能力,政府单一供给未必总是奏效。经典理论的观点不仅存在理论上的局限性,而且与实践经验不完全相符。

为修正经典理论,解决关于纯公共物品的适切供给方式的认知问题,本书首先接受“义务教育具有典型纯公共物品性质”的观点,并将之设定为全书分析的立论基础,然后选择中国义务教育及其供给作为经验研究对象展开分析,分析的关键是把握供给方式与供给绩效之间的关系。

为此,第二章以供给方式为自变量、以供给要件为中介变量、以供给绩效为因变量建立了三者之间的内在联系。从因变量往前推导可以发现,公共物品的供给绩效需要由公共物品供给致力于实现的公共利益目标来衡量;供给绩效如何取决于供给要件是否满足,供给要件是否满足取决于供给方式的选择,而供给方式的选择必须考虑既定的约束条件;供给方式的不同选择是通过影响供给要件来决定供给绩效的。据此,供给方式、供给要件与供给绩效之间的变量关系构成了本书的分析框架。其中供给方式总体上可以归为单一供给和复合供给两类;供给要件则依据提供、生产及其连接等供给环节区分为四项,分别是提供意愿、提供能力、生产能力、连接提供与生产的管理协调机制;供给绩效的衡量标准包括:公民需求的满足程度、成本分担的公正程度、生产绩效的优良程度、利益分享的公平程度。在此基础上,笔者设计了中国义务教育区域供给模式的归纳路径。

第二部分包括第三至八章,该部分进入中国义务教育供给的现实场景研究。

第三至六章围绕供给方式、供给要件及供给绩效之间的关系,分析提炼取得良好供给绩效的三种区域模式和一种有效的补充性模式,它们分别是安徽省铜陵市采取的政府单一供给模式,北京市东城区采取的政府供给—多方协助模式,上海市浦东新区采取的多主体合作供给模式,以及河南省周口市在政府直接供给大部分义务教育的前提下所实行的政府支持—民办供给模式。

第七、八章在比较分析四种典型供给模式的基础上,归纳总结中国义务教育供给的总体模式,并探讨该总体模式在中国义务教育未来发展中的适切性。对总体模式的分析显示,具有典型纯公共物品性质的中国义务教育并没有像经典理论所主张的那样实行政府单一供给方式,而是采取了"政府主导的区域多样供给模式"。决定政府主导的内在因素是义务教育共同的纯公共物品属性与国家制度安排,而决定区域多样供给的关键因素则是差异性的区域约束条件。

虽然目前中国义务教育总体模式的供给效果在经验层面存在区域性差异,但是,导致区域差异的重要原因是不同地区间(a) 资源禀赋的差异和(b) 具体供给机制及其组合方式的选择,而不是总体模式本身。相反,"政府主导的区域多样供给模式"的恰当运用,实际上有助于资源禀赋不同的各个地区缩小区域差异,因为该模式的良好执行既能满足义务教育供给中的共同因素,也能应对差异因素。因此,从总体上看,政府主导的区域多样供给模式的合理运用,应该能够适应中国义务教育未来发展的需要。

第三部分包括第九至十一章,该部分回归理论层面,在教育公平、教育治理和理论建构方面展开扩展性讨论。

第九章探讨供给方式的不同选择对教育公平的影响。教育公平包括教育权利平等、教育机会均等和成本分担公正三个维度。根据政府、学校和家庭的外显因素(物化因素)和内隐因素(心理因素),影响教育公平的变量主要区分为六组,我们把这六组变量纳入到一个统一的研究视角——供给方式选择——中来,考察供给方式的不同选择对教育公平不同维度的不同影响,结果发现:供给方式的不同选择将对教育公平各个维度产生差异性影响;任何一种单一供给方式通常都难以在所有维度上确保教育公平的实现;理论上存在这种可能性的政府单一供给由于需要同时满足诸多严苛条件而大大降低了现实可行性;相比而言,复合供给最有助于在所有维度上最大限度地促进教育公平,政府主导的复合供给模式是促进教育公平的更为理想的选择。

第十章从战略全局角度对中国义务教育供给模式作出整体设计,并在此基础上讨论政府的职能转变与治理变革问题。中国义务教育供给模式的整体设计包括三个层面:一是指导供给模式整体设计的价值目标与战略方针,其中价值目标是实现法定的义务教育公共利益,战略方针是通过“多元可选的优质均衡发展”实现素质教育和教育公平;二是供给模式整体设计的核心内容,即政府主导型复合供给模式,体现为政府供给、社会供给和市场供给这三大关键构成要素及其相互关系的内在原理;三是整体性供给模式的实现路径,即不同地区在特定约束条件下对供给机制的不同选择及其复合方式。为有效落实这种整体设计,政府应当合理转变其筹资责任、管理责任和服务职能及其相互关系,妥善处理好政府与学校、市场、社会之间的关系,以及学校内部关系和校社关系。

第十一章的理论建构既是对全书理论观点的总结,也是对纯公共物品复合供给理论的深化研究。结合理论反思和经验研究可以发现,在政府供给意愿不良和(或)供给能力不足的情况下,纯公共物品由政府单一供给实际上难以达到理想的供给效果。当然,从理论上看,只要供给方式的选择能够有效满足供给要件,纯公共物品就既可以由政府单一供给,也可以由政府机制与非政府机制复合供给。复合供给理论显示,政府机制与非政府机制的有效复合方式虽然不止一种,但也并非任意的,这其中的关键因素在于确保供给要件的有效满足,包括具有良善的供给意愿、充足的提供能力、高效的生产能力,以及有效连接提供与生产的管理协调机制。在同样的资源禀赋和制度约束条件下,政府主导型复合供给在满足这些供给要件方面比任何一种单一供给都更具优势。最后,纯公共物品的复合供给理论可以适用于一般的公共物品与公共服务,尤其适用于提供过程与生产过程能够明确区分的公共物品与公共服务。

第一部分　理论反思与分析框架

第一章　反思经典公共物品理论

本章立足于理论方面的讨论，主要任务是提出理论问题并反思经典公共物品理论，尤其是经典理论中有关纯公共物品供给方式选择的问题。具体而言，本章首先将提要式地梳理公共物品的基本概念及其分类，陈述经典理论有关纯公共物品供给方式的基本观点。其次就其观点所面临的困惑提出本书所要研究的理论问题。最后，本章将着重从理论层面反思经典公共物品理论的局限性，包括公共物品概念的界定方式，经典理论对公共物品供给致力于实现的公共利益目标的忽视，以及有关"纯公共物品应该而且只能由政府单一供给"这一观点的理论缺陷，进而提出解决纯公共物品供给模式选择的一种可能的、有待经验验证的理论方向。

一、公共物品的概念界定及其分类

有关何谓公共物品的问题，经典公共物品理论已经给出了一整套理论概括。根据萨缪尔森最早的阐释①以及后来公共物品理论的发展，公共物品的含义可以由它的两个关键特征来界定：(纯)公共物品就是在消费上具有非竞争性和非排他性的物品和服务。

---

① Paul A. Samuelson, "The Pure Theory of Public Expenditure." *The Review of Economics and Statistics*, Vol. 36, No. 4, Nov., 1954, pp. 387—389.

所谓消费的非竞争性，是指在总量既定的情况下，新增一个消费者不会减少原有消费者对该物品的消费水平，新增一个消费者的边际成本为零。这意味着，许多人可以同时等量消费这种公共物品，任何一个人对该物品的消费水平就等于该物品的总体水平，个体的消费是以公共物品这个整体为单位进行的，而不是把整体切割成像私人物品那样的个别单位进行消费。消费的非竞争性实际上源自收益（或者说效用）的不可分割性。消费的非竞争性和收益的不可分割性可用公式（1）[①]表达：

$$X = X_i \text{；或者}$$

$$F(X) = F(x_1) = F(x_2) = F(x_3) = \cdots\cdots = F(x_n) \quad (1)$$

也就是说，对于纯公共物品而言，每一个消费者的消费数量就等于该纯公共物品的总量。与之相对，纯粹的私人物品可用公式(2)表达：

$$X = \sum X_i \text{；或者}$$

$$F(X) = F(x_1) + F(x_2) + F(x_3) + \cdots\cdots + F(x_n) \quad (2)$$

也就是说，对于纯粹的私人物品而言，物品的总量就等于每一个消费者消费数量的总和。

所谓消费的非排他性，是指无法或难以排除（包括不付费者在内的）任何人享用该物品，这或许是因为排他技术不可行，或许是排他技术可行但由于成本太高而不值得，也或许是没必要排他。

消费的非竞争性和非排他性，以及收益的不可分割性是公共物品的三个基本特征，这些特征还可以推导出公共物品的其他特征，如消费的不可拒绝性、规模效益突出等等。其中非竞争性是公共物品的本质属性，它由公共物品的自身因素尤其是收益的不可分割性所决定，而非排他性更多地是由外在因素（如排他技术、排他意愿）决定的。

根据某一物品所具有的非竞争性和非排他性程度，公共物品理论通常把所有物品区分为纯公共物品、准公共物品、混合物品和私人物品。纯

---

① 有关纯公共物品消费的非竞争性、效用的不可分性有多种数学表达方式。前一种表达（即 $X = X_i$）可参阅萨缪尔森的《公共支出的纯理论》一文，以及国内学界的概括，如许云霄编著：《公共选择理论》，北京大学出版社 2006 年版，第 74 页。

公共物品是严格地具有非竞争性和非排他性的物品和服务，如国防、法律、大气保护、货币稳定、良好秩序。纯私人物品在理论上是指具有完全的竞争性和排他性的物品和服务，如衣服、食品等等。准公共物品介于二者之间，它具有外部效应，但只在一定程度上（非严格地）具有非竞争性和非排他性，或者只具有其中一个特征。据此，可把准公共物品主要区分为（但不限于）两类：排他性较强而竞争性较弱的俱乐部物品，和竞争性较强而排他性较弱的共有资源。

俱乐部物品一方面可以像私人物品那样较容易地采取排他措施，另一方面，只要是获得资格的成员，在出现拥挤效应前，他们对俱乐部物品的消费又像纯公共物品那样具有非竞争性。但是，如果消费群体超过产生拥挤效应的容纳限度，又会产生竞争性（如游泳馆、图书馆、收费公路）。

共有资源则难以（或不可）采取排他措施，具有非排他性。在消费群体达到某个临界点之前，对公共池塘资源的消费具有非竞争性，但达到临界点之后，新增消费者将会降低原有消费者的消费水平，因而具有较强的竞争性。与很多公共物品不同的是，消费共有资源的收益在某种程度上还有可分性。典型的共有资源有公共牧场、公用地下水、公共森林、海洋资源等。

对于准公共物品究竟是不是混合物品，学界存在争论。本书谨慎地把二者区分开来，区分的依据是特定物品具有纯公共物品、准公共物品和私人物品中的一种还是几种属性。准公共物品虽然在不同时点上（或情形中）的非竞争性和非排他性特征是有变化的，但在任何情况下都只有一种特定的准公共物品属性。混合物品则不同，它同时具有私人物品和纯公共物品（或准公共物品）的特征。比如私人接种疫苗，个人对它的消费完全是一种私人物品的消费，但由此带来的免疫力增强具有正外部性，它能大大改善社会整体的健康状况，而社会整体对这种正外部性的消费又具有纯公共物品特征。

此外，根据公共物品所能被享用的地理范围，在相对程度上，可将之区分为全球性公共物品、区域性公共物品、全国性公共物品和地方性公共物品。

二、经典理论有关纯公共物品供给的基本观点

对于如何供给公共物品的问题,经典理论普遍认为:纯公共物品应该而且只能由政府单一供给,准公共物品以政府供给为主,同时也可由市场供给(随着理论发展,经典理论也注意到非政府组织供给和自愿供给的存在),而私人物品总体上应该由市场供给,但也存在由公共机构提供私人物品的情况。

本书集中分析“纯公共物品应该而且只能由政府单一供给”的观点,力图对之进行经验验证和理论修正。虽然经典公共物品理论的阐释者和支持者对这一观点的表达形式不尽相同,但大多数公共经济学家都对这个结论确信无疑。那么,他们是如何得出这个结论的呢?正如他们从物品的消费特性来界定其公共或私人属性一样,那些公共经济学家也从物品的消费特性来推导其供给方式,纯公共物品在消费上的非竞争性和非排他性被认为是纯公共物品由政府供给的决定因素。

对此,经典公共物品理论通常的论证方式是①:(1)当一种物品在消费上具有非竞争性时,增加一个消费者不会增加边际成本,即使可以实现排他,也不会有排他的动力;不仅如此,排他反而会导致消费不足,而消费不足是低效率的表现。可是,如果不对非竞争性物品进行排他性收费,该物品的市场供给(私人供给)就会缺乏激励,从而导致供给不足。因此,消费的非竞争性使得排他不可取;在市场供给的情况下,排他导致消费不足,而不排他又会导致供给不足。(2)如果一种物品在消费上具有非排他性,那就无法或难以排除任何人(包括不付费者)享用该物品,由此产生的搭便车现象将导致市场供给不足。换言之,非排他性使得公共物品

① 参阅〔美〕约瑟夫·E.斯蒂格利茨:《公共部门经济学(第三版)》,第111—114页。

不能通过市场价格体系进行分配,这意味着竞争性市场不能供给帕累托效率数量的公共物品。

由此可见,纯公共物品在消费上的非竞争性和非排他性会导致市场供给的低效率——市场失灵,具体表现为“消费不足”和(或)“供给不足”。为避免市场失灵,纯公共物品应该通过税收筹集资金,由政府来统一供给。

这种论证方式的突出代表是斯蒂格利茨,他根据上述推理指出:“私人市场要么不供给纯公共物品,要么提供的数量不足。”①公共财政学家哈维·S.罗森等人也支持这种观点,他们在《财政学》一书中写道:“的确,我们业已证明,私人市场不太可能以帕累托效率数量生产纯公共物品。关于公共物品的提供数量,必须作出某种集体决策。然而,与像国防这样的纯公共物品相反,有时候公共提供的物品也可以由私人提供。”②在这段话中,他们虽然承认一些公共物品(应该是指准公共物品)有时候可以由私人提供,但在纯公共物品的供给问题上,他们不仅认为私人市场供给不足,而且认为纯公共物品(如国防)根本就不能由私人提供。这意味着纯公共物品应该而且只能由政府供给。

三、经典公共物品理论面临的困惑:问题的提出

就其理论逻辑来看,“纯公共物品应该而且只能由政府单一供给”的观点至少依赖于两个基本假设:一是政府具有良善的供给动机或有效的外部激励,促使其致力于实现良好的供给绩效;二是政府具备充足的供给能力,尤其是具备充足的公共财政能力。然而,经验性情形并非总是如此,政府供给动机不良、外部激励不足和供给能力匮乏的情况俯拾即是,它们都会影响和制约纯公共物品的供给绩效。

从上述假设出发可以发现,经典公共物品理论面临的首要困惑是,政

---

① 〔美〕约瑟夫·E.斯蒂格利茨:《公共部门经济学(第三版)》,第127页。
② 〔美〕哈维·S.罗森、特德·盖亚:《财政学(第八版)》,第66页。

府是否具有良善的供给意愿?如果政府存在不合理的动机,如何建立有效的约束机制和激励机制?显然,经典理论并没有充分考虑政府的供给意愿问题,它内在地假设“好政府”是普遍存在的。然而,正如公共选择学派和其他对政府动机持怀疑态度的学者所指出的那样,政府未必按照公共利益的要求行事,政府也存在自身利益并且在缺乏有效的外部约束的情况下将致力于自身利益的最大化。对此,安东尼. 唐斯(Anthony Downs)认为,政党和政府的目标是实现选票最大化①;威廉姆 · A. 尼斯坎南(William A. Niskanen)也指出,所有政府都致力于预算规模的最大化②;戈登. 图洛克(Gordon Tullock)等人则着重分析了政府的寻租和腐败行为③。无论是否接受政府追求自身利益最大化的假设,这些研究至少表明,政府有可能存在自利动机,而这种自利动机很可能会与供给纯公共物品所致力于实现的公共利益目标相悖。当政府的自利动机与公共利益目标不一致时,如果缺乏有效的约束机制和激励机制,政府单一供给方式实际上是无法确保良好的供给绩效的。因此,经典理论的首要问题就在于,它并没有设计可靠的制约机制来约束政府的不良动机,也没有考虑建立有效的激励机制来促使政府产生良善的供给意愿。

经典公共物品理论面临的第二个问题是,政府是否有足够的能力供给所有公共物品?本书把公共物品的供给过程区分为提供环节、生产环节、提供与生产的连接环节,因而本书所指的供给能力包括提供能力(主要是指公共财政能力及资源配置能力)、生产能力、连接提供与生产的管理协调能力。在经典理论看来,对于纯公共物品或具有典型纯公共物品性质的物品和服务,由于市场无法供给或供给不足(即存在市场失灵现象),它们都应该而且必须由政府来供给。经典理论先验地预设政府有足够的公共财政能力和管理能力供给所有公共物品,并预设公共生产部门

---

① 〔美〕安东尼 · 唐斯:《民主的经济理论》(姚洋等译),上海人民出版社 2005 年版。

② 〔美〕威廉姆 · A. 尼斯坎南:《官僚制与公共经济学》(王浦劬等译),中国青年出版社 2004 年版。

③ 〔美〕戈登 · 图洛克:《贫富与政治》(梁海音、范世涛等译),长春出版社 2006 年版;〔美〕戈登 · 图洛克:《特权和寻租的经济学》(王永钦、丁菊红译),上海人民出版社 2008 年版。

具有较高的生产能力。然而,经验性情形并非如此,许多发展中或欠发达国家与地区的公共部门实际上并不具备经典理论所设想的那种供给能力,中国部分地区义务教育发展过程中公共财政投入长期不足的情况即是如此。在政府供给能力不足的情况下,政府单一供给显然不能实现良好的供给绩效,此时,该如何供给纯公共物品?经典理论并没有解决这个问题。

对此,理论界存在另一种倾向,即公共物品供给的市场化。具有市场化倾向的人怀疑政府的供给动机和供给效率,而批评市场化的人们则认为,没有足够的证据能够证明私人部门比公共部门更有效率,而且私人部门很难或几乎不会像公共部门那样考虑公正与分配等政治因素。那么,出路究竟何在呢?

经典公共物品理论面临的第三个问题是,纯公共物品是否也像准公共物品那样,可以将供给过程区分为“提供过程”与“生产过程”?如果无法区分纯公共物品的提供过程与生产过程,供给机制的选择将非常有限;如果提供过程与生产过程可以明确地区分,那么纯公共物品的政府提供将并不意味着政府生产,即使是在政府提供的情况下,纯公共物品的生产环节也可引入更多的非政府机制。当然,提供与生产是否能够明确区分,需要视具体的纯公共物品而定。在能够区分提供与生产并且可以在生产环节引入非政府机制的情况下,政府生产机制与非政府生产机制孰优孰劣的比较才有意义。

经典理论面临的第四个问题是,(纯)公共物品的供给目的是什么,如何衡量其供给绩效?经典理论仅仅是从物品的消费特性来判断物品属性及其供给方式的,这其中几乎不考虑公共物品的供给目的。实际上,一个政治共同体供给某种公共物品,通常并不是因为它具有经典理论所强调的那些消费特性,而是因为共同体成员普遍需要这种公共物品。共同体成员之所以需要这种公共物品,既可能是因为这种公共物品本身具有值得追求的某种内在价值,也可能是因为这种公共物品的供给有助于共同体成员实现更高层面的价值,还有可能兼而有之。简言之,政治共同体供给公共物品的目的是为了实现特定的公共利益。正是如此,不同公共物品所致力于实现的公共利益目标是有差异的,对公共物品供给绩效的衡量也应该以公共利益的实现程度为准则。

此外,经典公共物品理论的另一个令人困惑之处在于其界定方式的局限性。经典理论仅仅把消费特性上严格具有非竞争性和非排他性的物品和服务看做是纯公共物品,然而,在现实生活中,一些并不严格具备这些消费特性的物品,政府常常也会如同对待经典理论所指称的纯公共物品那样,采取免费供给或低收费供给的方式加以供给。对此,本章随后将作进一步的分析和讨论。

正因为经典理论面临着上述诸多问题与困惑,经验世界中的一些纯公共物品实际上并非如同经典理论所设想的那样由政府单一供给,而是由政府机制与非政府机制复合供给的。这就意味着,经典理论有关“纯公共物品应该而且只能由政府单一供给”的观点不仅存在理论上的局限性,而且难以解释和指导纯公共物品供给的具体实践。

经典理论的困惑及其与经验性实践的矛盾,引发了本书所要研究的中心问题:纯公共物品由政府单一供给是否一定能够达到良好的供给效果?在既定的资源禀赋和制度约束条件下,纯公共物品应该采取什么样的供给方式才能实现良好的供给绩效?

讨论和解决这个中心问题的关键在于把握供给方式与供给绩效之间的关系,这也就是说,供给方式的选择是如何影响和决定供给绩效的。要把握这对关系,仅仅依赖抽象的理论论证是不够的,还需要有力的经验验证和事实支撑,因此,本书打算从上述理论问题出发,先进行理论反思工作,然后进入现实场景研究并获得相应的经验验证,最后再试图作出新的理论建构。本章的中心任务就是从理论层面反思经典公共物品理论。

四、理论反思与修正方向

归纳起来,经典公共物品理论在公共物品概念界定方式、公共物品供给致力于实现的公共利益目标，以及有关政府供给意愿和供给能力的假设等方面都还面临着诸多问题与困惑。在此，笔者着力从理论上分析和论证经典公共物品理论的局限性，并努力寻求其理论发展方向。

（一）公共物品界定方式的局限性及其修正

1. 经典理论界定方式的局限性

自萨缪尔森最初明确界定（纯）公共物品概念以来，从物品自身的消费特性来界定公共物品的方式一直为大多数公共经济学者所接受。这种界定方式是从消费角度对某一类物品之共性的经验概括，就那些具有显性公共物品或私人物品特征的物品而言，经典公共物品理论大体上可以较好地作出区分和解释。然而，一旦超出那些具有显性的两极特征的物品范围，即使在该理论的追随者（或者试图运用该理论的人）内部，对于如何判断一些物品的属性，也出现模棱两可和含糊不清的争论。概括地说，这些争论至少有三个方面：

其一，无法严格地确定一些物品的消费属性。以教育为例，大部分人认为教育因其社会效益而具有正外部性，所有社会成员对教育社会效益的消费（即对教育生产活动的间接消费）具有非竞争性和非排他性，但就受教育者的直接消费而言，则具有一定程度的竞争性和排他性，因而政府提供的教育是准公共物品。少数学者试图严格地遵循经典公共物品理论，认为增加一个受教育者（消费者），教育的成本会显著增加，边际成本很大，而且教育过程还能较为容易地实现排他。据此，斯蒂格利茨把教育称作“公共提供的私人物品”，至于为什么要由公共来提供作为私人物品的教育，他认为通常的解释是对“分配因素”的考虑。[①] 这种观点试图调和经典定义与现实情形的冲突，因为严格的经典定义倾向于把教育定位于私人物品，而现实中，政府以免费或低收费的形式提供和生产着大量的

---

① 参见〔美〕约瑟夫·E. 斯蒂格利茨：《公共部门经济学（第三版）》，第 116 页。此外，许多经典的公共经济学教材都有关于“公共提供的私人物品”的论述。

公共教育。这种调和在逻辑上是难以成立的:既然政府不仅提供而且生产着大规模的公共教育,那就意味着教育(至少公共教育)是公共领域的事物,为何又把它塞在私人领域中,不承认其公共性? 此外,既然以公共形式提供教育的理由是分配因素,而这种分配显然是政治选择并依赖于某种政治价值判断,与物品消费属性的判断无关,那么,用公共政治途径来解决私人物品的分配是否恰当? 对此,经典理论都没有继续追问。针对上述两种相左的论点,还有人提出,应该在区分教育阶段和类型的基础上来判断其物品属性。这些相互冲突的观点表明,即使从消费逻辑看,经典公共物品理论也不能合意地判断一些重要物品的消费属性。

其二,对于公共物品的属性是否具有可变性存在争论。根据公共物品的原初定义,它本是用于对那些既已存在的物品进行属性判断,如果物品自身的消费特征是确定的,就可以确定一种物品的公共或私人属性。因此,公共物品的属性应该是确定的、不可变动的。一些学者至今依然持不变论观点,认为对一种物品属性的判断不应受外界因素的左右,也不能认为在不同层面上具有不同的物品属性。若果真如此,公共物品理论就无法解释如下现象:(1) 一些原来无法实现竞争和排他的公共物品因技术条件的改善而可以实现竞争和排他,那它是否依然是公共物品? (2) 也有一些原本可以竞争和排他的私人物品,因制度安排的变化而极大地降低了竞争性和排他性,那它是否依然是私人物品? (3) 还有一些原来由政府提供的物品转变成由市场提供,而另一些原来由市场提供的则转变为由政府提供,那如何判断这两类物品的公共/私人属性,如何解释这两类物品的提供方式发生转变的原因?

针对不变论所无法解释的现象,越来越多的人在坚持经典定义的同时发展了公共物品的界定方式,认为物品的属性是可以改变的。实际上,如果严格地按照经典定义来判断一种物品是否为公共物品,那么,根据其内在逻辑,改变该物品的竞争性和排他性特征也就自然地要改变物品的属性判断。越来越多的公共经济学者意识到了这一点,正如哈维·S.罗森(Harvey S. Rosen)等人所言:"公共物品的分类不是绝对的","一种物品的特征还要取决于技术状况和法律安排"[①]。他们以港口灯塔为例解释了市场条件和技术状况的变化对物品属性的影响。在没有技术改变的情况下,一艘船只对灯塔信号的利用并不影响任何其他船只,且无法排除任何船只对灯塔信号的利用,灯塔是纯公共物品。然而,如果能把灯塔设计成只让装有特殊接收器的船只接收信号,那就可以容易地实现排他,它就不再是纯公共物品了。[②] 同样,对道路进入方式的限制也可以改变其物品属性。

可变论观点实际上也是针对经典定义局限性的一种妥协,这种妥协意识到了导致物品消费特征改变的因素,尤其注意到了制度安排对消费特征的影响。然而,妥协的可变论依然严格地遵循着根据消费特征判断物品属性的路径,并没有超越经典定义的界定方式。他们没有继续追问,既然技术状况和制度安排等因素能够改变物品的消费特征进而改变物品的公共或私人属性,那么,是否更应该从这些"致变因素"中去寻求判断物品属性的方式?在技术状况和制度安排等因素中,究竟什么因素才是更为根本性的?对于前一个问题,答案是肯定的,我们更应该从致变因素出发去判断物品的公共/私人属性;对于后一个问题,如果一种技术改善并没有被运用到物品供给中,那么技术改善本身似乎也不能改变物品属性,因此,制度选择可以决定技术取舍,制度选择因素是根本性的致变因素。

其三,难以解释提供方式转变条件下的物品属性。如果考虑这样一种情况(上述不变论观点难以解释的第三种现象),技术状况和制度安排都没有实质性改变物品的消费特征,但某种物品却由原来的市场提供转变为政府提供,那这种物品是私人物品还是公共物品?这类例子并不乏见,最为突出的就是政府提供的救灾物资,如食品和衣物等等。若仅从消费特征考虑,由于对救灾物资的消费显然具有竞争性和排他性(因为在救灾物资既定的情况下,一人的消费会减少另一人的消费,而且对于非灾区

① 〔美〕哈维·S.罗森、特德·盖亚:《财政学(第八版)》,第54—55页。
② 同上书,第54页。

人员具有显著的排他性,即使在灾区人员中,也存在低成本的排他技术),根据经典界定方式的逻辑,似乎应该把救灾物资界定为私人物品。然而,这种界定显然有悖于正常的判断。对此,或许可以认为,政府对灾区提供的是公共援助和社会福利,这类公共援助和社会福利是一种公共物品。这种解释实际上所针对的是通过救灾物资所呈现的公共服务,而不是救灾物资本身。

从上述三个争论中不难发现,经典公共物品理论根据消费特征界定物品属性的方式存在极大的局限性:它对部分物品(如教育)和某些特定情形中物品(如救灾物资)的属性,难以作出清晰的判断;对于物品属性的可变性,该理论还存有争议;关于制度选择对物品属性的决定作用,并未受到足够的重视。此外,我们还可以发现,所谓"公共提供的私人物品"中含有政治因素;像公共图书馆、博物馆和纪念馆之类的物品可以但有时却很少向使用者收费(或者收费非常低);另外,虽然市场可以提供基础教育和基本医疗保健等服务,甚至有可能提供得比较好,但政府依然选择以低收费或免费形式提供给部分或者全体公民。对于这些涉及公共选择因素的情形,经典公共物品理论无法给出令人满意的解释。如果我们想要继续使用"公共物品"这一概念,就不得不给出新的界定方式。

2. 公共物品界定方式的扩展性修正

以上分析显示,经典公共物品界定方式的根本局限在于,难以解释为什么许多公共物品特征并不明显甚至具有显著私人物品消费特征的物品和服务采取了政府提供或政府介入的方式。因此,对公共物品的修正性界定应该有助于解决这一问题。

(1) 正外部性需要公共政治安排介入。

既然不具有或仅微弱地具有公共物品特征的物品和服务采取了政府提供的方式,那必然意味着这类物品对于政治共同体的存续和发展是至关重要的。一般而言,它们的重要性在于其所能产生的正外部性。

在此需注意的是,外部性理论与公共物品理论是两个不同的理论,正外部性与公共物品是有所区分的。并不是所有产生正外部性的物品都严格地具有公共物品特征(如私人花园),经典意义上的公共物品可以看做是一种特殊的外部性。同时,也并不是所有产生正外部性的物品和行动都需要政府介入,有些外部性可以在市场环境中通过扩大经济单位的规模实现内部化,有些外部性可以根据科斯定理①加以解决,即在交易成本很低且导致外部性的原因容易确认的情况下,只要明确界定产权,就可以有效地解决外部性问题。

尽管如此,依然有许多外部性无法通过市场方式有效解决:一些产生正外部性的物品和行动因缺乏补偿而得不到有效激励;另一些产生负外部性的物品和行动因缺乏规制而得不到有效抑制。

为了获得某些物品所产生的正外部性,无论这种物品是否具有经典公共物品的消费特征,共同体成员往往都会通过公共政治安排将其纳入政府提供或政府干预的范畴;为了抑制某些物品和行动所导致的市场方式和自愿方式所无法解决的负外部性,往往需要政府干预将其有效抑制。因此,公共政治安排对于决定一种物品的公共属性具有至关重要的作用。

(2) 公共物品概念的扩展性界定。

这是否意味着可以放弃经典公共物品界定方式呢?恰恰相反,笔者认为,经典公共物品界定方式对于在消费上具有显性两极特征(非竞争性—竞争性;非排他性—排他性)的物品,依然具有较好的判断力和解释力。更为关键的是,并不是所有经典意义上的公共物品都采取了政府提供和政府干预的方式,不少经典意义上的公共物品依然是由市场供给或由公民自愿供给的,它们并没有被纳入政治议程,没有受到公共政治安排的影响。因此,若仅从公共政治安排角度判断一种物品是否为公共物品,必然会遗漏那些具有经典公共物品消费特征但却没有采取公共提供或公共干预方式的产品。

正因为如此,本书从两个具有相关性但相互独立的维度来界定公共

① 参考斯蒂格利茨所著《公共部门经济学(第三版)》和罗森等人所著《财政学(第八版)》对科斯定理的探讨。

物品:一种物品是否为公共物品,既可以取决于“物品自身的消费特征”,也可以取决于“公共政治安排”。根据物品自身的消费特征,一种物品如果具有经典理论所界定的公共物品属性,不管它采取何种供给方式,也不管它是否经过公共政治过程而被确定为公共物品,它都“必然是”公共物品。根据公共政治安排,一种物品不管它在经典理论意义上究竟具有何种属性,如果在公共选择和政治安排中将它“纳入或确定为”公共产品,进而主要采取政府提供(并不意味着政府生产)的方式,那么它也是公共物品。

在此我们需要着重说明根据公共政治安排来判断物品属性的维度。这与布坎南对公共物品的界定具有一致性,他认为:“任何集团或社团因为任何原因决定通过集体组织提供的商品或服务,都将定义为公共商品或服务。”①但是,本书的观点比布坎南的相对严格:首先,作出集体选择和政治安排的必须是合法性公共行动,而且这种集体选择和政治安排必须获得公共承认。其次,合法的承认意味着并不是任何原因都可以成立,将某种物品纳入或确定为公共物品,需要合理与合法的理由,具体包括:从价值层面看,一种物品自身具有重要价值,或者它能产生某种重要功能(正外部效应,包括收入分配功能),或者兼而有之;从供给层面看,政府供给方式能产生更高的效率,从而有利于节省公共资源。这两个层面的理由不需要同时具备。因此,之所以将某种物品“确定为”公共物品,其理由是,根据公共判断,这种物品“应该是”公共物品。

对于根据公共政治安排来判断物品属性这一维度,笔者注意到,不仅公共选择理论的首要代表布坎南采取这种方式,甚至一些公共选择理论的主要批评者也是如此。休·史卓顿和莱昂内尔·奥查德就认为,“公共物品的数量和种类必须通过政治选择来决定”,并声称“这些选择不可能

---

① 需要指出的是,布坎南的这一定义并不是经典公共物品理论中的定义。参见〔美〕詹姆斯·M.布坎南:《民主财政论——财政制度和个人选择》,商务印书馆 1993 年版,第 20 页。

通过对公共物品理论或社会选择理论的使用或者错用而得到改进"[①];他们"把所有那些其供给不是由市场需求而是由集体的政治选择决定的物品,即把任何由政府决定免费或以低费用供给其使用者的物品和服务,都看作公共物品"[②]。很显然,在捍卫政治选择对公共物品的决定作用这一方面,史卓顿等人的立场是十分坚定的,但在对经典公共物品理论的评判上却是激进而有所偏颇的。正如本书在讨论经典公共物品界定方式的有效性时所给出的理由一样,史卓顿等人的激进做法有可能遗漏许多并未纳入政治议程的公共物品。

概而言之,根据物品自身的消费特征,具备公共物品属性的都"必然是"公共物品;根据公共政治安排,不管自身物品属性如何,"应该是"公共物品的,都可以通过公共政治安排而"确定为"公共物品。

(二)公共利益目标对于公共物品供给的重要价值

关于公共物品供给致力于实现的公共利益目标,是经典公共物品理论存在的另一个关键性的疏忽。政治共同体供给不同类型公共物品的具体目的是有差异的。按照亚里士多德的观点,"有些事物是因其自身之故,有些事物是因另一些事物之故而被我们追求,有些事物被我们追求是同时因这两者而被我们追求"[③]。因此,从目的来看,供给一种公共物品或者是因为这种物品对于政治共同体及其成员具有某种内在的固有价值,或者是因为这种物品有助于政治共同体及其成员实现另一种更有价值的事物,或者兼而有之。所有这些目的可统称为公共物品供给所致力于实现的公共利益目标。经典公共物品理论的一个重要疏忽就在于,它几乎很少关注公共物品的供给目的,即公共物品供给所致力于实现的公共利益目标。实际上,公共物品供给不足、供给不良和供给过度,都不意

---

① 〔澳〕休·史卓顿、莱昂内尔·奥查德:《公共物品、公共企业和公共选择:对政府功能的批评与反批评的理论纷争》(费昭晖等译),经济科学出版社2000年版,第67页。

② 同上书,第68页。

③ 〔古希腊〕亚里士多德:《尼各马可伦理学》(廖申白译注),商务印书馆2003年版,译注者序第20页。

味着公共利益的切实实现。下面以一个拟真度较高的情境来解释公共物品供给不良是如何阻碍公共利益的实现的。

假设某一地方政府打算在城市郊区建设一个开放有序的集贸市场,其目的有两个:一是创造良好的市场环境以促进经济繁荣,二是作为城市化建设的组成部分以促进郊区城市化。所有公民都可以利用该集贸市场进行经贸活动,他们对市场环境的消费具有非排他性,在不拥挤且市场秩序良好的情况下,对市场环境的消费也具有非竞争性,因而开放有序的市场环境本身具有纯公共物品性质。为建设该集贸市场,必不可少的是需要一片土地。假设这片土地的最终所有权属于国家,但土地已被当地农民长期承包,承包者在法律规定的期限内拥有使用权和针对使用权的转让权(土地流转权)。地方政府规划集贸市场建设(这种规划并没有公民参与)的时候,土地承包契约远未到期,因而承包契约仍然有效,政府只能通过征地的方式取消承包契约,进而以国家代理人身份在拥有所有权的同时收回土地使用权。进一步的假设在于,地方政府委托开发商建设集贸市场,并授权开发商操作征地事宜和具体建设工作;建设费用由开发商投资但政府允诺其在一定期限内对集贸市场的部分场地(而非全部)具有使用权。在征地过程中,可能发生如下情况:(a) 部分农民认为政府给予的征地补偿远远不足以弥补其损失,因而不同意征地,但地方政府在未积极协商也未获得农民有效同意的情况下采取强行征收土地的措施。(b) 有一部分农民同样认为补偿不足,但考虑到地方政府附加的选择性条款(比如,对于同意征地者,允许其子女优先进入当地优质公办学校,反之亦然),勉强同意征收土地。(c) 还有一些农民同意征地,也接受补偿标准,但在规定期限内并没有如实得到相应补偿。在上述各种情况下,地方政府通过强制征收加少许补偿甚至拖欠补偿的方式取回土地使用权并由开发商建成了集贸市场。此后,对于地方政府允诺具有使用权的部分场地,在使用期截止之前,开发商通过租赁场地回收投资成本并获取投资收益。为获取高额租金或达到其他特定目的,开发商垄断场地(当然是政府授予使用权的那部分),对进驻商家既实施歧视性准入,又实行高额租价。歧视性准入排斥了经营部分商品的商家;高额租价引发其他所有场地租价虚涨,许多试图进驻的商家因租价太高而无法进入,部分场地则因闲置而没有得到充分利用。

该情境在现实中俯拾皆是,甚至更为复杂,我们的虚拟情景可以看做是现实情形的一个缩影。通过这一情景可以发现,作为公共物品的集贸市场确实已被供给,但是存在如下问题:首先,该集贸市场的供给是以损害具有土地使用权的农民的正当经济利益为代价的,这些农民承担了集贸市场的建设成本;其次,在缺乏积极参与和公共协商的情况下,公民的需求和利益无法得到有效表达,同时,地方政府强制征地的方式侵犯了公民正当的政治权利;再次,歧视性准入和虚涨的租价使得集贸市场作为公共物品并没有完全达到开放有序的产品合格标准,对公共物品的使用也不充分;最后,歧视性准入和虚涨的租价使得所有商家并不是在公平竞争中享受经贸权益,而扭曲的市场环境也使得普通消费者不能最大限度地分享集贸市场所能带来的便利。所有这些很可能会延缓甚至阻碍经济繁荣这一更高目标的实现,还可能延滞郊区城市化的进程。这个拟真案例表明,公共物品的不良供给有碍于公共利益的切实实现。

正如前文已指出的,不同类型公共物品的供给致力于不同的目的,因而具有不同的公共利益内涵。特定公共物品蕴涵的公共利益应视具体情况而定,但总体上取决于公共物品自身的功能性质和政治安排所设定的公共目标。一般而言,公共物品的供给及其分配从理论上可以细分为五个环节,每个环节都关涉一些具体的公共利益:

一是公共选择过程,包括对于是否供给某种物品所作的政治选择,对于供给什么数量和规格的公共物品所作的制度安排。该环节主要是公民意愿表达和公共决策的过程,关涉的公共利益至少包括有效表达公共需求、保障公民参政议政权利等方面。

二是提供过程,包括对于由谁提供公共物品、如何提供公共物品、如何配置资源,以及如何承担供给成本等方面所作的制度设计并为此进行的公共行动。该环节主要是资源配置和成本分担的过程,关涉的公共利益主要涉及职责分工的明确程度、资源配置的有效程度和成本分担的公正程度。

三是生产过程,它是资源投入转换成产品产出的过程。该环节通常与生产成本和生产效率有关,在有些情况下会涉及公民参与权和监督权,有些情况下则不会涉及。

四是供给成果衡量,主要是指公共物品的产品合格状况及它所诉求的目标的实现情况。产品合格状况是就公共物品自身而言的,其衡量标准通常包括生产效率和产品质量。公共物品所诉求的目标则是超越于物品本身的,该目标是否实现取决于公共物品所产生的效果或影响(由此可见,生产效率并不等于供给效果),它通常由政治安排所设定的公共利益目标或者公共物品的内在规定性所指向的目标来衡量。

五是公共物品分配,它涉及成果和利益分配的公平程度,涉及公民分享公共物品及其带来的公共利益的公平程度。

在实践中,公共物品供给的环节或许并不会如此细致,对于一些公共物品,公共选择过程和提供过程是一并进行的,生产过程与供给成果的衡量(甚至分配过程)也可合在一起,但也有不少公共物品的供给具备这些环节特征。

对供给环节的划分表明,公共物品有可能在损害某些公共利益的情况下得以供给,也可能在供给之后并没有实现预设的公共利益目标。供给方式选择——无论是政府单一供给,任意一种非政府机制单独供给,还是政府机制和非政府机制的有效组合(从政府单一供给到完全市场化供给或完全自主供给的连续统一集)——必须能够最大限度地实现公共物品供给所致力于实现的公共利益目标。

(三)公共物品政府单一供给与市场化的有限性

对公共物品概念的修正性界定强调公共政治安排的决定作用,进而将许多不具有经典意义上公共物品消费特征的物品和服务纳入了公共物品的范畴,从而增强了公共物品概念的应用性和解释力。许多物品和服务因为政治选择和制度安排而改变了物品属性。就本书所关注的义务教育而言，作为小学和普通初中阶段的基础教育，从消费属性看并非严格意义上的纯公共物品，但通过国家层面的政治选择和法律制度安排，这一阶段的基础教育转化成了法定义务教育，从而具有了显著的纯公共物品特征（第二章将对此作出论证）。尽管如此，在现实生活中，能称得上纯公共物品的物品依然不多，但这并不意味着讨论纯公共物品的供给没有意义。相反，“正如对完全竞争的分析能够引出关于现实市场运行的重要结论一样，对纯公共物品的分析可以帮助我们理解公共决策者所面临的问题”①。

为了论述的方便，我们再次回顾经典公共物品理论有关供给方式选择的普遍观点：纯公共物品应该而且只能由政府供给，准公共物品以政府供给为主，同时也可以由市场供给，而私人物品总体上应该由市场供给，但也存在由公共机构提供私人物品的情况。这些观点的具体论证形式在西方公共经济学经典教材中得到了较好的介绍②，后文有关经典理论观点的概述大体取材于此。

就私人物品供给而言，除上文对所谓“公共提供的私人物品”的物品属性界定有所质疑外，本书大体接受经典理论有关私人物品供给方式的判断。就准公共物品供给而言，随着经典理论的逐步修正和发展，尤其是肯定了非政府组织供给和公民自愿供给③的作用之后，其观点的合理性也有所增强，但不同学者对非政府组织供给和自愿供给的重要性程度仍然存在广泛的争论。

本书集中讨论有关“纯公共物品应该而且只能由政府供给”的观点，试图在理解经典理论内在逻辑的基础上论证其合理性和有限性，在这一

---

① 〔美〕哈维·S.罗森、特德·盖亚：《财政学（第八版）》，第54页。

② 具体可见：〔美〕约瑟夫·E.斯蒂格利茨：《公共部门经济学（第三版）》，第109—126页；〔美〕哈维·S.罗森、特德·盖亚：《财政学（第八版）》，第53—66页；〔英〕C.V.布朗、P.M.杰克逊：《公共部门经济学（第四版）》，第50—72页；以及其他西方公共经济学经典教材和著作。

③ 关于公共物品的自愿供给，布坎南给予了较为充分的论证。参阅〔美〕詹姆斯·M.布坎南：《公共物品的需求与供给》（马珺译），上海人民出版社2009年版。

讨论过程中,不可避免地会涉及准公共物品供给问题,由此得出的结论仅仅适用于一般意义上的公共物品供给。此外,本章还力图证明,所有公共物品的供给,无论是纯公共物品还是准公共物品,在涉及“政府供给意愿”和“政府供给能力”的问题上,经典理论都存在着严重的局限性,因为该理论预设了“好政府”的普遍存在,并且预设政府有足够的财政能力和管理能力来提供市场无法或不愿供给的公共物品①。

1. 政府供给公共物品的理由

首要的问题是,为什么要诉诸政府来供给公共物品,公共物品的供给何以成为政府的职责?经典公共物品理论的回答是,公共物品供给的市场失灵(消费不足与供给不足)导致需要政府供给。可是,公共物品的市场供给为什么会失灵呢?经典理论把它归结于(纯)公共物品的两个消费特征。

首先,从非竞争性特征来看,假设一种物品具有消费的非竞争性,无论是否排他都会产生市场失灵:(a) 如果这种物品具有排他技术并且通过排他来收费,用以补偿私人供给公共物品的成本,由于消费的非竞争性意味着增加一个消费者的边际成本为零,将一些消费者排除在外必然导致公共物品的消费不足,这是市场低效率的一种表现。因此,只要一种物品具有非竞争性,即使可以排他,从经济效益的角度看,也缺乏排他动力。(b) 如果缺乏排他技术或排他成本很高,那就意味着无法通过收费来补偿(或者说收费不足以补偿)私人供给成本,激励机制的缺乏必然导致市场供给不足,这也是市场失灵的表现。由此可见,非竞争性消费使得排他不可取,因为它导致消费不足,而不排他又会导致供给不足,这就为政府供给提供了理由。

其次,从非排他性特征来看,假设一种物品具有消费的非排他性,任何一个人都不能或难以被排除在这种物品的消费之外。在市场供给情况下,任何消费者都可以设想,倘若这种物品是所有人都必需的,即使自己

---

① 反对这种假设的另一个极端是主张私有化,本书也会有所讨论。

通过隐瞒偏好来避免付费，其他人也会提供这种物品，于是，就会出现搭便车问题。如此一来，价格机制就难以在这类公共物品的市场供给中有效运行，搭便车问题将导致公共物品无人供给或供给不足。在这种情况下，经典理论提出，如果某种公共物品是共同体所必需的，那么政府供给就责无旁贷，因为政府拥有通过税收强制人们付费的合法权力。

总之，在市场条件下，公共物品的非竞争性导致消费不足或(和)供给不足，非排他性引发偏好隐瞒与搭便车问题进而导致无人供给或供给不足，市场失灵是政府供给公共物品的基本理由。针对经典理论的这一观点，笔者分别从现实情形和理论逻辑上展开分析。

就现实情形而言，非排他性所隐含的搭便车问题并没有像经典理论预设的那样普遍泛滥。相反，即使没有政府强制，现实中依然存在许多由私人自愿供给公共物品的例子，如私人募集资金修建和维护学校、公路、水渠、池塘、图书馆、博物馆等公益设施，社区自主联合提供消防和治安服务；也存在一些由独立的公民社会组织(也被称为第三部门)提供公共物品和公共服务的情况。对此，许多西方公共经济学者也意识到并承认这一点，斯蒂格利茨和罗森等人在介绍公共物品理论时都有所提及(强调这点是为了讨论的公允起见)。但斯蒂格利茨认为，虽然有私人提供非排他性公共物品的例子，不过“这通常是因为，有一个大消费者，其直接利益如此之大，以至于他会为了自己而提供。他知道有从他的行动中受益的搭便车者，但决定供给多少时，他只是视自己的直接利益而定，而不看给其他人带来的利益……因此，即使公共物品也有私人提供，但供给将不足”[①]。显然，他对私人提供公共物品的承认是比较勉强的，其解释也不符合那些基于社会责任感而提供与切身利益无关的公共物品和服务的公益行为，即使像私人募集资金修建学校这类看似与自身利益紧密相关的情况，往往也并不存在他所声称的那种大消费者。罗森等人也接受一些公共物品可以由私人提供的看法，但他们坚信纯公共物品只能由政府提

① 〔美〕约瑟夫·E.斯蒂格利茨：《公共部门经济学(第三版)》，第113页。

供(当然他们严格地区分“提供”与“生产”),其结论是:私人市场不太可能以帕累托效率数量生产纯公共物品,虽然有时候公共提供的物品(按笔者的理解,他们所指称的应该是准公共物品)也可以由私人提供,但像国防这样的纯公共物品则不能由私人提供。[①] 这一观点的前半部分在很多情况下是具有合理性的,但后半部分认为以国防为代表的纯公共物品不可以由私人提供则言过其实。

就理论逻辑而言,经典理论认为公共物品供给的市场失灵导致政府供给的必要性,因而把市场失灵看做是政府供给的逻辑起点。正因为如此,对于那些市场可以有效供给但现实中却由政府大量供给的公共物品(如保险、教育),经典理论的市场失灵逻辑就不再具有解释力,以至于有些人索性将这类物品不太恰当地归为“公共提供的私人物品”。实际上,政府供给公共物品并不一定是因为市场失灵,而是因为政治共同体确实需要那些公共物品。一般而言,政府需要并且供给公共物品的目标是多维的:一是确立并传播那些有助于维系共同体存续与发展的共同信仰与伦理观念、价值标准及行为准则;二是构建并维系那些促进共同体良治有序的法律原则、体制架构和制度安排;三是保障共同体成员追求自由幸福生活的基本条件和可行能力;四是提供那些市场无法有效供给但共同体必需的基本公共物品;五是在国家法律制度的指导下改善收入分配状况,尤其在直接分配货币收入难以实现的情形下,更需要通过供给公共物品来实现;六是在实现上述目的及其他更为广泛的公共目标的过程中,保证公民权利并确保社会平等和公正,如此等等。因此,政治共同体的公共需求才是政府供给公共物品的真正逻辑起点。市场失灵既不一定是政府供给的必要条件——政府会基于分配因素等其他目的而提供市场能够有效供给的公共物品,更不是政府供给的充分条件——那些缺乏公共需求的物品,即使存在市场失灵,政府也不必和不会供给。只有在存在公共需求而又存在市场失灵的时候,市场失灵才为政府供给提供了必要性理由。

---

① 〔美〕哈维·S.罗森、特德·盖亚:《财政学(第八版)》,第66页。

2. 政府供给能力的有限性

如前所述，政府供给公共物品的真正逻辑起点是共同体的公共需求，而不是经典理论所声称的市场失灵。虽然市场失灵是决定政府供给的一个重要变量，但绝不是充分的变量。实际上，无论是否存在市场失灵，政府都有供给一些公共物品的必要，可问题是，政府有能力供给所有公共物品吗？

经典公共物品理论一个最大的缺陷，就是几乎不考虑政府是否有足够的公共财政能力和管理能力来供给公共物品，他们共同的潜在预设是，只要市场无法供给或供给不足，政府就应该供给而且有能力供给，然而实际情形远非如此！

从资源禀赋条件和公共财政能力来看，经典公共物品理论是以西方发达国家的经济发展水平和经验世界为背景考虑问题的，他们（包括西方学界对经典理论的批评者）很少关注到资源禀赋条件对政府供给能力的约束，通常潜在地预设政府有充分的税收和财政能力来支付公共物品的供给。然而，大部分发展中国家与经济欠发达国家及地区并不具备经典理论所预设的资源禀赋条件，有些国家和地区的财政能力甚至还不足以维持政府本身的正常运转，因而公共物品供给的市场失灵并不意味着政府有能力供给。受资源禀赋约束的政府往往不得不根据轻重缓急程度来选择公共物品优先供给的次序。这种情形在中国教育领域特别明显。20世纪80年代以来，中国就逐步确立起教育优先发展的战略，然而总体的教育投入至今依然严重不足。在教育领域内部，义务教育是投入重点，但公共财政投入不足的情况至今尚未得到彻底改变，一些贫困县市的公共财政依然是教育财政。虽然经典公共物品理论从20世纪50年代以来已有近六十年时间，但就公共资源匮乏所导致的政府供给能力不足的问题，不仅没有得到很好地修正，甚至尚未激发普遍的意识。

从政府供给意愿和管理能力来看，即使不考虑资源禀赋条件，也就是说，假设政府有相对充足的公共财政资源，政府是否会自动地生成良好的供给意愿并具备有效的管理能力呢？这是涉及政府供给能力的另一个方面。经典公共物品理论并没有考虑这一问题,而是先验地预设一个“好政府”。然而,公共选择理论有关政党和官僚自身效用最大化、政府预算规模最大化以及寻租理论的研究①,不仅对“好政府”的先验预设构成了巨大的挑战,而且由此推导出的政府规模庞大、公共物品供给过度的结论,恰恰与经典公共物品理论所提出的供给不足的论点完全相反。尽管公共选择理论本身的理论基石和一些结论与现实的切合度受到不少质疑,但这些理论对政府运行状况的描述,确实在相当程度上能够契合经验世界和实然政府。这提醒我们,政府不仅有自身的利益,而且还极有可能将自身利益置于公共利益之上(一些公共选择理论的追随者甚至不相信公共利益的存在)。在此需要注意的是,公共选择理论对“好政府”的批评并不全面,他们更多的是从行为主体的动机出发来怀疑政府供给意愿,认为扭曲的供给意愿导致公共物品的供给过度,然而,他们并没有考察政府在具有良好供给动机情形下的供给能力问题。退一步说,假定政府由于内在的自觉或(和)外在的压力具有良善的供给意愿,这也并不意味着政府具备卓越有效的管理能力,因为管理能力还深深地受到政治结构和行政体制框架的影响,这种管理能力对于连接提供与生产,提高资源配置效率,具有至关重要的意义。

3. 政府提供并不意味着政府生产

政府资源禀赋和管理能力的有限性大大限制了政府的供给能力;在资源禀赋充足的情况下,政府供给意愿的扭曲又可能造成政府规模过度膨胀。总之,供给不足和供给过度两种情形的存在令人不得不怀疑政府单一供给的效率。于是,有人提出要区分公共物品的提供与生产,政府主要负责宏观提供,生产事宜可通过各种方式交由私人部门和第三部门。以此为基础,又有人提出公共物品供给的市场化主张。这些观点都需要进一步讨论。

---

① 这类文献相当丰富,典型的代表文献有:〔美〕安东尼·唐斯:《民主的经济理论》;〔美〕威廉姆·A. 尼斯坎南:《官僚制与公共经济学》;〔美〕戈登·图洛克:《贫富与政治》;〔美〕戈登·图洛克:《特权和寻租的经济学》。

目前看来,区分公共物品提供与生产的做法已不再是什么新鲜观点,但它对于公共物品理论的发展却具有重要意义,在某种意义上,它甚至拯救了公共物品理论,使其继续存活于理论家们的工具箱中,同时,它还为现实生活中的私有化浪潮提供了理论依据。萨瓦斯认为,这种区分“是整个民营化概念的核心,是政府角色界定的基础”[①]。

尽管有如此重要的地位,经典公共物品理论对提供与生产的区分和运用是非常滞后而缓慢的。早在 1959 年,著名的意大利公共财政学家理查德·A. 马斯格雷夫(Richard. A. Musgrave)就曾指出,公共需要的提供和生产有所不同,应根据不同标准来决定各自的适当范围。[②] 然而,马斯格雷夫的这一强调并未引起足够的关注和重视,经典公共物品理论在很长时期内并没有充分意识到这一点,更没有给出理论上的划分,以至于在提高政府供给能力、改善供给效率的问题上一直诉之于集提供和生产于一身的大规模政府。

实际上,较早从理论上区分提供与生产的,并不是来自经典公共物品理论内部,而是来自多中心治理学派。1961 年以来,文森特·奥斯特罗姆和查尔斯·蒂布特等人开始意识到区分这两种活动的重要性,认为“公共物品与服务的供应和生产的区分,开辟了重新界定公共服务经济中经济职能的最大可能性”[③]。不过,这种重要的概念区分对学界和实务界的影响都是缓慢的,一段时期内也没有形成系统的理论,直到 1987 年,罗纳德·J. 奥克森才从理论上较为系统地区分了公共物品的提供与生产间

---

① 〔美〕E. S. 萨瓦斯:《民营化与公私部门的伙伴关系》,第 68 页。

② Richard A. Musgrave, *The Theory of Public Finance: A Study of Public Economy*, New York: McGraw-Hill Book Cpmpany, 1959, p. 15.

③ Vincent Ostrom, Charles M. Tiebout and Robert Warren, “The Organazation of Government in Metropotitan Areas: A Theoretical Inquiry”, in *American Political Science Review* 55, December 1961, p. 838. 转引自〔美〕罗纳德·J. 奥克森:《治理地方公共经济》(万鹏飞译),北京大学出版社 2002 年版,第 8—9 页。重要的文献还有:Vincent Ostrom and Elinor Ostrom, “Public Goods and Public Choices”, in Vincent Ostrom, *The Meaning of American Federalism*, Oakland, Calif.: ICS Press, 1991.

题。[①] 作为文森特·奥斯特罗姆的学生,奥克森深受前辈的影响,他认为公共物品和服务的"提供"是一系列与集体选择有关的事情,它所要解决的基本问题是偏好表达、财政平衡和问责制度;公共物品的"生产"则是如何将资源投入转化为产品或服务产出的技术过程;而提供与生产的"连接"具有多种形式,具体包括内部生产、协调生产、共同生产、政府间的合同生产、私人合同生产、特许生产及凭证生产,等等。[②]

多中心治理学派区分提供与生产的观点,很大程度上影响了经典公共物品理论,后者在吸纳那些有益观点的基础上得到了长足发展,甚至出现了公共物品多中心供给理论。提供与生产相区分的观点还被纳入到西方公共经济学的经典教材中,成为经典公共物品理论的重要组成部分。

尽管如此,经典理论在提供与生产的区分上依然还有尚待解决的问题。第一个问题是如何连接提供与生产?虽然奥克森及后来研究多中心供给的学者探讨了如何连接提供与生产的问题,但他们更多的是从技术层面考虑连接方式,这些技术细节仅是问题的一个方面,另一个更为重要的方面是作为连接提供与生产的核心环节的政府管理能力,这是经典公共物品理论至今尚未重视的领域。如果先验地预设政府有充分的信息和能力来寻找恰当的连接方式,显然是不太契合实际的。因此,如何改善政府管理能力,必然成为公共物品理论需要考虑的因素。第二个问题是,公共提供(及公共生产)与私人提供(及私人生产)的有效组合是什么?与它紧密相关的争论,则是公共物品供给的市场化程度。

4. 公共物品市场化供给的局限性

公共物品供给的市场化是指把原本(或应该)由政府供给的物品和服务交给私人部门去供给(包括提供与生产)或由私人部门去生产。市

---

① 1985 年,奥克森作为一名高级分析人员加入了政府间关系全美委员会,从事城市治理的研究。1987 年,他执笔写成了名为《地方公共经济的组织》的委员会报告,后来该报告以《治理地方公共经济》一书出版。

② 〔美〕罗纳德·J. 奥克森:《治理地方公共经济》,第 8—23 页。

场化供给的一种极端情况是狭义的私有化。[①] 无论是出于对政府供给能力不足还是供给规模过大的忧虑，人们往往都会诉诸市场的力量。担忧政府供给能力的人期望借重的是市场的丰富资源，而批判政府供给过度的人更希望引入市场机制和竞争机制来提高供给效率。当然，同时对市场也深表怀疑的人，或许会对社会组织青睐有加。限于主题和篇幅，笔者在此仅讨论市场化取向。

市场化供给的支持者可以列出一串长长的清单用以证明市场化的优势，这一清单无非有两个指向：一是为市场供给的优势进行自我辩护，二是对政府供给的缺陷和劣势进行强烈批评。

支持者认为，市场化供给可以扩大资源渠道、弥补公共资源禀赋的匮乏状况；可以满足公民对不同类型及数量公共物品的多元需求；可以引入市场机制和竞争机制，节省生产成本，提高资源配置效率和公共物品的生产效率；可以明确划分政府职能，使政府专注于提供方面，提高政府对公民需求的回应能力。他们相信，只要存在公民偏好的多样性，私人提供就相对更有效。美国前总统里根也曾为市场化优势进行辩护，认为“这种策略可以保证生产那些消费者需要的服务，而不是生产政府官僚选择的服务”[②]。

在自我辩护的同时，市场化供给的支持者还细数了政府供给存在的缺陷，认为公共部门的管理者无须考虑成本和利润，也不必担心公共企业的破产和被兼并，因为政府往往会重新注入资金保护低效率公共企业的继续存在；利润观念的淡漠也使管理者缺乏动力去监管公共企业以提高资源配置效率和产品生产效率；公共部门管理者的晋升不是依靠公共企业的绩效，而是政治选票或上级的赏识；公共企业员工的报酬通常也与生产绩效没有直接关联；政府往往以整齐划一的方式供给公共物品，难以满

① 西方学界经常使用“私有化”（privatization）一词，但“私有化”在中文语境中容易引起狭义的产权私有化理解，往往不能直观地反映“公共提供＋私人生产”的组合情况。因此，笔者选择“市场化供给”这一含义更广的术语。

② 转引自〔美〕哈维·S.罗森、特德·盖亚：《财政学（第八版）》，第63页。

足公民的多元需求,对公民需求的回应度也较弱,如此等等。所有这些以及其他更多缺陷,使得政府供给或生产公共物品缺乏有效的激励机制,进而导致供给效率低下。

市场化支持者所列出的理由看上去似乎言之成理,而且也能找出部分证据来支持他们的某些判断,然而市场化供给的反对者则认为,事实并非完全如此。

首先,市场化供给并不一定能够及时回应公民需求,政府供给也不一定总是忽视消费者偏好。能否有效满足公民需求并不取决于采取市场供给还是政府供给,而是取决于是否存在垄断,或者说是否存在竞争。如果市场条件是垄断性的,市场供给也会缺乏消费者利益至上的激励;相反,如果政府供给也在非垄断的环境中运行,同样也能顾及公共需求。

其次,并没有系统的经验事实证据能够证明私营企业的效率比公共企业高,市场化支持者实际上高估了私营企业所能节省的生产成本。史卓顿等人指出,"私营企业在总体上并没有表现出比公共企业更有效率","在许多产业中,公有制和私营制可能同样有效率"①。他们还认为,"只要存在好的政府,公共物品的供给就能和市场物品一样有效率,而且比提供给具有不同收入的人们的市场物品的供应更公平。在供应不良的地方,常常需要改进供应而不是减少供应"②,其理由与改进而非减少必要的市场物品的无效率供给是一样的。

再者,政府供给和市场供给有时候并不能如此简单地进行效率比较:一方面是不具有可比性,因为政府供给往往关注比效率广泛得多的公共目标,如基本生活保障、公民参与权、公平公正等等;同时,也缺乏科学可信的比较标准。另一方面,供给效率高并不意味着供给效果好,市场供给往往提供给有支付能力的人,那些急切需要却无法支付的人,并不能从市场上获取公共物品。

---

① 〔澳〕休·史卓顿、莱昂内尔·奥查德:《公共物品、公共企业和公共选择:对政府功能的批评与反批评的理论纷争》,第148页。

② 同上书,第89页。

总之，市场化供给的反对者认为，没有理由把低效率与公共企业联系在一起，政府供给和市场化供给各有千秋。

在这场争论中，市场化供给的一些优势即使在批评者那里也得到了不同程度的认可，比如在偏好多样化的情形中确实能更好地满足多元需求，能更好地引入竞争机制和激励机制，能较好地引入市场资源以弥补政府在某些领域的匮乏状况，还可以基于“政府提供 + 市场生产”的模式，运用契约手段形成多种供给方式组合，如此等等。然而，也有越来越多的人意识到，市场化供给所关注的目标过于狭隘，它难以实现政府所致力于达成的比效率目标广泛得多的公共目标和多样公共价值；不仅如此，即使在生产效率这一长期被认为是市场优势的方面，也缺乏足够可信的证据。这表明，市场化供给有其自身的局限性，虽然公共物品的有效供给不能单独依靠政府，但也不能完全依赖于市场。

5. 理论预设：政府机制与非政府机制的有效组合

实际上，越来越多的研究发现，一些公共物品的供给和公共事物的治理既没有依靠政府的力量，也没有采取市场的形式。作为介于政府与市场的中间力量，社会组织在提供公共物品和公共服务的过程中正在并将继续发挥越来越重要的作用。萨拉蒙等人的研究证实了这一点。① 此外，公民自主组织和自主供给也是公共物品供给的一种重要方式。以埃莉诺·奥斯特罗姆为代表的多中心治理学派通过对公共池塘资源、都市警察服务和农村基础设施的自主组织和多中心供给的深入研究，不仅发现了超越于政府和市场之外的自主组织和自主供给力量，还强调了多中心制度安排对于公共治理的重要意义。②

---

① 〔美〕莱斯特·M. 萨拉蒙等：《全球公民社会：非营利部门视界》（贾西津、魏玉等译），社会科学文献出版社 2007 年版；〔美〕莱斯特·M. 萨拉蒙：《公共服务中的伙伴：现代福利国家中政府与非营利组织的关系》（田凯译），商务印书馆 2008 年版。

② 〔美〕艾莉诺·奥斯特罗姆：《公共事物的治理之道：集体行动制度的演进》；〔美〕埃莉诺·奥斯特罗姆等：《公共服务的制度建构：都市警察服务的制度结构》（宋全喜等译），上海三联书店 2000 年版；〔美〕埃莉诺·奥斯特罗姆等：《制度激励与可持续发展：基础设施政策透视》（陈幽泓译），上海三联书店 2000 年版。

然而，需要注意的是，无论是政府还是市场、公民社会组织还是自主治理，通常都难以单独依靠自身力量提供政治共同体所需的全部公共物品和公共服务，每一种供给方式都有自身的缺陷和难以企及的领域。当我们试图从这些丰富的工具箱中仅仅选择任何一种时，我们都可以发现，它并不能满足公民对不同种类和不同数量公共物品的需求。多中心供给理论虽然强调了多元供给的重要性，但对各种供给方式的互补性和结合方式，尚未给予足够的重视。正因为如此，政府机制和非政府机制（包括市场机制、非政府组织机制和自治机制）的互补合作，就成为解决公共物品供给问题的努力方向。可是，政府机制与非政府机制的有效组合方式是什么，依然是一个尚待经验验证和理论证明的问题。

本章首先简要梳理了经典理论有关公共物品概念的界定方式及其分类，概述了经典理论在公共物品供给方式选择方面的普遍观点，然后根据经典理论面临的困惑提出了本书所要研究的中心问题——纯公共物品由政府单一供给是否一定能够达到良好的供给效果？在既定的资源禀赋和制度约束条件下，纯公共物品应该采取什么样的供给方式才能实现良好的供给绩效？最后，本章分别从（纯）公共物品的概念界定、供给目标、供给方式三个层面反思了经典理论的合理性和局限性，尤其检视和分析了政府单一供给和市场化供给这两个极端取向的优劣所在，并且针对纯公共物品供给模式的选择预设了一种有待经验验证的理论方案。

在理论反思和理论预设的基础上，我们接下来需要选择一个适切的经验研究对象，着重考察纯公共物品的实际供给过程，一方面为我们的理论反思提供经验上的证据，另一方面为验证我们的理论预设，并把这种理论预设发展为一种关于纯公共物品供给模式选择的新理论——复合供给理论——提供可靠的经验基础和事实支撑。

第二章　经验研究对象与分析框架

第一章提出了本书致力于解决的中心问题——在既定的资源禀赋和制度约束条件下，纯公共物品应该采取什么样的供给方式才能取得良好的供给绩效。针对经典公共物品理论关于纯公共物品只能由政府单一供给的观点，笔者已从理论上提出了反思和批评，同时也对另一个极端——市场化倾向——给予了足够的提防，并且提出了一种有待经验验证的理论预设，即通过政府机制与非政府机制的有效组合来供给纯公共物品。

本章的目的是选择适切的经验研究对象，并为后续的经验验证和理论论证设计一个合理可行的分析框架。义务教育作为一种典型的且广为人知的纯公共物品，正是本书理想可行的经验研究对象。显然，我们有必要交代一些与经验研究对象相关的背景因素，包括义务教育的物品属性、国家制度安排和行动主体框架。本章将分别从教育意义和产品意义两个方面论述义务教育的物品属性。在教育意义上，义务教育是整个教育体系的基础组成部分，其最终目的是培养完善的人，这种交代表明了笔者在教育哲学上的基本立场；在产品（或服务）意义上，笔者接受并论证"义务教育具有典型纯公共物品性质"的观点，将之作为全书分析的立论基础。中国义务教育的国家制度安排一方面体现在办学体制、管理体制和经费投入保障机制等明确的制度规定上，另一方面也体现在这些制度安排所蕴涵的公共利益目标中，这种公共利益目标正是评价义务教育供给绩效的最终标准。国家制度安排在运行过程中会涉及一系列行动主体，从教育的经济过程看,他们分别是需求者、供给者和消费者;从教育的政治过程看,他们分别是决策者、管理者、执行者和监督者。

为便于进入现实场景研究中国义务教育供给的经验模式,本章还将基于供给方式与供给绩效之间的内在联系建立全书的分析框架,然后把这一分析框架应用于中国义务教育供给的研究当中,在此基础上,设计中国义务教育区域供给模式的归纳路径。

一、经验研究对象的选择:中国义务教育

在现实生活中,严格符合经典理论所界定的消费的非竞争性和非排他性特征的纯公共物品实际上非常少,因而经验研究对象的选择是相对困难的。本书之所以选择中国义务教育及其供给作为经验研究对象,是因为理论界普遍认为义务教育非常接近于纯公共物品:从全体公民对义务教育所产生的社会效益(国家政治认同、社会稳定、国民素质整体提升、经济发展)的消费来看,这种消费确实具有非竞争性和非排他性。不仅如此,义务教育的均衡发展也是当前中国迫切需要解决的现实问题,以中国义务教育为经验研究对象,对于总结中国义务教育发展中的有益经验、推动中国义务教育均衡发展、公平发展和优质发展甚有助益。

本书以中国义务教育为对象进入现实场景研究的理论目的有二:一是证明纯公共物品不仅可以采取政府单一供给方式,而且也可以采取多样化的复合供给方式,这可以从经验层面验证经典理论的不完备性;二是通过分析现实场景中供给方式与供给绩效之间的关系,为构建纯公共物品的复合供给理论提供经验基础。

在进入现实场景研究之前,有必要交代与中国义务教育供给相关的背景因素并给出一个理论分析框架。与中国义务教育供给相关的背景因

素主要有四个方面[①]:一是作为一种基础教育的义务教育的本质属性,即教育特性,笔者坚持义务教育的最终目的是培养完善的人,主张一种全纳式教育;二是作为一种物品和服务的义务教育,笔者接受和论证“义务教育具有典型纯公共物品性质”的观点,并将之作为全书分析的立论基础;三是中国义务教育的国家制度安排,以及由此所推导出的评价义务教育供给绩效的标准;四是义务教育制度运行中的行动主体及其关系结构。

设计公共物品和公共服务的供给方式,必须契合该物品和服务的基本属性,方能实现它所致力于达成的公共利益目标。同样的,试图设计一个合理有用的分析框架用以合意地分析解释中国义务教育供给的具体实践,也必须立足于义务教育自身的物品属性。

在公共物品供给理论中,人们通常运用公共经济学的核心概念,从产品意义上来界定一种物品的基本属性,具体涉及物品的提供、生产和消费过程。一般所指的物品属性,均是就产品意义而言的,也可称为“产品属性”。然而,对义务教育这一特定物品(服务)来说,产品意义上的物品属性仅是其中一个方面,另一个更为基础和本质的方面是教育意义上的本质属性,即它的“教育特性”。本书将从这两种意义上来界说义务教育的物品属性。

(一)作为一种基础教育的义务教育:人本关怀

作为整个教育体系中的一个基础组成部分,义务教育既有一般教育的共性,又有与众不同的特性。系统地考察义务教育的教育性质是教育学基础理论和教育哲学的研究课题,笔者主要从其内涵、独特地位、最终目的及实施原则等方面择其要而述之。

1. 义务教育的概念及内涵

根据《第一次中国教育年鉴》所作的词源考察和诠释:

---

① 埃莉诺·奥斯特罗姆等人在研究基础设施发展政策的过程中开发了一套制度分析的理论框架,该理论框架由物品属性、制度属性和人之属性(人的动机和行为选择)三个因素构成,这对我们分析公共物品供给问题也有借鉴意义。参见〔美〕埃莉诺·奥斯特罗姆等:《制度激励与可持续发展:基础设施政策透视》,中文版译序第5页。

> 义务教育一语,系由日人就英语 compulsory education 译出,我国沿用之。英语 compulsory 原含强迫之义,亦有为强迫教育者,盖就人民之责任言,则为义务,就国家之政策言,则为强迫,两义皆相通。又有将“义务”二字作广义解释者,谓人民对国家有使其及龄之子女受国民教育之义务;同时,国家对人民有使人民在学龄期间受国民教育之义务。①

这种解释把义务与强迫看做是相通的,也界定了国家和人民之间的相互义务,并把二者的义务置于同等重要的地位。著名教育家袁希涛从行动主体的角度对义务教育概念作了更详尽的分析:

> 若更就义务教育本体而分析之,则有下列各方面:(甲)谓国内人民,在国家规定之学龄期间,有应尽教育之义务;(乙)谓父母或其家长,对于在学龄期间之子女,或其监护之儿童,有绝对使之受教育之义务;(丙)谓国家对于人民,在学龄期间,有制定法律使受教育之义务;(丁)谓一般社会,对于人民在学龄期间应就学者,有纳规定之税额,设立学校,或相当场所,使受教育之义务。②

这一分析对“谁之义务”和“何种义务”的问题作了充分明晰的回答,基本奠定了分析义务教育概念的基础框架。当然,这种理解更多地强调公民和社会的义务,对国家和政府的义务有所弱化,后来的学术发展和权威辞书大都进一步强调了国家设校兴学的义务,举办义务教育之责任主体的重心由社会转移至国家。西方有关文献则突出了义务教育的免费性、世俗性(即不受宗教教义和特定党派意见所控制,也称中立性)和公共性特征,也强调了公民为支持义务教育之普及而纳税的义务。

可见,国内外学界从不同角度和侧重点对义务教育给出了多样化的

---

① 教育部教育年鉴编纂委员会编译:《第一次中国教育年鉴》,开明书店 1934 年版,第 811 页。

② 袁希涛:《义务教育》,商务印书馆 1931 年版。

定义和解释。[①] 简单地说，义务教育就是国家用法律形式规定对适龄儿童实施一定年限的普及、强迫和免费的一种基础教育。[②] 这种教育具有普及性、平等性、强迫性、无偿性（免费性）、世俗性和基础性等特点，对其内涵的分析必然涉及义务和权利的问题。

一方面，就“谁之义务”与“何种义务”的问题而言，主要有五个方面的内涵：(1) 国家有制定义务教育法律法规和相关政策之义务，政府有保证设校兴学和保证义务教育实施经费和场所之义务，在最低限度的意义上，国家和政府有“保障就学”的义务；(2) 所有适龄儿童少年（以下简称适龄儿童）有按规定就学的义务；(3) 父母和监护人有使适龄子女及被监护对象就学的义务；(4) 实施义务教育的学校或相应办学组织有按照规定标准完成教育教学任务并保证教育教学质量的义务；(5) 社会各界不仅有纳税支持义务教育的义务，而且有排除各种阻碍适龄儿童身心健全发展的不良影响、为适龄儿童接受义务教育创造良好环境的义务。

另一方面，与“义务问题”相对的是“谁之权利”及“何种权利”的问题。考察公民受教育权的发展历史和哲学基础（为什么的问题）并不是本书的任务，但必须清楚的是，义务教育所涉“权利问题”的回答，与这项考察工作应该是紧密相关的。而且，尽管权利与义务具有共生性，但就义

---

① 需要注意的是，学界对义务教育的定义和解释是有争论的，不过国内学界正在逐步取得共识。除上述提及的文献外，有代表性的参考文献还包括但不限于：《中国大百科全书·教育》，中国大百科全书出版社 1985 年版；顾远明主编：《教育大辞典》第 1 卷，上海教育出版社 1990 年版；姜琦等著：《义务教育之研究及讨论》，商务印书馆 1925 年版；田正平、肖朗主编：《世纪之理想：中国近代义务教育研究》，浙江教育出版社 2000 年版；熊贤君：《中国近代义务教育研究》，华中师范大学出版社 2006 年版；*The Encyclopedia of Education*, Vol. 2, The Macmillan Company & The Free Press, New York, 1971。

② 这是一个内涵较广的定义，比既有的主流定义有所放宽。有些定义强调的是“国家举办的学校教育”，有些则没有限定举办者，但同样限定了教育场所，即“国家规定实施的学校教育”。后者如《中国大百科全书·教育》中的定义：“国家用法律形式规定对一定年龄儿童免费实施的某种程度的学校教育，也称为强迫教育、免费教育或普及义务教育”；以及《教育大辞典》中的定义：“根据国家法律规定对适龄儿童实施一定年限的普及的、强迫的免费的学校教育。”

本书的定义主要从上述两个定义发展而来，但没有限定教育场所，只强调是“国家规定实施的教育”，这就潜在地认可在家庭和其他可能的场所根据国家法律规定对适龄儿童实施的相应教育。尽管如此，学校教育是义务教育的主要形式。至于各种定义所赋予的义务教育的特点，则大体取得共识。参阅《中国大百科全书·教育》，第 487 页；顾远明主编：《教育大辞典》第 1 卷，第 69 页。

务教育而言,很大程度上是权利问题推动了义务问题的发展,而不是相反。与义务问题的回答相似,我们可以从行为主体的角度考察权利问题:其一,国家和政府有督促甚至强迫公民履行就学义务(尤其是父母和监护人使适龄儿童就学之义务)的权力(权利的转化形式);其二,适龄儿童有取得来自国家(政府)和父母(监护人)所提供的就学保障的权利,而且,适龄儿童有平等就学并取得公平教育机会的权利;其三,父母和监护人不仅有为适龄子女要求国家及政府提供就学保障的权利,而且有在尊重子女意愿的情况下,为子女选择符合法律规定的学校以及其他就学场所的权利;其四,实施义务教育的学校和相应社会组织有获得办学资源并按照规定标准自主办学的权利;其五,社会各界有监督政府履行保障就学义务的权利,也有监督学校和相应组织办学过程及结果并提出改进意见的权利。对于这些权利要求,尽管学界仍有分歧,但基本上已达成共识。①

2. 义务教育的独特地位

义务教育的重要地位集中体现在两个层面:一是作为教育在社会系统中所具有的重要价值和功能,包括它在促进政治整合、经济发展、社会公平和文化进步等方面的作用。这个层面将在分析义务教育目的的同时进行考察。在此只需指出,义务教育在社会发展各方面的功能是巨大的,而且已为学界所证实的是,义务教育在总体上的功能性作用远远超过其他阶段(如高中教育、高等教育)和其他类型(如职业教育、成人教育)的教育。二是义务教育作为教育的一个基础阶段在教育体系中所具有的独特地位,这是此处打算考察的重要性。

目前,世界大部分国家都通过立法来强迫实施义务教育,这至少是义务教育在教育体系中独特地位的事实证明。从学理上看,义务教育是整个教育体系中最具可塑性和最有改革前景的阶段。正如美国著名教育家波伊尔(E. L. Boyer)所言:“教育是一个整体网络,每一个学习阶段与其

---

① 当然,对于不同主体为什么应该具有这些权利的问题,学界远未达成共识。尽管为什么的问题极其重要,但那已超出了这里的研究主题。

他阶段都关联着，而教育改革最具希望的前景在于小学，在于正规教育的头几年。”[①]之所以如此，是因为他坚信“小学是正规教育中可塑性最强的阶段”，“无论在大学还是高中，其质量的优劣在很大程度上取决于小学教育的基础”[②]。教育学、心理学和生理学的大量研究成果都证实了儿童的这种可塑性以及基础教育阶段的重要性。首先，作为人的基本天性，好奇心在儿童身上体现得最为强烈。促使年幼儿童主动去学习的通常不是某种外在的目的，也不是那些分门别类的知识，而是他们内心深处所激起的好奇心。如果这种好奇心得到良好的保护和充分的引导与激发，那就不仅可以培养儿童学习的兴趣和热情，而且这种持续激发的好奇心将转化为他日后的创造潜力。因此，儿童时期是培养创造力的最好阶段。其次，儿童时期也是塑造品格、养成良好德行的最佳时期。虽然对于人性究竟是趋善还是趋恶，或者是非善非恶存在极大的争论，但逐步成为主流观点的是，人至少可以被塑造成有道德的人。[③] 不管持哪种观点，思想家们基本上都赞成道德教育是可能的。洛克尤其重视道德教育，认为人只有通过教育才能成为有道德的人格主体，他甚至把德行和良好的品性置于教育的最高地位，他反复强调道德教育必须趁早，而且要通过良好习惯把它深深地植入儿童内心。[④] 再者，在儿童阶段也更易于培养人们的集体意识和团结合作的精神。总之，儿童是最迫切需要良好教育的，错过这段时期，日后再多的努力也难以弥补儿童时期教育的缺失。

---

① 厄内斯特·波伊尔:《基础学校——一个学习化的社区大家庭》(王晓平等译校)，人民教育出版社 1998 年版，第 8 页。

② 同上书，第 2、9 页。

③ John W. 和 Jean S. Yolton 在分析洛克教育思想时提到了这点。他们认为，霍布斯是性恶论者。洛克只相信人类的本性是趋乐避苦的，但并不认同人类本性是趋善避恶的，他认为没有天赋的道德真理(与他同时代的人满足于天赋的道德真理和宗教教义正好相反)，甚至人连趋善的自然倾向也没有。在洛克之后，18 世纪英国和法国思想家(以休谟等人为代表)关于人类本性的主流观点则倾向于认为人类本性本质上是好的，是趋向于美德的，至少是可以被塑造成有道德的人。参阅〔英〕约翰·洛克:《教育片论》(熊春文译)，上海世纪出版集团、上海人民出版社 2005 年版，编者导言第 27—32 页。

④ 同上。

3. 义务教育的功能与最终目的

一般来说,我们追求某物,要么是该物本身具有某种内在固有的价值,即(a) 建构性价值;要么是追求某物能实现该物之外的一些功能和作用,即(b) 工具性价值(或者说功能性价值);要么则(c) 兼而有之。无论是哪种情形,义务教育的对象必然都是人。如果教育人是为着人自身的发展,那就倾向于建构主义教育观;如果教育人主要是为着实现人自身之外的某种政治、经济、社会或者文化的功能,那就倾向于功能主义教育观。

考察教育思想史上有关教育目的[①]的发展演变可以发现,建构主义教育观与功能主义教育观的支持者并不是泾渭分明的,大多数思想家和教育学家都注意到了这两个方面的价值,谨记这一点是以下分析的前提。为阐述方便起见,即使可能冒着过分简化的危险,若从教育的最终目的来看,还是可以把各种教育目的观归结为建构主义、功能主义,以及另外一种独特的教育无目的论三条路径。

沿着建构主义路径,可以区分为诉求人性发展和追求幸福至上两种教育目的观。

(1) 人性发展目的论认为教育的最终目的是从人的本性出发,让人的能力、理性和德性得到充分的、完善的发展。这种观点可以溯源自亚里士多德。他虽然从政治功能上强调国家必须重视公民教育,但是,他主张把培养国家公民的教育和发展个人能力的教育统一起来,而且,他认为教育的根本目的是培养和发展人的理性。在《尼各马克伦理学》中,亚里士多德认为,"人的目的,即人的可实践的最高善,就是幸福"[②],而幸福在于人的合德性的活动,这种合德性的活动包括合理性德性与合道德德性的

---

① 在考察教育目的发展演变的过程中,较多地使用"教育目的"而没有使用"义务教育目的"来进行表述,一是因为教育史上义务教育的真正开端是1619年德意志魏玛邦公布强迫入学的学校法令以来的事情,但在思想史上有关教育和义务教育的思想则早已有之;二是因为思想史上讨论教育目的时所针对的对象基本上都是儿童,因而"教育目的"的表述适用于"义务教育目的"。

② 〔古希腊〕亚里士多德:《尼各马可伦理学》,译注者序第33页。

活动，后者是多数人可以努力学得的。[①] 因此，亚里士多德有关公民教育的观点仍然以实现人的理性和良好道德为依归（而不宜简单地看做幸福至上主义）。

卢梭区分了三种教育：(a) 人之器官与才能的内在发展，构成自然的教育；(b) 别人教我们如何利用这种内在发展，构成人的教育；(c) 我们从周围事物中获得的良好经验，构成事物的教育。[②] 他认为教育要取得成功，就必须把这三种教育配合一致，这种结合所要达到的最终目的是自然教育，也就是要服从自然法则，听任人之身心的自由发展。之所以如此，是因为人的自然天性是与生俱来的能力和倾向，以此为基础的自然教育是完全不受人们控制的教育，它也必然控制我们，进而控制其他两种教育。

德国古典哲学创始人康德综合性地论证了发展人性的教育观，他认为"在教育背后，存在着关于人类天性之完满性的伟大秘密"，因此教育的目的是把人的所有自然禀赋均衡地发展出来，"把人类带向其本质规定"[③]，使每个人都达到他所能达到的完善性。正是如此，康德主张教育应该具有一种合乎人性的形式，而且应当遵循如下教育原理："孩子们应该不是以人类的当前状况，而是以人类将来可能的更佳状况，即合乎人性的理念及其完整规定——为准进行教育。"[④]随后，19 世纪古典自由主义的杰出代表斯图亚特·密尔（Stuart Mill）也秉持人性发展的观点，认为教育旨在使我们的本性得以完善。"在最广的意义上，教育甚至包括目标完

---

① 在亚里士多德看来，德性是使得一个人好同时使得他的活动完成得好的品质。人的灵魂有逻各斯的部分和非逻各斯的部分，前者合乎德性的实践活动就是合理性德性的活动，后者合乎德性的实践活动就是合道德德性的活动。合理性德性的活动（即智慧的生活）是第一好的幸福，但只有少数人能达到；合道德德性的活动是第二好的幸福，这是完全属人的生活，是多数人可以努力获得的生活。参阅〔古希腊〕亚里士多德：《尼各马可伦理学》，译注者序。

② 〔法〕卢梭：《爱弥儿，或论教育》上（李平沤译），商务印书馆 1978 年版，第 7 页。

③ 〔德〕伊曼努尔·康德：《论教育学》（赵鹏、何兆武译），上海世纪出版集团、上海人民出版社 2005 年版，第 5—7 页。

④ 同上书，第 8 页。

全不同的一些事物对人的性格和能力所产生的间接影响。”①

(2)幸福至上目的论多为功利主义者所倡导,正如詹姆斯·穆勒(James Mill)所言,教育的目的乃是“使个体成为一个为自己和同样的人谋幸福的工具”②。虽然这种观点也主张教育是为着人自身的目的,但它所追求的是一种快乐或者说幸福的体验,注重人的心理感受,在这一点上它与人性发展论有所区别。另一方面,幸福至上论一定程度上又把教育当做人追求幸福的工具,有功能主义的色彩,但它追求的幸福目的又是为着人的,在这一点上它又有别于功能主义目的论。此外,由于每个人的幸福感是不同的,因而这种教育目的就有不确定性。在分析幸福至上(追求各种快乐的体验)目的论时,应该谨慎地将它与通过人性发展来追求幸福生活,并把幸福生活理解为合乎德性之人类活动的观点(如亚里士多德所主张的那样)区分开来。

此外,建构主义路径中有一种观点,认为教育的目的是提高人的精神修养,满足人的精神生活。当然,这种观点在思想史上影响很小。

现在转移到功能主义分析路径。这一路径的思想渊源可追溯至柏拉图,他认为教育的目的是培养奴隶制国家的顺从公民和“明智”统治者,而这种统治者就是“哲学王”。③ 到古罗马时期,政治家西塞罗(Cicero)和教育家昆体良(M. F. Quintilianus)都主张,教育的最终目的是培养具有高超雄辩术的政治家。功能主义教育思想一直延续下来,但并没有超越建构主义传统的影响力。自从涂尔干(Emile Durkheim)于20世纪前后明确地奠定教育的功能主义传统以来,功能主义分析路径开始占据主流,并形成各种分支。可以说,在过去五十多年(20世纪60年代以来)的时间里,有关教育目的的论述大都为功能主义者所主导,尤其是立足于经济发展功能的人力资本理论至今方兴未艾。

---

① 转引自张人杰主编:《国外教育社会学基本文选》,华东师范大学出版社2009年版,第1页。

② 转引自同上书,第2页。

③ 〔古希腊〕柏拉图:《理想国》(郭斌和、张竹明译),商务印书馆1986年版。

当然,功能主义内部并不是统一的,其教育目的观有如下几个分支:

(1) 社会化功能论。这种观点认为教育只不过是实现人的社会化的工具,其奠基者涂尔干也是这种观点的集大成者。他注重从现实的社会环境来分析教育功能,认为不同社会环境中的教育制度既具有共同基础,更具有多样化特征,这要求对儿童的培养既要符合共同理想又要适应特定要求。他指出:

教育对社会而言只是一种工具,只是社会为了在儿童内心形成社会自身存在所必需的基本条件而准备的工具……其目的在于使儿童的身体、智力和道德状况都得到某些激励和发展,以适应整个政治社会在总体上对儿童的要求,并适应儿童将来所处的特定环境的要求。①

由此他得出一个推论:教育的目的在于使年轻一代系统地社会化,也就是根据社会要求在每个人身上塑造"社会我"。显然,这种观点是社会导向而不是人性导向的。然而,他在教育领域所开创的功能主义分析却产生了深远的影响。

(2) 政治整合功能论。不管是言明的还是默认的,大多数人都承认教育的政治功能,即认为通过系统的公民教育和道德教育,不仅能够有力地塑造公民的政治认同感,提高国家和政府的合法性地位,实现政治整合从而有效地维护社会秩序,而且还能培养共同的伦理价值观和行为规范,大大降低公共治理成本。基于政治整合功能实施的教育,如果限定在合理的限度内,不仅具有一定的合理性,事实也证明能奏其成效。可是,如果过于强调政治功能,这种教育很可能就会滑向国家主义甚至军国主义。其中国家主义教育目的论的典型代表是19世纪前后德国的费希特和洪堡。他们从拯救国家和实现民族复兴的高度强调教育事业的重要性,主张义务教育的根本目的在于培养维护国家利益、随时听任国家召唤的忠实臣民和士兵。这种国家至上主义教育观不仅是压抑人性的,它在国民中所激起的对外大国主义和对内消极情绪本质上也是有违国家利益的。

---

① 〔法〕埃米尔·涂尔干:《教育及其性质与作用》,载张人杰主编:《国外教育社会学基本文选》,第8页。

(3) 经济发展与人力资本投资论。基于经济发展的观点认为,一方面,教育能够为社会输送具备相应知识和技能的劳动力,从而提高生产效率,而普及义务教育可以造就大批能够掌握现代操作技能的劳动者,这更是推动经济发展的强大动力。另一方面,教育所促进的科技进步也能转化为生产效率的提高。这种观点为普及义务教育提供了坚实的基础。20世纪60年代以来以西奥多·舒尔茨(T. W. Schultz)和加里·贝克尔(G. S. Becker)为代表的现代人力资本理论就是继承了教育与劳动关系的分析视角,认为教育是一种人力资本投资,这种投资不仅能为个人带来收益,同时也有助于社会经济的发展。舒尔茨是系统地用人力资本解释经济增长的开创者之一,他认为人力资源是一切资源中最重要的资源,人力资本投资的效益超过物力资本,教育所实现的人力资本投资在现代经济增长中具有广泛的重要作用。①

(4) 社会公平功能论。在相当长一段时期里,教育思想家为实现所有公民的平等受教育权而不懈努力,尤其在近现代以来的思想家那里,天赋人权和主权在民的理念为人们享有平等受教育的天赋权利和社会权利提供了有力的论证。之所以提出这些论证,是因为他们设定教育平等是促进人类社会平等的伟大平衡器,也是社会机器不可缺少的平衡轮。瑞典教育社会学者托尔斯顿·胡森(Torsten Husén)也接受通过教育机会平等促进社会平等的观点,但他认为教育机会平等不能仅仅是这一过程中的一个阶段,它本身(包括入学起点、教育中介性过程和学业成就三个层面的平等)就应当是学校和社会政策的目标。② 与此不同的是,塞缪尔·鲍尔斯(Samuel Bowles)则对教育促进社会平等的功能提出质疑,认为美国的学校非但没有促进社会平等,实际上还起着再现社会分工和阶级结构并使之合法化的作用,而破除这种不平等根源的出路只能在于打破社

---

① 〔美〕西奥多·W. 舒尔茨:《人力资本投资——教育和研究的作用》(蒋斌、张蘅译),商务印书馆1990年版。

② 〔瑞典〕托尔斯顿·胡森:《平等——学校和社会政策的目标》,载张人杰主编:《国外教育社会学基本文选》,第159—179页。

会生产关系中不平等的等级制度和阶级差别。[①]

在功能主义分析路径中，还有一种文化发展论，认为教育的目的是人类知识的创造、积累和发展。在此不赘述。

除了建构主义和功能主义两条路径之外，对教育目的的分析还有一种独特的路径，即由杜威所集中阐发的“教育无目的论”。杜威不仅批判了把发展天性、实现社会功能以及追求精神修养作为教育目的的观点，而且指责社会当局根据社会传统和统治需要来制定教育目的。在他看来，教育就是生长、生活和经验改造，由于生长、生活是无止境的，因而教育也没有止境，“教育的过程，在它自身以外没有目的；它就是它自己的目的”[②]。如果说生长的目的是获得更多更好的生长，那么教育的目的就是获得更多更好的教育。虽然杜威声称教育无目的，但从这里的观点看来，实际上具有建构主义倾向，即主张教育的目的是人本身的发展。可是杜威又不是完全的人性发展论者，他批判纯粹根据人的天性发展而忽略在社会生活中改造人性的观点。一些学者认为，在杜威心目中，教育实际上是有目的的。祁尔德(J. L. Child)认为，杜威想要论证的是，“教育应朝着民主社会的需要，引导儿童生活生长和经验改造，从而使新生一代符合和满足民主社会的希望”，这意味着适应社会需要是教育的归宿点，因而杜威心目中的教育目的是“民主的生活方式”和“科学的思想方法”。[③] 从这一解释看，杜威的教育观又有些许社会化功能的色彩。但是，笔者认为，杜威更倾向于一个建构目的论者，他所一贯主张的是儿童中心论，而一贯反对的是由外界强加的目的，他之所以强调儿童发展要适应社会需要的观点，是为了防止陷入纯粹的天性发展论(如卢梭所倡导的自然发展论)。

---

① 〔美〕塞缪尔·鲍尔斯:《不平等的教育和社会分工的再生产》，载张人杰主编:《国外教育社会学基本文选》，第180—198页。

② 〔美〕约翰·杜威:《民主主义与教育》(王承旭译)，人民教育出版社2001年版，第58页。

③ 转引自滕大春:《杜威和他的〈民主主义与教育〉》，载〔美〕约翰·杜威:《民主主义与教育》，第22页。

以上这份简明的清单大致勾勒了教育思想史中有关教育目的论的基本图景,这幅图景至少表明两点:对于教育的最终目的是什么,一直存在争论;要从理论上确定能被所有人(即使是大多数人)接受的教育目的,是极其困难的。对这些教育目的观进行系统的评论显然会超出本书的初衷。

现在需要阐明本书在义务教育目的问题上的立场。或许折中主义常常是解决问题的方案,但本书不打算这么做,本书寻求的是贯通,而不是折中。首先,义务教育是有目的的,如上所述,杜威的无目的论从本质上还是倾向于建构主义的,因为他的教育理想是为着人自身的发展的。其次,义务教育的实施必然会产生某种政治、经济、社会和文化的功能,但是过分强调功能性目的有可能会产生一些危险:比如把教育人作为达成某种外在目标的手段极有可能压制和阻碍人自身的发展;过分强调政治整合功能有可能滑向军国主义;不平等的义务教育会进一步固化甚至加深社会不平等。最后,功能并不等于最终目的。假设把实现各种外在功能作为义务教育的目标,那么我们所追求的各种功能性目标的最终价值何在?如果说这些功能性目标的价值是为人类提供良好的生活,即实现人类的幸福①,而按照亚里士多德的观点,幸福是人的合德性的实现活动,是人的理性和道德的趋善发展,那么,功能性目标的最终价值就应该是实现人的发展和良好生活。实际上,在马克思主义看来,所有社会的和政治的目的,最终都是为了实现人的自由全面发展。因此,本书的立场是,义务教育具有功能性价值,但它应该服从于建构性价值;义务教育的实施需要考虑合理的功能性目标,但最终应该致力于建构性目的;义务教育的建构性目的(最终目的)就在于"培养完善的人"②。

那么何谓"培养完善的人"呢?培养完善的人并不等同于培养同一

---

① 亚里士多德意义上的幸福,而非功利主义意义上的幸福至上主义。

② 这一理念是国际教育发展委员会于1972年在向联合国教科文组织提交的报告《学会生存》中提出的,这份报告被视为当代教育发展中的一个里程碑。具体见:联合国教科文组织国际教育发展委员会编著:《学会生存——教育世界的今天和明天》(华东师范大学比较教育研究所译),教育科学出版社1996年版。

模式的人,这种义务教育目的是由教育活动主体依据其所在的客观社会形势所确定的。一方面,客观社会现实和发展形势制约着每个国家根据其具体国情来制定教育目的;另一方面,各国教育目的的制定又是参与教育活动的主体自主选择的结果。“培养完善的人”与其说是一种具体目的,不如说是各种目的的共同指向,或者说是一种共同理念,它具有丰富而确定的内涵:(a) 全面而自主的发展——教育应该使每一个人在体力、智力、情绪、伦理及审美等各方面的本性和能力得到充分而全面的发展,这包括生命的健康成长、道德人格的完善、理性的良好训练、好奇心和创造力的充分激发,以及个性发展的正确引导,等等。虽然它并不要求每个方面的发展程度都是一致的,但每个人都因这种全面发展而具备潜力去培养和形成其所意愿的某种能力,他是自主的学习者,他的发展是符合其受到良好引导的个性特征的①。全面发展和自主发展使得每个人都有能力去过良好而幸福的生活。(b) 社会责任感——教育应该培养具有社会责任感的人,使每个人都意识到他作为共同体成员,必须勇于承担社会义务,必须为了社会政治经济的发展,为了共同的良好生活而尽可能地发挥他的潜力。实际上,人的理性和能力只有在实际运用中才能得以真正形成和提高,人的德性也只有在社会交往中才能得到塑造。(c) 和谐的情感品质——教育应该培养人追求和谐的情感品质,使他不仅能实现个体内在的和谐,还能达到个人与社会的和谐并致力于世界的和平。

4. 实施义务教育的框架性原则:全纳教育

培养完善的人是义务教育的基本宗旨,但它远不是在义务教育阶段就能完成的,它的完全实现依赖于终身教育。尽管如此,义务教育政策的制定和实施必须要以这个宗旨为指导,才不至于偏离它的教育特性。为

---

① “培养完善的人”这一理念与康德的教育思想总体上是一致的,它只是在强调个性发展方面,与康德所谓各方面自然禀赋的均衡发展有所区别。

此,我们在义务教育阶段可以采用“全纳教育”①的方式来贯彻这一宗旨。根据联合国教科文组织的界定及第48届国际教育大会的成果,“全纳教育”被认为是一个不断变化和持续发展的进程,“其宗旨是向所有人提供有质量的教育,并尊重学生和社区的多样性,以及不同的需求、能力、特点和学习预期,消除一切形式的歧视”。全纳教育要求在跨部门政策框架内,将社会不公和贫困问题作为优先重点加以解决,并致力于促进包容所有儿童、鼓励学习者及家庭和社区共同参与、有利于儿童健康成长的学校文化和环境。②

(二)作为纯公共物品的义务教育:立论基础

以上是从教育意义上来阐述义务教育的本质属性,即其教育特性,现在转到从产品和服务意义上对其物品属性(即“产品属性”③)进行分析。这里需要解决的问题是,义务教育究竟是纯公共物品、准公共物品、私人物品还是混合物品?

1. 有关义务教育物品属性的论争

从产品和服务意义上分析义务教育的物品属性,基本上是以经典公共物品理论为依据的,第一章已对该理论作了简要介绍。义务教育究竟属于哪种物品,学界分歧甚大。

一种观点认为义务教育是纯公共物品,这种观点有不同的论证方式。根据厉以宁先生从供给主体、排他性和经费承担方式等方面所作的分析,

---

① 2008年11月25日至28日,联合国教科文组织国际教育局在瑞士日内瓦组织召开了第48届国际教育大会,会议主题为“全纳教育:未来之路”。参见会议文件:*Inclusive Education: The Way of the Future*, 48th Session of the International Conference on Education, Geneva, November, 25—28, 2008, http://www.ibe.unesco.org/en/ice/48th-session。

② 《第48届国际教育大会的结论和建议(草案)》(2008年11月28日全体大会通过),参见:国家教育发展研究中心编著:《2009年中国教育绿皮书——中国教育政策年度分析报告》,教育科学出版社2009年版,第191—193页。

③ 在具体阐述当中,本文较少使用“产品属性”概念,只在需严格区分时才使用,这基于两个考虑:(1)使用“产品属性”概念容易把义务教育简化成一种产品,而忽略其教育过程;(2)本文通篇使用“公共物品”而非“公共产品”概念,为保持一致,当分析“产品属性”时,也相应地称之为产品意义上的“物品属性”。

一方面,由政府所提供的义务教育,其服务对象不具有排他性,而且教育服务费用由政府承担,因而具有纯公共物品性质;另一方面,虽然他没有明确说明个人办学所提供的义务教育的物品属性,但按照他的说法——"如果个人办学过程中得到一定数额的补助……并且私人办学在收费过程中适当降低收费标准,那么这样的教育服务可以被认为基本上具有私人产品的性质"[①]——可以认为,他把得到一定补助的个人办学所提供的义务教育,看做基本上具有私人物品的性质,因为他同时还认为"私立学校不提供具有公共产品性质的教育服务"[②]。据此理解,[③]同样是义务教育,根据不同供给主体和供给方式而具有不同的物品属性:政府供给的具有纯公共物品性质,个人供给的基本上具有私人物品性质。

王善迈先生区分了义务教育和非义务教育。他从义务教育的制度特性上认为义务教育属于(纯)公共物品,因为义务教育是一种强制性的免费教育,它具有消费上的非竞争性和供给上的不易排他性,并且具有广泛的社会效益。他还认为,义务教育的这种制度特性使得它只能通过法律来调节,而不能通过市场交换来提供。非义务教育则属于准公共物品,因为它具有社会效益,但在消费上具有排他性。[④] 根据他的观点,义务教育之所以是纯公共物品,主要是由法律制度所决定的。这种论证方式充分注意了义务教育作为一种制度安排所具有的纯公共物品属性,但并未考察与义务教育阶段相对应的基础教育自身的物品性质。

胡鞍钢等人也从法律制度层面把义务教育归为纯公共物品,但采取了不同的分析路径。他们认为,基础教育根据自身性质属于纯私人物品,但通过政府的制度安排,基础教育具有了消费上的非竞争性和非排他性,

---

① 厉以宁主编:《教育的社会经济效益》,贵州人民出版社 1995 年版,第 78—83 页。

② 厉以宁:《关于教育产品的性质和对教育经营的若干思考》,《教育科学研究》1999 年第 3 期。

③ 另一种可能的理解是:他将义务教育排除在个人办学范围之外,因而不具有私人物品性质,只具有纯公共物品性质。这样理解意味着他潜在地认为义务教育只能由政府来供给,但在原文中没有找到如此理解的明确依据。

④ 王善迈:《社会主义市场经济条件下的教育资源配置方式》,《教育与经济》1997 年第 3 期。

那它就成为了纯公共物品。因此,“并非由于基础教育是公共物品而实施义务教育,而是由于实施义务教育使基础教育成为公共物品”①。这种分析明确了政府制度安排在决定物品属性方面所起的作用,实际上对经典公共物品理论构成了挑战。

此外,孙国英等人认为,将义务教育看做纯公共物品的观点实际上是基于公共物品应该由政府来提供的推论,而非义务教育本身的特性。从严格的物品属性来看,义务教育属于准公共物品,但制度安排使其更接近纯公共物品一端。②

第二种观点认为义务教育是准公共物品。劳凯声教授认为,教育是非营利性事业,学校是非营利性组织,因而教育服务是一种典型的公共物品。按照消费的竞争性和可分性程度,学校属于准公共物品。按照供给者数量,由于教育可以由多个主体提供,因而属于非垄断性公共物品,这种非垄断性质使得教育可以进一步转化为私人物品或准私人物品,从而可以通过市场运作机制来向社会成员提供。③ 这种观点根据学校作为非营利组织而推断它的公共物品性质,实际上是假定非营利组织只能提供公共物品,然而,这种假定是不能成立的,因为非营利组织也可提供私人物品。

袁连生也对从非营利组织特征来推理的观点提出了质疑,同时还反对由供给和生产过程决定物品性质的观点。他根据经典定义,严格地从物品的消费特征出发,认为教育的物品属性不是由其生产或提供方式决定的,而是由其消费特征决定的。按照他的分析,教育在消费效用上有直接效用与间接效用之分:直接效用是受教育者自身知识能力及品行等方面的成长,即教育的内部效益;间接效用是由受教育者成长而对个人收入与地位和社会发展所带来的外部效益。教育的直接消费具有竞争性和排

---

① 胡鞍钢、熊义志:《大国兴衰与人力资本变迁》,《教育研究》2003 年第 4 期。

② 孙国英、许正中等:《教育财政:制度创新与发展趋势》,社会科学文献出版社 2002 年版,第 7—9 页。

③ 劳凯声:《社会转型与教育的重新定位》,《教育研究》2002 年第 2 期。

他性,因而具有私人物品性质。教育的间接消费具有部分的非竞争性和非排他性,因而具有准公共物品性质。然而,由于个人和社会的教育目的主要是获取教育的间接效用,因此教育属于准公共物品。① 他的论证清晰地区分了两种消费过程及其物品属性,这种分析有借鉴价值,但他没有关注义务教育的独特性,也没有分析政治过程和制度安排对教育属性的影响。

第三种观点把义务教育看做私人物品。阿特金森和斯蒂格利茨就持这种观点,他们认为教育是一种"公共供应的私人物品",之所以采取公共供应的方式,很可能是考虑到教育所具有的分配功能——"这或是因为教育降低了财富的不平等,或因为至少接受最低水平的教育本身便是一种目标"②。舒尔茨也采取类似的观点,他根据公共物品的定义,认为从消费的非竞争性和非排他性来看,基础教育不能被看做纯公共物品,它甚至就是典型的纯私人物品。③ 如上文提及的,把(基础)教育看做纯粹的私人物品的观点,忽视了(基础)教育产生的社会效益所具有的公共物品性质。至于教育的分配功能是采取公共提供的重要理由,则是一种洞见。

此外,还有第四种观点,认为义务教育是混合物品(或其他一些称谓)。张学敏认为,义务教育作为一种制度安排,具有很强的公共物品属性,但它也存在一定的竞争性;作为与义务教育阶段相对应的一种基础教育,具有很强的私人物品属性。因而义务教育既不是纯粹的公共物品,也不是纯粹的私人物品,而是融合了私人物品属性和公共物品属性的"融合产品"。④ 郭伟和把基础教育归为他所称的间接公共物品,即直接受益人(学生)的消费具有竞争性和排他性,而间接受益人(社会)的消费具有非

① 袁连生:《论教育的产品属性、学校的市场化运作及教育市场化》,《教育与经济》2003 年第 1 期。

② 〔英〕安东尼 · B. 阿特金森、〔美〕约瑟夫 · E. 斯蒂格里茨:《公共经济学》(蔡江南等译),上海三联书店 1992 年版,第 637、623 页。

③ Theodore W. Schultz, "Investment in Human Capital", *The American Economic Review*, Vol. 51, No. 1, Mar., 1961, pp. 1—17.

④ 张学敏:《贫困地区义务教育经费投入研究》,西南师范大学博士论文,2002 年,第 92—96 页。

竞争性和非排他性。[①] 这两种观点具有很强的互补性:前者区分了制度安排层面与教育自身层面,后者从教育自身层面区分了直接消费过程和间接消费过程。

2. 本书立场:义务教育是纯公共物品

为表述清楚,先谨慎地区分两组概念。第一组概念是两种不同意义上的义务教育:(a) 由义务教育法律制度所规定实施的“法定义务教育”,和(b) 与义务教育阶段相对应的基础教育,可简称“相应基础教育”[②]。它们的相同点在于,都是义务教育阶段的教育,在中国就是指小学和普通初中教育。它们的不同点在于,“法定义务教育”是法律用语,具有政治和法律含义,它依赖于义务教育制度(法律)而存在;“相应基础教育”是教育用语,不具有政治含义,它所指称的对象在正规教育产生时就一直存在。但是,直到义务教育制度出现之后,才把基础教育中的相应部分规定为义务教育,被规定成义务教育的那部分基础教育,就是这里所说的“相应基础教育”。在不同国家和地区,以及不同时期,基础教育所指对象大体是一致的,但义务教育所指对象则大有不同。从历史发展来看,或许义务教育会消失,或变成其他形式,但相应的基础教育依然会存在。由此可见,它们的联系在于,“相应基础教育”通过国家法律制度转化成“法定义务教育”。

第二组概念涉及不同层面上所讨论的义务教育属性:(a) 当所讨论的是制度层面的物品属性时,本书称之为义务教育的“制度性产品属性”;(b) 当所讨论的是相应基础教育层面的物品属性时,称之为义务教育的“教育性产品属性”;(c) 制度性产品属性和教育性产品属性是义务教育的一体两面,共同构成了义务教育的“产品属性”。

首先讨论义务教育的“教育性产品属性”。作为一种基础教育,对义

---

① 郭伟和编著:《福利经济学》,经济管理出版社 2001 年版,第 75—76 页。

② 由于中国教育学界通常用基础教育指称小学、初中和高中阶段的教育,所以这里不宜仅用“基础教育”,而用“相应基础教育”来表示与义务教育阶段相对应的基础教育。在中国目前阶段,相应基础教育就是指小学和普通初中阶段的教育。

务教育的消费可以区分为两个过程:直接消费和间接消费。直接消费的效用是指由教学和培养过程带来的学生成长,这种成长意味着培养完善的人这一最终目的的阶段性实现;间接消费的效用主要是指由学生成长带来的个人发展收益和外部社会效益,其中个人发展的收益包括个人收入的增加和地位的提升等等,外部社会效益涵盖了上文论及的教育的各种社会功能。

学生个体对相应基础教育的直接消费具有显著的竞争性和排他性,因而具有私人物品性质。在间接消费阶段,个人发展为学生带来的收益属于私人物品,社会整体对相应基础教育所产生的社会效益的间接消费,则具有明显的非竞争性和非排他性,因而具有纯公共物品性质。根据前文在教育目的上的立场,教育的功能性目的最终应该服从于建构性目的,因而学生个体的直接消费及日后的间接消费,与社会整体的间接消费至少应该具有同等重要的意义。这意味着相应基础教育的私人物品属性不容忽视。

既然相应基础教育既有纯私人物品要素,又有纯公共物品要素,如果认为从消费特征上任何一种物品只能有一种物品属性的话,相应基础教育至少也称得上准公共物品。这与既有文献中要求严格从经典公共物品理论来作分析的结论是一致的,同时也反驳了简单地把相应基础教育看作纯私人物品的观点。

接下来讨论义务教育的"制度性产品属性"。作为一种法律制度,义务教育是所有适龄儿童都必须接受的教育,它具有普及性、强制性、免费性等特征。这种制度特性使得所有适龄儿童对义务教育的消费都具有非竞争性和非排他性,因为在普及了免费义务教育的地区,一个人消费义务教育并不能阻碍他人的消费,任何适龄儿童也不会因为不付费而被排除在外。同时,实施义务教育所产生的社会效益在收益上具有不可分割性。这三个特征意味着,法定义务教育显然是一种纯公共物品。尤其还需注意的是,义务教育"制度"本身也是共享性的纯公共物品。可见,义务教育制度在政治和法律层面决定了义务教育的纯公共物品属性。

最后需要分析的是,“教育性产品属性”和“制度性产品属性”是如何融合成义务教育的“产品属性”的。在既有文献中,有人根据经典公共物品理论,认为只能从物品自身而非制度安排来分析它的属性,是物品属性决定制度安排而非相反,这种观点只承认“教育性产品属性”。也有人根据义务教育制度特性,认为制度安排能够决定物品属性,甚至认为义务教育并非由于自身属性而是由于制度安排而成为公共物品,这种观点更多地接受“制度性产品属性”。与这种争论相似的另一种争论是,有人认为只能从消费特征来判断物品属性,也有人认为可以从供给过程来判断物品属性。

调和这些冲突需要从如何界定公共物品的概念入手。根据第一章的扩展性界定,一种物品是否为公共物品可由两个因素决定:一是物品自身的消费属性,二是公共政治安排。根据物品自身的消费属性,具备经典理论所言消费的非竞争性和非排他性的物品都“必然是”公共物品;根据公共政治安排,不管自身消费属性如何,“应该是”公共物品的,都可以通过公共政治安排“确定为”公共物品。

相应基础教育自身是准公共物品,同时,它具备被确定为纯公共物品的理由:其一,相应基础教育所产生的正外部效应(包括它所能实现的再分配功能)在事实上具有纯公共物品性质。其二,相应基础教育提供的最低限度教育水平本身就应该成为良治政治共同体的目标。一个良治政治共同体应该致力于使人们过良好的生活(亚里士多德意义上的幸福生活),过良好生活的基本条件是人们具备基本的可行能力以及政治共同体所提供的相应保障,而基本可行能力的必要且最核心的来源是相应的基础教育。虽然相应基础教育所提供的可行能力本身很大程度上具有私人物品性质,但是,塑造这种可行能力应该成为致力于人类良好生活的政治共同体应该作出并且履行的承诺。所以,在良治政治共同体目标的意义上,通过相应基础教育,使人们接受最低限度的教育水平,从而具备追求良好生活的可行能力,应该成为一种纯公共物品。

根据这些理由,相应基础教育通过国家立法的形式,或者说,通过公共政治安排，在事实上被确定为义务教育。严格地说，义务教育已经不再是相应基础教育，它已经成为了与相应基础教育不同的另一种公共物品，而相应基础教育就是这种新公共物品的载体形式。如果不是作为义务教育的载体，相应基础教育自身的物品属性仍然没有改变，但是，作为义务教育的载体，相应基础教育已经改头换面，成为具有不同属性特征的义务教育。义务教育在物品属性上有自身的规定性：(1) 义务教育制度使得义务教育在消费上具有非竞争性和非排他性特征。(2) 实施义务教育所产生的社会效益具有不可分割性。(3) 实施义务教育为学生个体带来的直接消费效用（可行能力）及未来的间接消费效用（良好生活），在国家立法过程中已经成为政治共同体为其成员追求良好生活所作出的政治承诺①，他们在政治意义上具有纯公共物品性质。根据这些特征，制度层面的义务教育已经完全成为真正意义上的纯公共物品，它是相应基础教育通过公共选择和政治安排转化而来的融合体。我们判断义务教育物品属性（产品属性）的最终立足点，就是这种融合体。这种纯公共物品的良好供给，就是义务教育公共利益的实现。

以上分别从教育意义上和产品意义上分析了义务教育的"教育特性"和"产品属性"，二者共同构成了广义的义务教育物品属性。其中教育特性分析使我们意识到，培养完善的人是教育的最终目的，义务教育是达成这一目的的关键阶段。产品属性分析则使我们认识到，在制度层面上，义务教育是纯公共物品。

（三）国家制度安排与供给绩效的评价标准

考察中国义务教育的供给方式和供给绩效问题，应该是在既定的国家制度安排之下进行的，这种国家制度安排所确定的公共利益目标也为衡量供给绩效提供了可资运用的标准。

---

① 至于其他阶段的教育为个人带来的效用，政治共同体未必通过国家立法形式作出政治承诺。

1. 中国义务教育的国家制度安排

中国义务教育在国家层面的制度安排主要由三类正式文本确定:一是国家层面的法律法规,包括《教育法》、《义务教育法》、《民办教育促进法》,以及作为这些法律制定依据的《宪法》;二是中共中央有关教育改革和发展,尤其是基础教育(含义务教育)发展的重要决议;三是国务院有关教育改革和发展,尤其是基础教育和农村义务教育发展的重要文件。

根据这些正式文本[①],中国义务教育的国家制度安排体现在两个层面:一是明确的制度规定,包括义务教育的办学体制、管理体制和经费投入保障机制;二是这些制度规定所体现的制度精神,尤其是宪法和教育类法律所体现的法律精神。在此简要概述第一个层面,有关法律精神及其体现的公益目标的讨论将在分析评估标准时进行。

实现义务教育的公共利益目标需要明确具体的制度安排,包括合理的办学体制、适切的管理体制和稳定的经费投入保障机制。其中办学体制涉及由谁举办以及如何举办教育的问题,它主要规定办学主体举办学校的资格条件、设置标准和程序、办学途径与方法、领导及管理方式等方面,确定学校的所有权和经营管理权。教育管理体制涉及由谁按照什么权限领导和管理教育的问题,它主要规定各级政府和学校在领导和管理教育过程中的机构设置、权力配置、责任划分、管理内容和具体方式等事宜。教育经费投入保障机制涉及由谁通过什么渠道为教育投入多少经费的问题,它主要规定教育经费的筹措主体、经费来源、不同主体的投入责任和投入机制,以及经费管理等方面。

从1986年正式实施《义务教育法》以来,中国义务教育在上述三个方面的具体制度安排都发生了一定的变迁,但各自的变迁程度是不一样的。这种变迁主要可以从三个时段来考察:

(1) 从1986年到2000年

义务教育宪政安排是在改革原有基础教育体制的基础上发展起来

---

① 本书所用正式文本主要来源于教育部门户网站和新华网。

的。在1980年之前的一段时期,中国实行高度集中的国家财政体制,基础教育经费列入国家预算计划,采取“中央财政单列、戴帽下达”的体制。1980年中国对财政体制进行了改革,实行了“划分收支、分级包干”的财政分权体制。[①] 这一改革大大增强了地方财政实力,基础教育投资主体由中央下放到省,采取“省级政府戴帽下达到县,专款专用”的体制。

1985年《中共中央关于教育体制改革的决定》在指出原有教育体制弊端的基础上,要求系统地进行教育体制改革。其中一项重要改革就是,要求有步骤地实行九年义务教育,整个基础教育实行由地方负责、分级管理的原则。这项改革把发展基础教育的责任交给了地方,同时基础教育管理权也属于地方。随后,中国于1986年颁布施行了《义务教育法》,这两份正式文本奠定了中国义务教育宪政安排的基础框架。

在办学体制方面,中国义务教育从确立时起就采取了“以地方政府办学为主、其他办学形式为辅”的办学体制。以地方政府办学为主一直延续至今,所不同的只是政府办学具体形式的变化。但是,义务教育宪政安排中对其他办学形式之地位和作用的设定,则有一定程度的变化。1986年《义务教育法》第9条明确规定:“国家鼓励企业、事业单位和其他社会力量,在当地人民政府统一管理下,按照国家规定的基本要求,举办本法规定的各类学校。”1993年中共中央、国务院联合发布的《中国教育改革和发展纲要》也指出:“国家对社会团体和公民个人依法办学,采取积极鼓励、大力支持、正确引导、加强管理的方针。”这表明国家积极鼓励和提倡非政府力量举办义务教育,并认可它的重要地位。这类义务教育学校由政府统一管理,但政府并不给予财政投入。《义务教育法实施细则》(1992年)对此作出了规定:“社会力量举办实施义务教育学校的事业费和基本建设投资,由办学单位或者经国家批准的私人办学者负责筹措。”民办义务教育大大弥补了政府教育经费的严重不足,为普及实施义务教育起到了至关重要的作用。

---

① 参见1980年2月国务院颁布的《关于实行“划分收支、分级包干”财政管理体制的通知》。

在管理体制方面,这一时期的义务教育实行"在国务院领导下,由地方负责、分级管理"的体制。城市义务教育由市或市辖区政府负责,农村义务教育则实行县乡村三级办学、县乡两级管理的体制(即"三级办学、两级管理"体制)。《义务教育法实施细则》要求,农村义务教育以县为单位组织,并落实到乡镇。这意味着农村义务教育的管理责任更多地由乡级政府承担,因而实际上是实行"三级办学、两级管理、以乡为主"的管理体制。

在经费投入保障机制方面,制度层面的义务教育筹资责任主体与管理责任主体基本上保持一致。《义务教育法》(1986 年)第 12 条要求义务教育经费"由国务院和地方各级人民政府负责筹措",予以保证,同时要求"国家用于义务教育的财政拨款的增长比例,应当高于财政经常性收入的增长比例,并使按在校学生人数平均的教育费用逐步增长"。《义务教育法实施细则》的解释更加强调了地方各级人民政府,尤其是县乡两级政府在经费筹措上的责任。该细则把省级政府的责任界定为制定义务教育各类学校的经费开支定额和标准,同时对经济困难和少数民族地区实施义务教育给予适当补助。依法征收的教育费附加,城市的纳入预算管理,由教育主管部门统筹安排,农村由乡级政府统筹安排。实施义务教育的学校新建、扩建和改建所需资金,城镇列入基本建设投资计划,而农村由乡、村负责筹措,县级政府对困难乡、村酌情补助。这既表明城乡区别,也表明义务教育筹资责任主体基本上是基层政府,在农村主要是乡级政府。

义务教育筹资责任主体负责筹措教育经费,但经费来源却是多元化的。1993 年《中国教育改革和发展纲要》对筹措教育经费的目标、措施及各级政府的责任作了详细规定。这时期中国义务教育实行的是"以国家财政性教育经费[①]为主、来源渠道多元化的投入机制",这些投资渠道和措施主要包括:① 财政预算内拨款;② 征收城乡教育费附加(主要用于

① 1993 年《中国教育改革和发展纲要》把国家财政性教育经费界定为,"包括各级财政对教育的拨款,城乡教育费附加,企业用于举办中小学的经费,校办产业减免税部分"。《中国教育经费统计年鉴》(2007,2008)的附录对教育经费统计指标作了详细说明。

普及义务教育)；③ 义务教育阶段杂费收入；④ 校办产业、勤工俭学和社会服务收入；⑤ 社会集资和捐资助学收入。

总之，1986 年到 2000 年间，义务教育办学体制是以地方政府办学为主，以其他办学形式为辅，积极鼓励和支持社会力量办学；义务教育管理体制是在国务院领导下，由地方政府负责、分级管理、(农村)以乡为主的体制；经费投入保障机制中的筹资责任主体与管理体制一致，经费来源[①]则采取以国家财政性教育经费为主、来源渠道多元化的投入机制。

(2) 从 2001 年到 2005 年底

这一时期，义务教育办学体制的变化主要体现在，以法律形式确认了民办教育与公办教育的同等地位，并且规范了民办教育办学问题。2002 年 12 月，国家通过了《民办教育促进法》[②]，把民办教育事业界定为公益性事业，是社会主义教育事业的组成部分。该法第 5 条明确规定："民办学校与公办学校具有同等的法律地位，国家保障民办学校的办学自主权"，并且"保障民办学校举办者、校长、教职工和受教育者的合法权益"。第 27 条则规定："民办学校的教师、受教育者与公办学校的教师、受教育者具有同等的法律地位。"同时，《民办教育法》第 3 条还延续了 1993 年《中国教育改革和发展纲要》中对待社会力量办学的基本方针，规定"国家对民办教育实行积极鼓励、大力支持、正确引导、依法管理的方针"。

在民办学校能否举办义务教育的问题上，《民办教育促进法》第 49 条给予了充分肯定，明确规定"人民政府委托民办学校承担义务教育任务，应当按照委托协议拨付相应的教育经费"。这表明，虽然政府是举办义务教育的法定责任主体，但是政府可以委托民办学校来承担义务教育任务。对这条规定的理解应该包括如下方面：民办学校可以举办义务教育；政府与举办义务教育的民办学校可能存在明确的委托协议，也可能不

---

① 投入机制中最关键的两个方面是筹资责任主体和经费来源，筹资责任主体可能是一级或两级政府，但经费来源则可能是多元的。

② 该法自 2003 年 9 月 1 日起实行。

存在明确的委托协议。如果存在明确的委托协议,政府应该为民办学校拨付相应的教育经费;如果不存在明确的委托协议,从法律上来说,政府并不一定要为民办学校拨付相应的教育经费。但是,即使不存在明确的委托协议,作为法定责任主体的政府与举办义务教育的民办学校应该存在潜在的、法律意义上的委托关系。

与办学体制中对民办教育的法律承认有所不同的是,义务教育的管理体制和经费投入保障机制在这一时期进行了实质性的变革。2001 年 5 月,国务院作出了《关于基础教育改革与发展的决定》,紧接着于 6 月份召开了改革开放以来第一次全国基础教育工作会议,拉开了基础教育实质性改革的序幕。2002 年 5 月,国务院办公厅发布了《关于完善农村义务教育管理体制的通知》,次年 9 月,国务院又出台了《关于进一步加强农村教育工作的决定》。这一系列改革的重心是基础教育,尤其是农村基础教育(含义务教育)的管理体制和经费投入保障机制。

这些改革在管理体制和经费投入保障机制上是同步进行的。根据上述文本,农村义务教育实行"在国务院领导下,由地方政府负责、分级管理、以县为主"的体制,并明确划分国家、中央政府、地方各级政府在管理义务教育上的责任与权限。国家的责任是确定义务教育的教学制度、课程设置、课程标准,并且审定教科书。中央和省级政府要通过转移支付,加大对贫困地区和少数民族地区义务教育的扶持力度。省级和地市级政府要加强教育统筹规划,搞好组织协调。"县级人民政府对本地农村义务教育负有主要责任",包括调整、建设和管理中小学规划与布局,统一发放教职工工资,管理中小学校长和教师,以及指导学校的教育教学工作。乡级政府承担相应办学责任,按国家规定筹措教育经费,改善教学条件。

这段时期的义务教育改革最突出的地方体现在如下方面:(1) 管理体制和经费投入保障机制都从以前的"分级管理、以乡为主"的体制发展为"分级管理、以县为主"的体制,从而明确了县级政府是管理和筹资的主要责任主体。(2) 突出强调保障农村义务教育的经费投入,要求建立义务教育经费保障机制。(3) 特别强化了对教师工资的管理,决定从2001 年起把农村中小学教师工资的管理权限上收到县,确保教师工资发放。(4) 农村费改税体制取消了农村教育费附加和教育集资,由此造成的教育经费缺口主要由中央和省级转移支付资金予以安排。

总体来看,2001 年到 2005 年底,义务教育的办学体制在总体模式上与前一时期相同,但从法律形式上确立了民办教育与公办教育的平等地位;管理体制实行在国务院领导下,由地方政府负责、分级管理、以县为主的体制,明确了县级政府在义务教育管理上负主要责任;在投入机制上,筹资责任主体与管理主体一致,县级政府是主要的筹资责任主体,义务教育经费来源依然采取以国家财政性教育经费为主、来源渠道多元化的投入机制。

(3) 2006 年初以来

2006 年初以来,义务教育管理体制变化不大,延续了"分级管理、以县为主"的体制。义务教育办学体制总体上延续了以地方政府办学为主、其他办学形式为辅的模式。针对现实中公办学校改制造成的混乱,新《义务教育法》要求杜绝改变或变相改变公办学校性质的做法。对于民办义务教育,附则第 62 条规定,"社会组织或者个人依法举办的民办学校实施义务教育的,依照民办教育促进法有关规定执行"。这意味着,有关民办学校举办义务教育的问题,依然与民办教育促进法保持一致。这一时期义务教育办学体制的重要变化体现在 2010 年发布的《国家中长期教育改革和发展规划纲要(2010—2020 年)》中,该文件要求深化公办学校办学体制改革,积极鼓励社会力量参与公办学校办学,并允许各地从实际出发,开展"公办学校联合办学、委托管理"等试验。这意味着今后办学体制改革的一个重要方向是公办学校的办学方式问题。

这一时期之所以被看做是义务教育改革的新阶段,关键在于经费投入保障机制的重要改革。这一改革实际上是从 2005 年 12 月《国务院关于深化农村义务教育经费保障机制改革的通知》开始的。该《通知》要求按照"明确各级责任、中央地方共担、加大财政投入、提高保障水平、分步组织实施”的原则,逐步将农村义务教育全面纳入公共财政保障范围,建立中央和地方分项目、按比例分担的农村义务教育经费保障机制,此即后来所称的农村义务教育经费投入保障“新机制”。

新机制的要求在2006年《义务教育法》中以法律形式规定了下来。该法第42条规定“国家将义务教育全面纳入财政保障范围”,由国务院和地方各级人民政府予以保障,同时还规定了“三个增长”①的要求。为落实这些财政保障要求,第44条进一步规定:“义务教育经费投入实行国务院和地方各级人民政府根据职责共同负担,省、自治区、直辖市人民政府负责统筹落实的体制。农村义务教育所需经费,由各级人民政府根据国务院的规定分项目、按比例分担。”该条款确立了义务教育经费由各级政府“共同负担、省级统筹”的新体制,表明了筹资责任主体从县级政府上移到省级政府,这是义务教育经费投入机制的关键性变革。这些改革的落脚点都在巩固提高九年义务教育水平,促进义务教育均衡发展上。目前,缩小校际差距、城乡差距和地区差距,推进义务教育均衡发展,已被《国家中长期教育改革和发展规划纲要(2010—2020年)》确定为义务教育发展的战略性任务。尽管这些变革仍在进行当中,但其成效非常显著。2008年,中国已在城乡全面实现了免费义务教育。

以上对义务教育制度发展演变的梳理,既为我们刻画了义务教育国家制度安排的历史图景②,又展现了当前义务教育国家制度安排的基本框架:(1) 在办学体制上,实行“以地方政府办学为主、其他办学形式为辅”的体制,这种办学体制允许并规范民办学校承办义务教育,同时鼓励社会力量在保持公办学校性质的前提下,参与公办学校办学。(2) 在管理体制上,实行“在国务院领导下,由地方负责、分级管理、以县为主”的体制,县级政府对于管理义务教育负有主要责任。(3) 在经费投入保障

① 2006年《义务教育法》第46条同时规定:“国务院和地方各级人民政府用于实施义务教育财政拨款的增长比例应当高于财政经常性收入的增长比例,保证按照在校学生人数平均的义务教育费用逐步增长,保证教职工工资和学生人均公用经费逐步增长。”

② 对于这种变迁原因和变迁模式的分析,是另一个研究主题。

机制上，筹资责任主体是省级政府，实行“各级政府共同负担、省级统筹”的体制；在经费来源方面，义务教育全部纳入公共财政保障范围，农村义务教育实行“中央和地方分项目、按比例分担”的经费保障机制。本书对中国义务教育供给方式的分析，就是在这种法定制度框架之下进行的。

此外，必须注意的是，中国义务教育制度安排是在中国特定的政治架构和行政体制中运行的，谨记这一点有助于我们把义务教育问题放在一个宏大的政治社会生态中进行分析。

2. 中国义务教育供给绩效的评价标准

中国义务教育供给绩效的评价标准应该来源于供给义务教育所致力于实现的公共利益目标，而这种公共利益目标应该由义务教育的国家制度安排及其体现的法律精神来确定，这些国家制度安排具体指的是《教育法》、《义务教育法》、《民办教育促进法》以及作为其制定依据的《宪法》。

尽管在正式文本和学界既有研究中经常提到，教育发展要坚持公益性原则，要符合国家和社会公共利益，但这种公益性原则所蕴含的公共利益标准究竟是什么，却鲜有清晰的阐释。在构建分析框架之前，有必要先对这一问题加以讨论。

2006 年新修订的《义务教育法》第一条指出：“为了保障适龄儿童、少年接受义务教育的权利，保证义务教育的实施，提高全民族素质，根据宪法和教育法，制定本法。”该条确定了义务教育法的根本目的和制定依据，其中根本目的可分为两个方面：

一是保障适龄儿童少年平等接受义务教育的权利。为此，《教育法》第 9 条和新《义务教育法》第 4 条都规定，所有公民（适龄儿童）都有受教育的权利和义务，并“依法享有平等的受教育机会”。

二是通过保证义务教育的实施，提高全民族素质。这一目标是抽象的，对它的具体解释依赖于分析实施义务教育的目的。根据新《义务教育法》第 3 条，实施义务教育的最终目的是通过“实施素质教育，提高教育质量”，“使适龄儿童、少年在品德、智力、体质等方面全面发展，为培养有理想、有道德、有文化、有纪律的社会主义建设者和接班人奠定基础”。这一目的实际上贯彻了1995年实施的《教育法》第5条所确定的国家教育方针，即“教育必须为社会主义现代化建设服务，必须与生产劳动相结合，培养德、智、体等方面全面发展的社会主义事业的建设者和接班人”。简言之，中国实施义务教育的目的是培养适应社会主义事业发展要求的、全面发展的人，提高国民的整体素质。这种宪政安排既体现了义务教育的功能性目标，更把培养全面发展的人作为教育发展的落脚点。这一宪政精神在中共中央、国务院2010年7月印发的《国家中长期教育改革和发展规划纲要（2010—2020年）》中得到进一步强调，这意味着，坚持“育人为本”，培养适应社会主义事业发展要求的、全面发展的人，依然是今后中国义务教育发展的根本目标。

根据这种分析，中国义务教育法律制度中的公共利益目标集中体现在两个相互关联的方面：(a) 促进每一个儿童的全面健康发展，提高国民的整体素质（育人为本）；和(b) 保障每一个儿童平等的受教育权利，使他们都有同等的机会接受最低限度的教育。育人为本是最终落脚点，平等受教育权不仅自身是目标，而且更是实现前一目标的根本途径。

这两个公共利益目标对义务教育的具体实施提出了两项基本准则：育人为本要求实施“素质教育”，提高教育质量；而保障平等的受教育权则要求实现“教育公平”。

“素质教育”和“教育公平”两项基本准则进一步衍生出四个标准。实施素质教育要求因材施教和提高教育绩效。因材施教一方面体现在教学过程中，即根据儿童成长规律和教育发展规律提供教学；另一个方面则体现在对教育的选择过程，它要求提供充分的机会，尽量满足不同学习者的教育需求和选择，使其得到自主发展和全面发展。提高教育绩效意味着首先要确定明确合理的教育目标和质量标准，在此基础上，提高资源利用效率和学校教育质量，以达到那些标准。

实现教育公平要求实现成本分担的公正和利益分享的公平。成本分担的公正可以从两个侧面来衡量:一是基本教育成本分担的公正。基本教育成本是国家提供一定水平的义务教育必须配置的资源。在实施免费义务教育的前提下,基本教育成本在公民中的分担采取公共税收的形式。如果一国的税收体制是公正的,那么基本教育成本的分担就是公正的。二是额外教育成本分担的公正。额外教育成本是学习者因为差异教育需求而额外支付的成本,或者是择校竞争带来的额外成本。利益分享的公平包括入学机会公平、教育过程中分享教育资源的公平和对待的公平,以及教育成功机会上的公平。确保利益分享公平的基本条件是义务教育的均衡发展,尤其是校际间的均衡发展,更高层次的利益分享公平依赖于校际间的“优质均衡”发展。除此之外,教育公平的基本前提是教育权利的平等,这一点我们在第九章会展开讨论。

按照这样的分析,义务教育的发展是否实现了国家法律制度和法律精神所确定的公共利益目标,至少需要以如下四个维度作为衡量标准(这里按教育过程的逻辑展开):

(1) 满足教育需求:义务教育供给是否满足了公民的教育需求和选择,包括基本需求和差异需求(多元、优质、可选教育需求),至于额外需求,在此不论;

(2) 成本分担公正:教育成本的分担是否公正,这种教育成本包括基本教育成本和额外教育成本;

(3) 教育产出高效:是否有明确合理的教育目标,以此为依据的学校教育产出在资源使用效率和教育质量方面是否达到高效;

(4) 利益分享公平:义务教育学校是否实现优质均衡发展,从而使得所有适龄儿童能够公平地分享义务教育的公共成果,具体包括入学机会公平、教育过程中资源分享和对待的公平,以及教育成功机会的公平。

表 2-1　中国义务教育公共利益实现程度评估表

满足教育需求		成本分担公正		教育产出高效		利益分享公平		
基本需求	差异需求	基本成本	额外成本	资源效率	教育质量	入学机会	资源分享	成功机会

注:赋值方式的内涵:一个赋值表示程度非常低,两个赋值表示相对较低,三个赋值表示在中等程度上实现了公共利益,四个赋值表示程度相对较高,五个赋值表示程度非常高。

从义务教育法律制度和法律精神推导出的公益标准,为测度中国义务教育的供给绩效提供了合理可靠、简明可行的方向性准则。在评估方法上,本书制订了"中国义务教育公共利益实现程度评估表"(表 2-1),并采用赋值评估法,用符号"+"对公共利益实现标准的各个组成要素进行赋值,区间为 1 到 5 个级次,其内涵是:一个赋值表示公共利益实现程度非常低,两个赋值表示相对较低,三个赋值表示在中等程度上实现了公共利益,四个赋值表示程度相对较高,五个赋值表示程度非常高。在评估过程中,本书还将结合各个地区所描绘的具体情况,运用一定的事实和数据对赋值内涵加以佐证和解释。

(四) 义务教育制度运行中的行动主体及其关系结构

中国义务教育制度运行过程中相关的行动主体及其关系结构,主要可以从两个逻辑序列上展开分析:

1. 教育的经济过程序列:"需求—供给(提供/生产)—消费"

从经济分析的角度来看,义务教育制度运行过程中的行动主体包括需求者、提供者、生产者和消费者。其中需求者有两类:一是作为整体的国家和社会,二是作为个体的适龄儿童及其家长(含监护人)。国家和社会对义务教育的需求,已经从义务教育制度本身得以反映。适龄儿童及家长的教育需求包括基本需求、差异需求和过度需求。基本需求是接受最低限度的、基准水平的义务教育的需求,它随着教育发展水平的提高而逐步提高;差异需求是因适龄儿童生理状况差异或文化差异而产生的、与一般义务教育不同的教育需求;过度需求是适龄儿童及家长对超过基准水平的义务教育的需求。

义务教育的提供者主要是指资源提供者和义务教育学校的举办者,包括政府和非政府力量。在中国,非政府力量又包括国有企业及事业单位、非政府组织(NGO)、个人(含私有企业)等。中国义务教育的主要提供者是政府,宪政安排也规定政府有责任将义务教育经费纳入公共财政保障范围。但是,在现实生活中,政府并不是唯一的提供者,上述各种非政府力量在举办义务教育方面都发挥着重要的作用。在本书中,以政府力量、国有企业及事业单位为主举办的义务教育学校,都称之为公办学校;[①]由公民社会组织和个人(含私有企业)出资举办,或者由社会力量根据自愿量力原则捐赠经费所举办的义务教育学校,则称之为民办学校。

义务教育的生产者主要是指义务教育学校、教学点(班),但它还包括其他承担义务教育任务的教育机构,如承担义务教育任务的特长学校、特殊教育机构。义务教育的消费者与需求者是一致的。学生及家庭是直接消费者,国家和社会是间接消费者。

2. 教育的政治过程序列:“决策—管理—执行—监督”

从政治分析的角度来看,义务教育制度运行过程中的行动主体主要有决策者、管理者、执行者和监督者。在中国,义务教育的决策者主要是全国和省级人民代表大会及其常务委员会、中共中央、中央政府和省级政府,其中省级人民权力机关和省级政府只对本省之内义务教育发展事宜具有决策权。

---

① 《民办教育促进法》规定:“国家机构以外的社会组织或者个人,利用非国家财政性经费,面向社会举办学校及其他教育机构的活动,适用本法。”这意味着民办教育是利用非国家财政性教育经费举办的,而利用国家财政性教育经费所举办的,都可称为公办教育。根据《中国教育经费统计年鉴 2008》附录对教育经费统计指标的说明,国家财政性教育经费包括:(1) 财政预算内教育经费;(2) 各级政府征收用于教育的税费,主要包括教育费附加和地方教育附加;(3) 中央和地方企业办学中的企业拨款;(4) 校办产业和社会服务收入用于教育的经费。至于社会团体和公民个人的办学经费、社会捐资助学的经费,则不属于国家财政性教育经费之列。由此可以判断,国有企业及事业单位举办的学校都属于公办学校。参见教育部财务司、国家统计局社会和科技统计司编:《中国教育经费统计年鉴 2008》,中国统计出版社 2009 年版,第 653 页。

根据“在国务院领导下、由地方政府负责、以县为主”的管理体制,义务教育的管理者是中央政府和地方政府,尤其县级政府负主要管理责任。但在行政序列上,义务教育的管理者还包括学校层面的管理团体,在非行政序列上,社区和家庭也参与义务教育的共同管理。

义务教育的执行者有广义和狭义之分,广义的执行者包括中央政府、地方政府和学校,狭义的执行者相应于经济分析中的生产者,主要是指学校。由于政府,尤其是县级政府被界定为管理者,因而本书采取狭义的界定方式,执行者就是落实义务教育的学校。

义务教育的监督者是多重的,包括人民权力机关(立法机构)的监督、政府的监督(主要是教育督导团)、学校的自我监督、社区和家长的监督、社会舆论的监督,等等。

在政治过程序列中,有些行动主体实际上具有多重角色,其职能往往并不是单一的,各行动主体之间也并非截然分离和相互对立的,他们从理论上应该是相互协作、共同配合推动义务教育制度良好运行的合作主体。以上这种划分只是便于描绘义务教育制度运行的概略性过程,以有助于在后文的分析中明确我们所处的方位。

在经济过程序列和政治过程序列中,行为主体的角色和职能已经反映了他们的关系结构。经济过程序列中的行动主体之间呈现一个水平序列,但它是一个循环的水平序列,因为需求者和消费者是重合的;政治过程序列中的行动主体往往同时具有不同的角色和职能,它更多的是一个纵向垂直的序列。两个序列的交叉点,是同时作为生产者和执行者的学校。

以上有关义务教育物品属性、国家制度安排和行动主体及其关系结构的分析,为考察中国义务教育供给状况提供了基本背景,中国义务教育的供给绩效及决定这些供给绩效的供给方式选择,都是这些背景下的产物。

二、分析框架:供给方式、供给要件与供给绩效

本书的中心问题关涉公共物品供给方式与供给绩效之间的关系,或者说,本书的主题在于探讨公共物品供给方式的选择是如何影响和决定其供给绩效的。如果能够从理论上建构起二者之间的相互关系,就能够为本书提供一个适切的分析框架。

从理论上来讲,(纯)公共物品的供给绩效主要取决于三个因素:资源禀赋、国家制度安排和供给方式。当把资源禀赋和国家层面的制度安排看做给定的约束条件时,供给方式就成为至关重要的自变量,本书就是在既定的资源禀赋和制度约束条件下探讨供给方式对供给绩效的影响。

一般而言,(纯)公共物品的供给过程可以区分为提供环节、生产环节以及提供与生产的连接环节。在既定的资源禀赋和制度约束条件下,如果供给方式的选择能够有效地解决三个供给环节中可能面临的各种问题(即满足供给过程中的各个供给要件),自然就能够实现相对良好的供给绩效。如果把"供给方式"设为自变量、供给过程中需要满足的"供给要件"设为中介变量,同时把"供给绩效"设为因变量,那么,供给方式与供给绩效之间的关系如图 2-1 所示,其变量关系是:

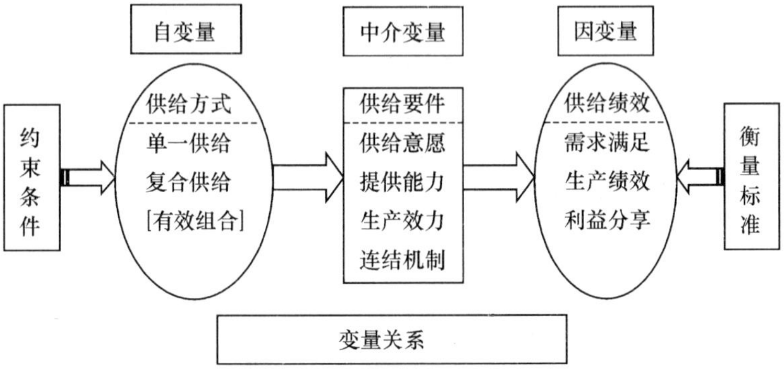

图 2-1　供给方式与供给绩效关系图

注:该图同导论中的图 0-1。

公共物品的供给绩效需要由公共物品供给所致力于实现的公共利益目标来衡量;供给绩效如何取决于供给要件是否满足,供给要件是否满足取决于供给方式的选择,而供给方式的选择必须考虑既定的约束条件;供给方式的不同选择是通过影响供给要件来决定供给绩效的。

(一) 自变量:供给方式

供给方式与供给主体及其行为动机和行为选择有关,这种行为动机与行为选择最终会影响供给绩效,因而可以把供给方式的选择设为自变量。根据不同的供给主体,供给机制可以区分为政府机制、市场机制、非政府组织(NGO)机制(团体形式)、自愿捐赠与志愿服务机制(个体形式)、自治机制,其中非政府组织(NGO)机制、自愿捐赠与志愿服务机制、自治机制可统称为社会机制。根据不同供给机制在公共物品供给过程中发挥作用的程度,公共物品的供给方式主要区分为两大类:单一供给和复合供给。如果在整个供给过程中只有一种供给机制发挥作用,其他机制或者不存在,或者其作用可忽略,那么这种供给方式就可称为"单一供给方式";如果在整个供给过程中有两种以上供给机制共同发挥作用,那么这种供给方式就可统称为"复合供给方式"。复合供给方式可以是任意两种供给机制的复合,也可以是任意多种供给机制的复合。在讨论复合供给方式时,通常需要考察(a) 起主导作用的供给机制和(b) 不同供给机制的复合方式。在不同约束条件下,各种供给机制的有效组合方式往往也不相同。

(二) 中介变量:供给要件

供给要件是指为达到良好的供给绩效,在供给过程中必须满足的供给条件。它在既定的外部约束下取决于供给方式的选择,同时它又直接决定着供给绩效,因而可设为联系供给方式与供给绩效的中介变量。供给要件的设定与供给环节的划分直接相关,也就是说,在不同的供给环节中需要满足不同的供给要件。本书把公共物品供给过程区分为"提供"、

“生产”及“提供与生产的连接”三个环节，与这三个供给环节相对应的行为主体分别是提供者、生产者以及连接提供与生产的管理者。

在提供环节，供给绩效如何取决于两个供给要件：一是提供主体是否具有良善的供给意愿，也就是说，提供主体是否基于公共利益的要求而提供公共物品；二是提供主体是否具有充足的提供能力，包括资源提供能力以及对资源的配置能力。在生产环节，供给绩效如何取决于生产主体的生产能力，包括资源利用效率和产品质量。在提供与生产的连接环节，供给绩效如何则取决于是否建立了有效连接提供与生产的管理协调机制，包括对提供主体资质条件、提供方式等因素的规制机制、对生产主体资质条件、生产行为的监管机制、对公共物品供给结果的评估机制，以及在提供主体与生产主体之间建立委托合作关系的契约机制①，等等。

据此，公共物品的供给绩效主要取决于供给过程中的四个供给要件：(1) 良善的供给意愿；(2) 充足的提供能力；(3) 高效的生产能力；(4) 有效连接提供与生产的管理协调机制（管理协调能力）。其中提供能力、生产能力和管理协调能力可统称为供给能力。

（三）因变量：供给绩效

供给绩效是对供给效果的评价，它是在既定约束条件下由供给方式的选择所产生的结果，可设为因变量。供给绩效的评价标准应该来自于公共物品供给所致力于实现的公共利益目标，该目标通常由公共物品供给的国家制度安排所确定。与对供给要件的分析相似，对供给绩效的评价也应该与供给过程的各个环节相对应（正如对义务教育供给绩效的评价标准所作的分析那样）：首先，公共物品应当基于公民需求而供给；其次，在供给过程中必然需要资源，资源的提供和配置涉及成本分担问题；再次，当资源提供和配置之后，就进入到生产过程，此时应当考察的是公

---

① 在公共物品供给过程中，如何进行有效监管对于公共物品能否取得良好的供给绩效也至关重要。在本书的分析框架中，笔者把监管要素纳入到连接提供与生产的管理协调机制当中，作为管理协调机制的一个组成部分。

共物品的生产绩效（质量、效率）问题；最后，当公共物品生产出来之后，必须考察公共物品的分配及利益的分享问题。

因此，一般情况下，供给绩效的评价标准相应地也有四个：(1) 公民需求的满足程度；(2) 成本分担的公正程度；(3) 生产绩效的优良程度；(4) 利益分享的公平程度。

三、分析框架在中国义务教育供给研究中的应用

上节通过厘清“供给方式、供给要件与供给绩效”之间的一般逻辑关系建构了本书的分析框架，现就该分析框架在中国义务教育供给研究中的应用①作一说明。

（一）供给方式

本书以安徽省铜陵市、北京市东城区、上海市浦东新区和河南省周口市四个地区的义务教育供给为典型个案，考察这些地区是如何选择适切的供给方式来满足义务教育供给要件，进而取得相对良好的供给绩效的，同时根据这种考察提炼三种相对成功的区域供给模式和一种有效的补充性供给模式，它们分别是政府单一供给模式、政府供给—多方协助模式、多主体合作供给模式，以及作为补充模式的政府支持—民办供给模式。在此基础上，本书通过比较分析四种典型供给模式，归纳总结中国义务教育的总体供给模式，即政府主导的区域多样供给模式。

本书分析发现，中国不同地区义务教育的供给方式既有相似之处，也有很大差别。有些地区采取的是政府单一供给模式，但很多地区采取的是政府主导的复合供给模式。在采取政府主导型复合供给模式的地区，政府主导的含义和各种机制的复合方式也不尽相同。无论是政府单一供给还是政府主导型复合供给，其成功与否都取决于供给方式的选择是否

---

① 分析框架在某种程度上也是对经验分析对象的抽象提炼。

有效地满足了四个供给要件。

（二）供给要件

上述中介变量中的四个供给要件——供给意愿、提供能力、管理协调能力、生产能力——在中国义务教育供给中分别对应于“教育期望”、“提供能力”、“政府管理能力”、“学校生产能力”。供给要件与供给绩效之间的关系在中国义务教育供给中的运用如图 2-2 所示，现对四个供给要件逐一进行说明。

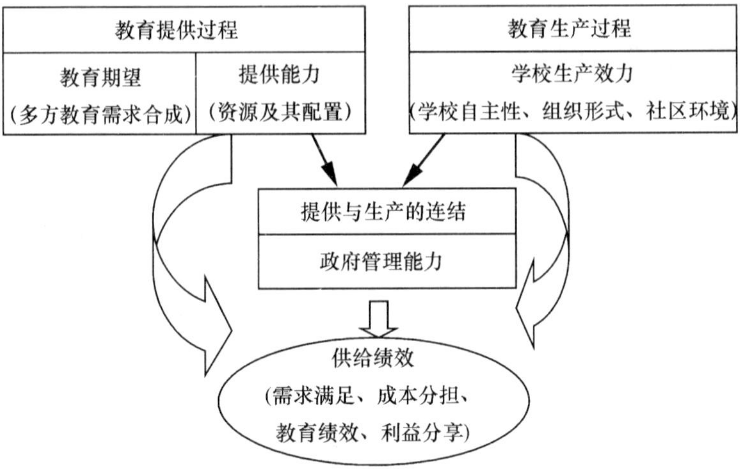

图 2-2 中国义务教育供给要件与供给绩效关系图

1. 教育期望

提供主体的教育期望会决定其提供意愿，还会影响其教育目标和教育决策。不同提供主体的教育期望是有显著差异的。作为提供义务教育的法定责任主体，政府的动机至少包括三个层面：一是作为国家意志和公共利益的代理人，通过实现共同体利益来寻求和强化政治正当性，这一动机会促使其努力提供良好的义务教育。二是作为国家义务教育政策的被动执行者，需要完成义务教育的供给责任，这在一定程度上会降低其提供良好义务教育的激励。三是作为具有部门利益的行动主体，期望通过提供良好的义务教育来获得潜在的利益，这一动机可能会促使地方政府把义务教育的提供看做是政绩工程或者谋利方式，而着力办好几所优质学校，有助于凸显这种政绩并取得相应利益。这种动机可能激发不合理的提供意愿，从而导致有偏向的教育政策和不均衡的资源配置。

各种社会力量的动机也是多样的，它们可能是由怜悯心和同情心促发的公益心、强烈的社会责任感和使命感、期望获得良好的社会声望和荣誉，以及基于奉献的自我满足感；也可能希望通过提供义务教育来获得其他收益，如方便某些群体的子女入学；还可能以此作为营利方式。需要注意的是，每个提供主体的动机往往是复杂多样而不是单一的，同一提供主体在不同情境中的动机也可能是变动发展的。

正因为如此，提供主体的教育期望会受到外界因素的影响，尤其会受到需求者、生产者及消费者的教育期望以及他们所处的社会文化环境的影响。首先，由于公共服务的提供越来越从供给导向转向需求导向，因而作为需求者的学生和家长，其教育需求和教育期望对提供主体的影响力开始增强。随着经济社会的发展，学生和家长的教育需求也会产生相应的变化，这种变动性和差异性的教育需求必然会影响到提供主体的教育期望。[①] 其次，提供主体并不一定是深知教育规律的群体，而作为生产者的学校，则对教育发展规律和运行方式具有更加权威的意见，他们的教育理念和目标不仅会影响提供者的教育期望，而且也会影响自身的教育绩效。再次，作为消费者的国家会对政府和其他提供主体的动机有所约束，而用人单位则需要符合自身发展的人才，他们的人才选择标准也可能对提供者和生产者的教育期望产生影响。最后，一个社会的教育传统和社会舆论也传达着各种教育期望，前者对义务教育供给的影响力是深远的，而后者的影响力至少是广泛的。

这里的分析表明，教育期望这一变量并不是提供主体专有的，其他行

---

① 在附录3的访谈笔记中，笔者了解到，随着地方经济社会的发展，人们的就业选择和生活方式会有所改变，由此使教育需求产生变化，比如对教育安全的更高要求。公民对教育安全的强烈需求影响着民间提供主体的教育期望和供给方式。

动主体也有教育期望,而且各种行动主体的教育期望是相互影响的。

2. 提供能力

与教育期望的非专有性不同的是,提供能力是专门就提供主体而言的。假设提供主体具备良好的教育期望,并因此设立了合理的教育目标和教育政策,其提供能力的强弱则受到资源禀赋和资源配置能力的制约。就政府而言,如果政府有充足的人力、财政和物力资源,而且具有高效的资源配置机制,那么它显然有足够的提供能力把所有义务教育都纳入政府提供的范围。但是,如果政府的资源禀赋有限,单纯的政府机制就没有足够的能力来提供所有的义务教育。再者,假设政府的资源禀赋充足,但是其资源配置机制是低效的(这既可能是政府官僚行政体制导致的,也可能是其他原因导致的),那么只能证明政府具备单独提供义务教育的财政实力,并不意味着政府具备单独供给义务教育的治理能力。

由此可以推论认为,在政府资源禀赋有限或者资源配置机制低效的情况下,非政府力量作为提供主体,以及非政府机制作为资源配置机制的出现,很可能有助于改善政府在义务教育供给中的困境。但这并不是说,非政府提供主体就一定具备高效的资源配置机制,当然更不意味着非政府提供主体具备提供所有义务教育的能力。这里只是力求说明,如同义务教育这样的纯公共物品应该采取何种提供方式,与提供主体的提供能力紧密相关。

3. 政府管理能力

政府资源配置能力的强弱、运用其他资源配置机制的能力的大小,以及后面将分析的学校生产能力(教育绩效)的好坏,都与政府的管理能力息息相关。政府管理能力是连接提供过程和生产过程的中枢。

在与提供过程的连接上,政府既是提供主体,也是管理主体。但作为管理主体,政府并不仅仅管理政府资源,也管理社会资源,不仅可以运用政府机制,也可以运用社会机制和市场机制。因此,政府管理能力与它作为提供主体时的资源配置能力应该是紧密相关却又有所区别的概念。尽管政府管理能力的核心是资源配置能力，但它实际上包含更广泛的内容，如教育规划、政策制定、力量整合，等等。

在与生产过程的连接上，政府的管理能力体现在对资源利用的监督、学校运行的管理、教育绩效的评估等方面，这很大程度上涉及政府与学校的关系。

4. 学校生产能力

假设各方面行动主体的教育期望得到了合理整合，提供主体具有充分的提供能力（包括充足的资源禀赋和良好的资源配置机制），此时，义务教育供给好坏则取决于学校的教育绩效，这种教育绩效由学校在质量和效率上的生产能力所决定。那么，哪些因素决定学校的生产能力呢？

作为生产者，学校承担义务教育责任的过程实际上并不是封闭的自我生产过程，它与作为教育管理者的政府、作为教学过程核心主体的教师和学生，以及作为教育参与者的家庭和社区，甚至更广范围的社会环境都有密切的关系。这种复杂的相互关系可以简化为三个方面：一是政府与学校的关系（简称“政校关系”），其中既包括财政关系，也包括管理关系。财政关系属于提供层面的问题，前文已假设学校可以获得充分的财政资源。因此，这里所指的是政府与学校的管理关系，它决定着学校的自主性程度。二是在学校内部，管理团体与教师之间的关系（简称“学校内部关系”），这与学校的组织形式有关。民主、开放的组织形式有助于改善学校管理团体与教师、教师与学生之间的关系，也有助于在学校内部产生良好的文化环境。尤其重要的是，政府与学校的关系和学校内部关系极大地影响着教师激励机制。三是学校与外部环境，主要是与家庭、社区以及其他学校之间的关系（简称“校社关系”），这实际上是学校的社区环境。家庭是否具有选择权和参与权、社区是否具有参与管理的权力，学校与学校、学校与社区是否具有良好的互动机制，都会对学校绩效产生重要影响。

实际上，学校自主性（政校关系）、学校组织形式（学校内部关系）和学校的社区环境（校社关系）共同构成了广义上的学校制度。因此，简单地说，学校制度决定着学校生产能力，从而决定着学校教育绩效。

下面对中国义务教育供给中的四个供给要件作一概括：

教育期望——反映各行动主体的动机、意愿和需求。这些教育期望具体包括：学生和家长的教育需求，如基本需求、差异需求和过度需求；提供主体的心理动机、提供意愿、教育目标；作为生产者的学校的教育理念和教育目标；社会的教育传统和现实舆论倾向。

提供能力——主要反映提供主体的资源禀赋和资源配置能力。在义务教育供给过程中，由于政府是主要提供主体，因而政府对教育资源的配置能力尤其重要。在政治过程序列上，政府是以管理者出现的，县级政府对教育资源负有主要管理责任，因而县级政府的管理能力也会影响其提供能力。

政府管理能力——反映政府的治理能力。它是连接提供与生产的中枢，包括教育规划能力、政策制定能力和执行能力、资源整合与配置能力、教育督导评估能力，等等。

学校生产能力——主要反映学校的教育质量和资源利用效率。这里的生产能力必须蕴涵着"培养完善的人"①这一教育目的或者说教育质量，而不是简单地仅仅注重学校生产效率。决定学校生产能力的关键是学校制度，它由学校自主性（政校关系）、学校组织形式（学校内部关系）和学校的社区环境（校社关系）三个方面共同组成。

（三）供给绩效

中国义务教育的供给效果由教育期望、提供能力、政府管理能力和学校生产能力共同决定，是上述四个供给要件的逻辑结果。对供给绩效的评价需要诉之于从义务教育法律制度和法律精神中推导出来的公益标准，该标准在本章第一节第三层内容——（中国义务教育）国家制度安排

---

① 有关教育的最终目的是"培养完善的人"这一观点，参见联合国教科文组织国际教育发展委员会编著：《学会生存——教育世界的今天和明天》，华东师范大学比较教育研究所译，教育科学出版社 1996 年版。

与供给绩效的评价标准——中已经给出,在此不赘述。

四、中国义务教育区域供给模式的归纳路径

本书根据上述分析框架,以供给过程为横向维度、供给主体为纵向维度形成“中国义务教育供给模式分析要素表”(表2-2),其中供给过程反映供给要件和供给绩效,供给主体在供给过程中的地位和作用反映供给方式。

就供给主体而言,义务教育供给主体包括政府、社会、市场、学校和公民。其中政府主体指狭义上的政府,不包括事业单位;社会主体包括事业单位、公民社会组织、社区、舆论媒介,其中事业单位具有准政府性质,但由于它不是政府职能部门,所以把它归入到“大社会”这个范畴内;市场主体主要包括企业、营利性社会中介机构、作为市场主体的个人;公民主体是指作为政治主体的公民个人,家长是该主体的主要成员,但不限于此。

就供给过程而言,如果把教育期望从提供环节独立出来,把供给绩效(供给效果)添入,那么,供给环节就可以细分为五个:多方教育期望合成政府教育目标的过程、提供过程、管理过程、生产过程和供给绩效(供给效果)。其中提供过程涉及“出资者/资源提供者”与学校举办者,管理过程细分为直接管理和间接管理,生产过程涉及公办学校、民办学校和社会参与。

对于“供给模式分析要素表”的具体运用,笔者将采用赋值法,根据各个供给主体在每一个供给环节中的参与程度和发挥作用的重要性程度,用符号“+”进行赋值,赋值区间为1至5个级次。这种赋值方式的具体内涵是:无赋值表示可忽略;一个赋值表示参与非常少,重要性程度很低;两个赋值表示参与相对少,重要性程度相对低;三个赋值表示中等;四个赋值表示参与相对多,重要性程度相对高;五个赋值表示参与非常多,重要性程度很高。这种赋值方法能够通过显示不同主体在各个供给环节

中的参与程度和发挥作用的重要性程度来判断供给模式的特征。

表 2-2　中国义务教育供给模式分析要素表

过程 主体	教育 期望	提供		管理		生产			供给 绩效
		出资者/ 资源提供者	学校 举办者	直接 管理	间接 管理	公办 学校	民办 学校	社会 参与	
政府									
社会									
市场									
学校									
公民									

注：由于供给模式主要涉及供给主体和供给过程中的四个供给要件，因而在具体应用过程中可省略“供给绩效”一列。

小结

本书第一部分（第一章和第二章）基于经典公共物品理论面临的困惑提出了全书所要研究的中心问题，从理论层面对经典理论进行了一些反思，提出了修正方向；为了验证这种理论性反思和设想性修正，该部分选择了中国义务教育作为经验研究对象，简要交代了与中国义务教育供给相关的若干背景因素，同时，还基于（纯）公共物品“供给方式、供给要件与供给绩效”之间的逻辑关系给出了一个理论分析框架。

经典公共物品理论认为，“纯公共物品应该而且只能由政府单一供给”。这一观点至少依赖于两个基本假设：一是政府具有良善的供给动机或有效的外部激励，促使其致力于实现良好的供给绩效；二是政府具备充足的供给能力，尤其是具备充足的公共财政能力。然而，经验性情形都并非总是如此，政府供给动机不良、外部激励不足和供给能力匮乏的情况俯拾即是，它们都会影响和制约纯公共物品的供给绩效。正因为如此，现实生活中的一些纯公共物品并没有像经典理论所设想的那样由政府单一供给，而是采取了政府机制与非政府机制复合供给的方式。这意味着，经典理论有关“纯公共物品应该而且只能由政府单一供给”的观点不仅存在理论上的局限性,而且难以解释和指导纯公共物品供给的具体实践。

经典理论的困惑及其与经验性实践的矛盾引发了本书所要研究的中心问题:在既定的资源禀赋和制度约束条件下,纯公共物品应该采取什么样的供给方式才能取得良好的供给绩效?回答这一中心问题的关键是把握供给方式与供给绩效之间的关系,也就是说,把握供给方式的选择是如何影响和决定供给绩效的。

针对经典理论的困惑和本书的中心问题,第一章先从理论层面对经典理论进行了反思与批评,认为无论是政府还是市场、公民社会组织还是自主治理,通常都难以单独依靠自身力量提供政治共同体所需的全部公共物品和公共服务,每一种供给方式都有自身的缺陷和难以企及的领域。正因为如此,政府机制和非政府机制(包括市场机制、非政府组织机制和自治机制)的互补合作,就成为解决(纯)公共物品供给问题的一种理论方向。

为使论证具有经验性事实支撑,本书选择中国义务教育作为经验研究对象。笔者在第二章接受和论证了"义务教育具有典型纯公共物品性质"的观点,并将之设定为全书分析的立论基础,然后交代了中国义务教育在国家层面的制度安排、供给绩效的评价标准、制度运行中的行动主体及其关系结构。其中供给绩效的评价标准来源于义务教育供给所致力于实现的公共利益目标,而这种公共利益目标是由义务教育供给的国家制度安排所确定的。

在此基础上,第二章通过厘清"供给方式、供给要件与供给绩效"之间的一般化理论关系构建了本书的分析框架,并就该分析框架在中国义务教育供给研究中的应用方式作了说明。在该分析框架中,"供给方式"被设为自变量,供给过程中需要满足的"供给要件"被设为中介变量,"供给绩效"则被设为因变量。其中供给方式主要分为单一供给和复合供给;供给要件根据整个供给过程区分为供给意愿、提供能力、生产能力、管理协调机制;供给绩效也根据供给过程相应地由四个维度组成,分别是:公民需求的满足程度、成本分担的公正程度、生产能力的优良程度、利益分享的公平程度。供给方式、供给要件与供给绩效之间的变量关系是:公共物品的供给绩效需要由公共物品所致力于实现的公共利益目标来衡量;供给绩效如何取决于供给要件是否满足,供给要件是否满足取决于供给方式的选择,而供给方式的选择必须考虑既定的约束条件;供给方式的不同选择是通过影响供给要件来决定供给绩效的。该分析框架的扩展形式能够应用于对中国义务教育供给问题的研究。

最后,第二章还以供给过程为横向维度,以供给主体为纵向维度建立了"中国义务教育供给模式分析要素表",以此设定中国义务教育区域供给模式的归纳路径。下一章开始进入中国义务教育供给的现实场景研究。

第二部分　现实场景研究

第三章　政府单一供给模式:安徽省铜陵市案例

前两章提出了本书所要研究的中心问题,即纯公共物品应该采取什么样的供给方式才能实现良好的供给绩效,选定了中国义务教育这一经验研究对象并给出了一个理论分析框架,同时还设计了中国义务教育区域供给模式的归纳路径。本章将运用该分析框架和归纳路径,围绕"供给方式的选择如何影响供给要件进而决定供给绩效"这对核心关系,对安徽省铜陵市义务教育供给方式的选择过程及其取得的供给效果进行个案式分析,以此探讨取得良好供给绩效的第一种方式——政府单一供给模式。

为此,本章将首先介绍铜陵市的基本经济社会情况和义务教育发展概况,随后以教育期望、提供能力、政府管理能力和学校生产能力这四个供给要件如何得到满足为主线,分析铜陵市义务教育供给方式的选择过程;在此基础上,基于第二章提出的公共利益标准对铜陵市义务教育供给绩效进行评价;最后归纳提炼铜陵市义务教育供给模式。

通过本章的区域案例分析,我们发现,铜陵市义务教育无论在提供环节、生产环节,还是在提供与生产的连接环节,几乎都是运用并且依赖于政府机制。虽然个别环节中有非政府机制的参与,但其参与方式是间接,其发挥的作用也非常有限。据此,铜陵市义务教育采取的是"政府单一供给模式"。尽管如此,这种供给模式在铜陵市很好地满足了四个供给要件,从而取得了相对良好的供给绩效。

一、铜陵市义务教育发展概况

铜陵市(地级市)位于安徽省中南部,长江中下游南岸,于1956年建市,现辖三区一县(铜官山区、狮子山区、郊区和铜陵县),总面积1113平方公里,城市建成区面积57平方公里,2008年总人口73.89万人,其中三个市辖区人口为44.08万人。[①] 铜陵市依矿而设,是一座新兴的工贸港口城市,依托丰富的矿产资源和便利的航运条件,其经济社会发展水平现已跻身安徽省前列。2008年铜陵市地区生产总值325.31亿元(其中铜陵县为53.3亿元),全市地方财政收入23.79亿元,财政支出35.76亿元,其中教育支出4.88亿元,占地方财政支出的13.65%。[②]

从20世纪90年代中期到2005年前后,铜陵市在全国择校风盛行的大环境下,积十年之功,创建了一个无需择校的城市。在城区实现教育均衡进而成功地破解了择校难题,是铜陵市在义务教育均衡发展过程中取得的历史性突破,一度被誉为“铜陵模式”、“铜陵奇迹”。[③] 此后,铜陵市义务教育继续向城乡一体化、高水平均衡目标迈进。截至2008年年底,铜陵市共有普通中学49所(普通初中26所),其中城市28所,县镇12所,农村9所,在校生共4.37万人;小学112所,其中城市36所,县镇和农村均为38所,在校生共4.43万人;2007—2008学年度普通初中净入学率为99.07%,小学净入学率达100%。[④]

在实行有效的均衡发展政策之前,由于校际差异大,铜陵市也同中国其他地方一样,为择校、借读和教育乱收费等问题所困扰。通过一系列教

---

① 此处人口指的是常住人口,参阅安徽省统计局、国家统计局安徽调查总队编:《安徽统计年鉴2009》,中国统计出版社2009年版。

② 安徽省统计局、国家统计局安徽调查总队编:《安徽统计年鉴2009》,中国统计出版社2009年版。

③ 铜陵现象曾于2005至2006年前后为国家教育部、各大主要媒体和教育学界所集中关注,相关报道和介绍亦较多。本书主要以1995至2005年间铜陵市在城区实现教育均衡的过程为分析对象,当然有必要涉及此前与此后,以及城乡之间义务教育的发展状况。

④ 安徽省统计局、国家统计局安徽调查总队编:《安徽统计年鉴2009》。

育改革,铜陵市实现了从“无序择校”向“无需择校”的根本性转变,但这绝非朝夕之功,而是一个持续探索的历程①:

1987年,铜陵市根据《义务教育法》精神取消了小学及初中重点学校,同时取消了初中升学考试,在义务教育阶段实行“划片招生,就近入学”政策。虽然取消了义务教育阶段重点校,但校际差异依然巨大,以“挂户”和“换户”等“户口战”为特征的择校现象频仍。1992年,铜陵市纪委、教委、公安局和监察局四部门联合出台文件,在初中招生问题上明确禁止“挂户”等行为。但此后择校风依然难以遏制,直至1994年铜陵市实现“两基”达标,择校之风依然气势汹涌。

1995年,实质性教育改革开始,首要的举措是对全市教育布局进行调整规划,优化资源配置,重点扶持和建设薄弱学校。从1996年起,铜陵市陆续将市区校长、教学骨干调往薄弱学校任职。1997年,铜陵市重申义务教育阶段免试就近入学政策,进一步取消“小升初”入学考试,实行“划片招生,就近入学”办法。同时,教育局、纪检和监察局等部门严格审核小学毕业生户籍,确保薄弱学校的优质生源不流失。

自1997年始,铜陵市实行示范高中招生指标切块分配制度,即把示范高中招生指标分成两块:一块通过全市升学考试成绩统一录取;另一块根据各校初中毕业生人数比例,定向分配给各公办初中,同时,定向分配指标在总招生指标中所占比例逐年提升,2005年达60%②,2006年达65%。③

---

① 相关事实资料和数据主要参考:金燕:《安徽省铜陵市推进基础教育均衡发展的实践与探索》,《教育发展研究》2006年第5A期(该文作者时任铜陵市教育局党委书记、局长,因而该文所涉资料和数据具有准官方性质);方铁铮、林春生:《铜陵:教育均衡从城市推向农村》,《江淮文史》2007年第5期;《一个无需择校的城市》,《南方周末》2005年12月1日,第A01版;王友文、俞路石:《铜陵:一个没有择校的城市》,《中国教育报》2005年12月23日,第001版;王友文等:《铜陵:消灭择校后的均衡新路》,《中国教育报》2009年3月30日,第003版;《安徽省铜陵市义务教育均衡发展 成为无择校城市》,搜狐教育,2008年09月22日,http://learning.sohu.com/20080922/n259683309.shtml。

② 金燕:《安徽省铜陵市推进基础教育均衡发展的实践与探索》,《教育发展研究》2006年第5A期。

③ 《安徽省铜陵市义务教育均衡发展 成为无择校城市》,搜狐教育,2008年09月22日,http://learning.sohu.com/20080922/n259683309.shtml。

2004 年,铜陵市开始集中关注弱势群体义务教育问题,给予父母在城区有固定住所的农民工子女与城区学生同等入学待遇,既免除借读费,也享受定向分配指标。2005 年 9 月,铜陵市出台加强初中学生学籍管理政策,规定在毕业学校就读满两年的学生方可享受切块指标。到 2005 年前后,铜陵市基本实现城区义务教育的均衡发展,学生及家长均认为小学和初中校际差异小,无需择校,对教育均衡发展的满意度非常高。①

从 2006 年起,铜陵市把目标从城区教育均衡扩展到城乡教育一体化,并决定进一步推动学校内涵发展。2007 年,该市启动了农村中小学标准化建设工程,计划用 5 年时间,筹资 1 亿元用于农村学校标准化建设,全力提升农村学校硬件水平;同时,该市提出"文化育人,特色立校"战略,致力于义务教育在更高水平上的均衡发展。

基于上述市情和改革历程,本案例分析试图探讨的问题是,这些教育改革是如何形成铜陵市特有的义务教育供给方式的?这种特定的供给方式究竟如何影响了四个供给要件,它们产生了什么样的供给效果?

二、供给方式选择及其对供给要件的影响

(一)教育期望:政府提供意愿与民众教育需求的契合

适切的教育政策首先依赖于合理的教育目标,合理的教育目标取决于政府拥有良好的提供意愿并遵循教育发展规律,而良好的提供意愿必然意味着符合民众的教育需求。政府提供意愿与民众教育需求相契合的过程,就是相关行动主体的博弈过程和多方教育期望的合成过程。这里需要分析的是,利益相关者的行为选择究竟是如何影响政府提供意愿,进而影响政府教育目标的?

20 世纪 80 年代中期义务教育起步伊始,铜陵市政府的教育期望也

---

① 《一个无需择校的城市》,《南方周末》2005 年 12 月 1 日,第 A01 版;王友文、俞路石:《铜陵:一个没有择校的城市》,《中国教育报》2005 年 12 月 23 日,第 001 版。

与全国各地相似,以突出建设一些重点中小学或者中心学校为目标,把教育资源更多地投入这些学校。这种教育期望在政府内部不仅受到传统教育惯性的强烈推动,更重要的是,受到只注重对上负责的行政体制追求教育政绩的有力驱动。在政府外部,这种教育期望很大程度上还可以获得同样是尚未转变教育思维的民众的心理支持,与此同时,非义务教育阶段(尤其是普通高中)重点学校政策也在巩固着义务教育阶段建设中心学校的心理诉求。

1986 年颁布的《义务教育法》虽然没有明确要求取消义务教育阶段重点校,但在立法精神中要求确保所有公民平等接受义务教育的权利,该法第 9 条还明确规定,“地方各级人民政府应当合理设置小学、初级中等学校,使儿童、少年就近入学”。国家意志对铜陵市政府的教育目标产生了制约作用。随后,铜陵市根据《义务教育法》精神,于 1987 年取消了小学及初中重点学校,同时取消了初中升学考试,在义务教育阶段实行“划片招生,就近入学”政策。铜陵市取消义务教育阶段重点校和初中升学考试的举措,在全国范围内相对较早,是基于 1986 年《义务教育法》体现的法律精神所进行的制度创设行为。这种制度创设行为很快便得到各界认可并为不少地方政府所效仿。然而,由于优质教育资源有限且长期投入到少数学校,校际间办学水平和教育质量差异甚大,取消重点校政策在短期内并没有改变校际差异,民众依然只认可少数传统重点校或中心学校,择校动机并未减弱。

在强劲的择校冲动与“划片招生、就近入学”的制度约束之间,民众与政府围绕优质学校展开了博弈。政府一方面仍然受教育政绩思维的激励和传统教育惯性的影响,期望通过部分学校的快速发展凸显地方教育成效,另一方面受国家意志的指导,也希望通过“划片招生、就近入学”政策保障公民平等的受教育权利,同时,政府还期待用取消重点校的方式改变民众对各校的质量评估,进而从心理上接受划片招生政策。然而,由于并非所有划片范围内都有优质学校,而且即使片内有优质学校,通常也难以满足民众需求,这促使民众继续择校,划片招生的制度约束在校际不均衡的背景下反而进一步刺激了民众的择校心理。为满足对优质教育的诉求,民众只能在划片招生制度的约束下采取策略行为,于是,一场为择校而展开的“户口战”拉开帷幕。民众的策略选择既包括“挂户”,即先寻找示范校片内的亲朋,然后通过派出所的“关系”把学龄儿童的户口“挂”进去;也有“换户”,即在儿童上学之前,两户家庭的户口临时调换;还有“空户”:只找一所房子,登记户口,其实无人居住;甚至还有“假户”,即连人带房均无。① 这种“户口战”更使择校陷入无序状态,极大地增加了家长的经济成本和心理负担。

为应对这种局势,铜陵市政府在坚持“划片招生,就近入学”政策的同时,试图采取各种方式缓解择校热,规范划片招生行为。1992 年,铜陵市纪委、教委、公安局和监察局四部门联合发文,明确禁止“挂户”等行为,但择校之风并未应声而止。随后,铜陵市政府进一步规定:只有与父母同住的学生才算在“划片”范围内,而且户口在升学前特定时间内的变迁无效,如此等等。然而,这种刚性约束只是缩减了民众择校的策略空间,并未削减民众的择校心理,这种择校冲动促使民众寻求其他的择校方式。

在这轮博弈中,政府的策略有两类:一是试图通过取消重点校的方式转变民众观念,减缓择校动机;二是通过刚性的制度设计压缩民众择校空间。前者在短期内并没有产生实质影响,后者的作用也相当有限。在择校风持续蔓延的背景下,民众与政府的博弈进入下一阶段。在第二轮博弈中,政府发现,抑制择校动机和刚性封堵择校行为不仅难以如愿,反而不利于协调政府与公民、学校的关系。只有尽最大可能满足民众对优质教育的需求,才能从根本上解决问题,而要满足民众教育需求,必须均衡配置教育资源,使所有儿童在就近入学的情况下均可享受大体相当的优质教育资源。为此,铜陵市政府于 20 世纪 90 年代中期提出了“办好每一所学校”的教育目标,这一目标是政府提供意愿契合民众教育需求的

---

① 有关户口战的各种策略选择,参阅《一个无需择校的城市》,《南方周末》2005 年 12 月 1 日,第 A01 版。

结果。

为贯彻该目标,铜陵市从 1995 年开始进入实质性改革阶段,不仅对全市教育布局进行调整,优化资源配置,而且找到了实现均衡发展的突破口,即把财政、设备、师资等各种教育资源向薄弱学校倾斜,从硬件投入和质量提升方面大力扶持薄弱学校的发展。经过数十年的持续努力,铜陵市于 2005 年前后在市区内基本实现义务教育的均衡发展,公办学校之间差距甚小,公众既无择校的必要,大都也不再有强烈的择校动机。

铜陵市之所以能在第二轮博弈中取得如此巨大突破,首要原因是以民众需求为导向制定教育均衡发展目标,并持续锁定该目标。当然,在实现市区教育均衡之后,博弈并未停止,但中心已不再是择校问题。由于 2005 年前后的教育均衡仅仅是市区内的均衡,而且这种均衡还停留在整齐划一的初级水平上,既难以满足民众尤其是农民对城乡教育均衡的需求,也难以满足民众对特色、多元、可选教育的需求。民众教育期望的提升促使铜陵市政府调整教育目标,一方面将城乡教育一体化纳入教育规划中,另一方面提出“文化育人,特色立校,科研兴校,管理强校”战略,期望通过内涵建设实现义务教育在更高水平上的均衡发展。

(二)提供能力:有限教育资源持续向薄弱学校倾斜

作为一个地级市,铜陵区域面积并不大,甚至比安徽省一些县级行政区划还小,其城区面积则更小,不过由于拥有丰富的矿产资源和便利的航运条件,铜陵市的经济社会发展水平在安徽省处于前列,其公共财政能力相对于省内大部分地市和县域都较强。以 2008 年数据来看,铜陵市本级(不含划归区县的财政收支)地方财政收入 16.35 亿元,财政支出 22.6 亿元,其中教育支出 2.15 亿元,占本级地方财政支出的 9.51%。① 实际上,一些地市和县域教育支出占地方财政支出的比重达 20% 以上。相比之下,铜陵市教育支出占地方财政支出的比例较低,这表明,近年来铜陵市

① 安徽省统计局、国家统计局安徽调查总队编:《安徽统计年鉴 2009》。

公共财政能力有所增强,具备保障基本义务教育的提供能力。

尽管如此,作为典型的中部城市,铜陵市的财政能力远远不如东部发达城市,其教育资源尤其是优质教育资源非常有限,在满足民众优质教育需求方面,公共财政能力和教育资源禀赋仍显薄弱,20 世纪 90 年代择校风盛行时期更是如此。

在 1995 年布局调整改革前,铜陵市有限的教育资源大都被投入少数几所传统中心学校,优质教育资源配置极不均衡,薄弱学校不仅办学条件不足,而且师资队伍薄弱,办学水平很低,这种巨大的校际差距是择校风难以遏制的根本原因。为改变这种不均衡状态,铜陵市把教育改革的重心放在了改善薄弱学校上,通过优化资源配置、创造性地增加教育投入和教育资源持续地向薄弱学校倾斜等方式[①],来增强义务教育提供能力。

1. 合理调整布局,优化资源配置

首先,铜陵市采取合理调整教育布局的方式来整合教育资源,优化教育资源配置。铜陵市本身依矿而设,是一座典型的矿山资源型城市,因而传统学校布局也基本上是依矿山发展而设,学校分布具有"点多、线长、规模小"的特点。在布局调整改革前,铜陵市义务教育阶段主要有两类学校:一是矿区企业所办学校,其人财物资源由企业投入;二是市属公办学校,多由市教育局直接管理。两类学校各占一半左右。随着 20 世纪 90 年代中后期矿山资源逐渐枯竭及由此带来的生活区变化,原来的矿山资源学校生源开始向市区学校集中,这一方面使城郊矿区学校的教育资源由于缺乏生源而闲置,另一方面则使市区学校就学压力骤然加大,择校之风为之加剧。对此,铜陵市政府意识到,采取行政命令方式禁止城郊学生向市区流动,不仅难奏其效,而且容易制造紧张的政社关系,于是转而采取优化教育布局,扩大市区教育容量的办法。铜陵市结合区划调整和城区建设规划,制定了《铜陵市教育布局调整规划》,开始大规模地整合教

---

① 有关这些具体方式的事实性资料,主要参考金燕:《安徽省铜陵市推进基础教育均衡发展的实践与探索》;方铁铮、林春生:《铜陵:教育均衡从城市推向农村》。

育资源,优化教育布局:

> 十年来,通过老校拍卖、房屋开发配套、争取外援和专项投入等方式,撤并了133所中小学(其中城市13所,农村120所),在市区新建了近10所中小学、改扩建20多所中小学。通过布局调整和资源整合,有限的教育资源得到了充分合理的利用,城区中小学的布局趋于合理,为义务教育阶段"就近入学"创造了基本条件。[①]

2. 多途径增加义务教育财政投入

优化教育布局的做法提高了既有教育资源的利用效率,也扩大了市区教育容量,减缓了市区学校的就学压力,然而,教育资源总量依然不足,尤其薄弱学校教育资源严重匮乏。为解决教育资源不足和分配不均的问题,铜陵市通过多种途径筹措资源,增加义务教育财政投入:其一,调动社会力量发展非义务教育阶段基础教育,把有限的公共财政资金投入到义务教育阶段,增加义务教育阶段的资源禀赋。2001至2005年间,铜陵市共发展民办幼儿园38所,相当于全市总数的77.5%;同一时期,铜陵市两所省级示范高中的办学规模通过自筹资金方式增长了59.2%;另外还通过社会力量举办5所民办高中。[②] 非义务教育阶段学校的自主发展使铜陵市可以把有限的公共财政资金主要用于发展义务教育。其二,不断加大公共财政的投入力度,并增加用于义务教育的比例。2003至2006年间,铜陵市(全市)预算内教育拨款分别为1.45亿元、1.64亿元、2.11亿元和2.46亿元[③],到2007和2008年,全市教育支出分别达到3.69亿元和4.88亿元[④],保持了较快的增长速度。

3. 将有限的教育资源持续地投入到薄弱学校

在拓展财政来源和增加财政投入的同时,为均衡配置教育资源,铜陵

---

① 金燕:《安徽省铜陵市推进基础教育均衡发展的实践与探索》。

② 相关数据参考金燕:《安徽省铜陵市推进基础教育均衡发展的实践与探索》。

③ 方铁铮、林春生:《铜陵:教育均衡从城市推向农村》。

④ 安徽省统计局、国家统计局安徽调查总队编:《安徽统计年鉴2008》;安徽省统计局、国家统计局安徽调查总队编:《安徽统计年鉴2009》。

市一个至关重要的举措是把有限的教育资源持续性地投入薄弱学校，这是铜陵市教育改革与众不同之处，亦是其破解择校难题的决定性一步。铜陵市将教育资源向薄弱学校倾斜的政策包括两方面内容：一是加大薄弱学校的硬件建设力度，二是通过师资配置倾斜促进内涵发展，进而提升薄弱学校办学水平。在此，笔者先考察硬件投入，而后在探讨学校生产能力时再分析其内涵发展。

从1995年以来，铜陵市在资金投入、重点项目和教育设施设备等方面，按照义务教育基本办学标准和轻重缓急程度，把教育资源重点投入到薄弱学校：

> 近十年［截至2005年底］向薄弱学校投入教育附加资金占全市教育费附加的75%，同时每年还从高中学校计划外收入中调控20%用于薄弱学校建设。据统计，我市近年在薄弱学校硬件达标上的投入共1.5亿元，新建教学楼、实验楼、图书馆等教学用房4.13万平米，使这些学校的面貌发生了根本性变化。……与此同时，在资金投入和项目安排上，我们对一些过去办学基础设施较好的学校，坚持少投入或不投入，而把资金主要投入到薄弱学校的改造上。①

通过数十年持续的倾斜性投入，铜陵市城郊薄弱学校办学条件达到省定标准，与市中心的学校大体相当，义务教育阶段公办学校硬件设施处于同一水平，校际办学条件基本均衡。

（三）管理能力：持续性制度创新与卓越的制度执行

铜陵市通过非义务教育阶段的自主发展把公共教育资源更多地投入到义务教育阶段，以增加义务教育资源禀赋，同时通过把有限资源向薄弱学校持续性倾斜来均衡资源配置，提高资源配置能力。这两个方面的实现程度依赖于政府的管理能力，而铜陵市提升政府管理能力的基本方式是持续性的制度创新与坚定而卓越的制度执行。从1987年以来，铜陵市

① 金燕：《安徽省铜陵市推进基础教育均衡发展的实践与探索》。

就通过持续性的制度创新与制度调整来改善对义务教育的管理，这主要体现在如下方面：

一是取消义务教育阶段重点校和“小升初”考试，实行“划片招生，就近入学”政策。铜陵市从1987年开始实行这项政策，其中取消重点校的目的是力图改变民众对薄弱学校的心理评估，从而缓解择校压力，取消“小升初”考试则致力于减轻学生的考试竞争压力。由于当时校际差异太大，而且配套的学籍管理制度尚未建立起来，该政策并未取得立竿见影的效果，不过一直被坚持和延续下来。随着学籍管理制度的逐步建立，铜陵市又于1997年重申免试就近入学政策，严格实行划片招生方式，以确保薄弱学校和城郊学校有足够的生源。这一制度创设和制度延续顺应了义务教育的发展趋势，也符合义务教育宪政精神，到2006年修订义务教育法时，该项制度被写入法律中。新《义务教育法》第12条要求免试就近入学，第22条则规定：“不得将学校分为重点学校和非重点学校”，“学校不得分设重点班和非重点班”。

二是实行严格的学籍管理制度，以确保“划片招生，就近入学”政策的有效执行。上文已提及，1992年铜陵市政府四部门联合发文禁止“挂户”等行为，随后还对学籍管理作了更为细致的规定。到2005年9月，铜陵市又出台初中学生学籍管理政策，规定在毕业学校就读满两年的学生方可享受示范高中招生的切块分配指标，同时要求初二、初三学生原则上一律不得转学。严格的学籍管理制度对于通过户籍变动和转学等方式损害教育公正的行为具有显著的约束效用，也使划片招生方式得以规范地运行。不过，这项严格的管制制度也具有潜在的负面效应，它有可能限制公民对教育的选择权利，对于家长根据学生特点自主选择特色教育和多元教育，或许会有所约束。该制度的进一步发展有赖于通过规范化、程序化的学籍管理，在约束不当行为的同时保障合理合法的教育选择权。

三是实行示范高中招生指标切块分配制度，确保薄弱学校与优质学校的生源均衡。这项制度从1997年开始一直延续至今，目前仍在不断完善之中。具体来说，该制度把示范高中招生指标分成两块：一块通过全市升学考试成绩统一录取,这可以保证成绩特别优秀的学生能够进入优质高中;另一块根据各校初中毕业生人数比例实行定向分配,分配指标的比例逐年提升,2006 年已达 65% 。在获得定向分配指标的初中学校,可将录取分数线降低至示范高中统一分数线之下 40 分来使用所分配的指标。若在此限度内仍未用完所分配的指标,教育行政部门将收回其剩余指标重新分配。这既实现了基本的教育公平,又保证了指标使用效率,确保了更大范围的公正,同时还有助于激励薄弱学校提升教育质量。这项创造性的制度变革是铜陵市消除择校行为,实现市区义务教育均衡发展的关键。它不仅是教育公正与效率的结合,同时还为促进义务教育均衡发展、优质发展建立了良性激励机制。

四是关注弱势群体义务教育,实行流动儿童与市区学生同等待遇政策,促进教育公平。弱势群体教育状况的好坏直接反映政府教育治理能力的高低。长期以来,中国大部分地区弱势群体不仅自身生活处境艰难,享受教育权的可行能力极其有限,而且受到城乡二元分割、区别对待的体制性束缚,享受教育权的可能空间也受限制,更不用说弱势群体需要但却极度匮乏的教育补偿。可以说,弱势群体的受教育权在很长时期内处于低度行使的状态中,教育领域的不公正成为社会不公正的突出问题之一。近几年来,国家、政府和社会开始高度关注并采取措施保障弱势群体受教育权。铜陵市从 2004 年开始实行流动儿童与市区学生享受同等教育权利的政策,对于父母在市区有固定住所的流动儿童,不再需要缴纳“借读费”,而且可以报考市区的示范高中,并可分享其所在初中校被配置的示范高中定向分配招生指标。同时,铜陵市于 2004—2006 年初向 1.7 万余名城乡义务教育阶段困难学生(包括农村困难家庭学生、城市低保家庭学生和城乡“三残”学生)免费发放教科书,减免部分困难学生学杂费,并启动了“留守和单亲学生关爱工程”。这是铜陵市关注弱势群体义务教育、促进教育公平的一种努力。实际上,给予弱势群体同等教育权利及有限教育补偿不应被看做是对弱势群体的优待和恩赐,而应被视为对其权利的实现和保障。铜陵市这项同等待遇政策的制度意义在于,它是对传统排他性教育体制之禁锢的初步突破,是迈向包容性教育体制过程的一个环节,但在真正打破城乡二元体制,建立城乡一体化教育制度方面,还有待时日。

铜陵市在提高教育治理能力方面所进行的制度创新不限于此。需提及的是,通过激励社会力量投入非义务教育阶段的基础教育,促进其自主发展,从而把公共财政转投到义务教育阶段,也是在公共教育资源有限条件下富有创造性的一项制度创设。

如果说持续性制度创新为铜陵市义务教育均衡发展开辟了治理转型中的发展空间,那么,坚定而有效的制度执行,则使得这种发展空间转化为现实的教育成果。铜陵市在义务教育发展中取得的成功很大程度上依赖于政府有效的政策执行力。以示范高中招生为例①,铜陵市采取了"三限"政策,即"限分数、限人数、限钱数",所有生源一律按招生计划数、按分数高低录取。对此,政府一方面将招生政策、过程和结果向社会公开,接受社会监督;另一方面,各政府部门和学校达成共识且态度坚决,相互监督与制约,严格执行"三限"政策。这种坚定的制度执行方式在十多年的教育实践中得以坚持,形成了铜陵市特有的制度习惯。此外,铜陵市2005年在教育乱收费问题上实现零举报,堪称政府治理教育乱收费的范例。对于铜陵市在制度执行方面的优异性,各界给予了高度评价。有人认为,推进义务教育均衡发展,不是可不可为的问题,而是愿不愿为的问题;铜陵经验的可贵之处,正在于当地政府在消除教育不均衡上所表现出的决心和勇气。②

(四)生产能力:以内涵发展促进办学质量动态均衡

学校的生产能力表现为学校的教育绩效,它主要取决于三组关系:政府与学校的关系,学校内部关系,学校与家长、社区的关系,其制度形式分

---

① 参阅金燕:《安徽省铜陵市推进基础教育均衡发展的实践与探索》;方铁铮、林春生:《铜陵:教育均衡从城市推向农村》。

② 参阅《一个无需择校的城市》,《南方周末》2005年12月1日,第A01版。

别是学校自主性、学校组织形式、学校的社区环境,三者共同构成学校制度。在铜陵市案例中,2005 年之前,政府对公立学校更多地采取直接管理方式,2005 年之后,政府开始逐步放权于学校。

在 2005 年前的铜陵市,政府对公立学校的直接管理,既决定了相对较低的学校自主性,实际上也确定了相对一致而固定的学校组织形式。这种管理方式与中国大多数地方政府管理学校的模式相似,它很大程度上是政府教育期望、提供能力与管理能力共同作用的结果。如同上文所分析的那样,铜陵市在这三个方面都表现出与众不同的政策选择与治理能力。在此需强调的是,铜陵市政府对公立学校的直接管理不是以控制学校为目的,而是以促进学生和学校发展为宗旨,尤其在通过内涵发展改善薄弱学校治理方面建立了有效的激励机制。

在分析义务教育提供能力时,笔者曾提到,铜陵市将有限的教育资源持续向薄弱学校倾斜,以使资源配置趋向均衡。这种倾斜投入既包括硬件设施,更包括骨干师资,后者即通过内涵发展提升薄弱学校的教育绩效。具体而言,铜陵市主要通过如下方面促进薄弱学校的内涵发展[①]:一是选配骨干校长,加强校长队伍建设。铜陵市各界一致的共识是:一个校长往往决定一所学校。因此,政府从 1996 年起陆续委派治校能力特别强的校长到薄弱学校任职,同时采取多种方式加强校长培训工作。二是合理配置师资,提高教师队伍整体水平,其具体方式有:通过“名师迁移”将骨干教师派至薄弱学校任教;将新招录的优秀教师分配到薄弱学校;通过专业发展、职称评聘、评优评先、提高待遇等政策倾斜稳定薄弱学校优质教师队伍。三是加强对薄弱学校的教学指导,提高教育质量。四是通过督导评估提高薄弱学校的管理水平。从 1997 年实行一年一度的办学水平督导评估以来,铜陵市就改变了单纯追求升学率的传统评估制度,将评估内容涵盖学校办学理念、教育目标、办学特色、管理团体及师资队伍建设、德育工作、教学过程、体卫工作及后勤管理等方面。在评估原则上,对

---

① 具体做法参见金燕:《安徽省铜陵市推进基础教育均衡发展的实践与探索》。

于主观努力不够造成的问题提出改进方案，对于硬件限制造成的问题则不仅不扣分，还将其纳入下年度项目规划，予以资金扶持。此外，示范高中招生指标定向分配制度确保了薄弱学校的优质生源，这也可看成是学校内涵发展的重要方面。这些内涵发展措施不仅建立了优质教师队伍的流动机制，确保薄弱学校能够留住骨干教师，而且建立了合理有效的激励机制，使薄弱学校管理者和教师有足够的职业发展激励、物质激励和心理激励去提高办学水平和教育质量。可以说，将骨干师资持续向薄弱学校倾斜并通过内涵发展促进校际均衡，是铜陵市消除择校、实现市区义务教育均衡发展的治本之策。

从 2005 年之前的教育实践看，铜陵市并没有建立特别的学校制度，公立学校自主性并不高，学校组织形式与社区环境也沿袭着传统模式，它所改变的并不是政校关系，而是政府直接管理学校的具体方式。铜陵学校之所以能取得相对良好的教育绩效，基本上依赖于政府富有创造性和强有力的直接管理，尤其依赖于政府拥有符合民众需求的教育期望、良好的提供能力和优秀的管理水平。与此同时，也恰恰是那种传统的学校制度，尤其是刚性的政校关系和低度的学校自主性，也导致铜陵市所取得的整体教育绩效是有限的，这既体现在铜陵教育均衡仅仅是初级水平的均衡上，更集中体现在整齐划一的教育模式上，这种教育模式难以满足民众对多元、可选和特色教育的需求。

为改变这种状况，铜陵市从 2006 年开始逐步放权于学校，试图通过“文化育人，特色立校”的战略，鼓励学校根据自身优势自主构建独特的学校文化，朝着“一校一品”或“一校多品”方向发展，以满足群众日益多元的教育需求。

三、基于公共利益标准的供给绩效评价

截至 2005 年底，铜陵市在城区已实现义务教育均衡发展，校际差距很小，民众不必为校际差距而择校，真正破解了择校难题。铜陵市学生和

家长普遍认为,铜陵市城区学校总体上没有好坏之分,只有远近之别,他们对城区教育状况和政府的教育治理能力比较满意。[①] 当然,铜陵市取得的教育成效也是相对的、有限的:其教育均衡仅仅是城区内的初步均衡,城乡差异依然存在,整齐划一的治校模式尚不能很好地满足民众的多元教育需求。为此,从2006年起,铜陵市开始致力于向城乡教育一体化、高水平教育均衡方向发展。

现在的问题是,根据中国义务教育国家法律安排推导出的公共利益标准,铜陵市(市区)在多大程度上实现了义务教育公共利益?[②]

1. 公民教育需求的满足程度

从对教育期望的分析可知,铜陵市义务教育供给方式的变迁过程就是政府教育期望与民众教育需求动态博弈与相互契合的过程。2005年前后,铜陵市实现城区教育均衡。如果区分城区供给水平与全市供给水平,在城区层面,不仅能满足民众的基本教育需求,而且由于消灭了薄弱学校,各校办学水平大体相当,城区也在一定程度上能够满足民众对初等优质教育的需求。当然,城区教育均衡是整齐划一模式下的初步均衡,尚不能有效满足民众对多元、可选和高水平优质义务教育的需求。从全市来看,铜陵有相对充分的提供能力满足所有民众的基本教育需求,但由于城乡差异尚存,农村地区民众的优质教育需求尚难满足。

2. 成本分担的公正程度

在城区义务教育均衡发展的背景下,铜陵市不仅消除了择校的必要性,而且当前几乎没有择校现象,学生和家长选择学校时已不必考虑学校好坏,而主要是考虑学校远近。择校风的遏制大大增进了成本分担的公正性。在基本教育成本方面,免费义务教育使得所有公民的成本分担都是公正的。在额外教育成本方面,不仅城区学生无需择校,流动儿童也与

① 《一个无需择校的城市》,《南方周末》2005年12月1日,第A01版。

② 需着重强调的是,正如前文对该案例分析对象的限定一样,这里的评价主要针对铜陵市城区义务教育。

城区学生享有同等待遇,既无需借读费,也无需择校费,因而在额外教育成本的分担方面也是公正的。同时,择校必要性的消除与财政成本分担的公正缓解了家长的心理压力,提高了学生和家长的满意度。[①]

3. 教育绩效的优良程度

这包括教育质量和资源使用效率两个方面。铜陵市因其合理的教育期望、良好的提供能力和卓越的管理能力而使城区义务教育实现初步均衡发展,也因其通过内涵发展提高薄弱学校的办学水平,而使城区所有义务教育学校的教育质量达到初等优质水平。但是,由于在学校制度,尤其是政校关系方面,传统的直接管理模式限制了学校自主性,不仅使公办义务教育学校缺乏办学特色,而且离高水平教育质量也尚有距离。此外,作为典型的中部城市,铜陵能够用有限的教育资源,在全国范围内较早地实现城区义务教育均衡发展,并使其达到初等优质水平,其资源配置与使用可谓是高效的。

4. 利益分享的公平程度

在入学机会方面,2008 年铜陵市普通初中和小学净入学率分别为 99.07% 和 100%[②],流动儿童与城区儿童享有同等就学权利,因而入学机会是公平的。在教育资源分享方面,城区义务教育学校之间没有很大差异,任何学生进入任何公立学校都能分享同等水平的教育资源,因而基本实现了资源分享和教育过程的公平。在教育成功机会方面,资源分享公平大大增进了教育成功机会的公平。铜陵教育资源的公平分享不仅包括优质办学条件和师资水平,还包括教育成功机会的公平分享,这集中体现在示范高中招生指标切块定向分配制度上。该制度既能保证招生效率,又能确保教育公平,所有学生都有公正的机会进入优质高中。不仅如此,铜陵城区还基本普及了高中阶段教育,教育成功机会总体上是公平的。

---

① 参阅相关报道:《一个无需择校的城市》,载《南方周末》2005 年 12 月 1 日,第 A01 版。

② 安徽省统计局、国家统计局安徽调查总队编:《安徽统计年鉴 2009》。

表 3-1 铜陵市区义务教育公共利益实现程度评估表

满足教育需求		成本分担公正		教育产出高效		利益分享公平		
基本需求	差异需求	基本成本	额外成本	资源效率	教育质量	入学机会	资源分享	成功机会
++ + ++	+ +	++ + ++	++ + ++	++ + ++	+ + +	++ + ++	++ ++	++ ++

注:赋值方式的内涵:一个赋值表示程度非常低,两个赋值表示相对较低,三个赋值表示在中等程度上实现了公共利益,四个赋值表示程度相对较高,五个赋值表示程度非常高。

综合以上分析和表 3-1 对公共利益实现程度的赋值可以得出如下结论:在既定的资源禀赋和制度约束条件下,铜陵市义务教育发展取得了较优的供给绩效,其最大功绩在于消除了择校的必要性进而确保了成本分担的公正和利益分享的公平。

四、相对成功的区域模式(Ⅰ):政府单一供给模式

纵观铜陵市义务教育发展和供给方式改革历程,决定其破解择校难题、实现均衡发展的制度选择主要有四项:一是通过优质教育资源持续地向薄弱学校倾斜的政策,确保校际办学条件均衡;二是资源倾斜不仅限于资金设施,更在于优质师资,通过校长、骨干教师交流制度,以内涵发展促进校际办学质量均衡;三是通过示范高中招生指标切块定向分配制度和严格的学籍管理制度,切实保证校际生源均衡,真正缓解其应试竞争压力;四是通过流动儿童同等待遇政策,保障群体间教育公平。促使这些制度选择转化为优良教育绩效的决定性因素,是铜陵市政府合理的教育期望与优秀的管理能力及执行能力。

从铜陵经验中可以发现,铜陵市义务教育供给主要采用政府机制,政府几乎是其义务教育供给的唯一主体和完全的权力中心。社会机制和市场机制的作用相当微弱。据此可以认为,铜陵市义务教育采取的是政府单一供给模式。如前文所述,这种供给模式在消除择校风、促进均衡发展方面都取得了较好的供给效果。

所谓“政府单一供给”,是指由政府提供公共教育财政和相关教育资源,且由政府举办的公办学校生产教育服务,政府对整个教育过程进行直接管理的义务教育供给方式。如果一个地区除了采取政府供给方式之外,很少采用或几乎不采用其他供给方式,则可称之为政府单一供给模式,安徽省铜陵市采取的就是这种供给模式。

表 3-2 政府单一供给模式

过程 主体	教育期望(影响度)	提供		管理		生产		
		出资/资源提供	学校举办者	直接管理	间接管理	公办学校	民办学校	社会参与
政府	++ + ++	++ + ++	++ + ++	++ + ++	+			
社会	+	+	+					+
市场		+						
学校	+					++ + ++	+	
公民	++ +							+

注:赋值方式内涵:无赋值表示可忽略;一个赋值表示非常少,程度很低;两个赋值表示相对少,程度相对低;三个赋值表示中等;四个赋值表示相对多,程度相对高;五个赋值表示非常多,程度很高。

在政府单一供给模式中(如表 3-2 所示),从教育期望对教育目标与教育政策的影响来看,政府教育动机和公民教育需求对教育目标合成的实际影响力最大,教育传统、社会舆论和学校期望次之。在政府以公民教育需求为出发点而非仅仅诉求教育政绩的情况下,如果遵循教育发展规律,通常能确定合理的教育目标并制定合乎地区实际的有效的教育政策。欲达此目的,除了依赖政府的内在自律以外,来自国家意志与中央政府的约束,以及社会舆论和公民诉求的压力更为重要。在社会舆论发挥有效作用,且有常规化、制度化的利益表达渠道的地方,政府的教育期望会更多地受到公民教育需求的影响。然而,在实行政府单一供给模式的地区,大都尚未建立有效的制度化利益表达渠道,从而使得政府有较大的空间根据自我意志和部门利益行事。

从提供过程来看,就资源提供而言,公共教育财政几乎是教育资金的全部来源,不仅社会主体和市场主体很少以举办学校的形式向义务教育投入资金(以捐赠形式偶尔是有的),而且政府也很少直接运用社会资源和市场资源,因而几乎没有直接运用社会机制和市场机制。铜陵案例的特别之处在于,政府以间接方式创造性地运用了社会机制和市场机制,即通过社会与市场力量促进非义务教育阶段基础教育的自主发展,进而把节省下来的公共教育财政转投到义务教育阶段。就学校举办者而言,政府是学校的主要举办者,只有为数极少的社会主体举办义务教育学校,在评估义务教育绩效时,后者的效用几乎可以忽略不计。

从管理过程来看,政府大都采取直接管理方式,对教育资金安排、硬件设施配置、校长和师资队伍配备、教育督导评估,甚至学校教育定位和组织形式都实行直接管理,间接管理成分非常少。从生产过程来看,义务教育服务生产者几乎均为公办学校,民办学校承接义务教育的情况极少。不仅如此,除了些许非程序化、非常规化、非制度化的社会监督外,家长、社区和其他社会主体也很少参与到公办学校的具体办学过程中。

总体而言,政府单一供给模式在各个供给环节中几乎只采用政府机制。当然,在教育目标合成与提供层面,社会与市场力量或许会间接地予以协助;在生产层面,社会监督机制也可能得以采纳。不过,就铜陵义务教育的总体情况看,可以认为,在该模式中,政府几乎是义务教育的唯一供给主体和完全的权力中心。政府单一供给模式之所以能在安徽铜陵取得较为良好的供给绩效,主要在于该地区政府以公民需求为导向形成了良善的教育期望,在资源禀赋有限的条件下,通过节省非义务教育阶段的公共财政资源并将之转投到义务教育阶段,大大增强了教育提供能力,通过制度创新和有效的执行力增强了政府的教育管理能力,还通过将有限的资源持续地投入到薄弱学校并促进薄弱学校的内涵发展提高了学校生产能力,因而有效地满足了决定义务教育供给绩效的四个供给要件。

案例分析显示,安徽铜陵通过非义务教育阶段民办学校的发展来节省公共财政资源,并把节省的公共财政资源转投到义务教育阶段来扩展义务教育提供能力,它也依赖于政府的严格自律和对教育政策的卓越执行来增强管理能力。可是,节省非义务教育阶段公共财政资源的做法很可能会影响到非义务教育阶段基础教育的有序发展，这一做法也难以解决优质教育资源短缺的问题；同时，单独依靠政府的直接管理往往很难避免政府的逐利行为。在优质教育资源短缺的情况下，是否还有其他方式能够扩展教育提供能力？如果政府直接管理难以奏效[①]，如何改变政府的管理方式以增强其教育管理能力？下一章的案例将回答这些问题。

① 原因包括政府可能的逐利行为，也包括直接管理对学校自主性的限制等等。

第四章　政府供给—多方协助模式:北京市东城区案例

安徽铜陵通过政府单一供给模式较好地满足了四个供给要件从而实现了相对良好的供给绩效。不过,铜陵案例引发了如下问题:在公共财政有限,特别是政府的“优质教育资源”有限的情况下,能否借助于非政府机制来扩充政府的教育提供能力?如果政府直接管理难以奏效,如何改变政府管理方式以增强其教育管理能力?北京市东城区的案例也许有助于我们回应这些问题,本章即探讨和归纳东城案例所展示的取得良好供给绩效的第二种方式——政府供给—多方协助模式。

在分析思路上,本章及第五、六章都与第三章具有相同之处。本章将首先介绍东城区区情和义务教育发展概况,随后围绕“供给方式的选择如何影响供给要件进而决定供给绩效”这对核心关系,着重分析东城区为满足供给要件所进行的供给方式选择,在此基础上对东城区义务教育供给绩效进行评价,最后归纳提炼其供给模式。

本章的案例分析发现,东城区义务教育的供给主体(提供、管理、生产)几乎都是政府,但政府并不仅仅依赖于预算内的公共财政资源,而是在提供与生产环节广泛吸纳社会和市场的优质教育资源,以提升教育提供能力和生产能力,同时还采取了既不同于政府直接管理、也不同于市场化中介机构管理的学区化管理模式。非政府主体虽然为政府提供了各种教育资源和教育协助,但他们既不是教育投资者和举办者,也不是直接管理者,而仅仅是政府举办义务教育的支持者、协助者和教育供给的参与者。非政府主体不能被看做独立的供给主体。据此,可把东城区义务教育供给方式看做是政府供给—多方协助模式。

一、东城区义务教育发展概况

北京市东城区(本书特指2010年7月与崇文区合并之前的东城区)是首都功能核心区之一,辖区面积25.38平方公里①,下辖10个街道办事处。截至2009年底,全区户籍人口62.09万人,常住人口56.3万人。②东城区是北京市政治中心的主要载体,全国性文化机构集聚地之一,旅游业和商业也比较发达。金融业、租赁和商务服务业、信息传输、住宿和餐饮业等行业是该区经济发展的主要动力和区级财政收入的主要来源。2009年东城区地区生产总值896.6亿元,地方财政收入72.9亿元,财政支出70.7亿元,其中教育、科学技术、文化、医疗卫生支出19.4亿元③,占财政支出总量的27.4%。

东城区具有丰厚的文化底蕴,是北京市教育先进区,汇集了景山学校、史家胡同小学等全国品牌中小学学校。2009年底,全区共有普通中学(含高中)30所,其中教育部门办25所,民办5所,在校生共31545人;普通小学42所,均为教育部门所办,在校生31279人。普通中小学校合计72所,在校中小学生62824人。④

2000年前后,东城区义务教育发展呈现出不均衡状态,优质教育资源(包括教育设施设备、师资力量和优秀管理人才)总量不足,而且校际

---

① 根据国务院批复,从2010年7月1日起,撤销北京市东城区、崇文区,设立新的北京市东城区,以原东城区、崇文区的行政区域为东城区的行政区域。新合并后的东城区面积41.84平方公里。本书以合并前的东城区为研究对象。

② 北京市东城区统计局:《北京市东城区2009年国民经济和社会发展统计公报》,2010年5月发布。资料来源:原东城区政府网站 http://www.bjdch.gov.cn/n5687274/n7654063/n7654157/n7654379/8907385.html.

③ 北京市东城区统计局:《北京市东城区2009年国民经济和社会发展统计公报》。

④ 同上。

分布不均衡,导致校际间教育质量差异很大。为改善这种状况,东城区进行了布局调整和学区化管理两个阶段的教育改革。① 两个阶段有交叉重合的时段,前者从 20 世纪 90 年代中期就已开始,一直持续到 2006 年,集中在 2001 到 2005 年间;后者从 2004 年开始试点,2006 年前后全面启动,至今还处于规范化、制度化发展过程中。②

在以布局调整为主的阶段,东城区主要是通过关停并转的方式,对教育结构和学校布局进行大规模调整。2001 至 2005 年间,东城区共撤并 37 所学校,2006 年又撤并 3 所学校,基本消灭初中薄弱校和部分小规模、不达标的小学,实现了教育资源的第一次整合。但是,学校撤并后又出现了新的问题,如学校规模大,难以有效管理,优质教师资源被稀释,富余教职工难以安置且具有不稳定因素。

为破解布局调整不能解决的问题,迫切需要新的管理模式,东城区义务教育改革进入以学区化管理为主的阶段。2004 年初,东城区被北京市委、市政府批准为"教育改革实验区"。在调研和论证的基础上,东城区根据优质教育资源分布状况和街道行政区划,把全区 10 个街道划分为五个学区,着手进行学区化管理的探索。2004 年 11 月,东城区在和平里学区试点进行学区化管理,2005 年 12 月和 2006 年 4 月,分两批将五个学区全面启动。

在启动学区化管理的同时,为了全面推进素质教育,将校外、课外丰富的社会资源充分整合利用,为学生搭建课外活动、社会实践和素质培养的活动舞台,充分满足学生的课外活动需要,东城区从 2004 年开始筹划设计并于 2005 年 6 月 1 日正式启动了"蓝天工程",力图创建没有围墙的课外大校园。

---

① 实际上,东城区教育改革是以整个基础教育为对象的,但义务教育是其中的核心组成部分。

② 有关东城区义务教育发展的事实资料,大都参考时任(2007 年)中共东城区委书记陈平主编的《基础教育改革新模式探索》一书和东城区教育工委发表的《学区化管理》一文。这些文献是有关东城区教育发展的官方出版物。参阅陈平主编:《基础教育改革新模式探索》,人民教育出版社 2007 年版;东城区教育工委、东城区教委:《学区化管理:义务教育均衡发展的新探索》,《前线》2007 年第 3 期。

以上述基本区情和改革线索为基础，本书对该案例展开分析，期待解决的问题是，这些教育改革是如何形成东城区特有的义务教育供给方式的？不同供给机制之间是如何复合在一起的？这种供给方式又是如何影响供给要件并取得了什么样的供给绩效？

二、供给方式选择及其对供给要件的影响

（一）教育期望：对优质教育的普遍需求与教育目标的合成

教育动机和期望生成教育目标，而教育目标决定着教育政策。不同行动主体的教育动机和期望是不同的，这里需要分析的是，各行动主体的教育期望如何合成了地方政府的教育目标。由于地方政府是地方教育决策的主导者，在此以东城区政府为中心，探讨其他行动主体的教育期望如何影响其对教育目标的设定。

首先，东城区政府对教育改革目标的设定，既受国家教育目标的原则性指导，又受当地教育现实需求的驱动和制约。地方义务教育发展实践与国家教育目标的差距，强烈推动着东城区政府探索义务教育发展改革。根据国家教育目标，地方政府需要调动一切积极因素，促进义务教育均衡发展，实现教育公平，全面推进素质教育和提高教育质量，最终培养德智体美全面发展的社会主义建设者和接班人。然而，东城区在布局调整改革之前以及布局调整改革过程中，义务教育发展的严峻现实与国家教育目标还有很大差距。

学区化管理改革前，东城区义务教育发展的现实问题集中体现在优质教育资源总量不足且分布不均衡，以及由此导致的教育机会不均和教育质量差异上。这些教育瓶颈引发了包括择校、学生课业负担重、公众不满等在内的一系列问题，使东城区政府强烈地意识到自身教育实践与国家教育目标的差距，并使其反思自身的教育发展体制问题。于是，改善义务教育发展状况，实现国家关于义务教育均衡发展的目标，催生了东城区

政府的改革动机，也使其意识到，东城区教育改革必须立足于区情，调整教育发展战略，创新教育发展模式。

其次，东城区政府对教育改革目标的设定，受到社会舆论压力和教育专业力量的强烈影响。优质教育资源配置不均衡，不仅从内部使东城区政府意识到改革的迫切性，它所引发的严峻社会问题还对东城区政府施加了教育改革的强大压力。一方面，校际差异使得择校竞争异常激烈，由此不可避免地加大了学生家长的经济负担和心理压力。更为严重的是，以权择校和以钱择校造成的社会不公，引发了公众的强烈不满。另一方面，择校竞争使得各校争相提高升学率，以“分数”和“升学率”评价教育质量，学生课业负担不断加重，这引发了教育界专业人士对地方政府实施素质教育不力的批评和建议。社会舆论和专业力量都要求东城区政府破除择校竞争所导致的上学贵、上学难问题。

但是，在如何破除择校竞争、如何对待示范校的问题上，社会舆论产生了分歧。一种观点呼吁东城区加强示范校建设，以此保持教育品牌优势；另一种观点则认为不能锦上添花，而要雪中送炭。为应对社会压力，调和意见分歧，东城区政府提出了优质均衡发展的战略，确定了办人民满意的学校这一目标。① 这表明社会舆论是表达教育期望的重要途径。尽管社会舆论在东城区教育决策中产生了重要影响，但这一定程度上是东城区政府采取开放态度、积极听取社会舆论的结果。东城区还有待建立常规性的公共表达和协商讨论平台。

再次，东城区政府对教育改革目标的设定，是以公众对优质教育的普遍需求为导向的。择校竞争及由此引发的各种社会问题，归根结底是公众对优质教育的强烈需求与优质教育供给不足这一供求矛盾所导致的。东城区是首都中心城区，经济社会发展水平较高，公众的物质文化需求也日益增长，公众对义务教育已不再满足于最低限度的基本需求，而是普遍把为子女选择优质学校就读作为重要的预期目标。实际上，改革前的东

---

① 陈平主编：《基础教育改革新模式探索》，人民教育出版社 2007 年版。

城区已经能够满足基本的义务教育需求,但优质教育资源短缺和不均衡,尚难以满足人们对优质教育的普遍需要。此外,由于东城区是教育先进区,在基础教育方面有传统的品牌优势,受到北京市其他行政区域甚至外省学生的青睐,这也加剧了东城区的择校竞争压力。满足公众对优质教育的普遍需求,也促使东城区实施优质均衡发展战略,办人民满意的教育。

最后,东城区政府对教育目标的设定,还受到自身教育传统和教育优势的影响。尽管面临教育发展不均衡的问题,但东城区具有丰厚的文化传统,基础教育长期是该区的品牌和优势。在教育传统方面,蔡元培、鲁迅、钱玄同、老舍、冰心等一批中国现代文化教育的先驱都曾在东城区学习和执教。[①] 该区还是邓小平"三个面向"教育思想的发源地。1983 年国庆前夕,邓小平为北京景山学校题词:"教育要面向现代化、面向世界、面向未来。"这是邓小平教育思想的集中体现,也是对整个教育界树立科学教育观的要求。在教育优势方面,东城区是北京市教育先进区,汇聚了一批全国闻名的中小学校和百年老校,可供深入挖掘的优质教育资源相对丰厚;布局调整使得东城区教育结构不断优化,教育经费投入也相对较大,多年保持"三个增长"[②]。优良的教育传统使东城区政府有保持和提升自身教育品牌的动力,而良好的教育优势也使其有办高水平教育的信心。这种传统和优势还使公众持续地关注教育状况,对东城区的教育发展寄予厚望,也对东城区政府的教育改革形成外部压力。

上述各方面因素形成的教育期望,促使东城区政府寻求新的教育发展模式,确立自身教育改革与发展的目标,即"实施教育优质均衡发展战略,全面推进素质教育,办人民满意的教育"。这一总体目标要求:"最大限度地扩大优质教育资源,最大限度地满足人民群众对优质教育资源的

---

① 陈平主编:《基础教育改革新模式探索》,人民教育出版社 2007 年版,前言第 2 页。

② 2006 年《义务教育法》第 42 条规定:"国务院和地方各级人民政府用于实施义务教育财政拨款的增长比例应当高于财政经常性收入的增长比例,保证按照在校学生人数平均的义务教育费用逐步增长,保证教职工工资和学生人均公用经费逐步增长。"

需求”,同时要秉持“教育以人为本”、“办好每一所学校,教好每一个学生”的理念。[①] 其中“优质均衡”战略是对义务教育一般水平(或最低限度)均衡目标的超越,反映了东城区政府和社会各界对义务教育发展的高度期望。

东城区教育目标和理念是各方教育期望的合成,是一种社会叠加式共识。教育期望的合成方式主要是政府通过组织课题调研、广泛召开座谈会等形式主动听取各方意见,社会舆论压力起了非常重要的作用。但是,东城区还尚未形成常规化、制度化的各方意志表达、沟通的公共协商平台。

(二)提供能力:具备基本提供能力但优质教育资源有限

义务教育提供能力包括地方教育资源禀赋和资源配置能力,而资源配置能力又与政府管理方式和管理能力密切相关。在此,笔者先行讨论由资源禀赋和资源配置所构成的提供能力问题,随后讨论政府的管理方式和管理能力的问题。

由于经济发展水平较高,东城区的教育资源禀赋总体上能够满足基本的义务教育需求,但在不同时期,东城区对义务教育的资源投入力度和配置方式是不一样的。

在布局调整改革前和改革初期,东城区“优质”教育资源总量不足且分布不均衡,具体表现在如下方面:一是,设施设备资源不足且分布不均衡,少数“重点校”拥有高标准配置的设施设备,但很多普通学校则办学条件相对简陋,校际之间办学条件差距很大。不仅如此,即使是优质资源学校,其设施设备的配置也不尽合理,图书馆和图书资料、体育设施、专用教室配置、学生课外活动场所往往被忽略。二是,优质教师资源,尤其是骨干教师资源分布不均衡。据 2003 年的统计,“全区中小学共有区级以上骨干教师 498 名,其中小学有 167 名,中学有 331 名,90% 的骨干教师

① 陈平主编:《基础教育改革新模式探索》,第 8 页。

分布在10%的优质学校,仅有10%的骨干教师零星分散在90%的普通学校,所有的特级教师被只有6%的优质学校和教研机构拥有,其他学校没有特级教师"①。三是,由于校际间缺乏资源共享融通使用机制,优质教育资源不能有效流动,致使优质学校的资源往往相对空置,优质资源不足与有效利用率低同时存在。四是,由上述问题引发的教育机会不均和教育质量校际差异大。2003年,在享受优质教育资源的学生比例上,小学为41.31%,中学为63.52%②,教育机会不公问题还非常突出。

进入布局调整阶段以来,为解决优质教育资源不足的问题,东城区政府在人财物方面对义务教育的发展给予了强力支持:

> 在财力保障上,东城区的教育经费投入从2003年的7.02亿元提高到2005年的9.08亿元,平均每年增长16%……从2004年开始,东城区拨1800万元专款用于教育人才队伍建设和建立评价奖励机制。2005年以来,又拨专款为49所学校改善了办学条件,使这些学校的主要办学设备平均达标率由2004年的65.1%提高到(2007年的)85%以上。③

目前,东城区政府已经把义务教育经费纳入公共财政范围,社会力量出资举办义务教育的情况非常少,所有小学均由政府举办。也就是说,在提供层面,东城区主要依靠政府机制。这也表明,东城区公共财政具备提供基本义务教育的能力。尽管如此,该区的优质教育资源,尤其是骨干教师资源,还远未达到充裕的程度。

在加大资源投入的同时,为保持基础教育的品牌优势,解决优质教育资源配置不均衡的问题,东城区政府采用了布局调整的改革方式。一方面,进行资源整合,撤并各类基础教育学校40所,整合了一些规模过小、发展薄弱的学校,使得薄弱校在东城区成为历史。另一方面,加大示范校

---

① 陈平主编:《基础教育改革新模式探索》,第24页。
② 同上。
③ 同上书,前言第15—16页。

和特色校建设力度。截至2007年,共建成8所东城区小学素质教育窗口校,20所特色校,42所北京市健康促进校,以及一批现代化学校,东城区教育现代化水平处于北京市前列。①

布局调整改革虽然取得了一定的成效,但优质教育资源总量不足且分布不均衡的问题依然没有得到彻底解决。而且,布局调整改革也带来一些新的问题:

> 一是学校规模太大,一校多址,难以有效管理;二是结构工资制度的存在使一校自筹资金的能力有限,扶植被合并学校并向教职工提供待遇难以为继;三是过快整合会出现优质人力资源被稀释;四是每一个学校的撤并,都会使部分教职工提前"下岗"、"内退",不仅造成财政负担且带来很多不稳定因素。②

这些新问题在一定程度上表明东城区政府的资源配置机制尚不健全。公众对优质教育的强烈需求与优质教育资源短缺且分布不均衡的矛盾依然存在,这大大制约了东城区义务教育的优质均衡发展。这种状况使东城区政府意识到,单靠加大财政投入和完善布局调整的传统教育发展模式潜力有限,难以从根本上实现义务教育优质均衡发展的战略目标,从长远来看,也难以真正提高民众的认同度和满意度。实际上,上述困境不仅关涉教育财政的问题,很大程度上更与资源配置机制和教育管理方式相关。因此,破解这一困境,必须在继续加大财政投入的基础上,探索全新的义务教育管理方式和资源配置机制。根据这一思路,东城区主要采取两种资源配置机制来增强教育提供能力:一是通过学区化管理实现优质教育资源在学校间的流动、共享和再生;二是通过蓝天工程(没有围墙的课外大校园)充分吸纳社会和市场主体的优质教育资源。前者与政府的管理方式和管理能力有关,后者与学校教育模式和生产能力有关。

---

① 陈平主编:《基础教育改革新模式探索》,前言第10页。

② 东城区教育工委东城区教委:《学区化管理:义务教育均衡发展的新探索》,《前线》2007年第3期。

（三）管理方式：基于资源共享和互惠互利的学区化管理模式

虽然加大财政投入能在一定程度上增加优质教育资源的总供给量，但任何一个地方政府的财政能力都是有限的，而且加大投入和布局调整都难以从根本上解决配置不均衡的问题。那么，有什么方法可以使既有优质教育资源为该地区所有学生公平地享用，同时使优质教育资源能较快地再生和扩散，从而实现义务教育的优质均衡发展？这是东城区政府，也是其他许多地方政府面临的问题。为有效解决这一问题，东城区政府从 2004 年开始探索并于 2006 年前后全面启动了学区化管理模式，试图通过改变管理方式和资源配置机制，来提高资源配置能力和教育提供能力，实现义务教育优质均衡发展的目标。

根据东城区的教育实践，学区化管理是为了实现优质教育机会均等化、全面提高教育质量，在不改变教育资源行政隶属关系的前提下，本着“不求所有、但求所用”和“互惠互利”的原则，打破各资源部门、学校间的壁垒，实现学区内各级各类教育资源共享，促进优势资源再造扩充的教育管理模式。

在具体设计上，东城区根据本区域内优质教育资源的分布状况和街道行政区划的布局，将辖区内 10 个街道划分为五个学区，每个学区都有不同类型的优质教育资源，既有优质学校，也有普通学校。在此基础上，成立由各校校长组成的学区协作组作为学区化管理的中枢，负责学区年度资源配置计划和资源运行评议等工作。同时，建立学区化管理信息平台，用以支撑资源共享活动的开展。一方面，资源提供方（各学校和社区单位）把可供共享的教育资源录入到资源共享库；另一方面，需求方（学区内任一学校和社区）根据需要在资源共享库中查询资源，并通过学区化管理信息平台向资源提供方提出申请，待对方授权后即可使用对方资源。整个资源共享的过程、数量、各方信用度和满意度，都由信息平台记录并统计,以此作为评价各学校资源使用效益、给予财政拨款和奖励的依据。①

这种学区化管理模式不仅要求各方转变资源管理理念和方式,更要建立合理的激励机制。首先,必须明确学区化管理模式的核心目标,即可持续的优质教育资源共享。为此,必须使优质教育资源流动起来,并充分发挥其辐射带动作用,在满足学生公平分享的同时,成批地生成新的优质资源,提高教育资源的整体水平。

资源共享目标要求各方树立全新的大资源观。一方面,需要树立公共教育资源为纳税人所共享的理念,这意味着需要突破办学资源为一校所有、封闭办学、各自为政的观念和做法,鼓励各校主动输出资源。另一方面,不仅设施设备资源、优质人才资源和课程资源可以共享,学校精神和文化、办学理念及学校组织制度、社区环境也都是资源组成部分。根据这种大资源观,东城区提出了"不求所有、但求所用"的资源共享理念,并要求学区资源共享必须遵循资源利用最大化、资源信息透明、资源共享畅通和资源所有者优先使用等各项原则。

可是,各学校遵循上述原则的动力何在?尤其是优质学校为何有实行资源共享的动力?案例分析显示,互惠互利原则和配套保障机制在这其中起了至关重要的激励作用。

按照一般逻辑,优质教育资源更多地集中在优质学校,实行资源共享对普通学校更为有利,这或许会削弱优质学校实施大资源观的动力。但东城区所确立的大资源观表明,不仅普通学校可以共享优质学校的设施设备资源、课程资源和人才资源,优质学校也可分享普通学校和特色学校的办学特色、学校精神和文化、学校组织制度,等等。比如东城区宏志中学大都为贫困家庭学生,这些学生自主自立、"以奋斗求生存"的坚毅品质,对很多其他学校来说,是十分难得的德育资源;一些特色校注重创新、环保、健康等各种育人理念,也是珍贵的教育资源。此外,单独一所优质

① 关于学区化管理具体设计和实际操作的详细事实资料,参阅陈平主编:《基础教育改革新模式探索》。

学校往往不能齐备所有优质教育资源,而开放共享则能弥补自身不足。因此,资源共享能够实现互惠互利,任何一所学校输出一份资源,都可以分享数十份甚至更多的资源。

如果说互惠互利能促使优质学校开放共享,但动力有限的话,东城区设立的激励机制则突破了这种有限性。首先,区级政府为各学区建立了一批共享性优质资源,这些资源只配置在参与共享的学校中,而且各校只有参与共享才能享用。其次,政府鼓励资源共享,把参与学区资源共享纳入到对学校的综合评价当中,并且占据相当重要的权重。最后,政府主要依据资源共享量[①]来评价各学校参与学区活动的情况,并根据资源共享量的大小给予奖励。对于资源损耗的情况,也通过以奖代补方式给予适当的经费补偿。因此,资源共享量的大小、使用效益和各方满意度,不仅影响到对各校的综合评价,而且也决定了获得用于资源共享的经费补偿与奖励的大小。

至此,实现资源共享的激励机制已经建立起来,资源共享的具体方式,则因教育资源类型的不同而异,对此不再赘述。不过,这其中还有一个问题有待回答,即资源共享如何促进优质教育资源的再生和扩充?优质人才资源是教育中的关键资源,以此为例,东城区建立了各种激励机制实施人才兴教工程,其中包括创建“名校长、名师工作室”(“双名”工程)这一人才培养机制。双名工程以项目管理方式带动有潜质的优秀中青年校长和骨干教师,扩充优质教育人才队伍。另一举措是“621”骨干教师引领工程,即名师工作室带动 6 名教师,市级骨干带动 2 名,区级骨干带动 1 名,充分发挥骨干教师的示范和引领作用。“按照这个工程的设想,东城区现有的区级以上骨干教师 703 名,可以带 960 名教师。而全区的 6316 名专任教师,靠骨干教师这样带动,用 3 到 5 年的时间,可以普遍带

---

① 即资源共享量是参与资源共享的受益人数与时间的乘积。在计算各学校或学区的资源共享总量时,“根据不同类型资源的稀缺程度(或共享成本大小)、促进优质均衡发展的相对强弱和资源公共性程度综合考虑确定不同权重”。参阅陈平主编:《基础教育改革新模式探索》,第 33—34 页。

一轮。”①由此可见,既有的优质教师资源可以成批地再生新资源,有效地扩充全区优质教师队伍。

作为一种新型管理模式,学区化管理过程中相关行动主体的角色和职责是相对明确的。地方政府是学区化管理的主要推动者、主导者和宏观管理者,负责教育目标的设定、政策制定、组织动员、宏观协调,同时负责公共财政投入、学校教育的督导评估。东城区政府之所以能建立起学区化管理机制,除了运用公共权力的因素外,更重要的是确立了全新的管理理念、有效的资源配置机制和恰当的激励机制。各个学校不仅具有自我管理权,各校校长组成的学区协作组更是学区化管理的中枢,是直接管理者。因此,学区化管理其实也是学校间的共同联合管理,而政府的作用在于为这种联合管理创建了运行平台和激励机制。学区化管理的核心是通过动员政府资源、学校资源和社区资源,实现各类教育资源的流动和共享。作为一种教育提供机制,它是政府机制与社会机制的结合,而政府机制发挥着主导作用。此外,社区和家长也是学区化管理的参与方。

东城区义务教育改革实践及其良好绩效的经验案例表明,学区化管理打破了各校之间的壁垒,实现了政府与学校之间、学校与学校、学校与社区之间的资源流动和资源共享,优质教育资源也得以再生和扩充。学区化管理模式在优质教育资源总量有限且分布不均衡的情况下,有效地解决了教育机会分享不均和择校难的问题。这种政策之所以能够奏效,是因为学区化管理通过有效的管理方式提高了资源配置效率和资源使用效益,进而增强了地方政府的义务教育提供能力。接下来需要考察的,则是学校的生产能力问题。

(四) 生产能力:借助以社会资源为平台的蓝天工程推进素质教育

学校生产能力由学校制度决定,而学校制度涉及学校自主性(学校与政府关系)、学校组织形式(学校内部关系)和学校的社区环境(学校与家

① 刘群:《以资源共享破解均衡难题——北京市东城区促进教育均衡发展纪实》,《人民教育》2006 年第 17 期。

长、社区的关系)。

在东城区,学区化管理模式很大程度上解决了学校自主性和学校组织形式的问题。在学校自主性方面,如上所述,各个学校具有自我管理的充分自主权,而且,学校联合体是学区模式的直接管理主体,政府主要起宏观管理、组织协调和激励保障的作用,政府与学校之间已经确立起相对良好的关系。在学校组织形式方面,最关键的是解决教师激励问题。东城区一方面通过把结构工资制度改为岗位工资制度,缩小校际工资差距并向优秀人才和一线岗位倾斜,强化了政府对教师工资的管理与调控,从物质层面和心理层面调动了教师积极性;另一方面,通过"双名"工程和骨干教师引领工程,大幅度培养骨干教师,扩充优质教师资源,这就为所有教师的职业发展提供了广阔空间,使教师获得充分的激励去实现社会价值和个人价值。

接下来的问题是如何协调学校、家长与社区的关系,为素质教育创造良好的社区环境。对此,东城区创造性地实施了"蓝天工程"。作为一种学校教育模式,"蓝天工程"是为了加强德育、全面推进素质教育,成立课外活动指导中心,搭建课外活动管理信息平台,充分整合利用学校和社会各类教育资源,创设没有围墙的课外大校园,为学生创建课外社会活动、社会实践和素质培养的活动舞台,从而最大限度地满足学生课外活动需要的素质教育培养方式。这种教育模式以公立学校为主体,充分地吸纳和运用了社会与市场教育资源,因而也是扩展教育提供能力的一种资源配置方式。

东城区之所以实施蓝天工程,有三个原因:一是素质教育发展的内在要求。单独的加大财政供给和布局调整等外延式发展方式,难以触及素质教育的内核,素质教育需要走内涵式发展道路,通过丰富的社会活动、社会实践提高德育水平,促进学生全面发展。二是存在强劲的供求动力。一方面,学生对课外、校外活动有强烈的需求和渴望,但学生的学业负担重,活动时间少且不能有效利用,往往被家长安排的课外辅导班和特长班所占据;同时,可供学生使用的活动资源不足,学生往往觉得无处可去。

另一方面,许多可供学生使用的教育资源,如科技馆、博物馆、教育基地往往相对闲置,这些社会资源单位有意愿为学生提供服务,从而提高资源利用效益。供求双方都有动力共同使用社会教育资源。三是具备良好的实施条件。东城区不仅有丰富的文化、艺术、科技和体育等各类教育资源,而且拥有较为优良的校外教育师资队伍和文艺、科技专家组成的志愿者队伍。此外,东城区具有相对良好的课外、校外教育基础及其他优势。因此,实施蓝天工程不仅符合素质教育规律,更具有现实必要性和实施可行性。

在具体实践中,东城区以"五个一"为载体构建蓝天工程的框架体系①:(1) 成立一个专门机构,即青少年课外活动指导服务中心,作为蓝天工程的组织管理中枢。(2) 建立一个资源库,让学生充分享用社会资源。资源库有两类资源:一是与文化、体育、科技、司法、社会实践相关的企业、事业单位和公民社会组织所组成的各种社会资源单位;二是由课外活动师资队伍、科技文艺等各类专家、志愿者组成的人力资源。(3) 编印一本课外活动手册,提供个性化服务。该手册收集了资源库中大部分社会资源的详细介绍及服务方式,向全区所有学生免费发放。(4) 建立一个管理信息平台,"一卡通"和青少年课外活动网站是该平台的技术支撑。(5) 设计一套合理的评价体系。该体系对不同类型课外活动给予不同分值权重,注重引导学生参与社会公益活动。同时,为鼓励学生参加社会活动但又不至于急功近利、加重学生负担,该评价体系实行"只奖不惩"的原则。

蓝天工程的具体操作流程是:课外活动指导服务中心与各类资源单位建立联系,形成资源库,在此基础上制作并发放活动卡及手册,同时设立信息管理平台与活动服务热线,设计并组织大型主题教育活动,提供相应指导和服务;学生持卡自行活动或在教师、家长指导下活动;资源单位通过"一卡通"记录课外活动信息,传至管理信息平台;信息平台生成对

---

① 关于蓝天工程框架体系和操作流程的详细事实资料,参阅陈平主编:《基础教育改革新模式探索》,第55—65页。

各方的评价并向课外活动指导服务中心及参与方进行反馈。

作为东城区义务教育供给方式的重要组成部分,“蓝天工程”是政府机制、社会机制、市场机制和志愿机制的复合集成,其复合的方式是:政府运用公共财政力量为蓝天工程创建服务中心,同时采用动员、倡导、激励的方式(而非强制的方式)吸纳各种社会资源,建立资源库,为整个蓝天工程构建得以运行的平台。在政府机制所吸纳的社会资源中,包括政府资源、社会资源(含事业单位资源、家长资源和社区资源,有营利和非营利之分)、学校资源,甚至专家和志愿者人力资源。非营利性资源单位(如图书馆、少年宫、科技馆、博物馆、为学生提供公益实践机会的福利院)参与蓝天工程的方式主要是社会机制和捐赠机制,志愿者通过志愿机制提供服务,而营利性资源单位(如书店)的参与方式主要是市场机制。在各种参与复合的机制中,社会机制和志愿机制是主要机制。

蓝天工程通过复合性运用多种服务机制,取得了相当理想的成效:

一是作为提供环节的资源配置机制,通过吸纳社会资源与市场资源大大提升了教育提供能力,尤其吸纳并运用了政府和公立学校不具备的社会教育资源,极大地丰富了学生课外与校外活动可资运用的资源及场所,为加强德育工作、开展素质教育、促进学生全面发展提供了广阔而良好的平台。

二是作为生产环节的素质教育培养方式,通过满足不同学生群体的多元教育需求提高了学校的教育质量,尤其是衔接了校内教育与校外教育,通过家长、社会资源单位、社区的参与,使学校教育、家庭教育和社会教育融汇成一个相互沟通理解、相互支持促进的教育整体网络,改善了学校的社区环境。

三是提高了社会资源和学校资源的使用效率,科技馆、博物馆等事业单位接待学生的人次迅速增加,书店购书人次也持续上涨。

三、基于公共利益标准的供给绩效评价

从实施情况来看,学区化管理和蓝天工程的教育实践都取得了良好

的供给效果,东城区也于2009年11月被评为“全国推进义务教育均衡发展工作先进地区”①。根据本书的研究目标,笔者结合东城区的经验事实,从实现义务教育公共利益目标的价值标准层面,对东城区义务教育的供给效果作一分析。

1. 公民教育需求的满足程度

在学区化管理改革前,东城区已经能够满足公民对义务教育的基本需求。但是,东城区公众对义务教育的需求已经超过了基本需求,普遍而强烈地诉求优质义务教育,对义务教育的发展提出了较高期望。针对优质教育资源不足且分布不均的问题,东城区提出了优质均衡发展战略和办人民满意的教育的理念,通过学区化管理,使优质教育资源流动和共享、再生与扩充,一定程度上满足了公民的优质教育需求。当然,这种对优质教育需求的满足还处在不断的发展过程中。

2. 成本分担的公正程度

在全国均已实现城乡免费义务教育的大背景下,不考虑税收体制是否公正的因素,东城区在基本教育成本分担方面呈现公正性特征,所有公民通过纳税方式承担基本教育成本。在择校所引致的额外成本方面,东城区通过学区化管理打破学校之间的壁垒,通过蓝天工程构建没有围墙的课外大校园,使得任何学生在任何学校,都可以享用其他学校的优质教育资源和社会教育资源,这就大大降低了区域内学生择校的必要性,因而所造成的额外成本是非常低的。这意味着,东城区在教育成本分担上具有相对公正性。

3. 教育绩效的优良程度

综合评价学校教育绩效是非常复杂的工作,在此仅选择若干关键侧面来加以反映。从教育理念来看,东城区以素质教育为核心,致力于“办好每一所学校,教好每一个学生”,改变了以“分数”和“升学率”评价教育

① 《教育部关于表彰全国推进义务教育均衡发展工作先进地区的决定》教基一[2009]17号,参见教育部门户网站。

绩效的方式。从财政投入来看,东城区不仅能满足义务教育的基本财政需求,而且有充足的财力建设各类特色校和一批现代化学校,尤其重要的是,这些教育资源可在各校之间共享,因而能从财政上保证优质教育产出的必要条件。从决定教育绩效最为关键的师资力量来看,东城区通过实施"双名"工程和骨干教师引领工程,使优质教师队伍大幅度扩充,"东城区现有区级以上骨干教师703人,占专任教师的11.1%;拥有区级骨干教师的中小学校由2003年年底的47所增至(2007年年初的)69所,学校覆盖率达到94.5%[①],比2003年提高了35个百分点"[②]。优良的师资队伍实质性地提升了学校教育绩效。从人才培养来看,东城区义务教育阶段学生在道德修养、知识水平、学习能力、实践能力、才艺创造、综合素质和优秀团队等各方面都取得了优异成绩,东城区继续保持着北京市教育先进区的地位。学区化管理和蓝天工程教育实践得到各界的认可和赞许[③],并在全国范围推广。由此可见,资源共享、没有围墙的学校大大提高了资源利用效率和资源分享范围,而优质师资和优异的人才培养意味着取得了较高的教育质量,东城区教育绩效总体上是优良的。

4. 利益分享的公平程度

义务教育的利益分享公平包括入学机会公平、分享教育资源的公平和成功机会的公平。在入学机会上,东城区早已解决人人有学上的问题,现正致力于解决人人上好学的问题。学区化管理降低了择校必要性,因而入学机会的公平性也大大提高。在资源分享上,东城区不仅在2007年就已使各校主要办学设备的平均达标率提高到85%以上,而且使优质的设施设备资源、教师资源和课程资源在学区内实现共享。与2003年相比,2007年"小学享受优质资源学生的比例由41.31%升至88.87%,中学享受优质资源学生的比率由63.51%升至86.82%"[④],优质教育资源分

---

① 按2007年年初统计的73所中小学计算。

② 陈平主编:《基础教育改革新模式探索》,前言第16页。

③ 有关学区化管理和"蓝天工程"的研究和实践,都曾获得中国教育学会第十八届年会一等奖,"蓝天工程"被中央文明办在全国推广。

④ 陈平主编:《基础教育改革新模式探索》,第23页。

享面仍在不断扩大,其公平程度也得到持续提高。在教育成功机会上,东城区通过资源共享致力于教好每一个学生,注重根据学生个性建设特色学校,尤其强调德育和全面发展,因而至少在办学理念、办学条件、师资力量和培养方式上为所有学生享有公平的成功机会创造了良好条件。

表 4-1 东城区义务教育公共利益实现程度评估表

满足教育需求		成本分担公正		教育产出高效		利益分享公平		
基本需求	差异需求	基本成本	额外成本	资源效率	教育质量	入学机会	资源分享	成功机会
++ + ++	++ ++	++ + ++	++ ++	++ + ++	++ ++	++ + ++	++ + ++	++ ++

注:赋值方式的内涵:一个赋值表示程度非常低,两个赋值表示相对较低,三个赋值表示在中等程度上实现了公共利益,四个赋值表示程度相对较高,五个赋值表示程度非常高。

综合以上分析和表 4-1 对公共利益实现程度的赋值可以得出如下结论:在既定资源禀赋和制度约束条件下,东城区义务教育发展取得了较优的供给绩效,其最大功绩在于通过学区化管理和蓝天工程解决了优质教育资源短缺且分布不均衡的问题,有效地提高了教育产出的绩效,很大程度上满足了公民对优质教育的普遍需求,有力地确保了利益分享的公平。

四、相对成功的区域模式(Ⅱ):政府供给—多方协助模式

本章的案例分析显示,北京市东城区义务教育供给的成功经验主要有如下方面:一是以公民对优质教育的普遍需求为导向,确立了良好的教育目标和教育理念,致力于义务教育的优质均衡发展;二是通过促进优质教育资源在校际间流动共享、吸纳社会和市场主体的优质教育资源来增强义务教育提供能力;三是合理地运用带有扁平化、协商性和自治性特征的学区化管理模式,不仅改善了政校关系和政府管理能力,而且打破了校际间壁垒,实现了校际资源流动与共享,提高了资源配置效率和资源使用效益;四是极富创造性地实施了蓝天工程,它不仅作为一种资源配置机制有效地吸纳了社会与市场主体的优质教育资源,而且作为一种素质教育

培养方式,为学生创建了没有围墙的课外大校园,满足了不同学生群体的多元教育需求,衔接了学校教育、家庭教育和社会教育,大大提高了学校生产能力。

案例分析表明,东城区义务教育的出资者、举办者几乎都是政府,生产者也几乎都是公立学校,政府在管理协调过程中采取间接管理方式,直接管理任务由公立学校校长联合组成的学区协作组完成。总体来看,东城区义务教育供给模式比较接近于政府单一供给模式。但是,与政府单一供给模式不同的是,东城区在提供和生产环节都并不仅仅依赖于预算内的公共财政资源,而是广泛吸纳社会资源、市场资源以提升教育提供能力和生产能力,与此同时,东城区还采取了既不同于政府直接管理也不同于市场化中介机构管理的学区化管理模式。在整个供给过程中,政府积极吸纳了非政府主体的参与并发挥了非政府机制的优势,非政府主体为政府提供了各种教育资源和教育协助,但是,他们既不是教育投资者和举办者,也不是直接管理者,而仅仅是政府的支持者、协助者和教育供给的参与者。非政府主体不能被看做独立的供给主体。正因为如此,东城区义务教育供给方式可以被归纳为"政府供给—多方协助"模式,该模式介于"政府单一供给"与"多主体合作供给"之间。

根据东城区义务教育改革发展的经验,所谓"政府供给—多方协助"模式,是指主要由政府提供公共教育财政和相关教育资源,并且主要由政府举办的公办学校生产教育服务,同时政府通过建立良好的资源配置机制和激励机制有效吸纳社会与市场教育资源,在不同供给环节中借助多种非政府机制进行协作供给的义务教育供给模式。这种供给模式在当前中国义务教育改革与发展过程中以不同的具体形式得到了较为广泛的运用,当然,正如政府单一供给模式在不同地区供给效果各异一样,政府供给—多方协助模式在各个地区的效果也不尽相同。

表 4-2 政府供给—多方协助模式

过程主体	教育期望(影响度)	提供		管理		生产		
		出资/资源提供	学校举办者	直接管理	间接管理	公办学校	民办学校	社会参与
政府	++ + ++	++ + ++	++ + ++	+ +	++ ++			
社会	+ +	++ ++	+					++ ++
市场	+	++						
学校	+ + +					++ + ++	+	
公民	++ ++							++ +

注:在提供过程中,社会与市场提供少量的教育资金,提供大量其他教育资源,如图书馆、博物馆、科技馆、学生活动场所等。在生产过程中,“社会”主体在社会参与中主要是提供(或捐赠)素质教育资源与场所,或以人力资源形式提供志愿服务。

在“政府供给—多方协助”模式中(如表 4-2 所示),从教育目标合成来看,政府教育动机与公民教育需求在形成政府教育目标过程中的影响力最大,学校由于具有较大自主权,其教育期望对政府教育目标也会形成一定的影响,教育传统、社会舆论的影响力相对次之,但与直接供给模式相比则相对强些。在东城区的案例中,教育传统对教育目标的影响力实际上比表 4-2 所显示的更大些。在该模式中,由于缺乏足够有效的鼓励社会与市场力量举办义务教育的机制,所以社会与市场主体的教育期望对政府教育目标的影响并不大,尤其市场主体的影响力非常微弱。

从提供过程来看,在资源提供方面,公共教育财政是教育资金的主要来源,但东城区政府建立了适切的管理平台和激励机制,能够有效地把社会与市场教育资源吸纳进来,社会与市场主体亦会积极协作,不仅提供少量的教育资金,而且提供大量其他教育资源,如图书馆、博物馆、科技馆、素质教育基地、公益活动场所,等等。这种资源提供方式是政府机制、社会机制和市场机制的有效复合。在这种复合中,政府作为资源配置的主导者,通过有效的公共选择机制吸纳社会与市场主体的配合与协作,从而达成扩大资源容量、促进资源流动并均衡资源配置的良好效果。在东城区的案例中,学区化管理和蓝天工程都是政府建立的有效的公共选择机制。在学校举办者方面,该模式虽然采用了多种机制提供教育资源,但政府仍然是主要的学校举办者,社会主体举办的义务教育学校实际非常少。

从管理过程来看,政府对义务教育学校更多地采取间接管理方式,其职责一方面是根据国家法律和中央教育制度、教育精神确定教育目标,制定教育发展规划及教育政策,组织动员,宏观协调;另一方面是提供教育资金,配置教育资源,督导评估学校教育绩效。至于学校的具体事务,则由学校自主管理或由学区联合管理,也包括社会主体的协作管理。在东城区的学区化管理方式中,政府为学区化管理创建运行平台和激励机制,各校校长组成的学区协作组是管理中枢,是学校事务的直接管理者。该管理方式通过政府机制与社会机制的结合,有效地使政府资源、学校资源和社区资源在校际间实现流动与共享。

从生产过程来看,公办学校是教育服务的核心生产主体,但与政府单一供给模式不同的是,社会组织和公民个人通过不同方式有效地参与到学校教育过程中。社会组织通过提供教育资源与教育活动场所,甚至以捐赠形式协助学校教育,公民个人(家长/教育专家)通过家校合作、志愿提供教育服务等方式加以协作。这种协作式参与联系了学校教育、家庭教育和社会教育,有助于素质教育的展开,能有效地提高学校的教育绩效。如案例分析所显示的那样,东城区的蓝天工程实际上是政府机制、社会机制、志愿机制和市场机制的复合集成,政府机制是主导,社会机制和志愿机制发挥了重要作用。

总体而言,"政府供给—多方协助"模式以政府机制为中心,在不同供给环节依赖制度化的、有效的公共选择平台,积极吸纳非政府主体参与,发挥了社会机制、志愿机制甚至市场机制的协助作用。

在东城区的案例中,学区化管理的主要功能是,作为资源配置机制促进学校资源在校际间的流动共享,同时作为间接管理方式改善政校关系、提高政府管理能力。蓝天工程的主要功能是,作为资源配置机制吸纳社会和市场教育资源,同时作为素质教育培养方式提高教育质量。然而,学区化管理作为资源配置机制所配置的资源主要是政府和公立学校的公共教育资源,它所吸纳的社会和市场资源非常有限[1];学区化管理作为间接管理方式主要是放权于公立学校,本质上还是在政府系统内部的权能下放,因而依然是一种“大政府模式”。蓝天工程虽然吸纳了许多社会和市场教育资源,但是,社会和市场主体仅仅是作为“政府的协助者”出现的,它们在任何供给环节上都不是独立的供给主体;不仅如此,蓝天工程本质上是基于公立学校实施的,它在满足公民的多元教育需求,尤其是异质性公民群体的多元需求方面,功能尚且十分有限。东城模式显示了非政府主体在义务教育供给中所具备的优势和可能发挥的作用,同时也引发了如下疑问:在义务教育供给中,政府究竟可否把部分管理职能转移给独立于政府的社会和市场主体?社会和市场主体能否作为独立的供给主体(教育投资者、学校举办者或学校管理者)出现,如果可以,政府与非政府主体如何进行合作?下一章的区域案例分析将回答这些问题。

① 当然,北京市东城区有相对充足的公共财政能力和良好的教育传统,应对基本教育需求的公共教育资源相对充足(应对优质教育需求的公共资源则不然),因而对社会与市场资源的依赖性并没有其他地区大。可是,对于公共教育资源不足的地区而言,能否吸纳并运用社会与市场教育资源,则直接关系到义务教育的提供能力和供给效果。

第五章　多主体合作供给模式：上海市浦东新区案例

北京市东城区通过“政府供给—多方协助”模式较好地满足了四个供给要件，尤其是运用学区化管理和蓝天工程满足了公民对优质教育的普遍需求，从而取得了相对良好的供给绩效。东城区义务教育学校几乎都是公立学校，这在公民群体同质性较强的东城区似乎并不成问题。但是，如果公民群体的同质性较弱、异质性较强，公立学校的应对能力将比较有限，此时该如何满足公民的多元教育需求呢？另外，政府是否可以并且如何把部分供给职能转移给非政府主体呢？政府该如何与非政府主体进行互补性合作？上海市浦东新区义务教育供给案例也许有助于回应这些问题，本章即围绕这一典型案例展开分析，探讨和归纳能够取得良好供给绩效的第三种供给方式——多主体合作供给模式。

如前两个案例的分析思路一样，本章将首先介绍浦东的基本区情和义务教育发展概况，随后集中分析浦东义务教育供给方式的选择过程及其对供给要件的影响，在此基础上对浦东义务教育供给绩效进行评价，最后归纳提炼其供给模式。

本章的案例分析显示，浦东义务教育供给依然是以政府为主导的，公立学校是义务教育服务的主要生产主体。然而，非政府主体在弥补政府资源短缺、满足多元教育需求方面发挥了重要作用，他们不仅是独立的教育投资者、学校举办者和教育服务生产者，还可以担任相对独立的学校管理者角色。与此同时,政府还通过委托管理、购买服务、家校协商共治等方式与非政府主体合作供给义务教育。因此,在某种程度上,义务教育中的政府主体与非政府主体已经形成了平等的合作伙伴关系,据此,可把浦东新区义务教育供给方式看做是多主体合作供给模式。

一、浦东新区义务教育发展概况

浦东新区位于上海市东部,地处中国沿海开发地带中点与长江入海口的交汇处。1990 年 4 月 18 日,中共中央、国务院宣布开发开放上海浦东,从此浦东发展进入崭新时期。2005 年 6 月 21 日,经国务院批准,浦东新区成为全国首个综合配套改革实验区,浦东教育综合改革也在浦东综合配套改革框架之下正式启动。2009 年 4 月 24 日,国务院批复同意南汇区行政区域划入浦东新区,以此为标志,浦东开发开放进入二次创业新阶段。南汇区划入之前,2008 年年底的浦东新区辖区面积 532.75 平方公里,下辖 12 个街道、11 个镇及 1 个自然保护区,户籍人口 194.29 万人,常住人口 321.62 万人。[①] 鉴于原浦东新区教育改革的特殊性和统计资料的可获取性,本书主要以 2008 年年底之前的浦东新区为研究对象。

浦东新区享有综合配套改革实验区先行先试的政策优势和得天独厚的区位优势,辖区内聚集了一批国家级开发区和重要交通枢纽,目前形成了以现代服务业和高科技产业为主导的产业发展格局,致力于建设成为国际区域性经济、金融、贸易和航运中心。2008 年浦东地区生产总值 3150.99 亿元,占上海市地区生产总值的 23%;地方财政收入 302.61 亿元,财政支出 370.3 亿元,其中教育支出 30.9 亿元[②],占财政支出的

---

① 南汇区划入之后的浦东新区辖区面积 1210.41 平方公里,下辖 13 个街道、25 个镇及 1 个自然保护区,2009 年底户籍人口 272 万人,常住人口达 446 万人,辖区面积和常住人口均占上海市五分之一左右。原南汇区辖区面积 677.66 平方公里,设 1 个街道和 14 个镇。资料来源:浦东门户网站,http://www.pudong.gov.cn。

② 资料来源:上海市统计局编:《上海市统计年鉴 2009》,中国统计出版社 2009 年版;浦东门户网站,http://www.pudong.gov.cn.

8.34%。

浦东新区基础教育规模在上海市各区县中相对较大,截至2008年年底,共有基础教育单位396个,各级各类学校380所。[①] 其中普通中学(含高中)109所,在校生10.02万人,其中公办中学93所,占87%;小学101所,在校生10.15万人,其中公办小学98所,占97%。普通中小学校合计210所,在校中小学生20.17万人。另有国际学校8所,还有2所学校设有国际部,中小学外籍学生7881人,占上海市所有外籍学生的比例近1/3。浦东新区该年义务教育阶段入学率达99.9%以上,高中阶段总录取率为97.07%。[②]

在全面实施教育供给方式改革之前,浦东新区义务教育发展状况也如其他很多地方一样,存在优质教育资源不足且分布不均衡,校际差异、城乡差异、群体差异大等问题。从2003年实行基础教育管理体制[③]城乡二元并轨政策以来,浦东开始探索义务教育优质均衡发展的实现方式。2005年6月,浦东新区成为全国首个综合配套改革试验区,浦东教育综合改革也在此背景下正式启动,义务教育供给方式改革力度进一步加大,其改革进程和发展状况主要体现在如下方面[④]:

从2003年开始实行义务教育管理体制城乡二元并轨政策。2003年前,浦东新区近4/5的基础教育学校属区政府管理,仍有1/5以上属于镇政府管理。2003年,浦东将位于13个镇的86所镇管、镇办中小学全部纳入区级政府管理,实现城乡"四个统一",即统一硬件配备水平,统一拨款

---

① 普通中学109所,小学101所,幼儿园162所,特殊教育学校2所,工读学校1所,职业学校5所。

② 上海市浦东新区社会发展局:《浦东教育统计手册(2008—2009学年度)》,政府资料,2009年。

③ 如同北京市东城区一样,浦东新区教育改革也是以基础教育这个整体为对象进行的,义务教育是核心组成部分。

④ 有关浦东义务教育改革进程和发展状况的事实资料,主要参考:上海市浦东新区社会发展局:《中国教育改革前沿报告:浦东新区教育公共治理结构与服务体系研究》,上海教育出版社2009年版;上海市浦东新区社会发展局:《浦东教育统计手册(2008—2009学年度)》,2009年;刘国平:《浦东教育改革的国家命题》,华东师范大学出版社2008年版;浦东新区教育门户网站:http://www.pudong-edu.sh.cn/Web/PD/45196.htm。

标准,统一信息平台,统一教师培训与发展的机会。城乡二元并轨政策使浦东义务教育从“差异发展”向“均衡发展”迈出了关键的一步。

从2004年开始着力保障流动儿童(农民工随迁子女)义务教育机会。2004年以来,浦东新区义务教育供给从关注“户籍人口”转向关注“常住人口”,采取多种方式保障流动儿童受教育机会:(1)扩大公办学校接收流动儿童的比例;(2)通过制度设计和财政补贴支持农民工子女学校申办民办学校,并向民办农民工子女学校购买义务教育学额;(3)通过委托管理方式支持民办农民工子女学校的发展(将这类学校委托给专业教育机构进行管理)。2007年7月,浦东新区首批4所农民工子女学校[①]被批准为民办农民工子女学校;2008年7月,在新一轮申办民办学校的工作中又增加8所。至此,浦东民办农民工子女学校达12所。

从2005年起实行委托管理和政府购买教育服务的政策。这是浦东新区创新教育服务方式的集中体现。2005年6月29日,浦东新区社会发展局与上海成功教育管理咨询公司签订协议,委托后者管理浦东新区一所公办中学——东沟中学。此举是上海市义务教育委托管理的首例,随后几年,浦东义务教育学校委托管理实践陆续展开。与此同时,浦东开始实行政府购买教育服务的政策,包括购买学额、购买管理、购买评估、购买特殊教育服务和购买教师培训、项目研究及设施配置等教育服务。

从2006年前后开始探索义务教育的“管办评”联动机制。该机制以建立“公平、普惠、完备、优质”的公共服务体系为目标,试图构建“政府宏观管理、学校自主办学、社会公正评价”的教育发展格局,使义务教育供给方式从单一性向多元化转变。

从2007年起开展学校、家庭、社区协商合作制度的建设工作。该年浦东新区共有8所学校先行探索学校、家庭和社区协商合作制度,试图为学校发展创造良好的社区环境,在满足义务教育基本需求的基础上,通过协商合作方式满足家庭和社区的多元教育需求。

---

① 分别为浦东新区育才小学、昌林小学、英才小学、大别山小学。

以上述基本区情和改革进程为基础，本项案例分析着力解决的问题是，这些教育改革是如何形成浦东新区特有的义务教育供给方式的？不同供给机制之间是如何复合在一起的？究竟产生了什么样的供给效果？

二、供给方式选择及其对供给要件的影响

（一）教育期望：基本教育需求与多元教育需求的复合

地方政府所确定的教育目标必须契合相关行动主体的教育期望，是不同教育期望的合成。问题的关键在于，不同行动主体的教育期望分别是什么，各种教育期望如何影响地方政府对教育目标的确定？

首先，合理解决民众基本教育需求与多元教育需求的矛盾，是浦东政府确立教育目标的基本导向。浦东民众的多元化教育需求来自人口构成的复杂化、社会阶层的多元化和群体文化的差异化。开发开放程度较高的浦东利用政策优势和区位优势，不仅建成了一批国家级开发区和重要交通枢纽，而且吸引了众多金融投资机构、大型生产企业和进出口贸易集团的入驻，还带动了高科技产业和现代服务业的迅速发展，与此同时，也带来了大量外籍和外地投资者、中高层管理队伍及普通工作人员。据统计，截至 2007 年底，浦东新区有户籍人口 191.16 万人，常住人口 305.35 万人。[①] 在常住人口中，外来人口有 114.2 万人，占常住人口的 37.4%，这意味着，每 3 个人中就有 1 个非户籍人口。在外来人口中，农民工子女约 6.8 万人，外籍学生多达 7881 人。[②] 庞大的外来人口及非户籍学生对既有的教育容量、教育模式形成了严峻的挑战，使得浦东教育不能再局限于关注户籍人口，而必须转向关注常住人口。然而，外来人口具有极大的差异性，主要包括外籍人员、投资经商者、高级白领、普通工薪阶层和农民

---

① 上海市浦东新区社会发展局：《浦东新区社会事业统计年鉴 2008》，上海财经大学出版社 2008 年版。

② 上海市浦东新区社会发展局：《浦东教育统计手册（2008—2009 学年度）》，2009 年。

工,他们的生活方式、文化传统、价值观念、教育期望和利益诉求各不相同,由此带来了教育需求的多元化。不仅如此,外来人口与户籍人口之间也存在不同的教育需求,即使在户籍人口内部,教育需求也是多样化的。在不同群体的教育需求中,既有对保障入学机会和良好教育条件的基本需求,又有对优质教育的高度期望,还有对个性化教育、特色教育的额外需求。如何在保障民众基本教育需求的同时满足不同群体的多元教育需求,成为浦东政府教育目标和教育政策必须解决的核心问题。

其次,浦东教育实践尚未有效满足民众教育需求,是促使浦东政府变革教育供给方式的压力和动力。浦东的发展离不开外来人员的精诚合作,而确保外来人员提供优质服务的基本条件之一是保障外来儿童良好的教育条件,满足外来人员的教育需求。然而,在推进义务教育均衡发展改革之前和改革初期,浦东教育实践还难以有效满足民众的教育需求。一方面,浦东有限的教育容量难以为庞大的外来学生提供足够的学额。由于公办学校数量有限,无法完全接纳全部外来学生,大量农民工子女不能进入当地公办学校就读。同时,民办学校尚未得到良好发展,于是产生了大量办学条件不充分、管理过程不规范、办学质量不高的简易农民工子女学校。这类学校暂且提供了入学机会,但其教育质量和办学稳定性远远达不到基本标准。另一方面,浦东义务教育发展的城乡差异、校际差异依然存在。虽然 2003 年实行了城乡二元并轨政策,并对城郊学校给予大量财政投入以改善其办学条件,但直接的硬件投入尚未使这些学校的办学质量得到显著提升。校际差异带来择校竞争,而择校竞争使不少外来人员,尤其是农民工的教育负担相对较重。此外,浦东教育以公办学校为主的办学模式和传统的教育方式难以有效满足民众的多元化教育需求。截至 2008 年年底,普通中学(含高中)公办学校仍占 87%,而小学公办学校占 97%[①],在此之前,公办学校比例更高,整齐划一的教育模式与浦东新区多样化的群体结构、多元化的教育需求不相契合。这些教育困境不

---

① 上海市浦东新区社会发展局:《浦东教育统计手册(2008—2009 学年度)》,2009 年。

仅是浦东政府改革教育的压力,更是创新教育供给方式的重要动力。

最后,浦东教育改革受到政府自身转型的影响,还与中央政府对浦东综合配套改革实验的期望有关。虽然教育改革受教育实践的驱动,要契合教育发展规律,但教育问题往往首先是一个政治问题,因而教育改革也往往是政治、经济和社会改革的结果,对教育问题的考虑需要放置在宏观政治背景中进行。中国当前政治发展中的一个基本共识是合理转变政府职能,建设公共服务型政府,这也是中央政府对中国行政管理体制改革、对地方各级政府转型的基本期待。浦东政府改革教育管理体制、创新教育服务机制的实践和探索深受这一政治背景的影响。不仅如此,2005 年 6 月 21 日,国家批准浦东新区为全国首个社会主义市场经济综合配套改革实验区,要求浦东新区转变政府职能和经济运行方式,转变城乡二元经济与社会结构,把解决地方实际问题与全国共性难题结合起来,力争为全国综合配套改革建立示范。国家提出的改革期望对浦东教育综合改革产生了深刻影响,也为其创造了先行先试的政策优势。在此背景下,浦东于当年启动了教育综合改革。

社会各界对建设服务型政府的共识性期待,中央政府对地方政府转型的要求,以及国家对浦东新区综合配套改革的期望,共同影响着浦东政府转型和教育改革的决策。为此,浦东明确提出了"小政府、大社会、大服务"的行政管理体制改革目标,这要求合理界定政府、市场、社会等各类主体的职责边界,转变政府管理方式,培育社会力量,创新服务机制。在教育改革方面,为合理解决保障基本教育需求与满足多元教育需求之间的矛盾,浦东政府从"关注户籍人口"转向"关注常住人口",制定了构建"公平、普惠、完备、优质"的教育公共服务体系的目标,力图打造开放、多元、优质的浦东教育品牌,率先实现教育现代化。在实现方式上,浦东政府试图探索"管办评"联动机制,以构建"政府宏观管理、学校自主办学、社会公正评价"的教育发展格局,实现政府单一供给向多元供给的转变。其中政府提供的公共教育具有公平、普惠的特点,主要满足基本教育需求;市场和社会提供的教育服务具有多元、可选的特点,主要满足多元教育需求;政府、市场与社会共同提高教育质量,满足民众对优质教育的普遍需求。

(二)提供能力:城乡二元并轨与政府购买教育服务

浦东新区经济社会发展水平相对较高,地方财政收入和支出能力都较强,2008 年分别为 302.61 亿元和 370.3 亿元。[①] 2006 年《义务教育法》第 42 条规定,"国务院和地方各级人民政府用于实施义务教育财政拨款的增长比例应当高于财政经常性收入的增长比例"。按此要求,浦东政府确保每年教育投入增幅高于财政经常性收入增幅两个百分点。[②] 雄厚的财政基数意味着浦东政府有相对充足的公共财政支持义务教育的发展。2008 年,浦东教育事业支出为 30.9 亿元,占地方财政支出的 8.34%。虽然这一比例相比于上海市和其他许多城市来说偏低(一般都有 10% 以上,比例高的达到 30% 左右),但教育支出总额对于一个区县级政府来说,相对比较充裕。同时,比例偏低也意味着,浦东公共教育财政还有很大的增长空间。

然而,充足的财政能力仅是义务教育提供能力的一个方面,决定提供能力大小的另一个方面是义务教育资源的配置方式。在实行城乡二元并轨政策之前,浦东义务教育也面临着优质教育资源配置不合理,城乡、校际发展不均衡的问题,尤其城郊薄弱学校还普遍存在,这意味着浦东政府相对充足的公共财政能力并没有形成充分的提供能力。不仅如此,在从"关注户籍人口"转向"关注常住人口"的呼吁和期望下,庞大的外来人口和非户籍学生规模,对浦东新区有限的公办教育容量、传统的整齐划一的教育模式构成了重大挑战。浦东政府必须在加大公共财政投入的同时,改变资源配置方式,增强教育提供能力。

---

① 数据来源:上海市统计局编:《上海市统计年鉴 2009》,中国统计出版社 2009 年版;浦东门户网站,http://www.pudong.gov.cn.

② 上海市浦东新区社会发展局:《中国教育改革前沿报告:浦东新区教育公共治理结构与服务体系研究》,上海教育出版社 2009 年版,第 149 页。

1. 义务教育城乡二元并轨政策

为满足民众基本教育需求,实现教育公平,浦东从 2003 年起实行了义务教育城乡二元并轨政策。该政策把城乡所有义务教育学校纳入区级政府统一管理,为城乡所有学校统一硬件配备水平,统一拨款标准,统一信息平台,统一教师培训与发展的机会,以此促进义务教育的均衡发展。为尽快改善城郊学校的办学水平和教育质量,浦东在教育专项资金安排和资源配置方面重点向郊区倾斜:

如为加速城郊教师交流,对到郊区支教的教师给予生活和交通补贴;为稳定郊区优秀教师,对郊区学校骨干教师给予覆盖面较大的补贴……为改善郊区学校硬件水平,在校舍、运动场地大修等方面对郊区学校予以重点支持,2003 年和 2007 年分别投入 2200 万元和 7500 万元,使郊区学校面貌一新,硬件水平达到甚至超过面上平均水平。①

城乡二元并轨政策是通过政府机制在公办教育系统内部的调节,它使公办教育资源总体上均衡合理地配置在各个学校,能满足所有户籍学生的基本教育需求和部分户籍学生对优质教育的需求。然而,即使浦东敞开所有公办学校大门,有限的公办学校依然无法满足规模巨大的非户籍学生,尤其是流动儿童的教育需求。

2. 规范和促进民办农民工子女学校的发展

为解决流动儿童义务教育问题,满足农民工群体的基本教育需求,浦东不仅扩大公办学校对流动儿童的接纳规模,更为重要的举措是,积极支持农民工子女学校申办"民办农民工子女学校"(即办学的合法化、合乎标准化过程)。截至 2008 年年底,共有 12 所农民工子女学校被批准为民办农民工子女学校。② 这一举措不仅使原来不规范的农民工子女学校获得了正式的法律地位,而且政府通过各种方式提高民办农民工子女学校

---

① 上海市浦东新区社会发展局:《中国教育改革前沿报告:浦东新区教育公共治理结构与服务体系研究》,第 148 页。

② 同上。

的办学水平:一是为民办学校提供一定的办学场所和办学设施,使其达到义务教育学校基本办学标准;二是向民办学校购买流动儿童义务教育学额,根据公办学校生均经费标准给予民办学校直接的财政补助;三是为民办学校提供教师培训,提高师资队伍水平;四是委托专业教育机构管理民办农民工子女学校,提高其管理水平。

通过支持民办农民工子女学校的发展,浦东新区大大缓解了公办教育容量有限、义务教育学额不足所带来的压力,基本满足了流动儿童对入学机会的需求。这说明社会机制的引入可以大大改善政府的教育提供能力。

3. 政府向民办学校和专业教育组织购买教育服务

在浦东这个多元文化交融的城市,整齐划一的公办教育和提供基本教育服务的民办农民工子女学校,仍然难以满足不同群体的多元化、个性化教育需求。

为合理解决保障基本教育需求与满足多元教育需求的矛盾,浦东政府采用了购买教育服务的方式,不仅为流动儿童提供公平、普惠的基本教育服务,还为不同群体提供多样化、可选择的优质教育服务。

所谓政府购买教育服务,就是政府为满足民众教育需求,通过公共财政和公共资源,以直接补助和间接支持等方式,向民办学校和其他专业教育组织购买教育服务,提高教育服务质量和公共教育资源使用效益。

就其实践来看,浦东政府为义务教育阶段学生购买教育服务的内容和方式包括:(1) 向民办学校购买义务教育阶段学额,为外来人口,尤其是流动儿童提供基本的教育服务。政府购买学额的形式是多样的,但主要是按公办学校标准给予民办学校生均教育经费补贴。(2) 向专业教育组织购买管理服务,即委托专业教育组织管理公办薄弱学校或民办学校,并为其管理服务支付费用。浦东新区不仅把一些薄弱学校委托给专业教育组织管理,还把教育行政部门的一些管理事务委托给专业组织实施。(3) 向专业的教育评估机构购买教育评估服务,包括对民办学校的评估、对各类教育项目的评估,对政府购买服务本身的评估。(4) 向特殊教育学校和公益组织购买特殊教育服务,对特殊儿童的义务教育实行"零拒绝",并按其需要提供送教上门服务。(5)购买教师培训、项目研究、教育设施配置与建设等服务。到2008年年底,浦东政府向各类专业教育组织购买了多种类型的教育服务:包括向民办学校购买学额12 682个,购买管理服务17个项目,购买教育评估服务100多个项目①,以及其他教育服务。

政府购买服务的方式,有效地把各种社会资源引向教育领域,不仅弥补了政府单独供给所面临的学额不足、优质教育资源短缺、多元教育和特色教育匮乏等问题,还极大地改善了资源配置状况,提高了整体办学水平和教育质量,一定程度上缓和了"基本需求与多元需求"之间的矛盾。在这种提供方式中,政府是联系各方的主体,其核心职能是提供财政和配置资源,专业教育组织是教育服务的实际载体和主要力量,根据与政府的协议直接提供教育服务。在浦东教育实践中,政府购买服务的方式是政府机制、社会机制和市场机制的结合,它恰当地配置了政府、社会和市场的职能,有效利用了各自优势并弥补了各自不足,从而大大增强了政府提供义务教育的能力。

(三)管理能力:委托管理和"管办评"联动机制

在浦东的案例中,城乡二元并轨政策,支持农民工子女学校申办民办学校,向专业组织购买教育服务,都是政府提供教育的不同形式,也是政府为增强教育提供能力而采取的不同资源配置机制。这些资源配置机制运行效果如何,很大程度上依赖于政府的管理能力,因为城郊薄弱学校和民办农民工子女学校办学水平的提高,不仅需要资源投入,更需要良好的办学理念和专业化的教育管理,而政府购买教育服务的好坏,也不仅需要政府公共财政的支持,更需要有各类专业化的、权威的教育中介机构来提供优质教育服务。

---

① 上海市浦东新区社会发展局:《中国教育改革前沿报告:浦东新区教育公共治理结构与服务体系研究》,第36页。

1."管办评"联动机制

为发挥上述各种资源配置机制的作用,浦东政府试图以"管办评"联动机制来构建良好的管理平台,提高政府管理义务教育的能力。"管办评"联动机制也是浦东转变政府职能,建设"小政府、大社会、大服务"治理模式的一种努力。根据浦东的教育治理实践,所谓"管办评"联动机制,就是构建"政府宏观管理、学校自主办学、社会公正评价"的教育发展格局,使义务教育供给方式从政府单一供给向多元主体合作供给转变。管办评联动机制要求合理界定政府、学校、社会和市场等多元主体在教育供给中的职责边界:其中政府负责政策制定、教育规划、布局调整、资源供给、质量监督等宏观管理事务;学校有充分的办学自主权,包括确定办学理念、评聘教师、开发校本课程等;社会专业组织负责评估教育质量和办学水平,这种评估通过政府委托的方式进行;家长、社区和社会舆论也能参与教育评价;此外,市场在"管办评"联动机制中也可充分发挥作用,尤其在政府委托专业组织管理学校和进行教育评估的情况下更是如此。通过实行"管办评"联动机制,浦东政府一定程度上改变了自己既是学校举办者和管理者,又是质量监督者和评估者,既是教育提供者和生产者,又是教育消费者的多重角色集于一身的状况,合理地分化转移了政府职能,调动和发挥了不同主体的积极性和优势。

2.委托专业教育组织管理义务教育学校

在"管办评"联动机制中,政府集中关注宏观管理事务的前提是,学校具备自主办学的能力,而且,有专业教育组织提供教育评估服务。但实际上,部分公办薄弱学校和民办农民工子女学校之所以办学水平不高,恰恰是因为其管理能力不足。为提高这些学校的管理水平,改善其办学状况,浦东政府采取了委托管理的方式,并大力培育和发展专业教育组织。

2005 年 6 月 29 日,浦东新区社会发展局与上海成功教育管理咨询公司签订协议,委托后者管理公办东沟中学,这是浦东探索引进社会专业机构提供公共教育服务的第一步,也是上海市义务教育委托管理的首例。

随后几年，浦东新区不断引进区域内和区域外的高校、教育中介机构及行业协会等各种教育力量，委托其管理公办学校和民办学校。截至2008年年底，浦东新区共有26个教育类社会中介机构相继成立，政府委托管理的项目达到17个。[①]

从广义上来看，浦东政府的教育委托管理不仅包括委托管理各类学校，还包括委托教育评估、委托教育项目研究等等。但从狭义上来说，委托管理主要是指政府委托专业教育组织对指定学校所进行的管理，其具体含义是：政府（委托方）与专业教育组织（受托方）签订协议，确定委托管理目标和内容，由专业教育组织根据委托方案自主管理所指定的学校（托管对象），在事先约定的时间内，由政府委托独立的教育评估机构，对受托方的教育管理服务进行评估，并根据评估结果支付管理费用。浦东政府委托专业教育组织进行管理的学校，通常是城郊薄弱学校和民办农民工子女学校，以及其他办学水平较低、政府难以管理的公办学校。受托方一般是具备较好的办学理念、丰富的办学经验、较高管理水平的，有资质的专业教育组织，具体包括民办的非营利教育中介机构[②]、民间社会组织、大学、优质中学，等等。

需要注意的是，浦东学校委托管理仅仅是委托具体管理事务，而不是管理权力，政府对义务教育学校的管理依然具有主导权力并负主要责任。为确保政府权责，同时界定受托方在管理学校过程中的自主性范围，浦东学校委托管理实践遵循以下原则（这些原则主要针对公办学校）：

> 被委托管理学校的公办体制不变；被委托管理公办学校的产权隶属关系不变；政府对被委托管理公办学校的拨款不变；学校党组织、工会组织的地位作用活动方式不变；教师编制、教师聘任不变；被

---

① 上海市浦东新区社会发展局：《中国教育改革前沿报告：浦东新区教育公共治理结构与服务体系研究》，第36页。

② 区分非营利教育中介机构和营利性教育中介机构，通常非营利教育中介机构才有资质接受委托管理学校。

委托管理学校的收费方式、收费标准不变。[①]

在遵循上述原则的前提下,管理机构有充分的自主权管理受托管学校。浦东之所以采取委托管理的方式,主要基于如下原因:

首先,政府有能力为受托管的薄弱学校提供公共财政支持和硬件设施条件,但这些不足以在短期内迅速提升薄弱学校的管理水平和教育质量,而政府直接管理不仅不符合学校自主办学的要求,而且自身也没有足够的能力管理所有薄弱学校。然而,作为专门从事教育服务的专业教育组织,无论在管理团队、管理经验和管理水平上,还是在办学理念、师资队伍和教学模式等各种优质教育资源上,都有很大的潜能管理好学校。尤其重要的是,作为非营利的专业教育组织,一方面有意愿通过委托管理来积累自身优质资源,提高社会声望,扩大在社会中的影响力;另一方面则可以通过委托管理获取维持自身运转的资金支持,确保组织的存续和发展。

其次,在优质教育资源有限且分布不均衡,部分优质资源利用率较低的情况下,委托管理不仅可以使区域内优质教育资源流动起来,实现区域内均衡配置,提高资源使用效益,而且还可以引进区域外优质教育资源,实现优质教育资源跨区域流动和配置,在弥补本区域优质资源不足的同时提高整体教育水平。

最后,委托管理可以充分发挥专业教育组织在教育管理方面的优势,将其先进的办学理念和管理经验植入到托管学校,同时为托管学校培育良好的管理团队和师资队伍,创造教师发展的激励机制,营造有利于学生全面发展和推进素质教育的校园文化。可见,委托管理不仅能为学校"输血",更重要的是能为学校"造血",通过委托管理,能使受托学校尽快达到不需托管而能自主发展的水平。

从实际情况看,浦东的学校委托管理实践确实也取得了相应成效:大

---

① 上海市浦东新区社会发展局:《中国教育改革前沿报告:浦东新区教育公共治理结构与服务体系研究》,第226页。

量引入了社会资源,促进了优质教育资源在区域内的均衡配置和跨区域流动,提高了资源使用效益,迅速提升了托管学校办学水平,同时还促进了教育中介组织发展。尤其重要的是,委托管理较为明确地界定了政府与其他提供主体的职责,提高了政府在学校管理中的能力。当然,这并不意味着浦东的义务教育委托管理实践不存在问题,但那些尚待完善之处并不影响委托管理作为一种成功的教育管理方式所具有的创新价值和发展空间。

根据上述分析可知,"管办评"联动机制和委托管理方式创新了浦东新区义务教育的管理模式。在浦东管理模式中,政府依然是义务教育管理的权力中心和最终责任主体,在整个管理过程中起着联系各方的支撑平台的核心作用;但是,包括学校内部管理和教育评估等在内的具体管理事务都下放给了学校,或者委托给专业教育组织去实施,学校和非营利组织才是具体管理事务的执行主体。政府委托非营利组织管理学校和评估教育绩效的做法(购买管理服务和评估服务),同时引入了社会机制和市场机制。可以说,浦东义务教育管理模式是以政府机制为主导,重点发挥社会机制和市场机制的作用,三者相互补充,形成合作伙伴关系,共同致力于提高管理水平和办学质量的复合管理方式。

(四)生产能力:学校自主办学与家校协商合作制度

合理的教育期望、充足的提供能力和适切的管理模式,为浦东新区义务教育学校提高生产能力、取得良好的教育绩效奠定了坚实的基础。接下来需要考察的是,直接决定学校教育绩效的三个因素:学校自主性、学校组织形式和学校的社区环境。实际上,浦东新区大部分优质学校都已形成适合学校发展的制度框架,而委托管理学校的做法对于改进公办薄弱学校和民办学校的制度建设状况,起到了至关重要的作用。

1. 学校自主办学

在学校自主性方面,根据"管办评"联动机制的设计,浦东政府只负责宏观管理事务,力求让所有学校都能自主办学、自主决策、自我管理和自主发展。因此,从政府与学校的关系来看,浦东政府实际上把应由政府管理的事务划归政府,可以由学校管理的事务划给学校,并且赋予学校相当的自主权,由此建立了相对良好的政校关系。在这种关系中,学校有很大的自主决策空间,校长和教师有很大的发挥管理才能、教学潜力和教育创造性的余地,其个人职业发展获得了良好平台,从而很大程度上构建了对校长和教师的激励机制。许多优质学校得益于宽松的政校关系,进一步贯彻其办学理念,发展学校特色。当然,从实际情况来看,并不是所有学校都能适应这种政校关系,对于薄弱学校来说,由于缺乏优质管理团队,办学自主权不仅得不到合理运用,反而使其因为失去政府在管理层面给予的直接支持而发展困难。对于这种情况,浦东政府采取了委托管理的方式。受托管理学校的专业教育组织在遵循原则性限定的范围内,都有自主管理学校的权力。这一方面充分运用了制度设计中所赋予的办学自主权,另一方面,通过委托管理,专业教育组织在把先进办学理念、管理经验植入受托学校的同时,为受托学校培养了一批专业的、优秀的管理者队伍,这也为委托管理合同周期结束之后学校的自主发展创造了有利条件。

2. 多样化的学校组织形式

在学校组织形式方面,由于建立了良性的政校关系,浦东学校的组织形式不再首先取决于政府偏好和上级要求,而是首先取决于学生的教育需求、教师的发展动力和学校自身的发展现状及未来的发展需要。因此,在学校组织形式中必然更多地考虑教师、家长、社区甚至学生的参与权利。不同学校根据各自特有的办学理念和发展定位,采取适合于自身情况的组织形式,这既有利于学校根据实际情形组织教学,也有利于改变原来千校一面的状况,建设各具特色的、多元化的教育发展格局。

3. 协商共治的家校协商合作制度

在学校的社区环境方面,为营造良好的学校文化和社区环境,建立学校、家庭、社区良性互动机制,浦东一些学校探索实施了家校协商合作制度。在不同学校,这一合作机制的具体操作方式有所差异,总体来说,主要有以下环节:开学之初成立家长联合会,每位家长都是自然成员;家长联合会制定《家长委员会章程》并民主选举产生家长委员会,家长委员会是家长联合会常设机构,章程规定家长委员会的任务、组织机构及相应的权利和义务;学校与家长委员会、社区代表组成家校协商合作委员会,建立共商机制,就直接关系到学生发展的问题进行协商合作。①

浦东新区家校协商合作制度的主要目标是满足不同群体的多元化教育需求,使各种教育需求有畅通的表达渠道和便捷的应对机制;同时,它也致力于通过家长、社区的共同参与促进学校的良性发展。作为一种以社会参与机制为主的学校治理方式,家校协商合作制度的内在价值是多维的:首先,它确保了家长、社区和社会的知情权、参与权、监督权、问责权及建议权,实现了学校从封闭式办学向开放式办学、从孤立式办学向参与式办学的转变。其次,这种开放式和参与式教育的规范化与制度化,实际上在学校与家长、社区之间构建起了经常性、制度化的对话通道,有利于多元主体在协商基础上化解分歧,达成共识,形成合作。再者,家校协商合作制度有利于学校和家长利用既有的学校教育资源和家庭教育资源,共同开发社区教育资源,不仅可以挖掘潜在的教育资源禀赋,充分提高资源使用效益,还有助于学校教育、家庭教育和社会教育相互契合,形成合力。此外,家校协商合作制度使部分教育权力从政府下放到学校的同时,进一步从学校转移到社会,增强了社会的教育参与权和监督权,使传统的以权威为指向的垂直教育管理体制,向以满足教育需求和保障教育权利为导向的相对扁平的教育治理模式发展。

三、基于公共利益标准的供给绩效评价

浦东案例的分析显示,浦东新区通过以政府为主导的多主体合作供

① 相关事实资料可参阅:上海市浦东新区社会发展局:《中国教育改革前沿报告:浦东新区教育公共治理结构与服务体系研究》。

给方式,取得了较为良好的供给效果。根据义务教育法律制度所蕴涵的公共利益标准,对浦东义务教育供给绩效的评价主要包括以下几个方面:

首先,在是否满足教育需求的问题上,浦东总体上可以满足户籍人口的基本教育需求,并且在很大程度上能够满足大部分户籍人口的优质教育需求。不过,浦东是一个拥有庞大外来人口和非户籍学生的特殊城市。2008 年年底,外来人口(127.33 万人)与户籍人口(194.29 万人)之比接近 0.7,外来人口占常住人口(321.62 万人)的 39.6%①,而且,外来人口还处于不断增长的趋势中。这种特殊的人口结构使浦东义务教育不得不从关注户籍人口转向关注常住人口。规模可观、构成多元的外来人口确实对浦东教育容量和整齐划一的传统教育模式构成了挑战。浦东政府一方面通过公办学校接纳学生、向民办学校购买学额的方式,确保了外来人口尤其是农民工子女的入学机会和基本教育需求;另一方面,通过发展民办学校、特色学校和国际学校,支持不同类型学校多元优质发展,同时通过政府购买教育服务,尽可能地满足不同群体的多元化、个性化教育需求。虽然浦东在满足多元教育需求方面还有很长的路要走,但至少已经能够较好地保障常住人口的基本教育需求,而且,在探索合理解决基本教育需求与多元教育需求这一普遍矛盾的制度框架上,初步开拓形成了崭新的模式。

其次,在成本分担是否公正的问题上,浦东主要通过政府机制来保障基本教育需求,这种教育服务坚持公平、均衡的原则,具有基本、普惠、保障的特点;同时,浦东通过市场机制和社会机制尽量满足多元教育需求和额外教育需求,这种教育服务遵循供求规律和成本分担原则,具有多元、可选、优质的特点。就基本教育成本而言,户籍人口对义务教育基本成本的分担通过税收方式进行,可看作是相对公正的。外来人员的分担方式有两类:由公办学校接收的,与户籍人口相同;因公办学校容量有限而在民办学校就读的,政府通过生均经费补贴形式向民办学校购买学额,学生

① 数据来源:浦东门户网站,http://www.pudong.gov.cn。

家长也缴纳一定费用,但相比实行购买学额政策之前,学生家长的成本负担大为降低。可见,外来人员依然承担部分税收形式外的义务教育基本成本,虽然在共时的横向比较上仍然存在特定的不公正因素,但在历时的纵向比较中,却向公正道路迈进了长足的一步。就额外教育成本而言,根据供求法则采取成本分担方式本身符合公正原则,但究竟是否公正,实际上取决于现实中的成本分担比例是否合理。不过,对于超过基本需求的额外教育需求应该采取什么样的分担方式,才能在确保教育公益性的同时保证成本分担公正,浦东仍在探索中。

再次,在教育绩效是否优良的问题上,从结果角度作全面评估虽然理想,但却相对复杂而困难①,本书打算从决定结果的因素(即决定资源使用效率和教育质量的因素)上进行间接评估,这不仅可以得出简化而近似的判断,与此同时,由于决定结果的因素是持续性地发生作用的,因而对教育绩效的评价也将是发展性的。对教育绩效的评估包括资源使用效率和教育质量两个方面。浦东新区不仅建立了良好的资源配置机制和教育管理方式,而且对义务教育学校采取了"财政搭台,专家评价"和"谁拨款,谁评价,谁用款,谁对绩效负责"②的绩效评价机制,因而能有效地监督资源投入方向,提高资源使用效率。在教育质量方面,自主办学、委托管理和家校协商合作都为教育质量的提高构建了良性的制度框架,尤其是开放办学、横向管理、外部参与使学校处于家长和社区的有力监督之中,同时也能得到家长和社区的理解与支持,从而使学校能够以学生发展需求为导向提高办学水平和教育质量。

最后,在利益分享是否公平的问题上,就入学机会而言,2008 年浦东义务教育阶段入学率高达 99.9% 以上③,几乎所有学生都在事实上获得了平等的入学机会。就资源分享而言,浦东通过城乡二元并轨,资源配置

---

① 因为从结果角度作全面评估需要充分的统计资料,这无论在公开的官方文件还是学术文献中都是欠缺的。

② 上海市浦东新区社会发展局:《中国教育改革前沿报告:浦东新区教育公共治理结构与服务体系研究》,第 150 页。

③ 上海市浦东新区社会发展局:《浦东教育统计手册(2008—2009 学年度)》,2009 年。

重点向郊区学校倾斜,以及委托专业教育组织提高薄弱学校管理水平与办学质量的政策,促使义务教育优质均衡发展,因而在促进资源分享公平方面取得了长足的进步。当然,一定程度的校际不均衡状况依然存在,而且,户籍学生比非户籍学生具有更为良好的机会分享优质教育资源。尽管如此,目前的改革及其绩效表明,浦东义务教育发展已经取得了重要成就,因为它已经实质性地从关注户籍人口转向了关注常住人口,而且在创造性地保障常住人口基本教育需求的同时,尽可能满足民众的多元教育需求。就教育成功机会而言,浦东义务教育已与高中阶段教育相衔接,正普及高中阶段教育。2008 年浦东高中阶段总录取率达到 97.07%[①],在确保教育成功机会公平方面也取得了良好效果。

表 5-1　浦东义务教育公共利益实现程度评估表

满足教育需求		成本分担公正		教育产出高效		利益分享公平		
基本需求	差异需求	基本成本	额外成本	资源效率	教育质量	入学机会	资源分享	成功机会
++ + ++	++ + ++	++ + ++	++ ++	++ + ++	++ ++	++ + ++	++ ++	++ ++

注:赋值方式的内涵:一个赋值表示程度非常低,两个赋值表示相对较低,三个赋值表示在中等程度上实现了公共利益,四个赋值表示程度相对较高,五个赋值表示程度非常高。

综合以上分析和表 5-1 对义务教育公益实现程度的赋值可以得出如下结论:在既定的资源禀赋和制度约束条件下,浦东义务教育发展取得了较优的供给绩效,其最大功绩在于,通过委托管理、购买服务、家校协商合作等方式有效地配置了教育资源并迅速提高了薄弱学校教育质量,较为合理地解决了保障基本教育需求与满足多元教育需求之间的矛盾。

四、相对成功的区域模式(Ⅲ):多主体合作供给模式

浦东新区义务教育供给取得成就的经验是,合理界定了政府、学校、

① 上海市浦东新区社会发展局:《浦东教育统计手册(2008—2009 学年度)》,2009 年。

社会、市场及公民之间的职责边界,在发挥政府机制主导作用的同时,根据不同供给环节的特殊性,适切地引入了社会机制、市场机制和公民参与机制。具体而言,主要包括如下方面:一是通过城乡二元并轨、委托管理和政府购买教育服务等方式,均衡了资源配置,扩充了教育提供能力;二是通过“管办评”联动机制和委托管理,将部分供给职能转移给社会和市场主体,在转变政府职能的同时大大增强了对义务教育的管理能力;三是通过政府放权和家校协商合作,设计了有助于学校自主、多元、优质发展的制度框架,同时运用委托管理方式迅速提高了薄弱学校的管理水平和教育质量,确保了良好的学校生产能力。

本章案例分析显示,政府是浦东义务教育主要的出资者、学校举办者和间接管理者,公立学校在义务教育学校中占主导地位。但是,与铜陵案例和东城案例不同的是,在浦东新区,非政府主体不仅是独立的教育投资者、学校举办者和教育服务生产者,还是部分学校的直接管理者,政府还通过委托管理、购买服务、家校协商共治等方式与非政府主体合作供给义务教育。由此可见,政府与非政府办学主体之间逐步形成了平等合作的伙伴关系,据此,可把浦东新区义务教育供给方式看做是政府主导的“多主体合作供给”模式。

所谓“多主体合作供给”模式,是指在以政府供给为主的情况下,政府、社会与市场均是教育资源的提供主体与义务教育学校的举办主体,公办学校与民办学校共同生产教育服务,同时,政府还通过委托管理、购买服务、家校协商等各种形式与社会主体、市场主体及公民个人合作供给教育服务的义务教育供给模式。可以认为,浦东新区是这种模式的典型代表,在中国义务教育实践中,还有其他一些地区采用了该供给模式。

在“多主体合作供给”模式中(如表 5-2 所示),从政府教育目标的合成来看,由于社会、市场都成为独立的供给主体,它们的教育期望能较大地影响政府教育目标,尤其专业教育组织的教育理念能较强地影响政府对教育目标的设定。同时,民办学校所占比例有所提高,因而学校教育期望的影响力也相对增强。公民不仅因其对基本教育和多元教育的强烈需求而巩固影响力,更因教育选择权的增加而使其影响力进一步增强。

表 5-2　多主体合作供给模式

过程主体	教育期望(影响度)	提供		管理		生产		
		出资/资源提供	学校举办者	直接管理	间接管理	公办学校	民办学校	社会参与
政府	++ + ++	++ + ++	++ + ++	+ +	++ ++			
社会	++ ++	++ ++	++					++ ++
市场	++ +	++ ++	++					
学校	++ ++					++ + ++	+++	
公民	++ + ++							++ ++

注:在提供过程中,社会与市场是独立的学校举办者,他们提供的教育资源具有突出重要性;在管理过程中,一些地区采取委托管理等合作方式对义务教育学校进行间接管理;在生产过程中,"社会"主体和"公民"主体的社会参与包括家校协商合作机制等方式。

从提供过程来看,就资源提供而言,虽然政府是教育资源的主要提供者,但社会、市场所提供的教育资源也占有突出的重要性,尤其是它们所拥有的政府匮乏的优质教育资源,如先进教育理念、高水平管理方式和优质师资,等等。不仅如此,政府还可以通过合作提供方式向社会及市场主体购买各种教育服务。浦东案例中的购买服务包括购买义务教育学额、购买管理、购买评估,以及购买特殊教育服务等。就学校举办而言,社会与市场主体不仅是政府的协助者,而且还成为独立的学校举办者,其举办的民办学校可以大大缓解公办学校教育容量不足、多元教育不充分的情形,尤其在外来人口比例高的地区更是如此。在浦东案例中,民办农民工子女学校在满足流动儿童义务教育学额方面起到了重要的作用,而其他一些民办学校则很大程度上满足了具有不同文化背景和支付能力的外来人口对多元、可选与优质教育的强烈需求。

从管理过程来看,浦东新区实行的管办评联动机制("政府宏观管理、学校自主办学、社会公正评价")是具有代表性的间接管理方式。其中政府主要负责宏观管理事务,较少参与直接管理;学校拥有自主管理、自主发展的权力,民办学校的自主权相对更强;学校教育绩效更多地由专业教育机构进行中立性评估。具体来说,政府对学校的间接管理主要采取如下形式:一是像“政府供给—多方协助”模式中采取的间接管理方式一样,只提供宏观规划与公共教育资源,由学校自主管理;二是针对民办学校提供倾斜性政策支持和财政扶持;三是与社会及市场主体合作管理,合作方式包括委托专业教育组织对薄弱公办学校和民办学校进行管理,委托专业评估机构对学校教育绩效甚至“委托管理本身”进行中立性评估。这些间接管理方式在浦东新区教育实践中得到了很好的运用,尤其合作管理方式较为成功地融合了政府机制、社会机制和市场机制,进而有助于转变政府职能、提高教育绩效。

从生产过程来看,公办学校与民办学校都是教育服务的生产者。虽然民办学校在义务教育学校中的比例远远低于公办学校,但其重要性却大大超过其所占比例。此外,在多主体合作供给模式中,公民与社会主体参与生产过程的程度相对较高,在建立了良好的学校民主管理平台和家校协商合作制度的地方,更是如此。

总体而言,“多主体合作供给”模式的突出特征有三个:(1) 社会与市场主体所供给的义务教育所占比例虽小,但具有突出的重要性;(2) 政府与社会、市场主体通过不同形式合作供给义务教育,这种合作供给采用政府机制、社会机制与市场机制多边复合的方式进行;(3) 在多边复合供给方式中,政府依然是核心供给主体和权力中心,是义务教育供给的最终责任主体,其他主体在合作资格上与政府主体具有平等地位,与政府之间形成合作伙伴关系。

回顾本书已经分析的三个区域案例,从教育提供环节(涉及教育资金、教育资源的提供者和学校举办者)来看,铜陵市几乎完全依赖公共财政资金和公共部门的教育资源来供给义务教育,非政府主体举办义务教育的比重微乎其微;东城区也几乎完全依赖公共财政资金,该地区虽然吸纳了社会和市场的优质教育资源,但非政府主体不是独立的教育出资者和学校举办者;浦东新区的非政府主体虽然是独立的教育出资者和学校举办者,但民办学校在浦东义务教育学校中所占的比例还比较小(2008

年民办普通中学占总体的13%,民办小学占3%),浦东也主要依赖于公共财政资金和公立学校。

这三个地区之所以能够主要依赖于公共财政,不仅与其供给方式有关,也与这些地区相对良好的经济发展水平以及由此带来的相对充足的地方财政实力(即资源禀赋条件)有关。然而,在经济欠发达地区,地方政府的公共财政能力非常有限,优质教育资源更是十分匮乏,单独依靠政府资源不仅无法满足公民对优质教育的普遍需求,甚至未必能够保障公民的基本教育需求。在这种资源禀赋条件下,能否通过促进民办义务教育的发展来解决政府教育资源匮乏的问题呢,如果可以,政府应该采取什么方式促进民办义务教育的发展?下一章的案例分析,即讨论这些问题。

第六章　政府支持—民办供给模式:河南省周口市案例

铜陵、东城和浦东在义务教育供给中主要依赖于公共财政资金和公立学校,民办义务教育要么作用微乎其微,要么所占比重很小,这种供给方式在那些公共财政不足、优质教育资源极度匮乏的地区显然存在很大的局限性,尤其难以扩充当地的教育提供能力。那么,在经济欠发达地区,应该如何改变供给方式以满足前述四个供给要件,进而取得相对良好的供给绩效呢?如果发展民办义务教育能够引入大量教育资源以弥补公共教育资源的不足,政府该如何支持和促进民办教育的发展?研究发现,河南省周口市义务教育供给在这些问题的解决方面具有典型案例意义,本章以此为经验参照,探讨和归纳有助于义务教育取得良好供给绩效的第四种供给方式——政府支持—民办供给模式。不过,需要着重强调的是,无论在周口市还是在其他地区,该模式都只是公办义务教育的一种补充形式。

本章将首先介绍周口市的基本市情和民办义务教育发展概况,然后分析周口市民办供给方式的选择过程及其对供给要件的影响,在此基础上对民办义务教育所发挥的作用作一评价,最后归纳提炼周口市为弥补公立义务教育不足所采取的补充性供给模式。

本章案例分析表明,河南省周口市的公共教育资源和公立学校远远不足以满足公民对优质教育的普遍需求,甚至在保障基本教育需求方面也存在困难。为解决教育提供能力不足的问题，周口市在发展公立义务教育的同时通过政策扶持、公共财政资助、师资援助等方式大力支持和促进民办义务教育的发展，使民办义务教育在周口市义务教育发展中占据了可观的比例，并发挥了至关重要的作用，正因为如此，可以把周口市为弥补公立义务教育不足所采取的补充性供给方式看做是“政府支持—民办供给”模式。

一、周口市民办义务教育发展概况

周口市(地级市)位于豫东平原，河南省东南部，东临安徽阜阳，西接河南漯河市、许昌市，南与驻马店市相连，北与开封、商丘市接壤。全市国土面积 11 959 平方公里，下辖扶沟县、项城市、川汇区等 10 个县市区(图 6-1)，截至 2009 年年底，全市户籍人口 1 090.47 万人，常住人口 1 003.95 万人。[①]

周口市深处内陆，缺乏区位优势，是典型的经济欠发达农业大市，2009 年全市国民生产总值 1 111.7 亿元，三次产业结构为 28.7∶43.5∶27.8，当年地方财政收入 30.86 亿元，地方财政支出 164.1 亿元。[②] 由此可见，农业依然是该市举足轻重的经济来源，地方财政收入水平远远低于支出水平。

经济欠发达与公共财政短缺的状况使得周口市能够投入到义务教育领域的公共财政资金非常有限，优质教育资源更是极度匮乏，这对义务教育的优质均衡发展带来了极大的限制。为扩充教育资源，突破资源短缺导致的教育发展瓶颈，起初，周口市实行的也是政府单一供给模式，但是，随着义务教育供需矛盾日益尖锐，使得周口市政府下决心开辟新的道路，采用新机制，改革义务教育供给模式。从 2001 年起，该市大力采用“政府

① 《周口市 2009 年国民经济和社会发展统计公报》，周口市人民政府门户网站，http://www.zhoukou.gov.cn/html/4028815a1c01adc4011c01bddcae0010/2011010609515712.html。

② 同上。

支持—民办供给”模式,积极促进民办教育的发展,打破了政府单一供给的传统模式,大量引入了区域内外的民间教育资源。

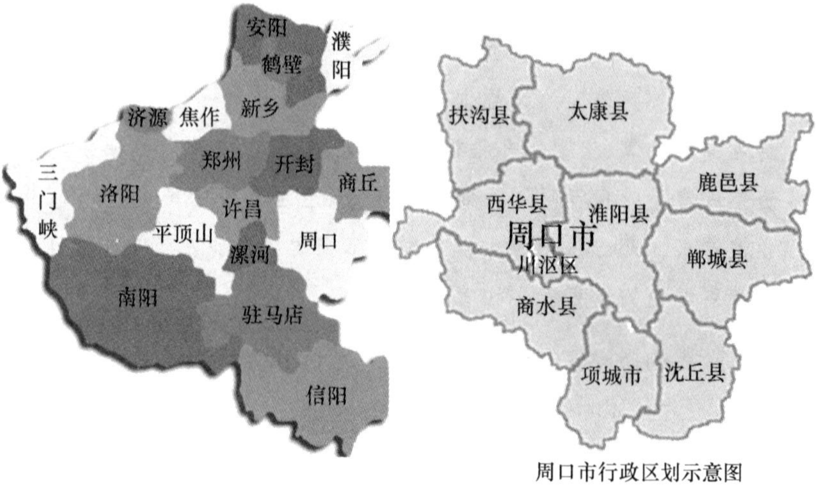

图 6-1　河南省及周口市行政区划示意图①

2001 年,周口市出台了《周口市人民政府关于鼓励社会力量办学加快教育产业发展的意见》(2001 年 12 月 6 日)(本节以下简称《意见》)。2003 年以来,周口市把优化民办教育投资环境作为“一号工程”,并对《意见》进行了调整和完善,为管理、规范和促进社会力量办学工作提供了政策性依据。② 该《意见》明确规定:

> 社会力量办学用地纳入城乡建设规划,按照公益事业用地优先安排,优先办理,在征地、新建、改建教学科研用房、教职工和学生生活用房及其附属建筑设施时,免收各种配套费、人防费、征地管理费、

---

① 该图取自河南省政府门户网站,http://www.henan.gov.cn/hngk/xzqh/。

② 本案例有关周口民办教育的地方政策、事实和数据参考了以下学术论文与新闻报道:吴华:《关注“周口经验”对中国民办教育长期发展的价值》,《民办教育研究》2007 年第 3 期;《河南周口为民办教育“铺路架桥”》,《中国教育报》2005 年 2 月 28 日,第 1 版;尹海涛:《周口教育招商的“鲶鱼效应”》,《河南日报》2006 年 9 月 29 日,第 013 版;褚清源:《周口现象:民间办学的多元化攻略》,《中国教育报》2007 年 4 月 24 日,第 011 版;褚清源:《周口教育招商的连锁效应》,搜狐教育,http://learning.sohu.com/20060920/n245446836.shtml;《河南周口市推进公共财政解决民办学校教师工资》,搜狐教育,http://learning.sohu.com/20080924/n259719515.shtml。

水资源费、土地增值收益等土地、建设和其他有关部门征收及代收的一切行政事业性收费。对工程招标费、预算审查费、标准审查费等服务性收费,给予最大优惠。社会力量办学税收政策与公办学校相同,优先为社会力量办学提供低息或贴息贷款。民办学校的教师享有与公办学校教师相同的权益,公办学校教师应聘到民办学校任教,其工龄可连续计算,正常晋升档案工资……民办学校教师专业技术职务资格评审不受指标限制。对规模较大、生源较多的民办学校,[根据学校要求,]还选派部分由财政发放工资的优秀公办教师和管理人员参与到学校的教育教学和管理中。①

在该政策的指导下,周口市所辖的川汇区和太康县等县市区也制定了相应的、更为具体明确的操作方案。②

周口市促进民办供给的各项激励制度的中心出发点,是为民办教育提供倾斜性政策,优化民办教育发展环境,吸引区域内外的社会和市场主体投资教育。其中具有独特创造性和实效性的是,对达到一定条件的民办学校,可为其选派优秀的公办学校教师和管理人员并由当地公共财政发放基本工资,同时,民办学校教师在《民办教育促进法》规定的其他方面与公办学校教师享受同等权益。

优化的民办教育发展环境吸引了大批江浙教育投资者,出现了周口市教育的"江浙现象"。仅 2004 年,周口市就引入民间教育资金 10.2 亿元,新建各级各类民办学校 83 所;③截至 2007 年 4 月,周口市民办教育累积投资金额达 18.1 亿元。④ 与大规模的民间投资相适应,民办学校的办学形式也呈现出多元化态势,既有民办公助形式,也有私人独资办学,还

---

① 周口市人民政府:《周口市人民政府关于鼓励社会力量办学加快教育产业发展的意见》(2001 年 12 月 6 日)。转引自吴华:《关注"周口经验"对中国民办教育长期发展的价值》,《民办教育研究》2007 年第 3 期。

② 《中共川汇区委川汇区人民政府关于鼓励社会力量办学加速教育产业发展的意见》,2002 年 1 月 16 日;《太康县人民政府关于加快民办教育发展的意见》,2003 年 8 月 18 日。

③ 《河南周口为民办教育"铺路架桥"》,《中国教育报》2005 年 2 月 28 日,第 1 版。

④ 褚清源:《周口现象:民间办学的多元化攻略》,《中国教育报》2007 年 4 月 24 日,第 011 版。

有股份制办学和企业集团办学等等。

在民办教育整体繁荣的背景下,周口市民办义务教育总量也增长较快,并且占据了可观的比例。截至2007年底,周口市共有普通初中528所,在校生693561人,教职工31194人;其中民办普通初中82所,在校生95602人,教职工2288人;民办普通初中学校数、在校生数、教职工数分别占总数的15.53%,13.78%,7.33%。同年小学共有3992所,在校生1485423人,教职工58605人;其中民办小学133所,在校生87597人,教职工3677人;民办小学学校数、在校生数、教职工数分别占总数的3.33%,5.9%,6.27%。①

同样是2007年,全国义务教育阶段民办普通初中在校生占总数的7.21%,民办小学在校生占总数的4.25%。② 由此可见,周口市民办义务教育所占比例远高于全国水平(表6-1)。不仅如此,周口市一些民办学校还得益于从江浙地区引入的先进办学理念和管理经验,很快成为当地教育的重要组成部分和新的增长点。周口民办教育的规模和成就逐步得到各界的认可,周口也被誉为"河南民办教育第一城"。

表6-1 2007年周口市与全国"民办义务教育占义务教育总量"的比例

	民办普通初中占总量的比例			民办小学占总量的比例		
	学校数	在校生数	教职工数	学校数	在校生数	教职工数
周口市	15.53%	13.78%	7.33%	3.33%	5.9%	6.27%
全国	—	7.21%	—	—	4.25%	—

以上述基本市情和民办义务教育发展状况为基础,本章案例分析试图解决的问题是,在政府供给不足的情况下,如何改变供给方式?民办供给能否以及如何满足四个供给要件?发展民办义务教育对于促进当地义务教育的发展有何作用?

① 《周口年鉴2007—2008》,周口市人民政府门户网站,http://www.zhoukou.gov.cn/html/402881121bfdf857011bfe2b0854004e/2011011708481725.html。

② 根据《中国教育统计年鉴2008》计算。参阅教育部发展规划司编:《中国教育统计年鉴2008》,人民教育出版社2009年版。

二、供给方式选择及其对供给要件的影响

（一）教育期望：公民、政府与民间举办者的博弈催生民办教育

周口市民办义务教育的蓬勃发展源自于公民对优质教育的普遍需求与政府优质教育资源极度匮乏之间的矛盾，民办义务教育的兴起过程也是公民与政府、民办教育举办者之间相互博弈的过程。

首先，义务教育供求矛盾促使地方政府诉诸民办教育。这种供求矛盾与周口市欠发达的经济状况紧密相关。周口市深处内陆，缺乏区位优势，农业在三次产业结构中占据相当重要的地位（2009 年仍占 28.7%），这些因素制约着周口市的经济发展水平和地方财政收入。在公共财政极其有限的情况下，尽管政府每年都增加义务教育投入，但义务教育可资运用的公共资金依然捉襟见肘，优质教育资源则更为短缺并且分布极不均衡。与上海浦东、北京东城和安徽铜陵案例不同的是，周口市的这种教育资源状况不仅无法满足公民对优质教育的普遍需求，甚至在应对公民基本教育需求方面也存在困难。教育需求旺盛与供给严重不足的矛盾引发了民众的不满情绪，也对当地政府构成了巨大的压力。周口市政府意识到，若要促进义务教育优质均衡发展，办人民满意的教育，仅靠地方政府的力量显然是远远不够的。那该如何解决问题呢？通过发展民办教育来缓解公办教育不足显然是一条重要而可行的出路。然而，这种解决方案在周口也面临着一个严峻的现实：当地民间教育力量也非常薄弱，区域内部的民办教育不足以补充公办教育。这一严峻现实迫使周口市政府把目光投向经济发达地区的民间教育力量，积极引入区域外民间资本来增强当地的教育供给能力。

其次，政府引资需要良好的民办教育发展环境。财力有限而办大教育是促使周口政府引入区域外资金的外在压力，教育兴市战略，即通过发展教育来促进地方经济发展，则是周口政府积极主动寻求外资、发展民办

教育的内在动力。无论如何,外在压力和内在动力共同激发着地方政府向外寻求教育发展资金。然而,吸引外地资金发展民办教育仅仅依靠当地政府的主动诉求是远远不够的,还必须大力营造有助于吸引外地举办者的民办教育发展环境,这种发展环境很大程度上源自于地方政府的支持型教育政策。为此,周口政府从2003年起把优化民办教育投资环境作为"一号工程",修订和完善了2001年出台的《周口市人民政府关于鼓励社会力量办学加快教育产业发展的意见》。该政策在土地划拨、税费优惠、直接的公共财政资助、师资支持等方面都为民办教育创造了良好的发展条件。此外,周口市的良好条件还表现在地方政府所提供的真诚、高效的服务上。周口市政府积极协调各部门,努力创造条件,配合外来民办教育的发展。

最后,正是这种优化的民办教育发展环境吸引了区域内外的教育举办者。江浙一带的教育投资者积极进驻周口,投资各级各类民办教育,仅2004年上半年,周口就吸引外来民间教育资金10亿元。[①] 位于商水县的周口中英文学校(含小学、初中和高中)是"公共财政支付民办学校部分教师基本工资"政策的第一个受益者。该校与当地政府签订的协议显示:"该校80%的教师享受县财政支持待遇,拨付教师基本工资800—1000元,享受时间为8年,8年后,由学校提供资金给县财政再拨付给教师,退休后教师的待遇与公办学校待遇一样。"[②]在这种优惠政策和各部门的协作下,该校从2004年4月起,仅用了四个月的时间就完成了从选址、建校、聘师到宣传和招生的所有工作。该校创办者认为,正是周口市"地方政府的政策支持和教育行政部门的关怀坚定了我投资周口的信心"[③]。可见,周口市民办教育发展环境为民间教育力量提供了广阔的发展空间,契合了民间教育力量的投资动机,激发了后者的办学热情。

---

① 褚清源:《周口现象:民间办学的多元化攻略》。

② 《河南周口市推进公共财政解决民办学校教师工资》,搜狐教育,http://learning.sohu.com/20080924/n259719515.shtml。

③ 褚清源:《周口现象:民间办学的多元化攻略》。

特别值得指出的是,周口市除了以投资形式举办义务教育的民办学校外,在贫困农村地区,还产生了以个人捐赠形式和志愿服务形式举办义务教育的民办"希望学校"。周口市淮阳县许湾乡希望小学即是志愿提供义务教育服务的年轻女教师李灵所创办的民办小学。该校学生免收学杂费,所需费用均由李灵(她是该校唯一的教师)筹集。这类学校不存在投资者与当地政府之间的博弈与合作,她的创建和维系几乎完全依赖于公民个人的怜悯心、公益心以及社会责任感和义务感。个人捐赠和志愿服务所提供的义务教育在总体中所占的比例虽然很小,但这类教育形式却为面临失学的农村儿童、缺少关爱的留守儿童提供了十分重要的及时教育,由此彰显的人性力量也将激励更多的公民关心义务教育,尤其是农村义务教育。

(二)提供能力:公私伙伴关系相互增进各自的提供能力

在公共教育资源短缺的背景下,发展民办教育的初衷是扩充教育资源,缓解公办教育的压力。也就是说,民办教育的良好发展有助于增强地方政府的义务教育提供能力。然而,如何才能促进民办教育的良好发展呢?一般来说,首要的前提是民办教育提供者必须具备充足的提供能力。

在缺乏政府支持的情况下,民办学校要确保充足的提供能力,若非具有源源不断的外部捐赠,可能的途径大概只有两种:一是降低办学成本,二是提高教育收费。然而,在义务教育阶段(包括在基础教育阶段),国家和政府对民办学校教育收费的控制越来越严格,也越来越规范,期望通过高收费来回收成本并增强提供能力的路径日益受到刚性约束。所以,对于民办教育提供者来说,降低办学成本、提高办学效益是更有效、更有吸引力的选择。但是,问题在于降低办学成本是件困难的事情。民办学校的一项重要开支是教师工资,在一般情况下,这项开支不仅难以降低,反而需要逐步增长,因为民办学校对教师的吸引力主要在于薪酬优势。[①]在公办学校教师工资稳步增长的背景下,民办学校必须确保教师工资的更快增长才能吸引优质教师。然而,这种做法形成了对于义务教育提供能力的另外一个刚性约束,必然会大大增加民办学校的办学成本,进而削弱其教育提供能力,使民办学校面临生存危机。

为避免这种可能的生存危机,有效吸引区域内外的民间教育资本,周口市在发展民办教育的初期就制定了各项优惠政策,通过政府支持的方式来降低民办学校办学成本,增强民办学校的提供能力和市场竞争力。具体来说,这些支持性政策主要包括如下几个方面:

一是教育用地划拨的便利性。如前文摘录的政策条款所述,《周口市人民政府关于鼓励社会力量办学加快教育产业发展的意见》规定,“社会力量办学用地按照公益事业用地优先安排,优先办理”,在征地、新建、改建教学用楼房设施时免收一切行政事业性收费。

二是对民办教育的税费减免。周口市规定,“社会力量办学税收政策与公办学校相同”,并且“优先为社会力量办学提供低息或贴息贷款”。另一方面,市政府不仅在上述征地建设过程中免收行政事业性收费,还对包括工程招标在内的各种服务性收费给予最大优惠。

三是直接的公共财政资助,这集中体现在“用公共财政支付民办学校部分教师基本工资”的政策上。具体来说,周口市政府规定,对规模较大、生源较多的民办学校,政府将根据民办学校的要求,为其选派部分优秀的公办教师和管理人员,并由当地财政发放基本工资。有学者认为,周口市很多民办教育经验在其他地区都有类似的政策,唯独利用公共财政为民办学校部分教师发放基本工资的做法,是周口市独创的制度安排。[②] 正是这项制度创新,使周口市民办学校在保持教师薪酬优势(政府为部分教

---

① 由于大部分民办学校教师参加的是企业养老保险,这相对于公办学校教师参加机关事业单位养老保险来说,是一个极大的劣势,正因如此,民办学校所需确保的薪酬优势显得更为重要。当然,正如本书附录中的访谈笔记所提到的,情感关系和就业岗位(无论是否具有薪酬优势)对于吸引一些民办学校教师也起重要作用。

② 吴华:《关注“周口经验”对中国民办教育长期发展的价值》。

师支付基本工资,民办学校在基本工资的基础上发放学校工资)的同时,极大地降低了办学成本,增强了市场竞争力;同时,也正是这些制度创新,为外地民间资本投资周口教育提供了极大的吸引力。

四是强有力的师资支持。对于民办学校来说,吸引优质教师并稳定师资队伍是维系学校长期发展的关键因素。周口市政府为民办学校制定了强有力的师资支持政策,上述用公共财政支付民办学校部分教师基本工资的做法仅是其中之一。与此同时,周口市政府还规定,民办学校教师在其他方面享有与公办学校教师相同的权益,这实际上落实了《民办教育促进法》第27条的规定:“民办学校的教师、受教育者与公办学校的教师、受教育者具有同等的法律地位。”此外,周口市对民办学校的师资支持还包括:民办学校教师专业技术职务的评审不受指标限制,为达到一定条件的民办学校选派公办教师和管理人员。前者为民办学校教师提供了广阔的职业发展空间和激励性的职业评价,后者则缓解了规模较大的民办学校缺乏优质教师和管理人员的困境。

总之,政府与民间举办者之间建立了良好的合作伙伴关系,政府通过便利的土地划拨、税费减免、直接的公共财政资助以及强有力的师资支持等方式,大幅度降低了民办学校的办学成本,有力地增强了民办学校在教育市场中的竞争力。政府的政策支持和财政资助是增强民间举办者的教育提供能力的关键因素。

或许有人会质疑,既然政府既提供政策优惠,又给予直接的财政资助和师资支持,那政府何必不自己举办公办学校呢?回应这个问题必须明确两点:其一,政府的政策优惠、财政资助和师资支持所换算成的公共财政资金在民办教育的总办学成本中仅占很小的部分,仅仅依靠它们并不足以举办与这些民办学校相对应的公办学校。其二,政府通过支持民办教育的发展,可以极大地扩充当地的教育容量,使政府能够在节省公共财政资金的同时满足更多公民的教育需求。根据周口市教育行政部门的估算,截至2006年9月,“周口民办学校已为国家积累固定资产11.5亿元,按2003年公办学校生均预算内教育事业费支出水平计算,全市民办学校一年就为国家减轻财政负担 6484 万元”[①]。到 2007 年 4 月,周口市民办教育累积投资金额已达 18.1 亿元。[②]

由此可见,政府支持民办教育的发展可以在减轻公共财政压力的同时有效地扩充当地的教育提供能力,政府与民办学校之间的互助合作所实现的是双赢和共荣。

(三) 管理能力:政府的规范管理确保民办学校良序竞争

政府的优惠政策和真诚服务是吸引民间教育资本的核心因素,也是增强民间提供者的教育提供能力的基本原因。如此优越的政策支持条件必然会吸引大量的民间资本,周口的事实也正是如此。在大量民间资本涌入的情况下,如果不严格规范和管理民办学校的办学行为,很可能会导致民办学校之间的无序竞争,甚至极有可能损害教育的公益性。为应对这种潜在的问题,周口市政府对民办学校的办学行为进行了有序的管理和规范。[③]

第一,制定民办教育发展政策,为民办教育的规范化管理提供政策依据。早在 2001 年,周口市政府就出台了《周口市人民政府关于鼓励社会力量办学加快教育产业发展的意见》,2003 年,在《民办教育促进法》出台之后,当地政府又对该《意见》进行了调整和完善,并以此作为规范、管理和促进社会力量办学行为的政策依据。

第二,严格审批民办学校,确保民办学校的办学资质和条件。在硬件方面,这些办学条件包括教育场地、教学设施设备、经费投入、师资队伍及管理人员、食宿及安全等后勤保障;在软件方面,这些办学条件包括办学理念、教育目标、办学经验,等等。周口市政府在审批民办学校时,不仅严格要求其硬件资质,同时也注重考察其软件水平,只有同时满足二者的要

---

① 尹海涛:《周口教育招商的“鲶鱼效应”》,《河南日报》2006 年 9 月 29 日,第 013 版。

② 褚清源:《周口现象:民间办学的多元化攻略》,《中国教育报》2007 年 4 月 24 日,第 011 版。

③ 有学者曾对周口市政府管理民办教育的具体办法作了概括,参阅吴华:《关注“周口经验”对中国民办教育长期发展的价值》。

求才发放办学许可证，并要求民办学校持证办学。

第三，加强法律政策的宣传和培训，确保民办学校依据相关法律政策办学。在《民办教育促进法》及《民办教育促进法实施条例》出台后，周口市教育局结合本地民办教育政策，积极向民办教育举办者和学校管理人员宣传国家法律和地方政策，严格要求民办学校负责人依照法律和制度办学。不仅如此，周口市政府还组织民办学校负责人进行集中的培训，把国家法律和地方政策详尽地传达到所有民办学校。

第四，强化办学评估，统一管理民办学校与公办学校。周口市政府要求，所有民办学校按照属地管理原则与公办学校统一由所在县市区管理，当地教育行政部门将按照公办学校的办学要求和评估标准来评估民办学校的办学水平和教育质量。此外，周口市还对民办教育实行严格的年检制度和综合考评制度：

> 对一些办学条件简陋、管理制度欠缺、重利益不重质量的民办学校，限期整顿，跟踪问效。整改后仍然达不到要求的，取消其办学资格。坚持民办教育的素质教育综合目标管理考核评估制度。结合群众公论，严格考核标准，半年抽查一次，年底综合终评，通报评估结果，表彰先进，鞭策后进。①

周口市政府就是通过这些严格的年检和评估制度来确保民办学校符合办学要求，并按照既定的办学目标有序运行。

第五，积极协调校际关系，促进民办学校之间、民办学校与公办学校之间的交流合作。外地民间资本在周口举办的民办学校给当地的民办学校和公办学校都带来的压力，因为前者不仅具有雄厚的资金基础、先进的办学经验，而且还享受优惠的政策支持。这种情况使当地一些学校的负责人和教师产生了忧虑和担心。为化解这种忧虑，周口市政府在规范各个民办学校办学行为的基础上，积极创建民办教育发展论坛，主张民办学校之间、民办学校与公办学校之间加强交流与合作，为民办教育创造宽松

---

① 吴华：《关注"周口经验"对中国民办教育长期发展的价值》。

开放的发展环境。同时,周口市政府也积极扶持当地民间资本举办的相对薄弱的民办学校。这种有序的竞争环境增强了各民办学校和公办学校的危机意识、责任意识和效率意识,也促使各学校更加注重办学水平和教育质量,激励各学校探索新的教育发展机制。

(四)生产能力:稳定优质师资与先进办学经验确保生产能力

在满足前三个供给要件(良善的供给意愿、充分的提供能力、有效的管理协调机制)的前提下,一所学校的生产能力主要取决于三组关系:政校关系、学校内部关系、学校与社区及其他学校的关系,民办学校亦是如此。

在政校关系方面,通过以上考察不难发现,周口市及其下辖的各县市区政府与民办学校之间建立了公私合作关系,政府为民办学校提供积极的政策支持并实行宏观管理,民办学校具有很强的办学自主性。在良好的政校关系下,民办学校可以根据自身办学理念和办学优势发展素质教育、特色教育和多元教育,并以此建立自身的教育品牌和教育特色,民办学校吸引学生和家长的关键之处正在于此。目前,周口市许多民办义务教育学校已经确立起了自身的教育品牌和教育特色,并赢得了一些学生和家长的青睐。

在学校内部关系方面,一所学校的成功治理既依赖于先进的教育理念和有效的管理团队,更依赖于一批优质教师,周口市许多民办学校恰恰集中了这两个关键的优势。一方面,来自江浙沿海地区的教育举办者不仅带来了雄厚的教育资金,更为关键的是,他们还带来了先进的教育理念和管理经验,带来了一批具有丰富经验和管理才能的教育教育实干家与管理团队,这些都为周口民办教育甚至公办教育都注入了活力。

另一方面,“公共财政支付民办学校部分教师基本工资”的政策以及“民办学校教师在其他方面与公办学校教师享受同等权益”的规定,既在一定程度上落实了民办学校教师同等的法律地位,也凸显了民办学校教师的薪酬优势。这些支持性政策为民办学校赢得了大量的优质教师,并为这些教师提供了良好的激励机制,稳定了民办学校教师队伍。在民办学校规模大、学生多的情况下,当地教育部门还为民办学校选派优质公办教师和管理人员,参与并协助民办学校的教学管理。此外,来自江浙的教育举办者对民办学校教师的素质提升极其重视,他们每年都将新聘教师派往教育发达地区接受业务培训。

在校际关系方面,由于当地许多民办学校是由外来投资者举办的,他们强调开放的办学环境,注重与其他民办学校及公办学校之间的交流合作。

由此可见,民办学校不仅具有较强的办学自主性和开放的办学环境,还拥有先进的办学理念和管理经验,以及一批稳定而优质的教师与管理团队。这就为民办学校取得良好的教育质量创造了有利的条件,目前,许多民办学校已经成为周口市的优质教育资源,有些民办学校甚至成了周口教育的引领者。

三、对民办义务教育供给绩效的评价

周口市是在公共财政资源短缺、优质教育资源匮乏的背景下诉之于民办义务教育的发展的。对于当地政府来说,发展民办义务教育的初衷是(1)扩充教育资源,增强当地义务教育提供能力,弥补公办义务教育的不足,(2)在确保公民基本需求的同时尽量满足其多元、优质、可选教育需求。正因为如此,我们对周口民办义务教育的评价也需要以此为出发点,着重考察民办义务教育在周口所发挥的重要补充作用。本书的分析和评价并不针对整个周口市所有的义务教育,尤其不针对其公办义务教育。当然,在分析和评价过程中,我们也必须谨慎分析民办义务教育可能存在的问题及其对整个义务教育公益性的影响。

(一)周口市民办义务教育所取得的成效

周口市民办义务教育的发展实现了当地政府的初衷,其供给成效主

要体现在三个方面:

一是极大地扩充了教育资源,弥补了公办义务教育的不足,在保障公民基本需求和满足部分公民的优质教育需求方面都发挥了重要的补充作用。周口市公共资源短缺的状况使得少数地区尤其是贫困农村地区难以确保公民的基本需求。一些偏远农村地区没有公办学校或公立教学点,离城镇的公办学校亦较远,当地一些儿童随时可能失学。以个人捐赠和志愿服务形式所建立的民办学校,恰恰保障了这些儿童的教育权利和教育机会。虽然这种情形在周口市并不很多,但其意义非凡:一方面,它代表着中国其他贫困农村地区的公益性民办义务教育特定形式;另一方面,它意味着个人捐赠机制和志愿服务机制能够在义务教育供给中发挥重要的补充作用,也意味着政府可以而且应该建立鼓励个人捐赠和志愿服务的公共激励机制,还警示着政府必须保障所有地区所有儿童的受教育权。

与捐赠形式有所不同的是,以教育投资形式建立的民办义务教育学校,大大地扩充了周口市的教育资源和教育容量,为更多的学龄儿童提供了义务教育学额。同时,由于具有雄厚的资金基础和优惠的政策支持,先进的办学理念、管理经验,以及优质的师资队伍,外来投资者设立的民办义务教育学校很快成长为周口市的优质学校,很好地满足了一些学生和家长对优质教育的需求。

二是部分民办义务教育学校取得了相对较高的教育绩效,这主要表现在资源配置效率和教育质量两个层面:其一,这些民办学校在资源配置和使用效率上是非常高的,因为它们意识到,提升学校竞争力的关键在于降低办学成本并提高教育质量,而降低办学成本除了政府支持以外,关键是重视投入产出比,提高资源使用效率。其二,这些民办学校的办学水平和教育质量达到了较高水准,其原因在考察民办学校生产能力时已作分析。民办义务教育学校所取得的教育绩效充分表明,如果治理得当,民办学校在教育质量方面并不弱于公办学校,有些民办学校的教育质量甚至远远超过优质公办学校。不仅如此,高质量的民办教育还能对公办教育形成竞争压力,激励公办学校改进教育方式,提升教育水平。

三是引入了先进办学理念和管理经验。周口市许多民办义务教育学校是由江浙一带的教育实干家举办的,他们在周口举办民办教育的意义不仅在于扩充了教育资源,补充了公办教育的不足,更重要也更有价值的是,他们带来了先进的办学理念和管理经验,为周口的民办教育和公办教育都注入了鲜活的力量。

(二)民办义务教育需要警惕和难以解决的问题

尽管周口市民办义务教育目前呈现良好的发展势头,也发挥了重要的补充作用,但是,我们必须警惕民办义务教育发展过程可能存在的问题和它自身难以解决的困难,具体包括如下方面:

其一,民办义务教育需要防止由教育乱收费引起的成本分担不公正问题。当然,首先必须明确的是,即使在义务教育阶段,民办学校的教育收费也并不等于教育不公正。相反,在有自由选择空间的情况下,公民为选择高质量民办学校就读而支付额外费用,恰恰尊重了公民的教育选择权,也正是成本分担公正的表现。不过,问题在于,民办学校的乱收费行为会无序地增加公民的教育成本,从而会破坏这种公正性。尽管中央和地方政府都正努力规范民办学校的收费行为,但仍然难以消除教育乱收费问题,由此产生的对教育公正的负面影响需要引起高度重视和消除。当然,需要强调的是,这类问题的根源在于政府的制度建设与教育治理能力,但也不能忽视民办学校自觉维护和实现义务教育公共利益的重要性。

其二,民办义务教育可能存在利润动机与质量诉求之间的矛盾。民办教育中往往存在这样一对矛盾:投资者追求办学利润,而校长注重教育质量。教育质量好同时办学利润高的情况自然可以化解这对矛盾。但是,通常情况下,取得良好的教育质量必然意味着投入较多的教育资金和教育设施设备,聘请优质的教师队伍和管理人员,所有这些都需要高额投入,都会增加办学成本,办学成本的增加往往意味着利润的减少。所以,教育质量与办学利润之间经常会发生冲突。在投资者同时也是校长的情况下,如果校长把利润追求放在首位,利润动机很可能会抑制质量动机,从而有损教育的公益性。在投资者与校长相互分离的情况下,校长就既是投资者的代理人,又应该是教育公共利益的维护者,如何协调投资者与校长的关系,平衡校长的两种角色,是民办教育发展过程中需要探讨的问题。这类问题在周口市同样存在。

当然,民办学校并非都是通过投资办学形式来举办的,其中一部分是通过捐赠形式举办的。后一种情形并不存在投资者与校长之间的矛盾,但同时也不存在投资者对校长资源配置行为的约束,因此,如何监督校长的资源配置行为是通过捐资办学形式举办的民办学校需要解决的问题。

其三,民办学校可能对公办学校,尤其是农村公办学校产生不利的影响。民办学校往往更需要权衡办学成本与办学收益,为吸引生源和提高办学收入,大部分民办学校都设立在人口相对集中的城镇,周口民办学校也是如此。如果民办学校教育质量相对公办学校更好,即使农村地区的居民,在支付能力许可的情况下,也更愿意选择城镇的民办学校就读。若果真如此,农村生源就会纷纷流失,农村地区的公办义务教育学校将难以发展。因此,如何协调民办教育与公办教育之间的关系,使得民办教育的发展不至于影响农村地区的公办义务教育,是地方政府不容忽视的问题。

其四,民办义务教育本身很难解决发展不均衡所引起的利益分享不公平问题。在义务教育发展不均衡的地区,如果某些民办学校办学水平高,而公办学校教育质量远远不如民办学校,有支付能力家庭的儿童可以选择在民办学校就读,而不具支付能力家庭的儿童则无法分享民办学校的优质教育。当然,笔者提出这种情况,并非反对民办学校的高水平发展(相反,这种发展应该予以积极鼓励),而是要强调,义务教育公共利益分享的公平性有赖于义务教育的均衡发展,而这种均衡发展是民办教育所难以解决的,它尤其需要政府发挥主导作用。要实现义务教育公共利益分享的公平性,我们需要做的不是抑制民办学校的高水平发展,而是要通过政府力量大力提升公办学校的办学水平。

虽然周口市民办义务教育也像其他许多地区那样存在上述问题和困难,但是,导致上述问题的根源往往不是民办教育本身,而更多的是政府的教育治理能力,上述许多问题的解决,尤其是第一、三、四类问题的解决,归根结底是政府的职责。

从民办义务教育自身的发展状况及其所应发挥的功能来看,一方面,周口市许多民办义务教育学校发展良好,在当地达到了较高的办学水平并取得了较优的教育质量;另一方面,周口市民办义务教育扩充了教育资源,增强了当地的教育提供能力,有效地补充了公办义务教育。因此可以说,作为一种补充性供给方式,周口市民办义务教育取得了优良的供给绩效,有效地履行了其应有的补充职能。

四、有效的补充性模式(Ⅳ):政府支持—民办供给模式

本章的案例分析表明,周口市民办义务教育是在政府直接供给大部分义务教育的前提下实行的,民办义务教育只是公办义务教育的补充性供给方式。与其他地区有所不同的是,周口市民办义务教育在整个义务教育中所占份额较大,远远高于全国平均水平,因而民办义务教育在周口市义务教育发展中具有相当重要的地位和作用。

周口民办义务教育取得成功的原因有很多,分析起来,其中最为关键的有两个:一是政府的积极支持,二是政府的规范管理。其中政府支持的方式包括优惠的政策,直接的公共财政资助,大力的师资支持,以及有效的公共服务等方面。周口经验独具创造性的地方在于,用公共财政支付民办学校部分教师的基本工资,在此基础上,民办学校教师在《民办教育促进法》规定的其他方面与公办学校教师享受同等的权益。这一创新性政策既稳定了民办学校的师资队伍,又大大降低了民办学校的办学成本,增强了民办学校的竞争力。考虑到周口民办义务教育的成功主要取决于政府支持,我们可以把周口这种补充性供给方式称作"政府支持—民办供给"模式。

所谓"政府支持—民办供给",是指政府通过政策扶持与公共财政资助等多种形式,支持社会与市场主体独立举办民办学校以供给义务教育

服务,并由政府对民办供给行为实行宏观规制、对民办学校实行间接管理的义务教育供给方式。“政府支持—民办供给”方式是在政府直接供给大部分义务教育的前提下得以实行的,虽然目前这种方式已经广泛分布在中国广大地区,但只在少数区域的义务教育供给中占据较大比重。河南省周口市是实行这种供给方式的代表性区域。

表 6-2　政府支持—民办供给模式

过程 主体	教育 期望(影 响度)	提供		管理		生产		
		出资/ 资源提供	学校 举办者	直接 管理	间接 管理	公办 学校	民办 学校	社会 参与
政府	++ + ++	++ +		+	++ + ++			
社会	++ + ++	++ + ++	++ + ++					+ + +
市场	++ ++	++ + ++	++ + ++					
学校	++ ++						++ + ++	
公民	++ + ++							+ + +

注:该模式通常在政府供给大部分义务教育的前提下实行。“政府支持—民办供给”作为一种“供给方式”,在全国大多数地区都存在,但作为一种“典型供给模式”,则只在少数地区占有重要地位。

根据周口市的义务教育实践,在“政府支持—民办供给”模式中(如表 6-2 所示),从教育期望来看,政府与公民的教育期望依然占核心地位,但与其他供给模式不同的是,社会与市场主体的提供意愿和供给动机将会极大地影响政府教育目标与教育政策的制定,民办学校的教育期望也有相对重要的影响力。

从提供过程来看,社会与市场力量是民办教育的主要资金来源。为吸引社会和市场主体投资教育,政府一方面会制定倾斜性政策,优化教育投资环境,具体包括税收减免、确保教师工资与养老保险待遇、优惠提供办学场所,配备部分教育设施并为其委派或培训优质教师队伍。另一方面,政府也在一定程度上给予公共财政资助,降低民办教育办学成本,提高其竞争力。但是,社会与市场是民办学校的完全举办主体。

从管理过程来看,政府对民办教育实行宏观规制,对各民办学校采取间接管理方式,民办学校有充分的办学自主权。从生产过程来看,教育服务的生产者均为民办学校。由于学生及家长在不同民办学校之间有自由选择权,因而从理论上来说,家长和社区应该都能高度参与学校教育,但由于各地民办教育实践中尚未建立起良好的社会参与机制,公民和社会主体的参与度还相对有限。

总体而言,“政府支持—民办供给”是在政府供给大部分义务教育的前提下实行的补充性供给方式,其突出特征是政府机制脱离微观层面而限于宏观运行,在微观层面,放开空间,发挥社会机制和市场机制的作用,政府仅仅对社会和市场主体的教育行为起着引导、规制和监督作用,而社会与市场是完全的办学主体,民办学校成为重要的教育服务生产者。作为一种供给模式,“政府支持—民办供给”能极大地扩充教育资源,增强义务教育提供能力,同时也可以转变政府职能,改变政府单一供给的格局和直接进行微观运行和管理的方式,有助于形成公办教育与民办教育合作互补、良性竞争的发展格局。

第七章　中国义务教育总体模式：政府主导的区域多样供给模式

前文根据中国义务教育的经验实践，分析和归纳了三种具有代表性的区域供给模式和一种常见的补充性供给模式，它们依次是“政府单一供给”、“政府供给—多方协助”、“多主体合作供给”和“政府支持—民办供给”模式。通过前文的分析可以发现，这四种典型的供给模式既有某些共同之处，也存在一定的差异，但是，它们在本书所选的区域案例中都取得了相对良好的供给绩效。那么，进一步的问题在于，从全国层面来看，中国义务教育目前究竟采取了什么样的总体供给模式？

实际上，当前中国几乎所有地区（县域/省域）的义务教育供给模式都可以看做是上述三种区域模式中的一种，而“政府支持—民办供给”（单纯的民办供给只是其变体形式）作为一种补充性模式也在中国广大地区不同程度地得以采纳。因此，它们几乎代表了中国义务教育实践中的主要供给方式。正因为如此，我们可以通过比较分析这四种供给模式的共同性和差异性，来归纳提炼中国义务教育的总体供给模式。本章在经验归纳和提炼的基础上，将进一步探讨总体模式的基本内涵和主要特征。

一、四种典型供给模式的比较分析

从四种典型供给模式的应用面来看,“政府供给—多方协助”与“多主体合作供给”(或多主体共同供给)模式为大多数地区所采用。就目前的总体情况来看,在一个地区内(无论是县域还是省域),政府单独供给义务教育的情况已经不多,因为大部分地区都不同程度地存在社会供给和市场供给方式,或至少也存在社会与市场主体协助供给的情况。当然,在中国任何区域,几乎都不存在只有社会主体单独供给或只有市场主体单独供给义务教育的情形。“政府支持—民办供给”方式通常是在政府供给大部分义务教育的前提下实行的,它在中国许多地区都存在,然而只在极少数地区(如河南周口市)相对于政府供给而言占据可观的比重。在采用民办供给作为补充方式的地方,其区域供给模式主要应该看做多主体合作供给或多主体共同供给。

为了从宏观和整体上把握中国义务教育在当前阶段的供给方式和供给特征,本章将进一步从共同性和差异性两个维度出发,对上述四种供给模式进行比较分析,以期提炼中国义务教育的总体供给模式。

在第二章的分析框架中,笔者已初步阐述了几个理论变量之间的内在关系:在既定约束条件下,供给方式的不同选择是通过影响供给要件来决定供给绩效的。据此,考察一种供给模式是否适用于特定的公共物品,必须考察“既定的约束条件”、“供给方式的特征及其对供给要件的影响”、“供给绩效”等方面的状况,其中既定的约束条件又包括“供给对象的物品属性”、“资源禀赋条件”和“制度安排”等因素。比较分析四种供给模式的共同性与差异性,也可以从这些角度进行。

(一)共同性

四种供给模式的共同性和相似性主要体现在如下方面:

1. 供给对象的物品属性相同

笔者在第一章已经明确地接受了“义务教育具有典型纯公共物品性质”的观点,并将它设定为全书分析的立论基础。按照经典理论的观点,纯公共物品应该而且只能由政府单一供给。然而,在中国义务教育的具体实践中,既存在政府供给的情况,也存在政府与非政府主体合作供给的情况,甚至还存在非政府主体根据国家法律和政府政策规定完全独立供给的情况。[①] 这是否意味着,在不同的供给模式中,义务教育的物品属性是不同的呢?

这实际上涉及两个问题:其一,非政府主体供给的相应阶段的基础教育是不是国家法定意义上的义务教育?其二,如果非政府主体所供给的也是法定义务教育,那么,义务教育本身的物品属性是否具有可变性,其可变性条件如何?

就第一个问题而言,有一种观点认为,在政府未与民办学校(特指能够提供普通初中和小学教育服务的民办学校)签订委托协议的情况下,民办学校所供给的是“义务教育阶段的基础教育”,而不是国家法定意义上的义务教育。正是如此,“义务教育阶段的基础教育”才可以由非政府主体供给。这种看法显然是站不住脚的,因为义务教育的物品属性并不取决于供给主体。同时,根据2006年新《义务教育法》第2、4、5条的规定,“义务教育是国家统一实施的所有适龄儿童、少年必须接受的教育”,所有适龄儿童、少年“依法享有平等接受义务教育的权利,并履行接受义务教育的义务”,而各级人民政府及其有关部门、父母及其他监护人也有责任和义务确保适龄儿童接受并完成义务教育。据此,如果民办学校所提供的不是法定义务教育,那么不仅适龄儿童少年的受教育权没有得到保障,所有相关行为主体都没有履行相应的法律义务。因此,无论是政府供给、合作供给还是独立的民办供给,其供给对象都是法定义务教育。

---

① 这里的非政府主体独立供给,是指没有政府的政策优惠或财政资助,并不是指在一个区域内只有非政府主体供给义务教育。

就第二个问题而言,既然所有类型的学校所供给的都是义务教育,接下来就需要考察义务教育本身是否会因具体供给方式的不同而改变物品属性。从理论上讲,公共物品的物品属性具有可变性,它可能(但未必一定)会随着技术条件和(或)制度安排的变化而改变。

首先,从技术条件的变化来看,民办学校设立排他性收费标准是否会对义务教育的物品属性产生影响呢?我们可以从国家及政府是否履行义务、家长及其子女是否履行义务等方面来解答这个问题。一方面,在民办学校设立排他性收费标准的情况下,如果国家及政府为所有不愿或不能选择收费性民办学校的公民提供了最低限度水平的义务教育,那么,国家及政府依然履行了基本义务,并未改变义务教育的性质。相反,如果政府所提供的义务教育远远不足,使得公民不得不(或者说被迫)选择收费性义务教育,则会影响义务教育的"义务"性质。从中国已经实现了普及九年制义务教育目标的现实来看,国家及政府履行了提供最低限度水平义务教育的义务,因而民办学校的排他性收费并未改变义务教育的物品属性。另一方面,家长及学生虽然有保障和接受义务教育的义务,但是,他们也有选择不同类型学校的权利。在确保子女接受最低限度水平义务教育的前提下,具有差异教育需求和经济承担能力的家长有权为子女选择收费性民办学校,因此,进入民办学校接受教育并未改变义务教育的"义务"性质。此外,我们还应当注意到,无论收费与否以及如何收费,民办学校所承担的义务教育与公办学校所承担的义务教育一样,也会产生社会效益,而共同体成员对这种社会效益的消费特性(非竞争性和非排他性)并不会因为民办学校的收费性而改变。当然,民办学校的排他性收费或许会存在不合理的问题,但该问题所关涉的是政府对民办学校的规制,而不是义务教育本身的物品属性。

其次,从制度安排的变化来看,根据广泛接受的理论观点,义务教育的纯公共物品属性既取决于共同体成员对义务教育所产生的社会效益的消费特性,更取决于国家层面的法律制度安排。只要这种消费特性和国家法律制度不变,义务教育的物品属性就不会改变。在上述四种供给模式中,公民对义务教育所产生的社会效益的消费特性都具有非竞争性和非排他性,而且四种供给模式所依赖的国家法律制度都是一致的,因而义务教育的物品属性也是相同的。

综合上述判断,四种供给模式所提供的都是法定义务教育①,而影响义务教育物品属性的技术条件的变化(如民办学校的排他性收费)并没有实质性地改变义务教育的物品属性,同时,决定义务教育物品属性的国家制度安排也没有改变,因而义务教育的纯公共物品属性是相同的。

2. 国家层面的制度约束条件相同

国家层面的法律制度不仅是决定义务教育的纯公共物品属性的关键因素,也是地方政府制定具体教育政策、选择适宜的供给方式的外部制度性约束条件。2006 年新《义务教育法》第 2 条规定,"义务教育……是国家必须予以保障的公益性事业。国家建立义务教育经费保障机制,保证义务教育制度实施";第 42 条同时要求,"国家将义务教育全面纳入财政保障范围,义务教育经费由国务院和地方各级人民政府依照本法规定予以保障"。这意味着,国家和政府是提供最低限度义务教育水平的法定责任主体,不管是否存在其他出资者和举办者,国务院和地方政府都必须确保义务教育经费。但是,这并不意味着只能由政府出资和举办义务教育学校,相反,根据该法第 48 条的激励条款,"国家鼓励社会组织和个人向义务教育捐赠,鼓励按照国家有关基金会管理的规定设立义务教育基金";附则第 62 条也规定,"社会组织或者个人依法举办的民办学校实施义务教育的,依照民办教育促进法有关规定执行;民办教育促进法未作规定的,适用本法"。由此可见,非政府主体不仅可以是义务教育的出资者,还可以是义务教育学校的举办者,作为学校举办者,当然也有权根据法律规定进行自主管理。显然,本书分析的四种供给模式都是在同样的国家法律制度约束下运行的,都具有相应的合法性基础。

---

① 注意"法定义务教育"与"相应阶段的基础教育"的差别。

3. 政府在四种供给模式中都占主导地位

在政府单一供给模式中,政府既是地方教育政策制定者,教育出资者和其他教育资源提供者,也是义务教育学校的举办者和教育质量评估者,此外,政府还采取了直接微观管理方式,因而政府几乎主导了整个义务教育供给过程。在政府供给—多方协助模式和多主体合作供给模式中,虽然政府借助于学区化管理和委托管理,较少直接介入学校微观管理,但政府依然是主要的出资者、资源提供者和学校举办者,也是教育督导评估者(尽管浦东模式中部分评估是委托中介教育组织进行的),即使在合作供给方式中,政府也是教育合作的发起者和主导者。在政府支持—民办供给模式中,虽然非政府主体是主要的出资者、资源提供者、学校举办者和直接管理者,但政府在这种供给模式中依然处于主导地位,其理由在于:其一,该模式是在政府直接供给大部分义务教育的前提下实行的,民办学校所占比例通常都非常低,公立学校在所有义务教育学校中占据主导地位;其二,民办学校的办学资质需要得到政府的审批,其办学行为也受到政府的严格规制,政府从政策上主导了民办学校的办学行为;其三,政府对民办学校具有督导评估权。由此可见,在四种供给模式中,政府都占主导地位。

4. 四种供给模式都取得了相对良好的供给绩效

在本书所选的四个区域案例中,上述四种供给模式都取得了相对良好的供给绩效。铜陵市采用政府单一供给模式很好地实现了义务教育的均衡发展,有效地确保了成本分担的公正和利益分享的公平。东城区通过政府供给—多方协助模式,借助于学区化管理和蓝天工程,促进了优质教育资源的流动共享,提高了整体教育质量,极大地满足了公民对优质教育的普遍需求。浦东新区选择的是多主体合作供给模式,该模式通过购买教育服务、委托管理方式扩大了义务教育学额容量,改善了民办学校和薄弱学校的教育质量,有效地化解了保障基本教育需求与满足多元教育需求之间的矛盾。河南省周口市借助于政府支持—民办供给模式,在弥补公共教育财政不足的同时,大大补充了优质教育资源,提高了当地的整体教育水平。由此可见,在当前中国义务教育发展过程中,在不同的地区和既有约束条件下,能够取得良好供给绩效的供给模式并不仅止一种。

(二) 差异性

尽管四种供给模式在国家层面的约束条件、政府主导地位以及供给绩效等方面具有共同性或相似性,但我们也可以发现四种供给模式之间的差异性,分析起来,这种差异性具体表现在如下方面。

1. 地方层面的资源禀赋的差异性

资源禀赋是约束供给方式选择并影响供给效果的十分关键的外部条件。在教育领域,资源禀赋包括两个方面的含义:一是公共财政能力,二是非财政性教育资源,包括教育传统、教育理念、教师资源和教育环境,等等。二者虽然存在一些相关性,但是,具备充分的公共财政能力的地方,并不一定同时具有充足的优质教育资源,公共财政能力不足的地方,其他教育资源并非一定非常薄弱。正因为如此,加大公共财政投入虽然是促进义务教育发展的重要因素,但不是唯一因素,公共财政能力充足也并不意味着完全由政府供给义务教育。

在经济发展水平较高、公共财政能力较强的地方,可以分配到义务教育领域的财政总量通常也比较充裕,因而由政府出资举办义务教育往往不存在财政不足的问题,东城和浦东的案例即反映了这种情况。但是,公共财政能力并不等于优质教育资源,这两个地区在教育改革前实际上都存在优质教育资源不足且分布不均衡的问题。东城区的做法是,通过学区化管理使优质教育资源在校际间流动共享,同时借助于蓝天工程吸纳社会和市场主体的优质教育资源。浦东新区面临着大量的外来人口和多元教育需求,公立学校的学额容量有限(并不是教育财政能力有限,其公立学校能够应对户籍人口的教育需求),因此,除了均衡资源配置外,浦东不仅需要借助于民办农民工子女学校才能解决学额容量问题,还需要借助于其他民办学校来满足不同群体的多元教育需求。相比之下,周口市的公共财政能力和优质教育资源都显著地不足,单独由政府供给义务教育显然极其困难,所以周口选择引入境内和境外的民间资本举办义务教育学校,以弥补公共财政和优质教育资源的不足。铜陵的资源禀赋条件处于中间水平,公共财政大体可以满足公民的基本教育需求,因而采取政府单一供给模式没有导致供给不足。

由此可见,地方资源禀赋条件极大地影响着各个地区的供给方式选择。在公共财政不足和(或)其他教育资源短缺的情况下,要想取得良好的供给绩效,单靠政府力量是不够的,必须选择适切可行的补充性供给方式。

2. 地方层面的教育政策的差异性

外部约束条件除了资源禀赋外,还有制度安排。在国家层面,四种供给模式都遵循着同样的国家法律制度,然而,在地方层面,各个地方政府可以在既定的国家法律制度范围内根据自身的经济社会发展状况、教育传统、教育格局和教育期望,制定适合于本地区的教育发展政策。正是如此,地方层面的具体教育政策会有一定的差异性,这在本书涉及的四种供给模式中有所体现。

铜陵政府有三项独特的地方教育政策:一是通过非义务教育阶段民办学校的发展,把节省下来的公共财政转投到义务教育阶段,以扩充义务教育提供能力。二是将优质教育资源持续地投入到薄弱学校以均衡资源配置。三是把优质高中的一部分招生名额按学生比例分配到各个初中学校,以缓解择校竞争,同时将另一部分招生名额按成绩统一录取,以求在公平和效率之间取得良好平衡。这三项地方教育政策对于促进铜陵市区义务教育均衡发展起到了至关重要的作用。不仅如此,铜陵政府的另一个独特之处还在于持续的制度创新力和对教育制度的有效执行力。

东城政府的地方性教育政策有所不同,该地区成功的关键措施在于实行学区化管理和蓝天工程。浦东政府比较独特的地方教育政策主要有四项:一是支持农民工子女学校申办"民办农民工子女学校",通过这类学校的合法化大大扩大义务教育学额容量,满足外来人口的基本教育需求;二是向民办学校、教育中介组织购买教育服务;三是委托专业教育组织管理薄弱的公办学校和民办学校;四是建立规范的家校协商合作制度。

周口政府也像许多其他地方政府一样，为民办教育制定优惠政策，引入民间资本举办义务教育学校以弥补公共教育的不足。然而，周口政府与众不同之处在于，直接为民办学校提供公共财政资助，尤其是为达到特定条件的民办学校委派公办教师和管理人员，其基本工资由公共财政负担。这种由公共财政支付民办学校部分教师基本工资的制度，在整个中国义务教育实践中也属首创。①

比较分析本书的四个典型案例可见，不同地区的地方政府都根据区情制定了互有差异的教育政策，这些地方性教育政策直接影响和体现着供给机制的选择及其组合。

3. 具体供给模式的差异性

正是基于资源禀赋和地方教育政策这两个地方性约束条件的差异性，四个地区选择了不同的具体供给模式。四种模式的差异性集中表现在不同供给环节中发挥主要作用的供给主体、供给机制及其组合方式上（表 7-1）。

表 7-1　中国义务教育四种典型供给模式的比较

供给过程 供给模式	提供		管理		生产
	出资者/资源提供者	学校举办者	直接管理	间接管理	
政府单一供给	政府	政府	大量	极少	公办学校
政府供给—多方协助	政府出资 吸纳社会和市场资源	政府为主 社会、市场补充	少量	学区联合管理 学校自主管理	公办学校 社会协助
多主体合作供给	多主体共同投入 以政府为主	政府为主， 社会、市场占一定比例	少量	委托管理 学校自主管理	公办学校 民办学校 家校合作
政府支持—民办供给（补充性供给模式）	社会、市场为主 政府政策主导少量资助	社会、市场	极少	政府宏观规制 学校自主管理	民办学校 社会参与

注：采取“政府支持—民办供给”模式的前提是政府供给大部分义务教育。

① 浙江大学民办教育研究中心主任吴华教授曾指出周口市这项地方教育政策的独创性。参阅吴华：《关注“周口经验”对中国民办教育长期发展的价值》，《民办教育研究》2007 年第 3 期。

在“政府单一供给”模式中,出资者和其他教育资源的提供者几乎都是政府,学校举办者也几乎都是政府,也就是说,该模式在提供过程中基本只采取政府机制,而非政府主体出资、提供资源、举办学校的情况微不足道。在管理过程中,政府对公立学校更多地采取直接微观管理方式,宏观间接管理的情况相对较少,政府与公立学校的关系相当紧密。在生产环节,几乎都是公立学校生产教育服务,非政府主体甚少参与公立学校的教育生产活动。

在“政府供给—多方协助”模式中,出资者同样是政府,但与政府单一供给模式不同的是,该模式中的政府积极运用社会机制和市场机制,注重吸纳社会资源(如博物馆、科技馆、素质教育基地、公益活动场所)和市场资源(如书店)为公共教育所用。当然,社会和市场主体很少作为独立的出资者或学校举办者出现,学校举办者主要还是政府,民办学校所占比重非常小。在管理过程中,政府较少实行直接微观管理,更多地采用宏观间接管理方式,学校有很大的自主管理权。东城区的独特之处在于运用学区化管理实现了校际间资源流动和共享,同时也大大改善了政校关系。在生产环节,公立学校是教育服务的生产主体,但借助于社会机制、志愿服务机制和市场机制,得到了社会和市场主体的多方协助。

在“多主体合作供给”模式中,出资者和其他教育资源的提供者既有政府主体,也有非政府主体,但以政府投入为主。学校举办者主要是政府,社会和市场主体举办的义务教育学校也占有一定的比例。非政府主体是作为独立的提供者出现的。在管理环节中,政府较少实行直接管理,更多地采取间接管理方式,学校具有较大的自主管理权。在生产环节,公办学校与民办学校并存互补。该模式的独特之处在于,政府通过购买教育服务、委托管理、家校协商共治等方式,在提供、管理和生产环节均实现了政府与非政府主体的合作,构成了多主体的合作伙伴关系,进而实现了政府机制、社会机制和市场机制等多种机制的复合供给。

在“政府支持—民办供给”模式中,出资者和其他教育资源提供者主要是非政府主体,政府则制定规范性和支持性政策,同时也提供少量公共财政资助和资源支持,学校举办者是具有完全独立地位的非政府主体。在管理上,政府主要是从行政审批、政策规范、教育督导评估等宏观方面对民办学校进行规制,民办学校相较于公立学校具有更大的自主权。教育服务的实际生产者是民办学校,社会主体主要通过家校协商、社会监督等方式参与其教育生产活动。根据政府支持程度(政策优惠程度、公共财政资助程度、公共资源支持程度)的差异,"政府支持—民办供给"模式的一端是政府与非政府主体的合作供给,另一端则是政府规制下的相对独立的非政府组织(NGO)供给或市场供给。

4. 政府供给与民办供给角色的差异性

政府供给是由义务教育的纯公共物品属性、国家制度安排以及公民的基本需求决定的,民办供给则更多地是由差异的资源禀赋条件、供给意愿以及公民的差异需求所决定的。政府供给的首要目标是满足公民对义务教育的基本需求,致力于义务教育的均衡发展,尽可能确保教育供给与教育分配的公平性和公正性。民办供给的目标侧重于公民的差异需求,包括公民对教育质量、教育特色的差异需求,它致力于提供多元、可选的义务教育。

尽管许多地区都有民办义务教育学校,但其数量相对于公办学校还相当少,在民办义务教育学校就读的适龄儿童在所有适龄儿童中实际只占很小的比例,所以,民办义务教育在中国义务教育供给中主要是一种补充性角色。不过,需要特别注意的趋势是,近年来,民办义务教育学校在校生占总体在校生的比例正稳步提高(表 7-2)。2008 年,民办小学在校生占小学总体在校生的比例是 4.65%,相比于 2003 年增加了 2.3 个百分点;普通初中的相应比例已达到 7.69%,相比于 2003 年增加了 3.8 个百分点。这表明民办义务教育正渐趋增强。

表 7-2 义务教育阶段民办中小学生所占比例

	民办学校在校生数(万人)		总体在校生数(万人)		民办学校在校生所占比例(%)	
	小学	初中	小学	初中	小学	初中
2003	274.93	256.57	11689.74	6618.42	2.35	3.88
2004	328.32	315.68	11246.23	6475.00	2.92	4.88
2005	388.94	372.42	10864.07	6171.81	3.58	6.03
2006	412.09	394.06	10711.53	5937.38	3.85	6.64
2007	448.79	412.55	10564.00	5720.90	4.25	7.21
2008	480.40	428.38	10331.51	5574.15	4.65	7.69

数据来源:历年《中国教育统计年鉴》。

5. 政府主导内涵的差异性

尽管政府在四种供给模式都占据主导地位,但是,政府主导的内涵存在一定的差异性,也就是说,政府在不同供给模式中的主导地位体现在不同环节、不同内容和不同程度上。

在政府单一供给模式中,政府几乎主导了整个供给过程,也主导了每个供给环节中的几乎每个方面,包括地方教育目标和教育政策的制定、教育出资、其他资源提供、学校举办、直接管理、公立学校生产、教育督导评估。相比于其他三种模式,该模式政府的主导程度是最大的,其管理也最为微观。

与政府单一供给模式相似,地方政府在"政府供给一多方协助"模式中的主导性也非常强,几乎主导了各个供给环节中的大部分方面。非政府主体虽然作为支持者、协助者和参与者对政府的供给行为提供了不少支持,但它们很少作为独立的供给主体出现,而且它们是在政府的鼓励和推动下提供协作的,其行为更多地具有被动性。然而,与政府单一供给明显不同的是,政府在管理上采取了主导性较弱的宏观间接管理方式,通过学区化管理给予了公立学校更大的自主权,政校关系更具弹性。正是如此,学校在生产环节的自主性有所增强。

在多主体合作供给模式中,非政府部门是作为独立的供给主体出现的,而且非政府部门提供的教育资金、优质教育资源和独立举办的学校在总量上和相对比例上都有显著增加(尽管所占比例仍然较小),公共财政、公共教育资源和公立学校所占的比例则有所降低。当然,这远未影响政府的主导地位,有所改变的只是政府的主导方式。在提供环节,政府不再完全采取直接提供方式,而是运用了购买教育服务的方式;在管理环节,政府也不再完全实行直接微观管理,而是将薄弱的公立学校和民办学校委托给专业教育组织去管理;在生产环节,政府也不直接干预,而是采取更为民主、开放的家校协商合作制度。可见,政府已经把许多教育权能下放给学校或委托给专业教育组织,政府的主导主要体现在政策制定、出资、学校举办、建立合作平台并发起合作、宏观管理和督导评估等宏观层面。

相比于多主体合作供给模式,地方政府在“政府支持—民办供给”模式中的主导程度又有所降低,主导方式也有很大的变化。由于非政府部门是民办学校的独立出资者和独立举办者,政府在民办教育中不再主导资源供给。正是民办学校在出资和办学上的独立性,政府也不对民办学校及其内部生产活动采取直接微观管理方式。政府的主导内容和主导方式体现在:为民办教育制定规范性和支持性政策,审核民办供给主体的资质,批准民办学校的设立、变更和终止,规定民办学校的办学性质和总体方向,规制民办学校的办学行为(如收费标准),督导评估其办学水平和教育质量,等等。可见,政府的主导地位不在于办学的具体事宜,而在于宏观的管理、规制和监督。

从政府主导内涵的差异性可以发现,虽然四种供给模式在形式上可以并列,但按照不同主体之间的关系状况、尤其是政府主导程度和方式,这些模式实质上呈现出依次渐变的顺序:政府机制发挥的作用渐减,非政府机制发挥的作用渐增。

(三) 经验启示及总体模式

从以上对四种供给模式的比较分析中可以得出以下经验和启示:

(1) 四种供给模式都是以政府为主导的,而且都取得了相对良好的供给绩效,但它们各自对供给机制的具体选择与组合方式有很大不同。这就意味着,在中国义务教育供给问题上,政府机制与非政府机制的有效组合方式不止一种,不过,政府机制通常都占主导地位。

(2) 四种供给模式在国家层面的约束条件基本相同,但在地方层面的约束条件差异甚大。那些相对成功的地区既遵循了国家层面的共同约束条件,又根据自身教育传统、资源禀赋和现实教育格局来选择并组合各种供给机制。也就是说,政府机制与非政府机制的组合方式不仅要合乎国家层面制度约束的共同要求,更要契合当地的约束条件和现实问题。

(3) 尽管各个成功区域的具体供给模式有所差异,但它们无疑都解决了一些共同问题:在提供层面,形成了相对合理的教育期望,较好地增强和扩充了当地的教育提供能力;在生产层面,政校关系、学校内部关系和校社关系的改善提高了学校教育绩效;在联系提供与生产的层面,政府对义务教育的直接或间接管理能力也相对较强。简言之,各个成功区域通过不同的供给模式解决了有关教育期望、提供能力、政府管理能力和学校生产能力等方面的共同问题,从而取得了相似的良好效果。

(4) 实际上,上述不同地区采取的几种典型供给模式在义务教育发展极不均衡的地区也被不同程度地运用,而那些地区之所以没有像本书选取的典型案例那样取得良好的供给效果,关键在于没有很好地解决教育期望、提供能力、管理能力和生产能力中的一个或多个问题。

(5) 四种供给模式的共同性和差异性特征同样适用于中国其他地区,因而是整个中国义务教育供给特征的反映。由于四种供给模式都以政府为主导但在不同地区具体供给机制的选择和组合又互有差异,因此,可以把中国义务教育总体供给模式称作"政府主导的区域多样供给模式"(本书有时也简称总体模式)。

二、政府主导的区域多样供给模式的主要内涵

从全国范围来看,中国义务教育供给采取了政府机制、社会机制(具

体包括非政府组织机制、自治机制、个体志愿服务机制、捐赠机制）和市场机制。在不同地区，这些供给机制被不同程度地运用并且以不同方式加以组合，从而形成了多样化的区域供给模式和补充性供给模式。然而，无论采取何种组合模式，政府都占主导地位。因此，总体而言，中国义务教育实践采取的是“政府主导的区域多样供给模式”。

所谓“政府主导”，是指政府在各种模式中都是义务教育供给的核心主体、唯一的权力中心和最终责任主体，政府机制是各种组合模式的中心机制。政府的主导内容“可以”（但在具体模式中未必）涉及义务教育供给各个环节中的各个方面，主导方式也具有多样性。提供层面的主导内容和主导方式包括教育目标的设定和教育政策的制定，教育出资和其他教育资源的投入，公立学校的举办和标准化建设，民办学校办学资质的审批、教育性质及教育方向的规范、收费标准的管制。管理层面的主导内容和主导方式包括校长任命和教师聘用，教师工资管理，培训校长队伍和学校管理团队并组织其在校际间轮换，为民办学校输入公职管理人员（直接管理）；学区划分并为学区化管理提供指导和规范，委托专业教育组织管理薄弱的公办学校和民办学校（间接管理），等等。生产层面的主导内容和主导方式包括设立教育质量标准，组织编写教材，规范教辅资料，师资培训，教育督导评估等方面。

尽管地方政府可以采取多种方式从诸多方面发挥主导作用，但如上所述，政府在不同供给模式中所主导的环节、内容和程度各有差异。除了政府单一供给模式外，地方政府通常很少主导所有供给环节及其所有供给内容，即使是主导同样方面的内容，其发挥作用的程度也不尽相同。

所谓“区域多样供给”，是指在不同地区，政府机制与非政府机制有多种组合方式。在不同地区，地方政府需要根据当地自身的资源禀赋和教育现状制定相应的地方性教育政策，选择有助于弥补政府供给不足的供给机制，以满足公民的教育需求。首先，不同地区公民的经济社会背景和教育需求不同，因而需要选择多样化供给机制。在浦东新区复杂的社会阶层结构和多元文化背景下，单一的政府机制显然难以满足不同群体的多元教育需求。其次,不同地区资源禀赋差异甚大,政府所缺乏的教育资源不同,因而需要选择不同的补充性供给机制。最后,在选择了相应的补充性供给机制之后,政府机制与非政府机制的有效组合往往不止一种。

政府单一供给模式几乎只采取政府机制。政府供给—多方协助模式以政府机制为中心,通过吸纳社会和市场资源的方式与社会机制和市场机制组合在一起,但社会和市场主体不是独立的供给者,仅仅是政府供给过程中的支持者、协助者和参与者。多主体合作供给模式通过购买服务、委托管理和家校协商共治等方式,在不同环节与非政府组织(NGO)机制、市场机制、自治机制、志愿服务机制相组合,非政府主体既是独立的供给者,又是政府的合作者。政府支持—民办供给是一种普遍存在的补充性供给模式,各地区的不同之处只是该模式发挥作用的程度和政府支持的程度。在政府支持程度高的地方,该模式本质上是政府与非政府主体的合作供给;在政府支持程度低的地方,该模式实际上是政府规制下的非政府主体独立供给。

由此可见,“区域多样供给”是从政府单一供给到非政府主体独立供给之间的连续统一集,在这个统一集上,以政府机制为中心,多种非政府机制通过不同方式、在不同程度上与政府机制组合在一起,呈现区域性差异地共同供给义务教育。

三、政府主导的区域多样供给模式的基本特征

在解释了总体供给模式的内涵之后,尚需进一步探讨的问题是,究竟什么因素决定了当前阶段中国义务教育运行的“政府主导的区域多样供给模式”?该模式涉及哪些方面的利益?为平衡这些利益,该模式选择了哪些具体供给机制,这些供给机制是如何复合在一起的?这一总体模式是在什么样的权力结构下运行以及如何运行的?

(一)总体模式的关键决定因素

总体模式由“政府主导”和“区域多样供给”两个元素构成,探讨其关

键决定因素就需要分别讨论两个构成元素的决定因素。总体来看,义务教育在所有地区共同的纯公共物品属性和国家制度安排决定了必须由政府主导其供给,不同地区差异性的区域约束条件则决定了需要采取多样化、差异性的区域供给模式。

1. 共同的纯公共物品属性和国家制度安排决定政府主导

义务教育的纯公共物品属性与国家制度安排是紧密相连的。一方面,无论国家制度如何,一国之内所有公民对"义务教育阶段的基础教育"所产生的社会效益的消费都具有非竞争性和非排他性[①],这意味着"义务教育阶段的基础教育"具有很强的正外部性,也具有典型的纯公共物品特征。另一方面,正是这种正外部性使得国家作出制度安排,把"义务教育阶段的基础教育"上升为具有普及性、强制性、免费性和平等性特征的义务教育。根据新《义务教育法》的法律规定和法律精神,中国所有地区都实行义务教育制度,所有适龄儿童少年都有平等接受义务教育的权利。据此,在法律政策划定的学区内,任何一个儿童接受义务教育并不影响其他儿童接受义务教育的法律权利(受教育权的非竞争性),任何组织与个人都不能把任何儿童排除在外(受教育权的非排他性)。可见,国家法律制度使得所有儿童接受义务教育的权利具有非竞争性和非排他性,义务教育即使在个体的直接消费意义上也具有纯公共物品属性。

简言之,义务教育本身具有正外部性,公民对义务教育的间接消费(即对正外部性的消费)具有非竞争性和非排他性;这种正外部性使得国家用法律制度将义务教育规定下来,而这种法律规定又使得公民对义务教育的直接消费权利(即受教育权)也具有非竞争性和非排他性。

根据经典公共物品理论,纯公共物品的"非竞争性"导致排他性收费不可取(因为收费导致消费不足),因而形成了其免费性;纯公共物品的"非排他性"导致私人供给不足,因而要求政府供给。然而,根据本书的

---

① 在没有国家强制性要求的情况下,公民对义务教育本身的个人消费则具有一定的竞争性和排他性,但在国家强制性要求之下,竞争性大大降低,排他性几乎已经消除。

分析，政府单一供给又存在供给意愿不良和（或）供给能力不足等问题，由政府单一供给未必能够取得良好的绩效。结合经典理论和本书针对中国经验案例的分析，纯公共物品在政府单一供给不能奏效的情况下，仍然需要由政府主导供给；纯公共物品单独由非政府主体供给①显然会出现供给不足，但在政府主导供给的前提下，非政府供给可以作为政府供给的重要补充。

此外，新《义务教育法》还规定，义务教育是国家必须予以保障的公益事业，国家将义务教育全面纳入财政保障范围，这也要求由政府来主导义务教育的供给。

2. 差异性的区域约束条件决定区域多样供给

显然，由政府主导供给并不意味着完全由政府单一供给。根据本书的分析框架，供给方式的选择是在资源禀赋、制度安排和教育现状等既定的外部约束条件下进行的，这些约束条件制约着供给方式的选择。不同地区之所以需要采取多样化的区域供给模式，是因为其外部约束条件有显著差异。约束条件的区域差异主要体现在如下方面：一是不同的人口结构带来不同的教育需求；二是不同的经济发展水平带来不同的教育财政能力；三是不同的教育传统带来不同的教育资源；四是不同的教育现状和教育格局带来不同的现实教育问题；五是不同的区情会带来不同的地方性教育政策。正是这些外部条件的差异使得不同地区选择了不同的供给机制和组合模式。

（二）相关行动主体与利益构成

第一章分析了义务教育制度运行中相关的行动主体及其关系结构：在经济过程序列上，主要有需求者、供给者（提供者/生产者）和消费者；在政治过程序列上，主要有决策者、管理者、执行者和监督者。“政府主导的区域多样供给模式”（即总体模式）中的行动主体及其关系结构与那里

---

① 非政府主体供给包括但不限于私人供给。

的分析是一致的,在此着重强调供给主体。供给主体主要包括提供者和生产者,在更广的意义上也可包括提供与生产过程中的参与者。总体模式中的供给主体包括国家及政府、社会、市场、学校和公民,其中社会主体有事业单位、公民社会组织、社区和舆论媒介,而市场主体涵盖企业、营利性社会中介机构和作为市场主体的个人。

由此可见,总体模式是一个“多主体行动结构”,由于每个行动主体都有相关的利益诉求,这决定了它也是一个“多相关利益结构”。这种利益结构比行动主体的关系结构更为复杂,因为它除了涉及与行动主体关系结构相一致的主体间利益结构之外,还关涉到超越于主体间利益结构之上的公共利益,以及公共利益与行动主体利益之间的关系。据此,总体模式的利益构成包括三个层面:

一是义务教育公共利益,这种公共利益是由宪法、教育法和义务教育法等国家法律制度以明确条款或内在法律精神的形式确定的。义务教育公共利益至少涉及共同体利益和主体利益两个方面。作为共同体利益,义务教育公共利益是指,义务教育的供给必须确保教育公正并有助于维持社会公正,必须维系共同体的存在并有助于共同体的发展,必须符合共同体致力于保障和增进所有人的幸福这一宗旨。作为主体利益,义务教育公共利益包括学习者的利益和国家利益。其中学习者的利益具体是指适龄儿童少年的教育利益,它要求保障所有适龄儿童少年平等接受义务教育的权利,并促进他们的自由全面发展;而国家利益要求义务教育的实施必须提高全民族素质,符合国家建设与社会发展的需要。

二是多利益相关者的主体利益,这包括上面提及的学习者利益、国家利益,还包括其他相关主体的利益。每一种主体利益往往都是多重的,其中政府利益可能包括对政治合法性与政府公信力的诉求,对教育政绩和部门利益的追求等方面;社会主体(如 NGO)的利益可能包括公益心与社会成就感的满足、社会责任感的兑现、社会威信与影响力的提高、社会团体的维系,甚至团体利益和成员利益的追求,等等;市场主体(如企业和个人)的利益可能包括公益心与社会成就感的满足、社会责任感的兑现、社会声望与地位的获取、企业品牌利益,甚至还存在追求经济利益的情形(尽管法律不允许以营利为目的举办义务教育学校)。

三是公共利益与主体利益的关系。从上述两类利益的分析可知,义务教育公共利益既有以共同体形式呈现、不同于任何个别主体利益的部分,也有等同于个别主体利益的部分。其中"法定的"学习者利益、国家利益本身就是公共利益的核心组成部分,而且是义务教育公共利益的落脚点;其他利益相关者的主体利益与公共利益既有相一致的方面,也有相互冲突的一面。当主体利益等同于公共利益时,二者是一体的;当不相等同时,公共利益高于主体利益,相关主体必须以公共利益的实现为目标,国家和政府在使主体利益服从并服务于公共利益的同时,也必须公正地维护和补偿主体利益。

(三) 供给机制及其复合方式

在中国义务教育总体模式中,公共选择机制、政府机制、社会机制、市场机制和志愿机制都被不同程度地加以运用。其中公共选择机制侧重于从政治意义上规定义务教育的供给,具体涵盖义务教育的政治选择、宪政安排、政府执行、权力监督和社会参与等方面,它与政府机制和社会机制有一定的交集。政府机制侧重于从行政意义上进行规定,具体指义务教育的政府提供、政府管理、公立学校生产以及政府督导评估。社会机制是从与国家概念相对应的社会意义上进行规定,具体包括 NGO 机制、社会自治机制,在广义上也包括社会参与机制、社会捐赠机制甚至志愿服务机制。市场机制是从与政府概念相对应的市场意义上进行规定。志愿机制则从作为政治主体的公民个体角度加以规定,它既可看做是广义的社会机制的一个组成部分,也可看做是与狭义的社会机制(侧重于集体行动)相互独立的服务机制。可见,大部分供给机制之间并不是严格独立的,而是具有一定的交叉性。不过,政府机制、社会机制与市场机制的内涵是可以严格区分的。

虽然这些供给机制在总体模式中都有所运用,但在不同地区,各种供给机制的运用程度是不同的,而且它们的复合方式也有所差异。总体而言,政府机制是“政府主导的区域多样供给模式”的中心机制,它与其他供给机制的复合方式有如下几种:

(1)政府机制执行公共选择机制的内容并受其制约和监督。

一方面,政府机制是对义务教育政治选择和国家法律制度的执行;另一方面,这种执行者角色意味着,政府机制必然会受到立法机构的制约和监督,受到国家意志的影响,同时还受社会选择的监督,这种社会选择包括社会参与和社会舆论监督等。

(2)政府机制吸纳社会机制与市场机制的资源并受益于其协助。

具体而言,就是政府通过建立恰当的管理平台和激励机制,使社会和市场主体有动力和意愿以无偿使用、低偿使用或捐赠等形式提供教育资源,为政府的义务教育供给提供协助。在此过程中,政府是供给主体,社会与市场并不是独立的供给者,而是政府供给的参与者,政府通过他们的参与和协助吸纳并扩充教育资源。

(3)政府机制与社会机制、市场机制相互补充、合作共治。

在这一复合方式中,政府、市场与社会都是具有独立法人地位的供给主体,三者是并存的。政府机制是中国义务教育供给的主导方式,社会机制和市场机制往往是政府机制的有益补充。在不同地区,社会机制和市场机制作为补充性供给方式所发挥作用的重要程度是不同的。此外,有些地区试图超越简单的并存性补充,正在积极探索三者的合作共治关系,即政府通过购买教育服务、委托管理等方式引入社会机制和市场机制的合作。无论是并存关系还是合作关系,政府与社会、市场主体之间都存在或明确或暗含的市场性质的契约关系,因为政府是义务教育供给的法定最终责任主体。

(4)政府机制介入社会机制、市场机制中并提供支持与规制。

在此情况下,社会与市场是独立的供给主体,但它们供给义务教育的行为并不是完全脱离于政府的。一方面,政府会通过倾斜性政策甚至直接的公共财政支持机制介入到社会机制与市场机制中,引导和支持社会、市场主体的办学行为,而社会与市场主体也需要这种政策倾斜与公共财政资助,以提高其办学竞争力;另一方面,政府也会运用公共权威与制度安排,规范和约束社会与市场主体的办学行为。

(5)政府建立合理的公共激励机制鼓励社会捐赠与志愿服务。

在公共教育财政和优质教师资源不足的国情下,尤其在中西部贫困农村地区,不少地方政府建立了良好的公共激励机制,通过税收优惠和公共嘉奖等方式鼓励社会、市场主体捐资助学,同时通过机会报偿机制鼓励公民个体(尤其是应届大学毕业生)以志愿服务、低偿服务等方式为贫困农村地区和少数民族地区提供义务教育服务。公共激励机制有效发挥了社会捐赠机制与志愿服务机制的作用,为资源匮乏地区扩充了教育财政资源和教师资源。

就中国目前的义务教育供给情况来看,这些复合方式不仅在不同地区得到不同程度的运用,而且在义务教育供给的不同环节中,复合方式的选择也有所不同。在多方教育期望合成为政府教育目标的过程中,主要是政府机制与公共选择机制的复合;在提供过程中,政府机制与社会机制、市场机制及志愿机制均有很大的复合空间;在管理过程中,政府机制与社会机制、市场机制可以通过学区化管理、委托管理等方式加以复合,不过,中国义务教育实践中成功运用这种复合方式进行管理的地方尚不多见;在生产过程中,社会参与机制和志愿服务机制的运用空间相对较大。

(四)权力结构与运行机制

在分析中国义务教育的制度属性时,笔者从办学体制、管理体制和经费投入机制三个方面描绘了中国义务教育特定的国家制度安排,“政府主导的区域多样供给模式”就是在这个制度框架下运行的,在此分析该模式的权力结构及其运行方式。

总体模式的权力结构由义务教育的立法权、决策权、管理权、督导评估权和监督权等几种教育权力所组成。国家层面的义务教育立法权属于全国人民代表大会及其常务委员会，地方层面的义务教育立法权主要属于省级人民代表大会及其常务委员会。中央层面的义务教育决策权属于中共中央、国务院及相关部委，地方层面的义务教育决策权属于省级地方政府及相关厅局，市县级政府对本辖区内义务教育发展的相关事宜有一定的决策权力。就管理权、督导评估权和监督权而言，2006年《义务教育法》对其权力归属和行使方式分别作了明确的规定（详见该法第7、8、9条，参阅附录文本）。根据法律要求，中国义务教育实行"在国务院领导下，地方政府负责，以县为主"的管理体制，管理权主要是在县级政府。同时，国家在各级政府设立专门的教育督导机构负责义务教育发展的督导评估，而且要求督导报告公开接受社会监督。在监督权方面，不仅有政府内部的自我监督，即教育督导权，还包括社会监督权（含公民个人监督）和立法机构的监督权。

在这一权力结构中，政府对义务教育的决策权和督导评估权都可看做是广义的管理权的组成部分，因此，管理权是总体模式的核心权力，考察其具体行使有助于明晰该模式的运行方式。

根据管理权所涉主体的权力关系，义务教育管理权主要包括三个方面：一是管理权在不同层级政府间以及同一层级政府间的配置，这涉及政府内部的权力配置关系；二是政府对义务教育学校（包括公办学校和民办学校）的管理权，这涉及政校关系；三是政府对非政府主体办学行为及教育服务行为的管理权，这涉及政社关系（其中政府与民办学校的关系纳入到第二个方面加以讨论）。在这三个方面，政校关系中的权力关系及其运行对于总体模式的运行方式具有直接意义，在此侧重分析这一关系。

根据中国现行制度规定，政府与公办学校、民办学校的关系是有所区别的。根据《教育法》第28、29条的规定，学校拥有"按照章程自主管理"的权利，同时需履行"依法接受监督"的义务。这里的学校包括了义务教育阶段的公办学校和民办学校。新《义务教育法》第26条明确了义务教育阶段公办学校的组织形式，规定"学校实行校长负责制……校长由县级人民政府教育行政部门依法聘任"。根据《民办教育促进法》第5条的规定，“民办学校与公办学校具有同等的法律地位，国家保障民办学校的办学自主权”；第21、23条规定，民办学校的学校理事会或董事会行使“聘任和解聘校长”的职权，“民办学校参照同级同类公办学校校长任职的条件聘任校长，年龄可以适当放宽，并报审批机关核准”。这些规定显示，虽然公办学校与民办学校都有自主管理权，但其自主性程度、受政府约束的程度是不同的。公办学校的自主权低于民办学校的自主权，而且，政府可以通过对公办学校校长的约束力来控制公办学校。

在总体模式的实际运行过程中，许多地方政府对公办学校和民办学校都采取了较强的控制方式，学校自主权相对有限。就公办学校而言，有些地方政府往往通过教育规划、资源投入和校长聘任等方式影响公办学校的办学行为，迫使公办学校根据政府对教育政绩或部门利益的追求来办学。一些地方政府甚至直接控制公办学校的办学理念、办学目标、内部组织方式、教师评聘等学校管理的具体微观层面和环节，极大地限制了学校办学自主权。这就是当前中国义务教育“千校一面”、办学特色缺乏、办学活力不足的重要原因。就民办学校而言，部分地方政府不仅没有很好地落实对民办学校的法定税收优惠、教师待遇等问题，而且还通过不合理的政策倾斜、过度的教育检查与督导评估、不当的教育罚款，甚至直接的行政控制来影响民办学校的办学行为，由此恶化了民办教育的办学环境，过度约束了民办学校的发展空间，也极大地限制了教育资源的扩展渠道。

虽然政府对学校的控制力度在大部分地区都还比较强，但是，正如东城案例和浦东案例所显示的那样，也有一些地方政府开始转变政府职能，调整政校关系，为学校自主办学、自我管理和自主发展创造良好的条件。总体来看，政府对政校关系的调整主要有两种方式：

一是在体制内部的权力下放，即把学校管理权下放给学区和学校，不仅赋予学校以自主管理权，还为学校的联合自主管理（学区化管理是主要形式）、社会参与管理创造平台。

二是向体制外部的权能授予，即把政府管理学校的具体权能通过委托管理、合同外包、购买服务方式授予专业教育组织(如高校、优质中学、公民社会组织、社会中介机构)。当然,这种权能授予所授予的是运营权,而不是权力归属,政府依然是管理义务教育的法定权力主体。

通过权力下放和权能授予,地方政府转变了职能,降低了政府管理成本,提高了管理效率。另一方面,学校自主权的增强有助于学校按照自身特色发展多元教育,并且在联合自主管理中建立相对良序的竞争环境;社会与市场机制的引入有助于充分利用社会和市场中的优质教育资源,提高教育质量;社会和公民通过家校协商合作制度参与学校管理,有助于加强社会监督,改善学校治理。

本书的案例分析显示,在有效调整了政校关系的地方,其教育绩效往往也相对较高。虽然铜陵案例中地方政府与学校的关系比较紧密,学校自主权并不像东城和浦东案例那样突出,但是,政府通过持续扶持薄弱学校,使所有学校处于相对同等的发展水平,表明这种政校关系是公正的。调查显示,为发展学校特色,促进义务教育向高水平均衡方向发展,铜陵也正在进一步调整政校关系,赋予学校更多的自主管理权。

本章在比较分析四种典型供给模式之共同性与差异性的基础上,提炼出了中国义务教育供给的总体模式——政府主导的区域多样供给模式,探讨了该模式的主要内涵和基本特征,接下来,本书着力考察这种模式在中国义务教育未来发展中的适切性问题。

第八章 政府主导的区域多样供给模式在中国义务教育发展中的适切性

上一章提炼并分析了中国义务教育供给的总体模式，即政府主导的区域多样供给模式。这一模式意味着，中国不同地区义务教育供给都是以政府为主导的，但在供给机制的具体选择及其组合方式上，则有一些差异。虽然不同地区的具体供给模式有所不同，但本书所选的区域模式都取得了相对良好的供给绩效。从当前中国义务教育取得的进步可以发现，总体而言，政府主导的区域多样供给模式很好地促进了中国义务教育的发展。

不过，不可忽视的是，目前中国仍有一些地区义务教育供给绩效不佳，发展极不均衡。这就引发了如下疑问：政府主导的区域多样供给模式究竟是否适合于中国义务教育的现实格局和发展趋势？在中国义务教育的未来实践中，该模式需要在哪些方面强化调整，才能使得中国义务教育在所有地区获得突破性进展？本章将着力讨论这些问题。

为此，本章将首先考察总体模式所取得的供给效果，包括其基本成就和存在的区域差异问题，并主要从供给方式选择的角度对这种区域差异作出解释；然后分析总体模式在中国义务教育未来发展中的适切性，包括它在应对义务教育供给过程中的共同因素和差异因素方面的适切性。这些考察和分析表明，“政府主导的区域多样供给模式”总体上契合中国义务教育的现实格局和未来发展趋势。最后，本章将探讨总体模式的应用问题,即地方政府在选择和组合具体供给机制过程中需要注意的方面。

一、政府主导的区域多样供给模式的基本成就

国家实施义务教育以来,政府主导的区域多样供给模式迅速促进了中国义务教育的发展,目前已取得了一些显著成就,其主要体现在如下方面:

1. 保障了绝大多数公民的基本需求和受教育权

公民教育需求和受教育权的保障主要体现在入学率和升学率方面。据统计,小学净入学率从1990年的96.3%提高到2008年的99.5%,普通初中毛入学率在相应年份的比例则从66.7%跃升至98.5%(表8-1,图8-1);1990年,小学升学率(小学升初中)仅为74.6%,到2008年则达到了99.7%,普通初中升学率(初中升高中)在相应年份的比例翻了一倍多,从40.6%提高到83.4%(表8-2,图8-2)。[①] 中国义务教育的入学率和升学率取得了举世瞩目的成绩,有力地保障了公民基本的教育需求和受教育权利的实现。

表8-1　1990—2008年义务教育阶段入学率

年份	小学净入学率(%)	初中毛入学率(%)
1990	96.3	66.7
1991	96.8	69.7
1992	97.2	71.8
1993	97.7	73.1
1994	98.4	73.8
1995	98.5	78.4
1996	98.8	82.4
1997	98.9	87.1

① 教育部发展规划司编:《中国教育统计年鉴2008》,人民教育出版社2009年版;教育部发展规划司编:《中国教育统计年鉴2000》,人民教育出版社2001年版。

(续表)

年份	小学净入学率(%)	初中毛入学率(%)
1998	98.9	87.3
1999	99.1	88.6
2000	99.1	88.6
2001	99.1	88.7
2002	98.6	90.0
2003	98.7	92.7
2004	98.9	94.1
2005	99.2	95.0
2006	99.3	97.0
2007	99.5	98.0
2008	99.5	98.5

注:① 小学净入学率计算方法:1990 年(不含)以前的小学净入学率是按 7—11 周岁统一计算的,从 1990 年起入学率是按各地不同入学年龄和学制分别计算的。② 毛入学率是指该级教育在校学生总数与政府规定的该级学龄人口总数的百分比。③ 初中毛入学率的计算包括了普通初中和职业初中。

数据来源:教育部发展规划司编:《中国教育统计年鉴 2008》,人民教育出版社 2009 年版,第 15 页;1990 年的数据来自:教育部发展规划司编:《中国教育统计年鉴 2000》,人民教育出版社 2001 年版,第 16—17 页。

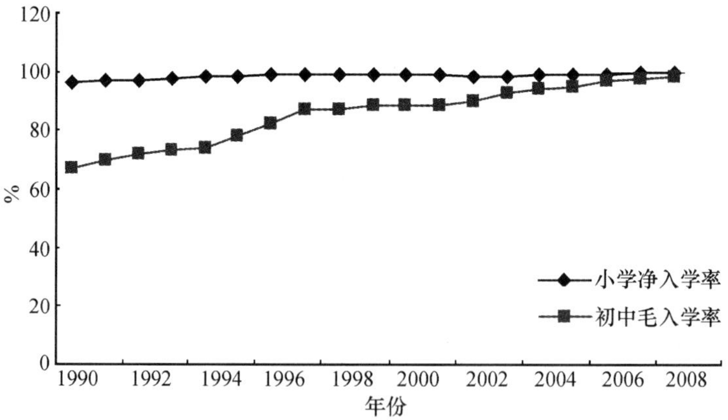

图 8-1　义务教育阶段入学率的时序变化

表 8-2 1980—2008 年义务教育阶段毕业生升学率

年份	小学升初中(%)	初中升高中(%)
1980	75.9	45.9
1985	68.4	41.7
1990	74.6	40.6
1991	77.7	42.6
1992	79.7	43.6
1993	81.8	44.1
1994	86.6	47.8
1995	90.8	50.3
1996	92.6	49.8
1997	93.7	51.5
1998	94.3	50.7
1999	94.4	50.0
2000	94.9	51.2
2001	95.5	52.9
2002	97.0	58.3
2003	97.9	59.6
2004	98.1	63.8
2005	98.4	69.7
2006	100.0	75.7
2007	99.9	80.5
2008	99.7	83.4

数据来源:1990 年以来数据来自《中国教育统计年鉴 2008》,1980 和 1985 年数据来自《中国教育统计年鉴 1990》。需注意的是,中国从 1986 年开始实施《义务教育法》,所以 1980 年和 1985 年的数据是作为参考的普通初中和普通小学数据。

在确保高入学率和升学率方面,政府供给发挥了核心作用,但是,非政府供给的补充作用也不容忽视。2008 年,民办小学在校生 480.4 万人,占小学总在校生的 4.65%;民办初中在校生 428.4 万人,占初中总在校生的 7.69%(见第七章中的表 7-2)。[①] 这就表明,中国义务教育并非完

① 教育部发展规划司编:《中国教育统计年鉴 2008》。

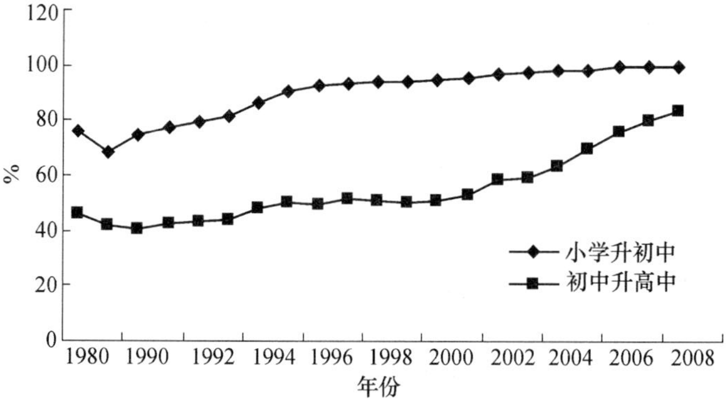

图 8-2　义务教育阶段毕业生升学率的时序变化

全依赖于政府供给,包括政府供给和民办供给在内的多样化供给有助于满足公民的教育需求,保障和实现公民的受教育权。

2. 真正的免费义务教育确保了基本成本分担的公正性

2005 年 12 月,《国务院关于深化农村义务教育经费保障机制改革的通知》要求"全部免除农村义务教育阶段学生学杂费,对贫困家庭学生免费提供教科书并补助寄宿生生活费"(即"两免一补"),明确了中央与地方政府分担办法和实施日程表。[①] 2006 年,国家在西部农村地区率先实施农村义务教育经费保障机制改革,落实"两免一补"政策。到 2007 年春季学期,义务教育阶段"两免一补"政策在全国农村地区实施。2008 年春季,国家在部分省区市进行免除城市义务教育学杂费的试点工作,从 2008 年秋季学期起,正式在全国范围内实施免除城市义务教育阶段学杂费的政策。至此,中国已基本形成了城乡统筹的义务教育普惠制度。

将学杂费全面纳入公共财政范围,彰显了中国义务教育发展中的重要进步。免费义务教育制度意味着公民主要是通过税收形式来承担义务教育的基本成本,在国家税收体制相对公正的前提下,就可以在很大程度

① 《国务院关于深化农村义务教育经费保障机制改革的通知》国发[2005]43 号,2005 年 12 月 24 日。

上确保义务教育基本成本分担的公正性。①

3. 教育投入的大幅度增长为提高教育绩效创造了条件

尽管中国教育经费的总体投入仍然不足，2007 年国家财政性教育经费（8089.7 亿元）占全国 GDP（246619 亿元）②的比例为 3.28%，远未达到 4% 的目标。然而，近几年国家对各级各类教育，尤其是义务教育的经费投入确实有大幅度的增长（图 8-3，图 8-4）。

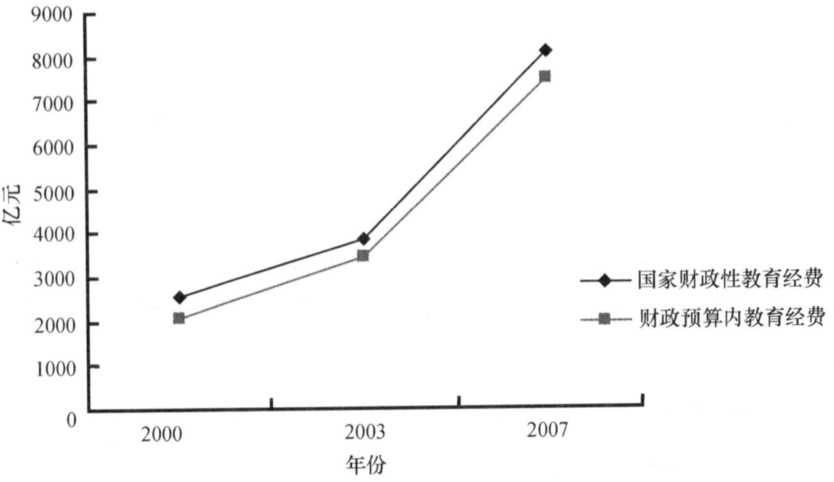

图 8-3　2000—2007 年中国各级各类教育投入的增长情况

根据相关统计数据（表 8-3）计算，在各级各类教育的总投入方面，中国财政预算内教育经费从 2000 年的 2085.7 亿元增长到 2007 年的 7464.4 亿元，增幅为 257.9%，年均增长 20%，其中从 2003 年（3453.9 亿元）到 2007 年增长了 116.1%。在义务教育阶段经费投入方面，普通小学生均预算内教育经费从 2000 年的 499.69 元增长到 2007 年的 2230.97 元，增幅为 346.5%，年均增长 23.8%，其中 2003 年（952.44 元）到 2007 年增长了 134.2%；普通初中生均预算内教育经费从 2000 年的 698.04 元增长到

① 这里讨论的是基本教育成本，额外教育成本的分担是否公正是另一个问题。

② 教育部财务司、国家统计局社会和科技统计司：《中国教育经费统计年鉴 2008》，中国统计出版社 2009 年版；国家统计局：《2007 年国民经济和社会发展统计公报》，来自国家统计局门户网站。

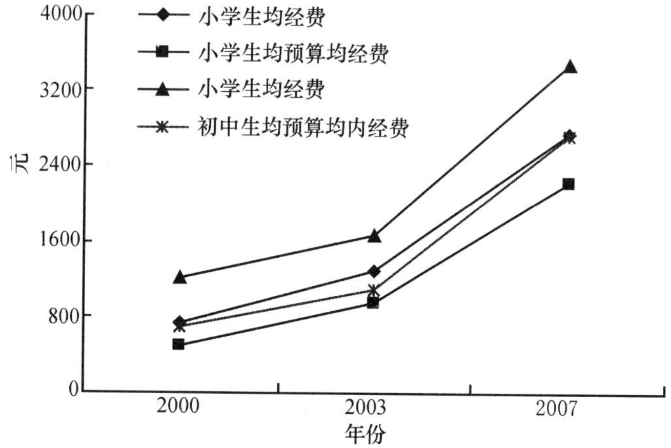

图 8-4　2000—2007 年义务教育阶段生均投入增长情况

2007 年的 2731.27 元,增幅为 291.3%,年均增长 21.5%,其中 2003 年(1 096.98 元)到 2007 年大约增长了 149%,2003 年以来初中生均预算内教育经费的增长速度略高于小学。①

表 8-3　2000—2007 年各级各类教育总投入和义务教育阶段经费投入情况

	国家财政性教育经费(亿元)	财政预算内教育经费(亿元)	普通小学		普通初中	
			生均教育经费(元)	生均预算内经费(元)	生均教育经费(元)	生均预算内经费(元)
2000	**2562.61**	**2085.68**	**729.36**	**499.69**	**1210.42**	**698.04**
2001	3057.01	2582.38	971.47	658.44	1371.18	838.77
2002	3491.40	3114.24	1154.94	834.07	1533.48	998.09
2003	**3850.62**	**3453.86**	**1295.39**	**952.44**	**1667.95**	**1096.98**
2004	4465.86	4027.82	1561.42	1159.21	1925.43	1296.13
2005	5161.08	4665.69	1822.76	1361.09	2277.32	1561.69
2006	6118.36	5565.61	2121.18	1671.41	2668.63	1962.67
2007	**8089.73**	**7464.43**	**2751.43**	**2230.97**	**3485.09**	**2731.27**

注:(1) 国家财政性教育经费和财政预算内教育经费指的是各级各类教育的总投入;(2) 全国总投入的单位是"亿元";义务教育阶段经费投入的单位是"元"。
数据来源:历年《中国教育经费统计年鉴》。

① 根据历年《中国教育经费统计年鉴》计算。教育部财务司、国家统计局社会和科技统计司编:《中国教育经费统计年鉴:2001—2008》,中国统计出版社。

国家教育投入的快速增长是政府主导作用显著增强的体现，也是政府发挥主导作用的结果。

在教育经费总量不足的情况下，中国教育经费的很大一部分是用于教职工的人员经费。[①] 教育投入的增长对稳定教师队伍，提高教师整体的学历和素质水平起到了至关重要的作用。专任教师队伍合格率在很大程度上也反映了教育投入的成效。到2008年年底，全国小学和普通初中教师合格率分别为99.27%和97.79%，其中农村地区小学和初中教师合格率也分别达到了98.93%和96.87%[②]，这表明中国义务教育在总体上具备了基本合格的师资队伍（表8-4，8-5，8-6）。

表8-4　2003—2008年全国普通小学教师学历情况

年份	在校学生（人）	专任教师（人）	生师比	研究生（%）	本科（%）	专科（%）	中师、高中（%）	合格学历（%）	专科及以上学历（%）
2003	116897395	5702750	20.5	0.02	3.07	37.43	57.33	**97.85**	40.52
2004	112462256	5628860	20.0	0.02	4.58	44.16	49.55	**98.31**	48.76
2005	108640655	5592453	19.4	0.03	6.70	49.63	42.26	**98.62**	56.36
2006	107115346	5587557	19.2	0.04	9.13	52.89	36.80	**98.86**	62.06
2007	105640027	5612563	18.8	0.04	12.21	54.63	32.22	**99.1**	66.88
2008	103315122	5621938	18.4	0.06	15.60	55.22	28.39	**99.27**	70.9

注：目前规定的普通小学教师合格学历为中师、高中以上。

数据来源：根据历年的《中国教育统计年鉴》计算。

表8-5　2003—2008年全国普通初中教师学历情况

年份	在校学生（人）	专任教师（人）	生师比	研究生（%）	本科（%）	专科（%）	合格学历（%）	本科及以上学历（%）
2003	66184186	3466735	19.1	0.14	23.68	68.21	**92.03**	23.82
2004	64750006	3476784	18.6	0.16	28.97	64.66	**93.79**	29.13
2005	61718079	3471839	17.8	0.21	35.10	59.94	**95.25**	35.31

① 根据《中国教育经费统计年鉴》中有关全国教育经费统计指标的说明，教育经费支出分为“事业性经费支出”和“基建支出”两大部分，其中事业性经费支出又分为“个人部分支出”和“公用部分支出”，二者通常分别被称作“人员经费”和“公用经费”。

② 根据《中国教育统计年鉴2008》计算。

(续表)

年份	在校学生(人)	专任教师(人)	生师比	研究生(%)	本科(%)	专科(%)	合格学历(%)	本科及以上学历(%)
2006	59373792	3463478	17.1	0.25	40.86	55.23	**96.16**	40.93
2007	57208992	3464396	16.5	0.31	46.95	49.92	**97.18**	47.26
2008	55741542	3468957	16.1	0.39	52.83	44.57	**97.79**	53.22

注:目前规定的普通初中教师合格学历为专科以上。
数据来源:根据历年的《中国教育统计年鉴》计算。

表 8-6 2003—2008 年普通中小学城乡教师学历合格率

		2003	2004	2005	2006	2007	2008
小学	城市	99.24	99.45	99.60	99.73	99.79	**99.83**
	县镇	98.76	99.13	99.44	99.53	99.62	**99.71**
	农村	97.22	97.78	98.11	98.43	98.72	**98.93**
初中	城市	97.09	97.72	98.41	98.78	99.03	**99.24**
	县镇	93.48	94.94	96.06	96.95	97.51	**97.97**
	农村	88.74	91.31	93.20	94.80	95.98	**96.87**

数据来源:根据历年的《中国教育统计年鉴》计算。

由此可见,国家财政性教育经费、预算内教育经费和生均教育经费的迅速增长为义务教育的发展提供了重要的财政支持和师资支持,从而为教育绩效的提高创造了必要条件。

4. 教育总量增长和国民素质提高成效显著

20 世纪末,除部分中西部农村地区外,中国总体上实现了基本普及九年义务教育、基本扫除青壮年文盲("两基")的目标,普九人口覆盖率达到 85% 以上,青壮年文盲率下降到 5% 以下。[①] 为全面实现和巩固"两基"目标,国家实施了西部地区"两基"攻坚计划并于 2007 年如期完成,"两基"人口覆盖率由 2002 年的 90%[②]提高到 2010 年的 100%,[③]义务教

① 数据来源:闵维方、王蓉主编:《中国教育与人力资源发展报告:2005—2006》,北京大学出版社 2006 年版,第 13 页。

② 教育部:《2002 年全国教育事业发展统计公报》,2003 年 5 月 13 日,http://www.moe.gov.cn/publicfiles/business/htmlfiles/moe/moe_633/200408/1553.html。

③ 教育部:《2010 年全国教育事业发展统计公报》,《中国教育报》2011 年 7 月 6 日,第 02 版。

育进入了全面普及和巩固的新阶段。

义务教育的普及和巩固使中国人口平均受教育年限大幅度提升，教育总量也显著增长，由此带来国民教育素质的极大改善。

5. 教育公共利益分享的公平性也有明显提高

教育公共利益分享的公平性包括入学机会公平、资源分享和对待的公平、成功机会的公平。从义务教育阶段入学率和升学率的时序变化和“两基”人口覆盖率可以发现，中国已经基本确保了义务教育阶段入学机会的公平。在资源分享公平方面，虽然目前存在突出的教育不均衡性，但破除义务教育阶段重点校的政策是资源分享公平的一个显著进步。目前中国正大力推进义务教育均衡发展，这是致力于资源分享公平与成功机会公平的重要努力。

二、中国义务教育供给的区域差异及其解释

尽管中国义务教育在上述几个方面取得了良好的供给绩效，但是，也不能忽视它所存在的问题。目前中国义务教育最突出的问题是发展的不均衡性，主要表现在区域差异（本书把城乡差异也纳入区域差异的范畴）、校际差异和群体差异等方面。在此，笔者集中考察义务教育发展的区域差异，并且主要从资源禀赋和区域供给方式选择的角度解释其成因。

根据分析单位的不同，教育发展的区域差异所指称的对象通常有四种：一是省际差异；二是县市差异；三是按一般的地理和行政特征所划分的，以东、中、西部地区为分析单位的区域差异；四是按照全国教育发展指数所划分的不同教育发展水平地区之间的区域差异。[①] 本书所指的区域

① 岳昌君、丁小浩等人仿照联合国开发计划署有关人类发展指数（HDI）的计算公式，构建出教育发展指数（EDI），用来全面反映和比较中国各省区市的教育发展水平。据此，他们按照教育发展水平差异把全国划分为四类地区：第一类是教育水平最高地区，包括北京和上海；第二类是教育较发达地区，包括天津、浙江、辽宁、江苏、广东和吉林；第三类是教育发展一般地区，包括山东、福建、黑龙江、湖北、山西、湖南、江西、河南、安徽、河北、海南、重庆、陕西、四川、新疆、内蒙古和宁夏；第四类是教育发展滞后地区，包括广西、甘肃、青海、云南、贵州和西藏。参阅岳昌君、丁小浩等主笔：《中国教育发展现状》，载闵维方、王蓉主编：《中国教育与人力资源发展报告：2005—2006》，第 18—20 页。

差异主要是指省际差异和县市差异。

从中国义务教育的经验事实可以发现,有些县市义务教育发展相对均衡,取得了良好的供给绩效,但也有很多县市(尤其是省份间)仍然存在较为严重的不均衡问题,这意味着不同地区的供给效果存在很大的区域差异。导致这种区域差异的原因是多方面的,其中最为关键的有两个:一是作为客观约束条件的资源禀赋的不同,二是区域供给模式的差异。区域间的资源禀赋差异是客观存在的,根源于不同地区的经济发展水平,它很大程度上会影响不同地区政府的教育提供能力,也会制约当地政府和非政府力量对义务教育供给方式的选择。

(一)由资源禀赋不同所导致的区域差异

资源禀赋的不同是导致义务教育供给区域差异的一个重要原因,但它并不是唯一重要的因素,因为在同样的资源禀赋条件下,有些地区义务教育发展相对均衡,另一些地区则不然;在不同的资源禀赋条件下,资源充足的地区义务教育发展未必均衡,资源相对不足的地区义务教育发展的均衡程度也可能较高(如安徽省铜陵市)。

一般而言,对于义务教育发展是否均衡的测度主要有三个维度:(1)教育机会(涵盖入学机会、优质教育资源分享机会和教育成功机会)、(2)教育投入和(3)教育成效(每个维度都有更多更细的指标项)。教育投入的不同在很大程度上会影响教育资源分享机会和教育成功机会。由资源禀赋不同所导致的区域差异主要体现在公共财政对义务教育的投入水平上,这可以从投入水平的省际差异和县市差异得到佐证。

在证实教育投入水平的省际差异和县市差异之前,有必要简要说明本书将使用的测度一些指标项差异情况(或离散程度)的具体方法,包括极差、标准差、极差率和差异系数等等。其中极差和标准差主要反映数据离散程度的绝对差异,数值越大,表明绝对差异越大;而极差率和差异系数主要反映数据离散程度的相对差异，数值越大，相对差异也越大。[①]

1. 省际区域差异

义务教育发展的省际区域差异可以从教育经费投入上得到直观反映，具体包括省际的国家财政性教育经费差异、财政预算内教育经费差异、义务教育阶段生均教育经费差异和生均预算内教育经费差异等方面。

需要说明的是，这里的国家财政性教育经费和财政预算内教育经费是针对一个省份各级各类教育的总体投入而言的，但它们所呈现的教育总投入的区域差异也能大体上反映义务教育经费投入的区域差异情况。

（1）从国家财政性教育经费看，2007 年最高的三个省份依次是广东、江苏和北京，分别为 681.1 亿、567 亿和 502.1 亿元；最低的三个省份依次是青海、西藏和宁夏，分别为 40.55 亿、40.6 亿和 54.8 亿元（图 8-5）。经费最高省份是最低省份的 16.8 倍。[②] 如表 8-7、图 8-6、图 8-7 所示，从 2000 到 2007 年之间，国家财政性教育经费的标准差数值一直处于上升趋势，差异系数虽然趋于下降，但仍处于较高水平。这表明省际国家财政性教育经费的绝对差异依然在扩大，而相对差异有所减小，但相对差异的水平仍然较高。

表 8-7　2000—2007 年各地区国家财政性教育经费的标准差和差异系数

年份	平均数	最大值	最小值	极差	标准差	极差率	差异系数
2000	826646.96	2157814.8	77127.9	2080686.9	**518409.95**	27.98	**0.627**
2001	986132.24	2566792.4	95944.1	2470848.3	**601340.23**	26.75	**0.610**
2002	1126259.60	3247693.4	134182.8	3113510.6	**698139.73**	24.20	**0.620**
2003	1242136.66	3800234.9	168022.9	3632212.0	**805538.81**	22.62	**0.649**
2004	1440599.19	4217378.9	190741.6	4026637.3	**928537.79**	22.63	**0.645**
2005	1664863.20	4692174.2	246544.8	4445629.4	**1052917.22**	19.03	**0.632**
2006	1973666.00	5430440.3	263422.1	5167018.2	**1221188.62**	20.61	**0.619**
2007	2609591.68	6811152.3	405547.8	6405604.5	**1552958.08**	16.79	**0.595**

注：表中涉及的国家财政性教育经费原始数据的单位是"万元"。
数据来源：根据历年《中国教育经费统计年鉴》计算。

① 具体参见附录 1。
② 教育部财务司、国家统计局社会和科技统计司编：《中国教育经费统计年鉴 2008》。

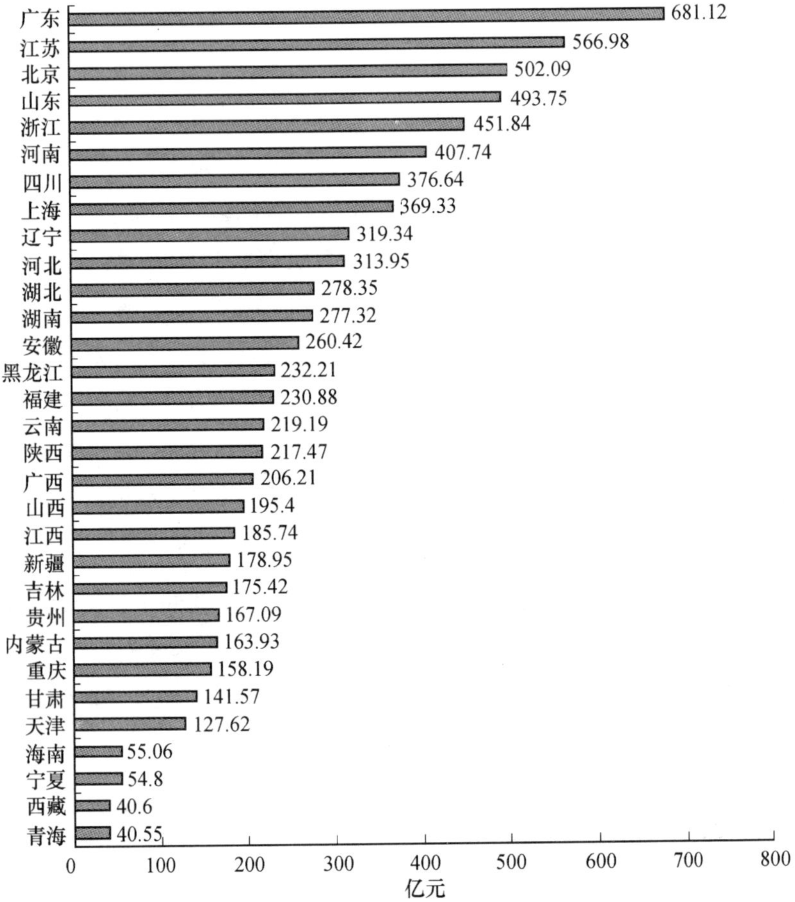

图 8-5　2007 年各地区国家财政性教育经费排序

注:根据《中国教育经费统计年鉴 2008》绘制。

(2) 从财政预算内教育经费看,2007 年最高的三个省份依次是广东、江苏和北京,分别为 641.6 亿元、506.1 亿元和 417.9 亿元;最低的三个省份依次是青海、西藏和海南,分别为 39.1 亿元、40.4 亿元和 48.6 亿元(图 8-8)。最高省份是最低省份的 16.4 倍。[①] 2000 到 2007 年间财政预算内教育经费与国家财政性教育经费的变化趋势基本相同(表 8-8,图 8-9,图 8-10)。

① 教育部财务司、国家统计局社会和科技统计司编:《中国教育经费统计年鉴 2008》。

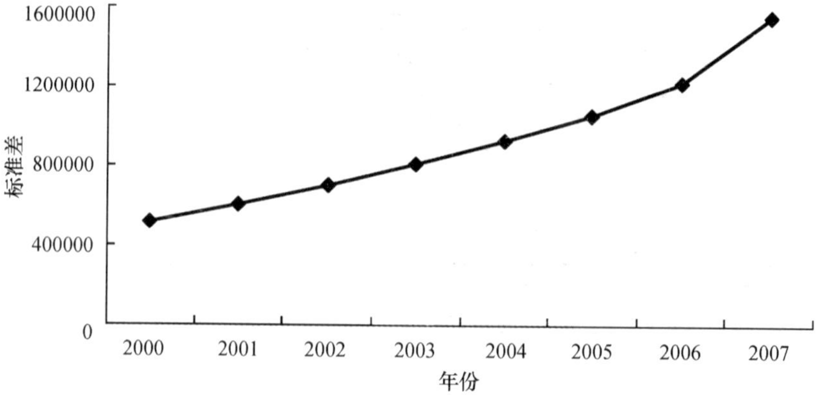

图 8-6　2000—2007 年各地区国家财政性教育经费标准差的时序变化

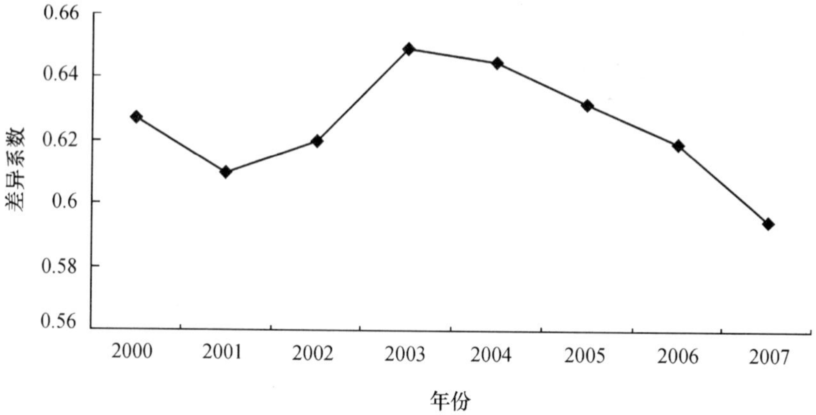

图 8-7 2000—2007 年各地区国家财政性教育经费差异系数的时序变化

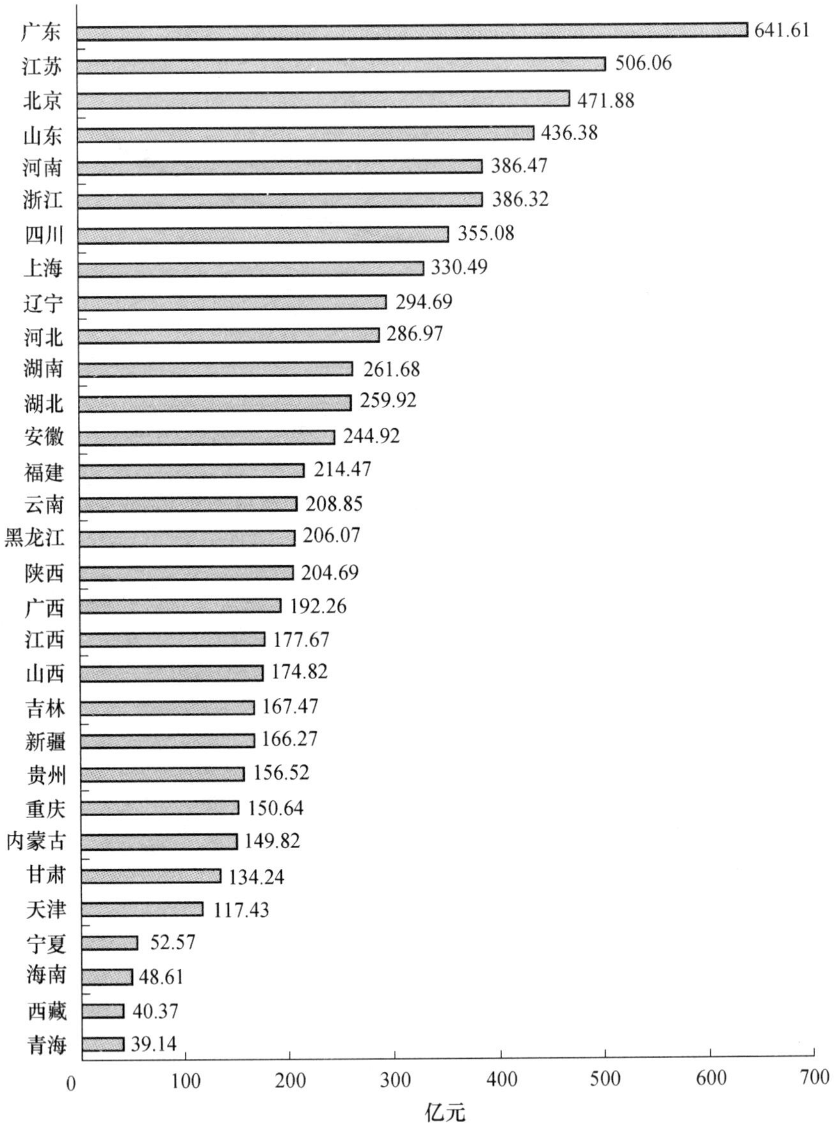

图 8-8　2007 年各地区财政预算内教育经费排序

注:根据《中国教育经费统计年鉴 2008》绘制。

表 8-8　2000—2007 年各地区财政预算内教育经费的标准差和差异系数

年份	平均数	最大值	最小值	极差	标准差	极差率	差异系数
2000	672799.75	1821597.7	76134.0	1745463.7	**429035.00**	23.93	**0.638**
2001	833024.58	2218268.6	95738.4	2122530.2	**513542.85**	23.17	**0.616**
2002	1004593.01	2910766.1	133970.8	2776795.3	**618262.19**	21.73	**0.615**
2003	1114147.83	3485442.4	162434.6	3469197.8	**720624.90**	21.46	**0.647**
2004	1299295.42	3898843.8	184898.7	3713945.1	**826727.85**	21.09	**0.636**
2005	1505062.55	4358518.3	239082.6	4119435.7	**940764.01**	18.23	**0.625**
2006	1795359.29	5055834.8	261064.3	4794770.5	**1098152.52**	19.37	**0.612**
2007	2407880.06	6416442.5	391398.8	6025043.7	**1415563.62**	16.39	**0.588**

注：表中涉及的财政预算内教育经费原始数据的单位是“万元”。
数据来源：根据历年《中国教育经费统计年鉴》计算。

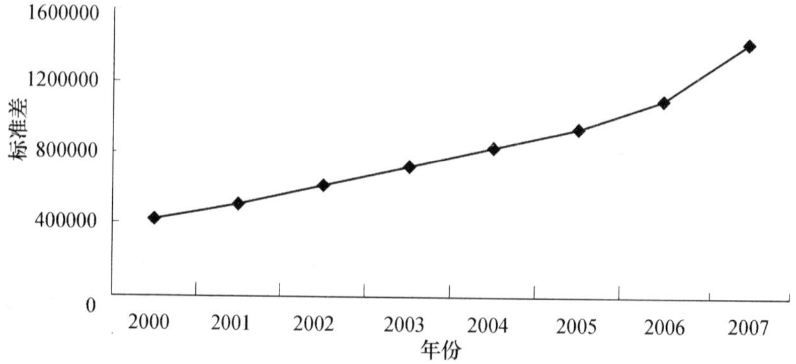

图 8-9　2000—2007 年各地区财政预算内教育经费标准差的时序变化

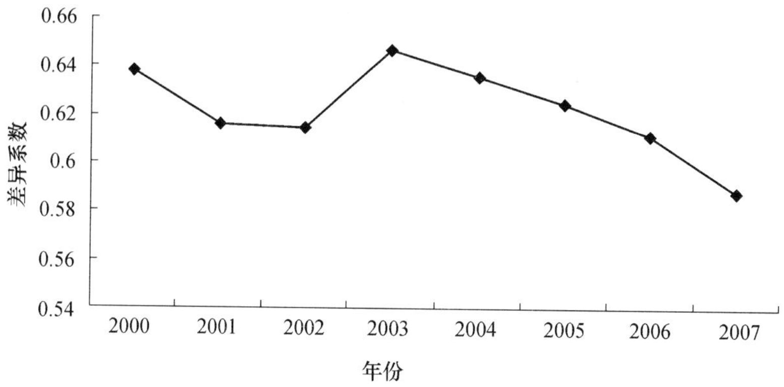

图 8-10　2000—2007 年各地区财政预算内教育经费差异系数的时序变化

(3) 从义务教育阶段生均教育经费来看,2007 年普通初中生均教育经费最高的三个省份依次是北京、上海和浙江,分别为 16946、15729 和 7106 元;最低的三个省份依次是贵州、河南和安徽,分别为 1962、2268 和 2292 元(图 8-11)。① 最高省份是最低省份的 8.6 倍。从表 8-9、图 8-12 和图 8-13 可以看出,2000 到 2007 年之间各省份普通初中生均教育经费的标准差随时序变化而以较大幅度在不断拉大,差异系数先是扩大然后趋于稳定并维持在较高水平。这表明省际初中生均教育经费的绝对差异在持续扩大,而且扩大速度比较快,相对差异同样也在扩大,并且相对差异的水平非常高。这也意味着省际生均投入差距的形势非常严峻,不同地区间学生所能享受的教育资源有非常大的差异。

2007 年小学生均教育经费最高的三个省份依次是上海、北京和天津,分别为 13592、10684 和 5703 元;最低的三个省份依次是贵州、河南和

表 8-9 2000—2007 年各地区普通初中生均教育经费的标准差和差异系数

年份	平均数②	最大值	最小值	极差	标准差	极差率	差异系数
2000	1464.75	4413.52	648.37	3765.15	**917.22**	6.81	**0.626**
2001	1714.30	5182.94	807.54	4375.40	**1111.75**	6.42	**0.649**
2002	1901.58	6106.60	873.25	5233.35	**1208.36**	6.99	**0.635**
2003	2122.90	7797.70	928.60	6869.10	**1567.51**	8.40	**0.738**
2004	2486.56	9990.49	1040.07	8950.42	**1952.48**	9.61	**0.785**
2005	2954.38	12255.10	1255.59	10999.51	**2317.57**	9.76	**0.784**
2006	3468.33	13623.58	1464.12	12159.46	**2777.19**	9.30	**0.801**
2007	4458.40	16945.83	1961.97	14983.86	**3380.12**	8.64	**0.758**

注:表中涉及的普通初中生均教育经费原始数据的单位是“元”。
数据来源:根据历年《中国教育经费统计年鉴》计算。

① 教育部财务司、国家统计局社会和科技统计司编:《中国教育经费统计年鉴 2008》。
② 这里的平均数是指各地区生均教育经费的算术平均值,而不是全国生均教育经费。以下各表中涉及生均投入的平均数含义与此相似。

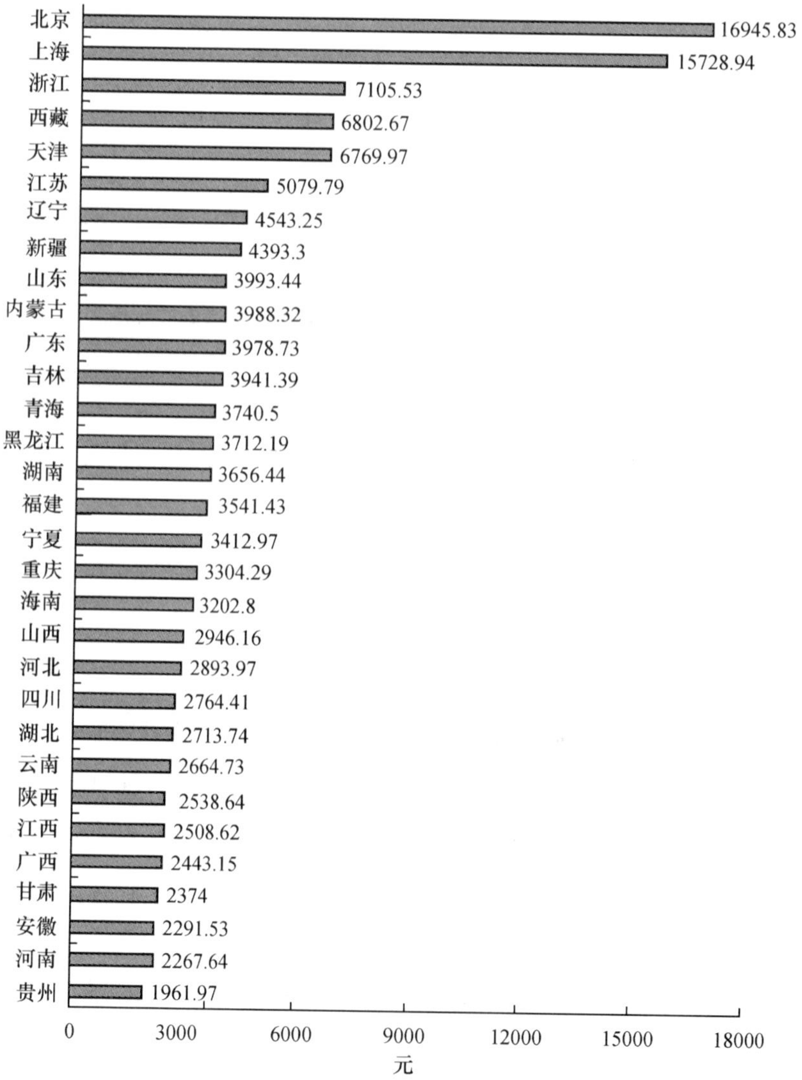

图 8-11　2007 年各地区普通初中生均教育经费排序

注:根据《中国教育经费统计年鉴 2008》绘制。

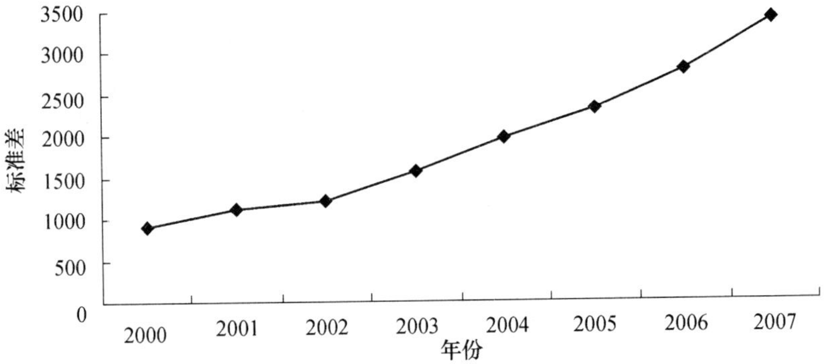

图 8-12　2000—2007 年各地区初中生均教育经费标准差的时序变化

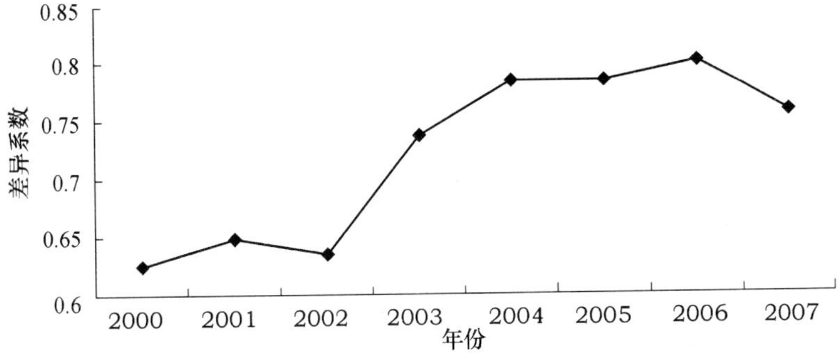

图 8-13　2000—2007 年各地区初中生均教育经费差异系数的时序变化

江西,分别为 1574、1628 和 1906 元(图 8-14)①,最高省份是最低省份的 8.6 倍。表 8-10,图 8-15 和图 8-16 显示,省际小学生均教育经费的标准差随时序变化不断拉大,与初中生均教育经费变化趋势相同,但其差异系数呈现出先扩大后缩小的趋势。需要注意的是,小学生均教育经费的差异系数虽然有缩小趋势,但它是在达到一个极高值 0.810 之后才有所减缓并依然维持在接近 0.7 以上的高水平。这表明省际小学生均教育经费的绝对差异和相对差异都还非常大。

(4) 从义务教育阶段生均预算内教育经费来看,可以得到与生均教育经费基本相同的结论,在此不赘述(相关数据和图表可查阅附录)。

① 教育部财务司、国家统计局社会和科技统计司编:《中国教育经费统计年鉴 2008》。

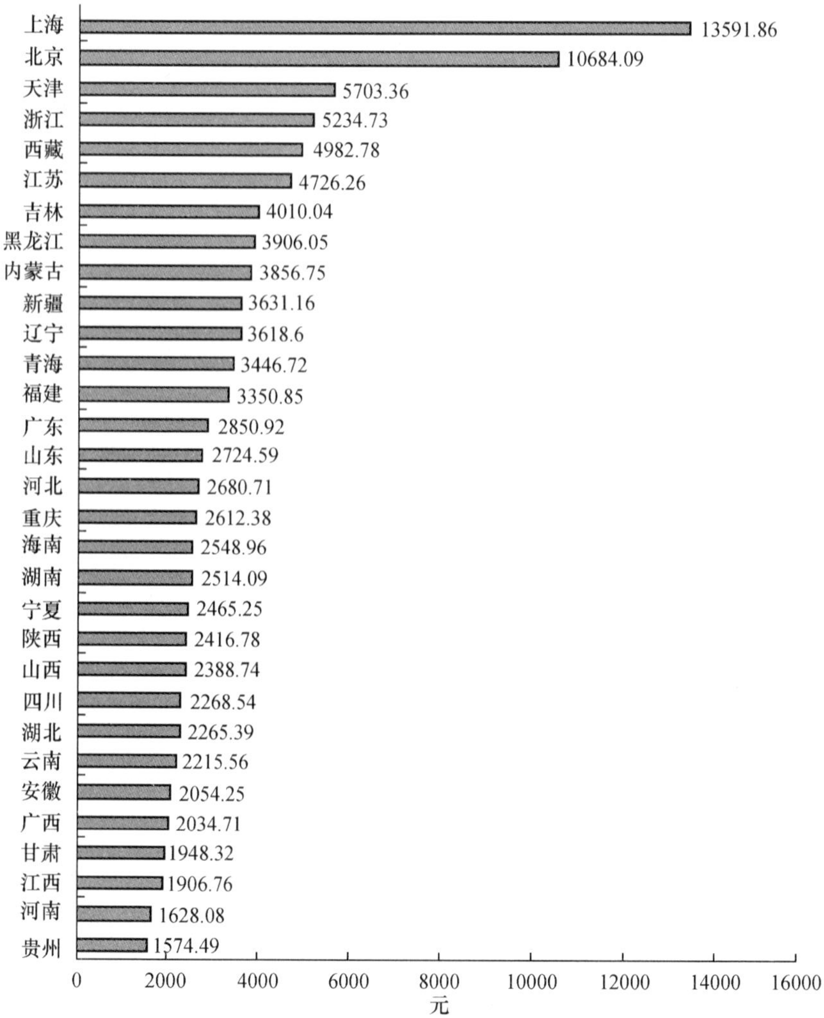

图 8-14　2007 年各地区普通小学生均教育经费排序

注:根据《中国教育经费统计年鉴 2008》绘制。

表 8-10　2000—2007 年各地区小学生均教育经费的标准差和差异系数

年份	平均数	最大值	最小值	极差	标准差	极差率	差异系数
2000	997.88	3715.22	418.23	3296.99	**685.43**	8.88	**0.687**
2001	1259.81	4875.97	536.64	4339.33	**898.14**	9.09	0.713
2002	1504.36	5559.40	621.41	4937.99	**1054.15**	8.95	**0.701**
2003	1709.72	7030.12	677.43	6395.69	**1323.08**	10.38	**0.774**
2004	2065.32	9038.51	819.24	8219.27	**1673.26**	11.03	**0.810**
2005	2389.63	9767.45	972.74	8794.71	**1800.06**	10.04	**0.753**
2006	2795.80	11632.49	1170.74	10461.75	**2083.62**	9.94	**0.745**
2007	3607.80	13591.86	1574.49	12017.37	**2502.87**	8.63	**0.694**

注:表中涉及的小学生均教育经费原始数据的单位是“元”。

数据来源:根据历年《中国教育经费统计年鉴》计算。

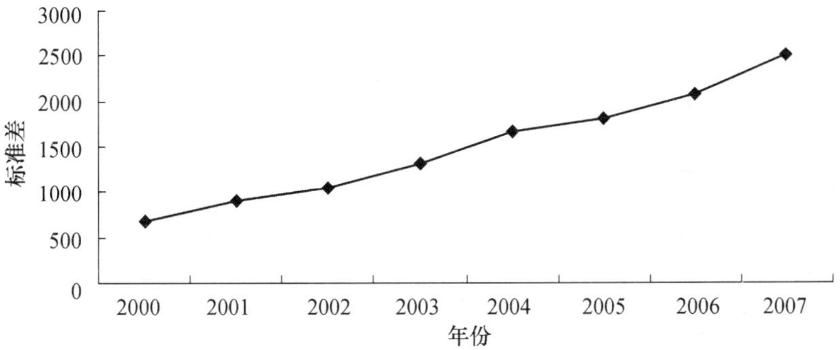

图 8-15　2000—2007 年各地区小学生均教育经费标准差的时序变化

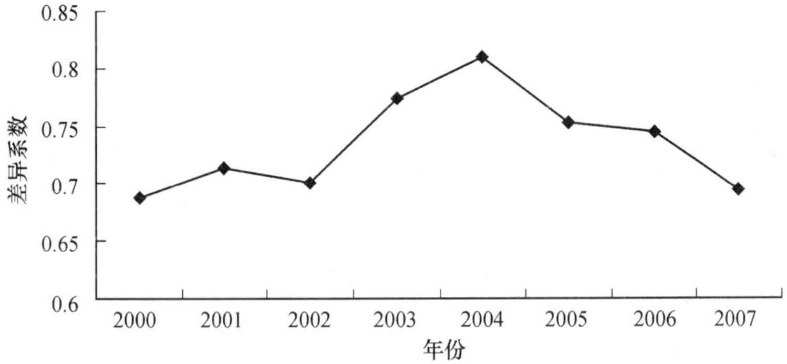

图 8-16　2000—2007 年各地区小学生均教育经费差异系数的时序变化

2. 县市间区域差异

市州间和县际间区域差异的实证数据鲜有权威的、公开的统计文献可循,因而本书主要参考了既有研究文献中的一些数据。就市州间义务教育发展的区域差异而言,有学者研究了2005年湖北省公共教育经费的分配状况:

> 从省内区域差异来看,2005年,[湖北]全省小学"预算内生均公用经费"的基尼系数分析结果显示,17个市(州)中小于或等于全省数值(0.34)的市(州)占67%;普通初中"预算内生均公用经费"的基尼系数小于全省数值(0.35)的市(州)占75%。这一现象说明,大部分市(州)之间义务教育发展水平差异大于市(州)内部差异。①

这份资料显示,2005年湖北省义务教育阶段生均预算内公用经费的基尼系数介于0.34—0.35之间,七成左右的市州小于全省数值,三成左右的市州大于全省数值。这表明全省的差异更大程度上是由各市州之间的差异造成的,而且市州间差异大于市州内部差异。由此可以证明:省域内市州之间义务教育的区域发展是极不均衡的。

从县域间差异同样可以佐证省域内义务教育发展的区域差异。有研究者以县为单位,按经济发展水平从东到西把山东省划分成五类地区,并相应地选择代表各地区平均水平的5个县,研究了2002年义务教育的发展状况。分析结果显示,2002年山东省东部县人均教育投入水平、教师工资水平、农村中小学生均教育经费等各指标是西部县的3.25—4.68倍。该研究对比了全国东中西部地区的差异情况,认为全国范围内东部地区基础教育各项经费指标是中西部地区的1—2倍,因而得出了"省内教育差距大于省际教育差距"的结论。② 不管其结论如何,这里的数据至少证实了省域内义务教育发展中不容忽视的县际差异。

---

① 叶平、张传萍:《对教育公平与义务教育均衡发展的思考》,《政策》2007年第4期。

② 参阅转型期中国重大教育政策案例研究课题组:《缩小差距:中国教育政策的重大命题》,人民教育出版社2005年版,第19—24页。

3. 城乡区域差异

一般意义上的城乡差异可以有两种理解:一是指城市(大中城市)与农村的差异;二是指城镇(包括城市和县镇)与农村的差异。统计学意义上的城乡差异通常是指后者。此处有关生均教育经费的分析主要采取统计学意义上的"城镇与农村差异"①,之所以如此,主要考虑的是简化计算量。由于统计年鉴对一些数据并没有作出统计,在计算各指标的城乡差异,尤其是生均教育经费和生均预算内教育经费的城乡差异时,即使按这种统计学意义去计算,也将遇到非常大的计算量。必须指出的是,统计学方式(城镇与农村差异)实际上会大大缩小城市与农村的真实差别,因而城市与农村的差异通常是大于城镇与农村差异的。有关教师质量的分析主要考察城市(不含县镇)与农村的差异。

最能直观反映中国义务教育城乡差异的统计指标是生均教育投入和师资水平。从生均教育经费来看,2003 年城镇和农村地区小学生均教育经费分别是 1751 元和 1058 元,城镇大约是农村的 1.66 倍②;普通初中分别是 2086 元和 1211 元,城镇是农村的 1.72 倍。到 2007 年,城镇和农村地区小学生均教育经费分别是 3157 元和 2464 元,城镇是农村的 1.28 倍;普通初中分别是 3845 元和 2927 元,城镇是农村的 1.31 倍(表 8-11)。

表 8-11 义务教育阶段中小学生均教育经费城乡之比

	小学生均教育经费			初中生均教育经费		
	城镇(元)	农村(元)	城乡之比	城镇(元)	农村(元)	城乡之比
2000	884.67	647.01	**1.37**	1618.42	884.41	**1.83**
2001	1179.35	797.60	**1.48**	1708.35	1013.65	**1.69**
2002	1563.12	953.65	**1.64**	1893.10	1129.21	**1.68**

① 之所以如此,主要考虑的是简化计算量。由于统计年鉴对一些数据并没有作出统计,在计算各指标的城乡差异,尤其是生均教育经费和生均预算内教育经费的城乡差异时,即使按这种统计学意义去计算,也将遇到非常大的计算量。必须指出的是,统计学方式(城镇与农村差异)实际上会大大缩小城市与农村的真实差别,因而城市与农村的差异通常是大于城镇与农村差异的。

② 按表中数据的严格计算是 1.65 倍。文字表述中取整数的地方,按文字表述中所取数据计算。下同。

（续表）

	小学生均教育经费			初中生均教育经费		
	城镇（元）	农村（元）	城乡之比	城镇（元）	农村（元）	城乡之比
2003	**1751.14**	**1058.25**	**1.65**	2085.80	1210.75	**1.72**
2004	2009.96	1326.31	**1.52**	2345.85	1486.65	**1.58**
2005	2266.67	1572.57	**1.44**	2653.37	1819.92	**1.46**
2006	2575.26	1846.71	**1.39**	3032.09	2190.33	**1.38**
2007	**3156.89**	**2463.72**	**1.28**	3845.37	2926.58	**1.31**

资料来源：根据历年《中国教育经费统计年鉴》和《中国教育统计年鉴》计算。①

从2000—2007年生均教育经费城乡之比的时序变化来看，小学生均教育经费的城乡差异先是不断扩大，然后趋于缩小；初中生均教育经费的城乡差异尽管有所波动，但呈现出缩小的趋势（图8-17）。这说明义务教育阶段生均教育经费的城乡差异总体上在不断缩小。2007年的城乡差异都缩小到1.3倍左右，这与上文提及的城乡统筹的免费义务教育和国家加大对农村地区的教育投入有关。尽管如此，城乡差异却一直存在，而且从生均教育经费的绝对差值来看，城乡差异还比较大：其中2003—2007

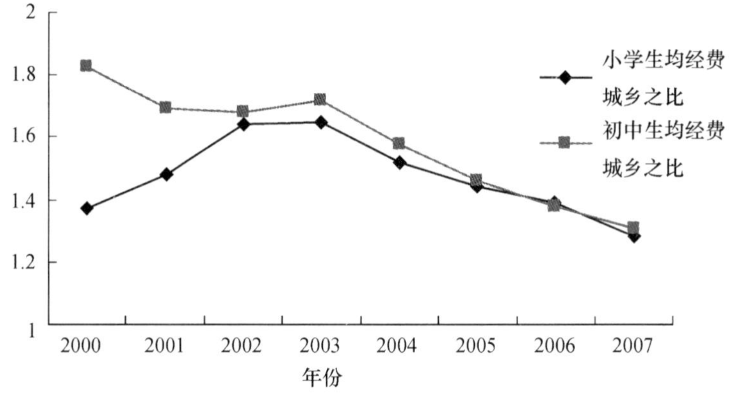

图8-17　2000—2007年义务教育阶段生均教育经费城乡之比

① 与该表中“小学生均教育经费”相关的数据，在《中国教育经费统计年鉴》中只统计了农村地区小学生均教育经费和全国小学生均教育经费，“城镇小学生均教育经费”根据历年《中国教育经费统计年鉴》和《中国教育统计年鉴》计算得出。“城镇初中生均教育经费”亦是如此。计算方法见附录。

年间小学生均教育经费城乡差值都在700元左右,初中城乡差值都在800元以上。

与生均教育经费城乡之间的绝对差异保持稳定而相对差异不断缩小的情况有所不同的是,义务教育阶段教师资源的城乡差异呈现出另外一些特点。从教师学历合格率[①]来看(见前文中的表8-6),即使直接对比城市与农村的情况,2003—2008年小学教师合格率只有微弱的差异,而且这种差异在不断缩小;初中教师合格率由相差8个百分点迅速降低到相差2个百分点。县镇与农村之间的差异则更小。2008年城乡教师合格率总体上已比较接近(图8-18)。

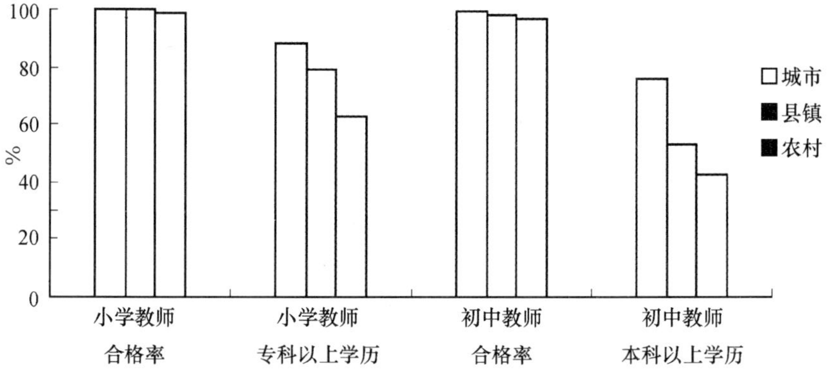

图8-18　2008年义务教育阶段教师质量城乡差异

可是,教师合格率的微弱差异并不意味着城乡教师的质量水平是大体相当的。表8-12和图8-18充分表明,义务教育阶段中小学实际的教师质量在城乡之间还存在着巨大的差异。从城市和农村的"小学教师专科以上学历"来看,2003年城市的比例为64.4%,农村为31.77%;2008年城市的比例为87.96%,农村为62.82%;2003—2008年间城市与农村相

① 根据《中华人民共和国教师法》第11条的规定,"取得小学教师资格,应当具备中等师范学校毕业及其以上学历";"取得初级中学教师、初级职业学校文化、专业课教师资格,应当具备高等师范专科学校或者其他大学专科毕业及其以上学历"。据此,小学教师中师以上、初中教师专科以上为合格学历。学界把"小学教师专科以上学历"和"初中教师本科以上学历"分别看作小学和初中相对高水平的教师学历。

差大约25～32个百分点。从城市和农村的"初中教师本科以上学历"来看，2003年城市的比例为48.65%，农村为14.28%；2008年城市的比例为75.93%，农村为42.33%；2003—2008年间城市与农村相差大约33～39个百分点。这种相对差异的程度是十分惊人的，而且，更为严峻的是，2003—2008年间义务教育阶段教师质量，尤其是初中教师质量，一直维持着高度的差距，并没有很明显的缩小趋势（图8-19，图8-20）。这必须引起政府和社会各界的严正关切。

表8-12　2003—2008年义务教育阶段中小学教师质量　（单位：%）

		2003	2004	2005	2006	2007	2008
小学教师专科以上学历	城市	64.40	71.34	78.01	82.54	85.30	87.96
	县镇	49.06	58.41	67.17	72.41	75.89	79.01
	农村	**31.77**	**40.14**	**47.49**	**53.61**	**58.53**	**62.82**
初中教师本科以上学历	城市	48.65	55.03	62.44	68.47	71.96	75.93
	县镇	22.12	28.01	34.50	41.15	46.79	52.62
	农村	**14.28**	**19.00**	**24.34**	**29.97**	**35.97**	**42.33**

资料来源：根据历年《中国教育统计年鉴》计算。

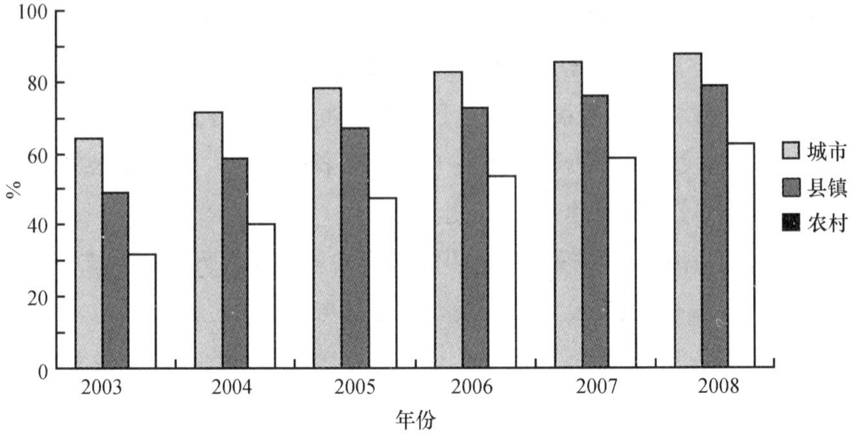

图8-19　2003—2008年小学教师专科以上学历的比例

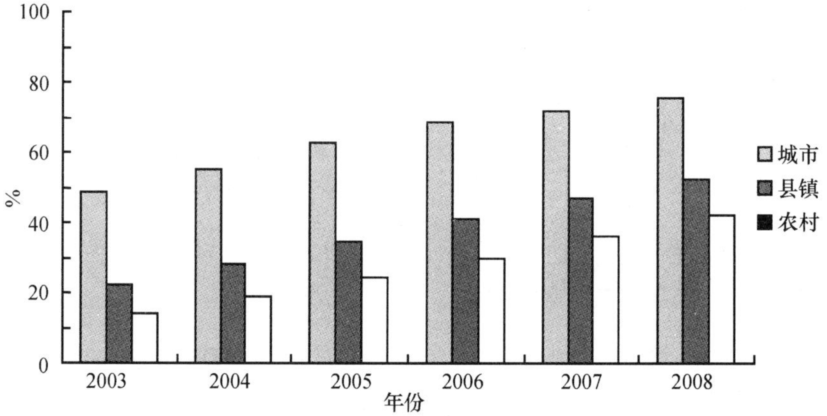

图 8-20 2003—2008 年初中教师本科以上学历的比例

以上省际间、县市间和城乡间义务教育发展的不均衡性表明，教育投入（包括资金和师资等方面）是影响教育绩效的最为直接的因素。教育投入的多少与各个地区的资源禀赋条件或者说经济发展水平直接相关。在经济比较发达的地区，如广东、上海和北京等省市，无论是教育投入总量还是义务教育阶段生均教育经费，都处于前列。这可以从总体上解释经济相对发达地区与经济欠发达地区义务教育水平的差异性。

尽管如此，一个显著的问题是，为什么一些经济相对发达的地区义务教育办学质量和均衡程度并不优于甚至不如一些中等发达地区？换言之，为什么较优的资源禀赋条件并不必然带来较优的教育发展水平？这是我们需要真正关心和解释的问题。

如果说可以把教育投入区分为教育投入总量和教育投入方式（资源配置方式），那么，教育投入总量很大程度上与当地的经济发展水平或者说资源禀赋条件相关，而资源配置方式则与当地选择的具体教育供给模式相关。当然，教育供给模式的不同选择也会影响到教育投入总量问题。

资源禀赋条件只能为义务教育发展的区域差异提供部分解释。而且，资源禀赋条件的差异是一个硬约束，这种硬约束不仅来自自然资源的差异性，更来自长期以来的经济传统和经济积累的差异性。如果我们把各个地区的资源禀赋条件设定为外部条件，那么，解释义务教育区域差异的关键因素就变成了具体供给模式的选择。

（二）由具体供给模式所导致的区域差异

根据第六章对总体模式的提炼和分析可知，不仅每个地区的教育传统和资源禀赋有所不同，各个地区对供给机制的具体选择及其复合方式也大有差异。在既定的资源禀赋和国家制度约束条件下（以下的讨论都是在此前提下进行的），决定义务教育供给效果的关键因素是供给方式的选择及其组合。如果一个地区对供给机制的选择契合当地教育传统、资源禀赋条件和现实教育格局，适切地满足了四个供给要件，通常就能取得良好的供给效果，我们就可以认为它具有适切性，反之亦然。

1. 教育期望与供给意愿的差异性

多利益相关者的教育期望能否恰当地合成良善的政府教育目标，是决定区域供给效果的首要因素。多利益相关者教育期望对政府教育目标的影响涉及公共选择机制与政府机制的相互作用。除了来自国家意志和中央政府的影响外，一些地区建立了相对有效的常规化、制度性公共论坛或其他对话通道，使得利益相关者的教育期望、教育需求能有序地传达到政府决策机构，进而使地方政府以公民教育需求为导向制定教育规划和教育决策，较好地契合了利益相关者的合理教育期望。这意味着，民众和社会舆论能对地方政府决策产生重要影响。然而，目前中国大部分地区还没有完全形成这种常规化的公共论坛，也缺乏其他有效的制度性对话通道。在此情况下，一些地方政府往往基于教育政绩的考虑和部门利益的诉求进行决策，把有限的教育资源集中投入少数几所学校，人为地造成了义务教育的不均衡发展。当然，不能排除，也有若干地区即使尚未形成有效的制度化利益表达渠道，地方政府依然能够依靠内在自觉和上级政府的要求而制定相对合理的教育目标。不过，就实际情况来看，这种依靠内在自觉所取得的成效往往因领导人的改变而改变，因而不具有稳定性和持续发展性，对其他地区的借鉴价值也相对有限。

2. 教育提供能力的差异性

对各种供给机制的复合性运用能否最大限度地增强当地教育提供能力,是决定区域供给绩效的核心因素。教育提供能力包括资源禀赋条件和资源配置能力。资源禀赋条件的区域差异主要体现在不同地区"国家财政性教育经费"和"预算内教育经费"投入水平的差异上,资源配置能力则主要体现在不同地区政府对非政府教育资源的运用能力和对所有教育资源的配置能力上,这种资源运用和资源配置是通过特定的供给方式进行的。

资源禀赋条件是影响义务教育提供能力的一个重要因素,但它并不是唯一重要的因素,因为义务教育提供能力还涉及资源扩充与资源配置,而这些都与供给方式的选择息息相关。在同样的资源禀赋条件下,有些地区义务教育资源配置相对均衡,另一些地区则不然;在不同的资源禀赋条件下,资源充足的地区,其义务教育资源配置未必均衡,资源相对不足的地区,其义务教育资源配置的均衡度也可能较高(如安徽铜陵)。

为充分吸纳非政府教育资源,扩充教育资源总量,实现教育资源的均衡配置,进而提升当地的教育提供能力,地方政府需要合理选择不同的供给方式(如政府机制、社会机制、市场机制甚至志愿机制)及其组合模式。经济相对发达的地区,其教育资源禀赋条件比较好,即使不借助社会和市场的教育资源,也能保证基本的提供能力,但单独依赖政府机制,往往难以保证提供充分的多元优质教育,因为许多优质教育资源(如先进教育理念、学校管理经验)并非仅仅依靠公共财政和政府机制就能提供的,它们恰恰存在于社会和市场当中。不仅如此,单一的政府机制未必能确保教育资源在校际间的均衡配置。经济欠发达的地区,教育资源禀赋条件十分有限,仅靠公共财政和政府机制甚至无法提供基本的义务教育,这就需要借助社会机制和市场机制,开发社会和市场教育资源。

现实生活中,一些经济相对发达的地区不仅扩大公共财政投入,而且借助于社会机制和市场机制,有效运用非政府的优质资源,既提供基本教育服务,又适当地满足公民对多元优质教育的需求,其教育提供能力是比较强的。同时，更令人感到惊喜的是，有些经济中等发达或相对不发达的地区，把有限的教育资源持续向薄弱学校倾斜，由此确保了校际均衡发展；也有地区通过建立公共支持机制与公共激励机制，引入社会机制、市场机制和志愿机制，大大扩展了非政府投入渠道，增强了义务教育提供能力。可是，与之相反的是，一些经济相对发达的地区受不合理教育目标的驱使或有限管理能力的制约，并未有效地配置相对充裕的教育资源，校际发展差距大，择校热也并未缓解。大部分经济欠发达地区不仅缺乏足够的政府投入来保证义务教育供给，而且也没有塑造有利于民办教育良性发展的环境，没有针对社会和市场主体建立有效的激励机制，社会和市场教育资源被闲置一边，并未得到合理开发，这是除公共财政不足之外，导致许多经济欠发达地区提供能力非常薄弱的重要原因。而提供能力的薄弱，自然难以确保良好的义务教育供给绩效。

3. 政府教育管理能力的差异性

地方政府能否通过内在自觉、外在约束或借助非政府机制提高教育管理能力，也是决定区域供给效果的关键因素。

提供能力要素中的资源配置能力，往往与政府管理能力息息相关，管理能力的强弱直接影响资源配置的均衡性和配置效益。铜陵案例显示，地方政府在治理义务教育过程中持续的决心和勇气、政策执行力和管理能力，对于义务教育的均衡发展具有至关重要的作用。这充分表明政府的主观努力在克服资源禀赋约束方面的能动性和可行性。一般而言，地方政府提高管理能力的方式有三种：一是通过有效的行政体制设计使政府本身具有内在激励，从而产生改善管理的内在自觉；二是通过来自立法机构、司法机构、中央政府、公民团体、社会舆论和公民个人施加的外部约束，使地方政府公开接受多重监督；三是借助引入非政府机制（购买服务、委托管理）提高政府管理质量和管理能力。实践表明，这三种方式可以并用。

现实生活中，一些地方政府确实通过运用其中一种或几种方式大大提高了政府管理能力，这表现在：将非政府资源有效引入政府机制，使公办学校能充分运用非政府资源;建立公共激励机制为民办教育创造良好条件,扩大教育资源供给渠道;把有限的教育资源相对均衡地配置到各所学校;构建良好的政校关系,使学校通过自主办学发展多元特色;为家庭、社区参与学校管理提供支持、鼓励和协助,有效贯通学校教育、家庭教育和社会教育;保持良好政策的延续性并不断提高政府的政策执行力。当然,就目前状况来看,能在所有这些方面都表现出杰出管理才能的地方政府还相对较少。一些地方政府或者缺乏内在激励,或者受到不当激励的驱使,也有地方政府因外部约束无力而使教育行政管理权力极度膨胀,而且,大部分地方政府过度依赖政府权威,尚未建立起通过引入社会与市场教育力量来提高管理能力的合作机制。所有这些导致许多地方政府的教育治理能力非常有限,义务教育供给绩效也不甚理想。

4. 学校教育绩效的差异性

是否建立了符合教育发展规律的现代学校制度,对于提高学校教育绩效、进而改善区域供给效果也至关重要。

在拥有良好教育期望、提供能力和管理能力的前提下,供给绩效的状况最后取决于学校的教育绩效,而学校教育绩效是由学校制度及其治理能力所决定的。学校制度中最为关键的一个方面是政校关系,即学校自主性。当前中国许多地方政府对公办学校的控制过多,对民办学校的规制力度也过于苛刻,有些地方甚至陷入无序规制。前者极大地削弱了公办学校的办学自主性,使部分校长及其管理团队在学校内部治理事宜上较多地受制于政府意志、权威甚至部门利益,而不是根据自身办学理念、教育思想和管理经验治理学校。后者不仅使民办学校像公办学校那样缺乏办学自主性,而且弱化了社会、市场主体投资办学的积极性,既不利于扩充教育资源,也不利于学校的良性竞争和多元发展。此外,政府对学校的过度控制,也限制了学校建立社会参与机制的空间与积极性,家长、社区合作治理学校的格局难以建立,许多地区学校治理中的困境也难以得到家长、社区的理解与支持。正因为如此,学校教育单打独斗,不积极开发家庭和社区资源,不寻求家庭教育、社会教育协作与配合的情况比比皆是。

从义务教育供给绩效的区域差异及其原因分析可知，中国义务教育虽然在总体特征上可以概括为“政府主导的区域多样供给模式”，但不同地区对不同供给机制的具体选择及其组合模式是不同的，在改善供给意愿、提供能力、政府管理能力和学校教育绩效等方面所取得的成效也有很大差异。虽然一些地方政府在义务教育治理的不同环节取得了一定程度的成效，但许多地方政府还尚未达到义务教育均衡发展的供给效果。

三、政府主导的区域多样供给模式的适切性分析

上文考察了义务教育供给效果的区域差异并分析了其决定性原因。既然在“政府主导的区域多样供给模式”下不同地区供给绩效差异甚大，那么，该模式究竟是否适合于中国义务教育的未来发展呢？根据上文对区域差异的解释可知，导致区域差异的一个重要原因是资源禀赋不同，另一个则是具体的供给模式选择。目前，从国家范围来看，省际之所以没有很好地缓解资源禀赋差异所带来的区域差异，一定程度上恰恰是政府主导，尤其是中央和省级政府财政主导的力度（包括转移支付力度、中央与省级政府担负的义务教育经费比例）不够；除资源禀赋因素外，县市之间的区域差异，恰恰是不少县市政府没有选择适合于本地区的供给机制和组合方式。

由此可见，在既定的资源禀赋条件下，不是因为“政府主导的区域多样供给模式”本身的问题导致了区域差异，而恰恰是因为没有很好地实行“政府主导的区域多样供给模式”才导致了供给绩效的区域差异。“政府主导的区域多样供给模式”的恰当运用，应该有助于资源禀赋不同的各个地区缩小区域差异，都取得相对良好的供给绩效，因为该模式的良好执行既能满足义务教育供给过程中的共同因素，也能应对差异因素，从而有助于在不同地区有效地满足四个供给要件。

(一)在满足义务教育供给中共同因素方面的适切性

如同在比较四种典型模式的共同性时已经讨论的那样,中国义务教育供给中的首要共同因素是供给对象的物品属性相同。在中国所有地区和所有的具体供给模式中,供给对象都是法定义务教育(非政府主体供给的也是法定义务教育),都具有同样的纯公共物品属性。为避免私人单一供给可能导致的供给不足,同时又避免政府单一供给可能存在的供给意愿不良和供给能力不足等问题,中国义务教育需要采取"政府主导供给"而非"政府单一供给"的模式。政府主导的区域多样供给模式应该能够满足义务教育的纯公共物品属性对政府核心作用的要求。

中国义务教育供给中的第二个共同因素是国家制度安排。2006 年新《义务教育法》要求国家必须保障义务教育这一公益事业,同时要求中央和地方政府必须确保义务教育经费。这一法律约束要求政府在义务教育供给中必须起主导作用并承担最终法律责任。"政府主导的区域多样供给模式"同样能满足这一共同要求。

中国义务教育供给中的第三个共同因素是,"保障基本教育需求与满足多元教育需求"之间的矛盾。这对矛盾几乎在中国所有地区都普遍存在,是中国义务教育供给中的共性矛盾。政府主导的区域多样供给模式对于解决这一矛盾的适切性,笔者随后在分析多元教育需求这一差异因素时再予以讨论,因为这对共性矛盾更多地体现为基本需求与多元需求之间的差异性,以及多元需求之间的差异性。

中国义务教育供给中的第四个共同因素是优质教育资源的普遍匮乏。虽然有些地区经济发展水平较高,但实际情况表明,充足的公共财政能力并不意味着充足的公共优质教育资源。中国大部分地区(也可以说几乎所有地区)的公共优质教育资源都呈现匮乏且分布不均衡的状态,尽管不同地区其匮乏程度和不均衡程度所有差别。

缓解这种匮乏状态的办法应该着眼于优质教育资源的大幅度扩充和均衡配置。在资源扩充方面,有些地方政府因为优质教育资源匮乏程度不甚严重并且选择了适切的扩充机制,因而可以单凭政府机制来扩充资源,但是,大部分地方政府优质资源严重匮乏,而且不同地区所匮乏的资源内容也不太一样。实践表明,政府机制的扩充能力十分有限,这就必须借助于社会机制和市场机制,采取区域多样供给模式以扩充优质教育资源。在资源均衡配置方面,依然需要政府发挥主导性作用,才能确保所有适龄儿童相对公平地分享优质教育资源。由此可见,"政府主导的区域多样供给模式"的有效运行将有助于缓解优质教育资源的普遍匮乏问题。

(二)在应对义务教育供给中差异因素方面的适切性

中国义务教育供给中的首要差异因素是教育需求的差异性。本书在第一章把教育需求分为三类:基本教育需求、多元教育需求(又称差异需求)和额外教育需求。由于经济社会背景和社会阶层结构不同,各地区各群体对教育的内容、形式和质量水平的要求都会有所差异,这就形成了多元教育需求和额外教育需求。其中多元教育需求包括少数民聚居区对民族教育和双语教育的需求,不同兴趣爱好的学生对特色教育的需求,残障儿童对特殊教育的需求,以及一般意义上公民对优质教育的普遍需求①;额外教育需求是指有支付能力的家庭对超过公立学校所能提供的基本教育水平和优质教育水平的教育需求。政府具有完全的法律责任和义务保障基本教育需求,也有一定的责任和义务(有些是法律责任、有些是道德义务)尽可能地满足公民的多元教育需求;当然,在这其中,额外教育需求并不是政府所要保障的内容。

由此可见,教育需求的差异性不仅表现为基本需求与多元需求之间的差异性,也表现为多元需求之间的差异性,这要求各个地区在保障基本教育需求的同时满足多元教育需求。政府按照一致性标准举办的公立学校往往主要致力于保障基本教育需求,在多元性和可选性方面不具优势,更无法也不必满足特定公民的额外教育需求。非政府主体举办的民办学

① 优质教育需求其实是基本教育需求的延伸和发展,因为基本教育需求所针对的教育水平是不断提高的,此一阶段的优质教育需求,在下一阶段就成了基本教育需求。

校在满足多元、可选教育需求和额外教育需求方面,则可以提供更为广阔的选择空间。因此,“政府主导的区域多样供给模式”有助于解决“保障基本教育需求与满足多元教育需求”之间的矛盾。

中国义务教育供给中的第二个差异因素是不同主体供给意愿的差异性。政府与非政府主体的供给动机和愿望往往是不同的,而供给意愿的不同会影响到教育目标的设定、教育政策的制定和具体的办学行为。

在政府举办义务教育的情况下,有些地方政府因为上级政府的压力和自身的内在自觉而产生良善的供给意愿,但也有地方政府受部门利益或个人私利的驱动而产生不良的供给意愿。为避免政府可能的不良意愿,应该建立多主体参与的政府决策机制,非政府主体和公民个人需要常规化和制度化的公共协商机制参与教育政策的制定和监督;即使是具有良善供给意愿的地方政府,也需要这种公共协商机制汇集民众教育需求,以作出正确的教育决策。公共协商机制的具体形式不是唯一的,在同质性群体和异质性群体中,往往需要不同的协商机制。

在非政府主体举办义务教育的情况下,有些非政府主体是基于公益心、责任感和荣誉感而资助和提供义务教育,也有非政府主体存在经济利益方面的逐利动机。义务教育的公益性,必然要求非政府主体不能以营利为目的举办义务教育。为引导非政府主体的供给动机,规范非政府主体的办学行为,政府必须在资质审核、法律规制、教育督导评估等方面发挥主导作用,使得区域多样供给模式能朝着有助于义务教育公平、优质、均衡的方向发展。

中国义务教育供给中的第三个差异因素是资源禀赋的差异性,这在比较四种供给模式的时候已经加以讨论。资源禀赋的巨大差异使得各个地区的公共财政能力不同,政府的教育供给能力也相差甚大。在政府供给能力不足的地区,政府单一供给显然难以保障公民的基本教育需求,更无力应对多元教育需求,因此必须借助于非政府力量,其方式既可以是吸纳非政府资源为政府所用,也可以是直接由非政府主体举办民办学校以弥补公立学校的不足,还可以是通过政府与非政府主体的合作来缓解政府资源短缺的压力。政府主导的区域多样供给模式恰恰能应对资源禀赋差异所带来的问题。

中国义务教育供给中的第四个差异因素是教育格局的差异性。不同地方的教育传统、教育现状以及面对的主要问题有很大差异,区域多样供给模式有助于地方政府根据当地教育状况采取适合当地情况的供给机制和组合方式。

此外,第五个差异因素是地方政府制定地方性教育政策的自主性。在既定的国家制度安排下,地方政府有权根据国家法律规定和中央政府要求制定符合地方教育传统和现实教育格局的政策。区域多样供给模式能够迎合地方政府自主决策的愿望,也能为地方政府的制度创新提供激励。

四、政府主导的区域多样供给模式在实践运用中需要注意的方面

本书基于中国义务教育典型区域案例提炼形成的“政府主导的区域多样供给模式”并不是一个刚性统一、固定不变的供给模式,而是一个具有丰富的可选机制与组合空间的基础模型,不同供给机制的选择与组合方式往往会导致极不相同的供给效果。丰富多元的可选机制与灵活多样的组合空间,恰恰能够适应中国各个地区互不相同的教育传统与经济社会发展状况,适切的机制选择与组合方式将蕴含着巨大的供给能力,能够有效地合成教育目标,增强提供能力,提高管理能力和生产能力,从而最大限度地实现义务教育公共利益。因此,尽管“政府主导的区域多样供给模式”在中国不同地区的供给效果尚且存在较大的区域差异性,但它在总体上符合中国的教育传统和资源禀赋条件,可以预期,该模式的合理运用也能适应中国义务教育未来发展的需要。

在既定的资源禀赋和制度安排条件下,由于政府主导的区域多样供给模式的供给效果取决于地方政府对供给机制及其复合方式的具体选

择,为取得良好供给绩效,地方政府在运用政府主导的区域多样供给模式的过程中,应当根据自身教育格局和资源禀赋条件,合理选择契合当地情形的供给机制与复合方式,使多机制的复合性运用能有效地解决各个供给环节中的相应问题。具体来说,尤其需要注意如下几个方面:

1. 政府教育目标合成过程中的供给机制选择

在多方教育期望合成政府教育目标的过程中,为使政府教育目标契合公民教育需求,使政府以公民教育需求为导向制定教育规划和教育政策,应当避免当前许多地方实行的政府单边决策模式,适当限制政府教育期望的影响力度,有效增加学校、社会主体(尤其是专业教育机构和舆论媒介)和公民个人在政府教育目标形成过程中的作用空间。为此,需要通过构建常规化、制度化的公共论坛和社会参与机制等形式,建立有效的对话机制与顺畅的利益表达渠道。此外,作为公共选择机制的组成部分,立法机构的监督、中央政府的制约也应与社会参与机制和利益表达机制形成合力,共同促使地方政府形成合理的教育目标。

2. 提供过程中的供给机制与复合方式

在提供过程中,应当区分三种区域条件选择不同的供给机制和复合方式。其一,如果区域经济社会发展水平十分落后,资源禀赋相当匮乏,地方政府的公共财政远远保障不了义务教育的提供,而且社会与市场资源也很缺乏,外部市场主体按照市场规律没有动力将教育资源投入进去,那么,政府应当复合运用政府机制、公共激励机制(比如通过升学和就业等机会报偿方式鼓励大学毕业生前往贫困地区和少数民族地区支教)、社会机制和志愿服务机制。其中政府机制是关键,在增加地方政府教育投入的同时,应着重加大中央转移支付力度,依靠国家财政确保贫困地区义务教育的基本提供能力。在缺乏市场激励的情况下,中央政府和地方政府应共同建立公共激励机制,一方面,鼓励发达地区通过地方政府间的对口资助,或以地方政府间协作的方式,支持和帮助贫困地区增强义务教育财政提供能力;另一方面,鼓励公民社会组织和志愿者向贫困地区提供无偿或低偿教育服务。

其二，如果区域经济社会发展水平一般，资源禀赋条件有限，地方政府的公共财政缺乏足够的提供能力，就必须在加大公共财政投入力度（包括中央转移支付）的同时，积极引入社会机制和市场机制，开发社会与市场资源。在此情形下，政府机制依然是主导机制，政府绝不能因为开发社会和市场资源而减少公共财政投入，从而引发“挤出效应”，更不能因财力不足而推卸责任，把义务教育供给责任推给社会与市场主体。同时，政府应把社会与市场主体看做是平等共存的提供主体，是义务教育供给的有力合作伙伴，并积极创造有利条件与适当平台，与社会和市场主体合作共治。

其三，如果区域经济社会发展相对发达，资源禀赋相对充足，地方政府的公共财政能够保障公民对义务教育的基本需求，那么，对于基本义务教育所需资源，地方政府既可以采取单一的政府提供机制，也可适当地运用社会机制与市场机制。但是，如果地方政府要满足公民对义务教育的多元、优质和可选教育需求，单一的政府机制往往是不够的，原因在于缺乏竞争的单一政府机制容易形成整齐划一的教育模式，而且许多优质教育资源存在于社会和市场当中，并不是充裕的公共财政所能提供的。对此，政府需要通过购买服务和委托管理等方式，引入社会机制与市场机制，充分运用社会和市场中的优质教育资源。

3. 管理过程中的供给机制与复合方式

在管理过程中，要提高地方政府的管理能力，关键是增强地方政府改善教育管理的动力和提高其管理效能。管理动力的增强源于两个方面：一是政府内在动力，这依赖于中央政府的激励与约束机制，以及地方政府的自我约束机制；二是政府外部压力，这既依赖于立法机构的监督机制，也依赖于有效的社会参与机制和社会监督机制。铜陵案例分析显示，内在动力和外部压力的共同作用，对于强化地方政府改善教育治理的决心，稳定和延续教育政策，提高地方政府的政策执行力，具有重要作用。根据东城和浦东案例的经验，地方政府管理效能的提高依赖于管理职能的合理下放和适度转移:既要调整政校关系,把本该属于学校的管理权下放给学校,增强学校自主权,并为学校间自主联合管理创造条件;又要调整政社关系,转变政府职能,把部分管理职能通过契约形式转移给社会与市场主体,通过与社会与市场主体的合作提高政府的管理效能。可见,政府内在的约束和激励机制、社会参与和社会监督机制、学校自主治理与联合管理机制、政府与社会及市场合作机制的复合性运用,将有助于提高地方政府的管理能力。

4. 生产过程中的供给机制与复合方式

在生产过程中,如浦东案例分析所揭示的那样,地方政府将公办薄弱学校和民办农民工子女学校委托给专业教育组织(包括高校、优质高中、社会中介机构等)进行管理,同时委托第三方社会中介机构对委托管理本身和学校教育质量进行评估。这意味着,即使在生产过程,义务教育学校也并不一定是,同时也不该是孤军奋战的力量,政府可以通过购买服务和委托管理等形式,引入专业教育组织提供先进教育理念、管理方式、中介评估及其他教育服务,以此提高学校的生产绩效。这一做法对于其他许多地方政府都有重要的借鉴价值。此外,浦东和部分地区还建立了学校、家庭与社区协商合作制度,扩大社会与公民的参与力度,尽量使学校教育能够得到家长、社区的理解与支持,以此融通学校教育、家庭教育和社会教育。这既能体现公民的教育选择权与教育参与权,又能使学校立足于学生和家长的教育需求,改善学校治理方式和教育质量。

总之,如果地方政府能够根据当地教育格局和资源禀赋条件,选择适切的供给机制与复合方式,就能充分发掘“政府主导的区域多样供给模式”所蕴涵的巨大供给潜力,促进义务教育的优质均衡发展,在保障公民基本教育需求的同时,满足其多元教育需求,进而实现义务教育国家制度安排所设定的公共利益目标。

至此,本书已经完成了对中国义务教育供给实践的考察和分析。经验研究表明,作为纯公共物品的中国义务教育并非像经典公共物品理论所设想的那样实行政府单一供给模式,而是实行“政府主导下的区域多样供给模式”。该模式显示:纯公共物品不仅可以采取政府单一供给方式,而且可以采取多样化的复合供给方式,这就在经验层面证实了经典公共物品理论的不完备性。同时,本书对中国义务教育供给方式、供给要件与供给绩效之关系的分析,也为构建纯公共物品的复合供给理论提供了经验基础。从下一章开始,本书又将回归理论分析,包括探讨义务教育供给模式的不同选择对于教育公平的影响,中国政府在义务教育治理中的功能转换与治理变革,以及构建纯公共物品的复合供给理论并将这种复合供给理论提升为公共物品供给的一般化理论。

第三部分　扩展讨论与理论建构

第九章 供给方式的不同选择对教育公平的影响

从第三章至第八章，笔者详尽分析和总结了中国义务教育供给经验，包括取得优良供给绩效的几种区域供给模式和在此基础上归纳出的总体供给模式。中国义务教育供给经验一方面证伪了经典公共物品理论有关纯公共物品只能由政府单一供给的论断，另一方面也为后续理论探讨提供了经验基础。从本章开始，我们重新回归理论层面，最终目的是构建一种更具解释力和适用性的纯公共物品供给理论。

在进行系统的理论建构之前，我们有必要就中国义务教育供给经验引申出来的、与后续理论建构有关的两个问题作一分析：一个是供给方式的不同选择对教育公平的影响，它涉及供给方式选择与公共利益实现程度之间的关系；另一个是政府在义务教育供给中的职能转变与治理变革，它涉及我们已经总结的“政府主导下的区域多样供给模式”和将要构建的“政府主导型复合供给模式”中政府的地位和作用。这两个问题不仅与我们的理论建构息息相关，也与当前中国义务教育治理紧密相连，对二者展开理论分析既能深化本项研究，又能回应紧迫的现实问题。

鉴于此，理论回归层面的研究将做如下安排：本章分析供给方式的不同选择对教育公平的影响，以充分正视不同供给方式在实现公共利益方面的效用及其限度；下一章探讨政府在义务教育供给中的功能转变与治理变革，以充分正视政府在纯公共物品供给中的责任范围及其履行方式；最后一章努力构建一种纯公共物品的政府主导型复合供给理论，并将这种理论适当地提升为公共物品与公共服务供给的一般化理论。

在本章中,我们先对教育公平的基本理论作一分析,具体包括教育公平的三个维度及其内在逻辑,影响教育公平的因素归类,然后分别探讨政府供给、市场供给、社会供给和复合供给方式对教育公平不同维度的不同影响。本章的目的是论证以下观点:任何一种单一供给方式通常都难以(并非完全不可能)在所有维度上确保教育公平的实现;政府单一供给虽然存在这种可能性,但因需要满足诸多严苛条件而大大降低了现实可行性;市场单一供给和社会单一供给则几乎不存在这种可行性;单一供给通常只能在个别维度(而非所有维度)上有效地促进教育公平;相比而言,复合供给最有助于在所有维度上最大限度地改善教育不公平状况。

一、教育公平的基本理论

教育公平是一个古老的教育理念。孔子提出的“有教无类”和“因材施教”主张,体现了追求平等教育的朴素民主思想和根据具体情况差别对待的教育观念,是中国对教育公平理念的早期阐释。古希腊思想家柏拉图最早倡导实施初等义务教育,他的弟子亚里士多德进一步主张通过法律保障自由民的教育权利,这些被认为是西方对教育公平理念的最初论述。

尽管教育公平作为一种理念由来已久,但作为一种成形的教育理论,则是在学校制度正式形成以后才逐步发展起来的。教育公平理论首先是一种关于“教育权利平等”的理论,它是政治、经济、社会领域追求自由与平等权利的理论主张在教育领域的延伸。近代以来,一些西方思想家在论述公民应当平等享有的社会权利时,就把受教育权视作其中一种,通过伸张教育权利的平等来实现教育公平。19 世纪以后,为切实实现平等的教育权利,“教育机会均等”理论发展起来,并于 20 世纪经历了从“起点均等论”到“过程均等论”再到“结果均等论”的变迁历程。到 20 世纪下半叶,教育机会均等问题成为中外学界研究的焦点。

20 世纪以来，西方对教育机会均等理论的研究首推美国社会学家詹姆斯·科尔曼（James Coleman）和瑞典教育学家托尔斯顿·胡森（Torsten Husén）。科尔曼从实证角度对美国教育公平状况作了系统的考察。1966 年，科尔曼和他的助手在美国联邦总署的授权下，在对美国 4000 所学校的 60 万名不同种族、宗教信仰和家庭背景的学生作了为期两年的调查之后，撰写了题为《教育机会均等的观念》的著名研究报告（又被称为《科尔曼报告》）。该报告发现，美国公立学校中存在着严重的种族隔离情况，非白人儿童学业成绩一般低于白人儿童；在一致性的校内因素前提下，差异性的校外因素是影响学生成绩的主要原因。[①] 在科尔曼报告的基础上，胡森进一步把教育机会均等理解成起点的机会均等、中介性阶段的机会均等和学业成就（最后目标）的机会均等，或者是指这三个方面的结合。[②] 随后我们还会提到这些研究。

从 20 世纪 90 年代中期以来，国内学界对教育公平问题的研究呈阶段式指数级增长趋势。有学者以《中国教育报》等 8 份关键报刊为样本（时间段为 1990—2005），检索分析了与“教育公平”主题相关的文献，并进行了词频统计和篇频统计，发现相关研究经历了三次增长，其时间段分别是 1993—1997 年、1999—2003 年、2004—2005 年，而且增长率的增加趋势相当明显，第三次的增长率显著高于前两次的增长率，文献篇数的增长尤其如此。在三个增长阶段中，文献篇数年平均增长率分别为 43.72%、50.00% 和 96.05%。[③] 在前项研究的基础上，有学者以中国知网学术期刊库为检索数据库，对 1994—2009 年间以“教育公平”为主题的研究文献作了进一步统计，得出了相似的结论，并且发现，2005 年以来，相关研究文献的数量上升趋势加剧。2005 年以前，文献总数为 924 篇，仅 2005 年一年就增加了 815 篇，2006 年、2007 年还持续保持了 49.4% 和

---

① 〔美〕詹姆斯·科尔曼：《教育机会均等的观念》，载张人杰主编：《国外教育社会学基本文选》，华东师范大学出版社 2009 年版，第 146—158 页。

② 〔瑞典〕托尔斯顿·胡森：《平等——学校和社会政策的目标》，同上书，第 159—179 页。

③ 谢维和等：《中国的教育公平与教育发展（1990—2005）——关于教育公平的一种新的理论假设及其初步证明》，教育科学出版社 2008 年版，第 25—50 页。

86.6%的增长速度。[1] 时至今日,教育公平问题依然是学界的研究热点,社会各界仍在呼吁加快以教育公平为价值指向的教育改革。

研究文献的持续增长恰恰表明,教育不公平是我国当前突出的社会问题,而社会各界在如何治理教育不公平问题上还未达成有效的共识。

既有研究来自各个学科领域,研究视角非常多样,但大都集中于探讨教育公平的内涵,或对我国教育不公平状况进行实证证明和经验刻画,也有一些研究分析了导致教育不公平的制度或政策缺陷、客观的区域差距和社会阶层分化等因素。然而,既有研究鲜有从供给方式选择的角度对教育公平问题展开深入分析,本章的任务就是对此加以推进。

(一) 教育公平的三个维度及其内在逻辑

阐明教育公平包含的若干维度及其内在逻辑,有助于我们探讨供给方式的不同选择在什么维度上可能对教育公平产生什么样的影响。教育公平的第一个维度是指教育权利平等。然而,平等的教育权利仅仅是理论论证和制度规范意义上的,它通常无法自我实现。正如印度经济学家阿玛蒂亚·森(Amartya Sen)认为自由的真正实现需要个人具备相应的可行能力一样,教育权利的真正落实也需要权利主体具备行使权利的可行能力。这种可行能力一方面是指权利主体应当具有行使权利的可行机会,即教育机会均等;另一方面则是指权利主体应当具备支付相应成本的承受能力,即成本分担可行且公正,二者正是教育公平的另外两个维度。

1. 教育权利平等

教育权利平等是教育公平的基本要义。人们对于教育权利的平等诉求既有理论上的论证,也有制度上的规范化。

从理论层面看,教育权利平等是人们追求政治权利和社会权利平等的结果,是社会公平和正义理论在教育领域的延伸与应用。早在18世

① 华桦:《教育公平新解——社会转型时期的教育公平理论和实践研究》,上海社会科学院出版社2010年版,第13—15页。

纪，卢梭和狄德罗等法国启蒙思想家就已从天赋人权角度将受教育权作为自然权利的一部分。马克思和恩格斯的教育公平观也来源于其政治平等和社会平等理论，他们指出："一切人，或至少是一个国家的一切公民，或一个社会的一切成员，都应当有平等的政治地位和社会地位"①。以此为基础，马克思进一步认为，教育是无产阶级的基本生活内容，是"人类发展的正常条件"和每一个公民的"真正利益"。"儿童和少年的权利应当得到保护，他们没有能力保护自己，因此社会有责任保护他们……[这种保护]只有通过国家政权实行的普遍法律才能办到。"②他们主张"国家出资对一切儿童毫无例外地实行普遍教育，这种教育对任何人都是一样，一直进行到能够作为社会的独立成员的年龄为止"③。因此，在马克思和恩格斯看来，受教育权是无产阶级应当平等享有的基本权利。

美国当代著名伦理学家和政治哲学家约翰·罗尔斯(John Rawls)提出了著名的"作为公平的正义"理论，为教育权利平等提供了坚实的哲学依据。"作为公平的正义"理论意味着正义原则是在一种公平的原初状态下被一致同意的，人们达成的是一种公平的契约，所产生的也将是一种公平的结果。"罗尔斯的正义论确实具有一种在优先保证基本自由的框架内的平等主义倾向。"④

在《正义论》中，罗尔斯认为，他所提出的两个正义原则是一个更为一般的正义观的专门方面，这种一般正义观可以表述如下：

"所有社会价值——自由和机会、收入和财富、自尊的基础——都要平等地分配，除非对其中一种价值或所有价值的一种不平等分配合乎每一个人的利益。"⑤

这种一般正义观为教育权利和教育机会的平等分配提供了一般化的

---

① 《马克思恩格斯选集》第3卷，人民出版社1995年版，第444页。

② 《马克思恩格斯论教育》，人民教育出版社1979年版，第127页。

③ 转引自郭彩琴：《论马克思恩格斯的教育公平观》，《马克思主义研究》2007年第1期。

④ 〔美〕约翰·罗尔斯：《正义论》修订版(何怀宏等译)，中国社会科学出版社2009年版，译者前言，第6页。

⑤ 同上书，第48页。

理论基础。不过,罗尔斯更强调的是这种一般正义观的具体方面,即两个正义原则[①]:

第一个正义原则是“平等自由原则”,即每个人都有追求自由的平等权利。第二个正义原则是“差别原则”和“机会公平”原则,即社会和经济的不平等应这样安排,使它们一方面要“适合于最少受惠者的最大利益”,另一方面要确保机会公平。

第一个正义原则用来处理政治权利方面的问题,它确定和保障公民平等的自由;第二个正义原则用来处理经济和社会利益方面的问题,它强调,在不得不存在社会经济利益不平等的情况下,要确保机会的公正平等和对最少受惠者的差别对待,即补偿最少受惠者。这种“机会平等原则”和“差别原则”(“补偿原则”)体现了罗尔斯对最少受惠者(或者说弱者)的关切,也表明了罗尔斯正义理论的平等主义价值指向,为教育公平理论的第二个维度——教育机会均等——提供了富有针对性的理论基础。

在这两个正义原则中,罗尔斯认为,它们之间是按照词典式序列先后排序的,第一个正义原则优先于第二个正义原则,也就是“自由的优先性”,自由是最高价值,“自由只能为了自由的缘故而被限制”;第二个正义原则优先于效率原则和最大限度追求利益总额的原则,也就是“正义对效率和福利的优先性”,在第二个正义原则内部,公平机会又优先于差别原则。[②] 罗尔斯正义原则的优先性排序也为教育公平理论中对不同原则(如公平与效率)的处理提供了参照。

与罗尔斯“作为公平的正义”理论不同的是,1998 年诺贝尔经济学奖得主阿玛蒂亚·森是在论证“以可行能力为基础的实质自由”的过程中强调受教育权利和受教育机会的重要性的。在森看来,发展可以看做是扩展人们享有的实质自由(或者说真实自由)的一个过程;扩展人的实质自由既是发展的首要目的,也是促进发展的不可缺少的重要手段;这种实质自由归根结底就是人们享有他们所珍视的那种生活的“可行能力”,具

---

① 两个正义原则的具体表述见〔美〕约翰·罗尔斯:《正义论》,第 237 页。

② 两个优先规则的具体表述见上书,第 237 页。

体包括政治自由、经济条件、社会机会（如教育、医疗保健等）、透明性担保（信息公开、知情权、信用）和防护性保障（社会安全、社会福利与救济）。[①] 其中社会机会作为一种工具性自由，就包括平等接受教育的权利和均等的受教育机会。由于具备基本的知识和教育技能是实现政治自由尤其是参与式自由的前提，所以“否定任何群体——如，女孩——受教育的机会就直接违反了参与自由的基本条件”[②]。据此，受教育权不仅是公民的一项实质自由，也是公民实现其他实质自由的条件。当它作为实质自由的最终目的的时候，受教育权是一项建构性自由；当它作为实现其他自由（如政治自由）的条件的时候，受教育权又是一项工具性自由。

从制度规范层面看，早在 1948 年 12 月，联合国大会通过并颁布的《世界人权宣言》第 26 条第一款就规定：“人人都有受教育的权利，教育应当免费，至少在初级和基本阶段应如此。初级教育应属义务性质。”[③] 从此，平等的受教育权成为国际人权公约的重要内容。以《世界人权宣言》第 26 条为基础，1966 年 12 月在联合国大会通过的《经济、社会和文化权利国际公约》（1976 年 1 月开始生效）第 13 条和第 14 条进一步明确规定了每一个人平等接受教育的权利，这也是“国际人权法中对受教育权规定得最为广泛和全面的条文”[④]。为真正落实受教育权，根据经济、社会和文化权利委员会第 3 号“一般性意见”：

> 受教育权和所有人权一样，使缔约国负有三个层面的义务，即尊重义务、保护义务和实现义务。而实现义务既包含便利义务，也包含提供义务。尊重义务要求缔约国不得采取任何妨碍或阻止受教育权的享受的措施；保护义务要求缔约国采取措施，防止第三方干扰受教育权的享受；实现义务要求缔约国采取积极措施，使个人和群体能够

---

① 〔印〕阿玛蒂亚·森：《以自由看待发展》（任赜等译），中国人民大学出版社 2002 年版。

② 同上书，第 24 页。

③ 联合国：《世界人权宣言》，联合国（中文）网站，http://www.un.org/zh/documents/udhr/#atop。

④ 黄金荣主编：《〈经济、社会、文化权利国际公约〉国内实施读本》，北京大学出版社 2011 年版，第 141 页。

享受这项权利。在个人或群体由于无法控制的原因而无法利用可供利用的手段自行落实有关权利的情况下,缔约国有义务实现这项权利。①

总之,缔约国最低限度的核心义务,是至少确保《经济、社会和文化权利国际公约》阐明的各项权利的落实"达到最低限度的基本水平"。

此外,1989 年通过的《儿童权利公约》也对受教育权作了比较详细的规定,2006 年通过的《残疾人权利公约》则对残疾人的受教育权作了特殊规定。一些区域性国际人权公约,如 1988 年通过的《美洲人权公约附加议定书》也规定了区域范围内人们的平等教育权。

就我国而言,《中华人民共和国宪法》第 46 条规定:"中华人民共和国公民有受教育的权利和义务。国家培养青年、少年、儿童在品德、智力、体质等方面全面发展。"1995 年颁布实行的《中华人民共和国教育法》第 9 条规定:"中华人民共和国公民有受教育的权利和义务。公民不分民族、种族、性别、职业、财产状况、宗教信仰等,依法享有平等的受教育机会";第 36 条规定:"受教育者在入学、升学、就业等方面依法享有平等权利"。2006 年修订的《义务教育法》第 4 条规定:"凡具有中华人民共和国国籍的适龄儿童、少年,不分性别、民族、种族、家庭财产状况、宗教信仰等,依法享有平等接受义务教育的权利,并履行接受义务教育的义务。"2010 年 7 月 29 日正式发布的《国家中长期教育改革和发展规划纲要(2010—2020 年)》明确"把促进公平作为国家基本教育政策",指出"教育公平的关键是机会公平,基本要求是保障公民依法享有受教育的权利"。可见,在我国的法律体系中,教育权利是每一位公民平等享有的基本权利;在我国的教育发展战略中,教育公平是未来教育发展的基本价值指向。

按照不同标准,教育权利的具体内容可作不同划分。一般而言,我们

① 黄金荣主编:《〈经济、社会、文化权利国际公约〉国内实施读本》,北京大学出版社 2011 年版,第 140 页。

把教育权利分为基本教育权利和其他教育权利。基本教育权利包括制度规范性权利资格、所有学生接受最低限度水平义务教育的平等权利、教育选择权；其他教育权利主要是指特殊群体（如流动人口子女、残疾儿童、携带病毒者等）在与其他所有儿童获得同等的基本教育权利的前提下，获得适当的教育补偿的权利。

我们已提到，这些理论论证和制度规范上的平等教育权利的真正落实，有赖于权利主体的可行能力，即有赖于均等可行的教育机会和公正可行的成本分担，以下逐一论之。

2. 教育机会均等

教育机会均等是教育公平的核心要义。长期以来人们对教育公平的讨论都侧重于教育机会均等这一维度。然而，教育机会均等是一个多变的观念，科尔曼和 T. 胡森都讨论了这一观念的变迁以及它的基本内涵。

在科尔曼看来，在前工业化阶段的社会里，根本谈不上教育机会均等的观念，因为家庭是自我生存的经济单位和训练场所，这为子女提供了能够学习相应技能的合适环境；同时，家庭对其成员的所有福利承担责任，各家庭经济单位之间缺乏生产力的流动，这导致一个家庭的生产及教育与其他家庭无甚关系。然而，工业革命的来临使得家庭的经济活动功能、教育功能和福利功能都逐步丧失，家庭之外的各种经济组织崛起，儿童开始了家庭外的职业流动，福利功能和教育功能也转移至社区，家庭不再是对其子女进行经济训练的有用场所。这些变化为公共教育的兴起开辟了道路，也为教育机会均等观念的出现提供了前提。①

在公立教育发展过程中，教育机会均等观念经历了若干阶段的演变。科尔曼根据美国经验作了归纳，认为在第一个演变阶段，人们主张所有儿童必须在同样的学校学习同样的课程；第二个演变阶段的机会均等要求向不同类型的学生提供不同的课程，因为人们意识到不同类型的学生会

---

① 〔美〕詹姆斯·科尔曼：《教育机会均等的观念》，载张人杰主编：《国外教育社会学基本文选》，第146—147页。

有不同的职业前景;第三个阶段的机会均等要求废除种族隔离,因为种族隔离必定产生机会不均等;与废除种族隔离的学校制度紧密相关的是,注重教学结果的机会均等观念开始形成,以学校教育结果来评价教育机会均等很可能成为下一个演变阶段。①

科尔曼认为,在美国早期(主要是指第一阶段)的教育机会均等观念中,均等包括四个方面的要素:(1) 向人们提供达到某一水平的"免费教育";(2) 不论社会背景如何,向所有儿童提供同样的"普通课程";(3) 为不同背景的儿童提供"进入同等学校的机会";(4) 由于地方税收提供了创办学校的资源,故而在给定地区范围内向所有儿童提供均等的教育机会。② 然而,这种侧重于入学和资源获取机会均等的观念容易使人产生一些不易觉察的假设。一种假设是认为免费学校的存在消灭了机会不均等的经济根源,这种假设容易导致人们忽视社会结构尤其是阶层结构对教育机会均等的影响。另一种假设是认为机会寓于儿童对课程的接触中,机会的多少视儿童学习课程的水平高低而定,这种假设将学校和社会的义务限定为"提供机会",而"运用机会"则是儿童和家庭的义务。

早期机会均等观念及其引发的假设受到了一系列挑战,包括来自课程改革的和种族合校的挑战。上述教育机会均等观念的演变历程,实际上就是对早期教育机会均等观念的挑战和发展过程,尤其是从入学机会和资源获取机会均等向结果均等观念的演变,已经"逆置了学校、社区、儿童和家庭的作用"。"目前大多数教育机会均等观念意味着创造学业成就的机会应由教育机构,而不是由儿童来承担。这种责任上的逆置遵循着一定的逻辑顺序,它随着教育机会均等观念从学校资源投入的均等演变为学校教学结果的均等而发生转变。"③

T. 胡森总体上同意科尔曼的观点,并强调教育机会均等本身就应成

---

① 〔美〕詹姆斯·科尔曼:《教育机会均等的观念》,载张人杰主编:《国外教育社会学基本文选》,第151—153页。

② 同上书,第149页。

③ 同上书,第158页。

为学校和社会政策的目标，而不仅仅是走向社会平等的漫长道路上的一个阶段。他把教育机会均等观念的演变历程划分为三个阶段，每一阶段的教育机会均等观念都与一种特定的社会哲学（政治哲学）相对应。[①] 一是保守主义阶段。该阶段教育机会均等观念的哲学基础是，上帝使所有人具有不同的天赋和能力，如何利用这种能力则是各人自己的事情；而且，上帝赋予每个人的能力与他出生时归属的社会阶级是一致的。据此，学业成就水平取决于学生自己，事实上主要取决于他所在的社会阶级；为使国家经济得到最大好处，应该实行双轨制教育和精英教育。二是自由主义阶段。该阶段教育机会均等观念的哲学基础是，反对能力和才能仅仅为一个社会阶级所特有的保守主义观点，认为每个儿童从出生起就具有某些智力上的天赋或某些较为稳定的能力。教育制度的设计应当能够消除各种经济的或社会的外部障碍，给所有人以同一性的机会；把学习能力作为筛选标准，决定升迁性社会流动的是学习能力而不是社会阶级、经济状况或个人的社会关系。因此，学生学业成败首先归因于自己。三是激进的新观念阶段。这一阶段的教育机会均等观念基于这么一个判断：社会背景的差异对于儿童的智力差异将产生重要影响，因而智力差异多半在儿童进小学时就已存在。据此，入学方面的形式平等是不够的，教育还应当使不同社会出身的儿童有更多的机会变得聪明；为缩小学业成就的差异，社会应当采取专门措施来补偿儿童赖以成长的社会和家庭背景的不足，这意味着学前教育机构应该更加突出平等。根据这种观点，学生的学业成败主要应该归因于学校状况尤其是教学组织；教育机会均等并不是指机会的同一性，而是向每个儿童提供使其天赋得以发展的“各种”机会，也就是根据儿童的社会差异为其提供区别对待的机会。

总之，在 T. 胡森看来，所谓教育机会均等包括以下三种含义：一是起点平等，即每个人都有不受任何歧视地开始其学习生涯的机会；二是中介性阶段的平等，它适用于“对待”，即不论个人的社会出身状况，用各种不

① 具体参阅〔瑞典〕托尔斯顿・胡森：《平等——学校和社会政策的目标》，载张人杰主编：《国外教育社会学基本文选》，第 168—179 页。

同的但都以平等为基础的方式对待每一个人,如确保每个人都有最低限额的生活补助,建立统一的学前教育制度;三是最后目标的平等,即每个人在学业成就方面的机会应该更加平等,在此意义上,教育机会均等被视为一项目标,或者被看做一组指导原则。当然,胡森认为,教育机会均等还可以是以上三个方面的综合。①

还有很多学者围绕教育机会均等概念展开了分析和讨论,如莱文(H. M. Levin)1976 年在《西欧教育与社会不均等》一文中,以操作性定义为标准,对以往的教育机会均等理论进行了分类,认为一般的理论研究主要考察四个方面:一是探讨入学机会是否均等;二是探讨教学参与、教学内容或教学互动方面的均等问题;三是分析学校教育的结果或产出是否均等;四是研究教育对个人日后生活的影响是否均等。②

根据以上对相关研究的梳理我们发现,尽管不同学者对教育机会均等问题的论述视角和阐释方式有所不同,但在核心理念上却存在一些共性。总体而言,本书认为,在教育机会均等这一维度上,教育公平通常包括如下三个层面:(1) 起点公平,它主要是指入学机会均等,侧重于入学方面的非排斥性或者说全纳性。(2) 过程公平,它主要是指资源分享机会均等,以及在学校教学过程中对待的公平。在基础教育阶段尤其是义务教育阶段,资源分享机会均等意味着,所有公立学校应当有大致相当的资源条件(均衡发展),所有学生在给定学区范围内具有同等的机会进入同一所学校;学区范围内的所有教育资源应当具有开放性,以使所有学生在运用这些教育资源方面具有同等的机会。对待的公平既包括一致性对待也包括差异性对待。这意味着,学校和教师在课程选择方面应当符合学生特点,对待学生的态度、期望应当排除来自社会背景因素所导致的个人偏见,并且最有利于学生的身心发展和学业成功。当然,对待的公平涉

① 具体参阅〔瑞典〕托尔斯顿·胡森:《平等——学校和社会政策的目标》,载张人杰主编:《国外教育社会学基本文选》,第 159—161 页。

② 转引自杨莹:《教育机会均等——教育社会学的探究》,台北:师大书苑有限公司 1995 年版。更多的相关讨论也可参阅该书。

及具体教学过程的方方面面，也涉及学校内部的文化环境（如师生关系）和学校外部的社会环境（尤其是学校与家庭、社区的关系）。（3）结果相对公平，它主要是指学业成就和成功机会具有相对的公平性。这意味着，具有相同天赋和才能的学生，经过学校教育之后，如果他们的努力程度大体相当，那么他们在学业成就方面应该大体相当；具有不同天赋和才能的学生，经过学校教育之后，他们之间的差距应当趋于缩小，也就是说，教育机构应当采取有效的措施协助最不利者获得最大限度的学业成就。结果相对公平还意味着，教育应当提供一种升迁性社会流动的机会，并且使所有学生能够公平分享这一机会，教育不应该成为社会阶层分化的再生产机制。由此可见，本书所秉持的教育机会均等理论更加强调政府和学校的责任，尤其强调政府和学校对于处境不利者的补偿责任和协助作用。

3. 成本分担公正

既有研究虽然也讨论教育成本分担的问题，但主要针对非义务教育阶段。对于义务教育，既有文献通常很少明确地把成本分担的公正性作为教育公平的一个维度，这很可能与过多地受西方教育公平理论的影响有关。在发达国家的公共教育体系中，免费义务教育实行得比较早，公共财政相对充裕，他们的放权与择校改革通常不涉及教育收费问题，因而成本分担并非其教育公平理论考察的重心。然而，中国义务教育治理中的一个顽疾恰恰是与择校相伴随的教育乱收费，以及由教育乱收费所引致的教育不公平；不仅如此，中国直到2008年才全面实行免费义务教育，而且这种免费也局限于学杂费，一些地方对义务教育阶段学生依然收取书本费。据此，笔者认为，成本分担的公正性是考察中国教育公平问题时不容忽视的一个维度。

实际上，免费义务教育绝不意味着儿童的教育成本对任何经济水平的家庭都为零，即使在发达国家也是如此。在中国，义务教育阶段儿童的教育成本主要来自于如下几个方面：

一是基本教育成本，这一方面指因公共税收而承担的成本，另一方面是指因支付书本费、住宿费等而承担的成本。尽管义务教育是免费教育,但它的资金来源于公共税收,因而作为纳税人的公民实际上是承担了相应成本的。目前,并非所有地区所有学校都免除了所有学生的书本费和住宿费,有些义务教育学校甚至还存在以其他名目收取费用的情况。

二是选择性教育成本,这一方面是指因公立学校之间的校际差异而导致的择校成本,甚至也包括由此支付的寻租成本;另一方面是指因户籍限制而导致的流动成本,也就是异地入学所增加的额外费用;再者是指一些家庭因选择优质私立学校而支付的市场选择成本。当前中国义务教育阶段的择校成本和流动成本是儿童教育成本的主要构成,这些选择性教育成本极大地增加了许多家庭的教育负担。在应试教育体制下,为在升学竞争中取得优势,市场选择成本也在逐步增长,一些经济支付能力有限的家庭也不得不为获取优质教育资源而承担市场选择成本。换言之,并非所有参与市场选择的家庭都是经济、社会资本优越的家庭。相反,一些经济、社会资本优越的家庭反倒不必参与市场选择,因为他们有更多的便利和优势进入优质公办学校。

三是附加性教育成本,这主要是因参加各种培优、竞赛而支付的教育成本。同市场选择成本一样,在升学竞争的压力下,学校教育往往被许多家长认为是远远不够的(尽管这很可能存在认识上的偏差),他们想尽办法让孩子参加各种培训班、培优班、特长班,或为孩子聘请家庭教师。实际上,附加教育成本在许多家庭的教育成本当中占据了相当大的份额,在没有承担选择性教育成本的家庭中,附加教育成本就是其教育成本的主要构成。

四是机会性教育成本,这主要是因为家庭劳动力转移而引致的机会成本。一方面,在一些农村地区的经济困难家庭中,儿童参与劳动是其家庭经济收入的一个来源(所占份额因具体情况而异),儿童入学之后,这方面的收入将会丧失。另一方面,无论是在城市还是在农村,都可能存在父母一方(主要是母亲)因儿童入学而暂停工作的情况。相较于农村家庭,城市家庭的母亲放弃工作全程陪学的可能性更大,因为除了照顾孩子的饮食起居之外,城市家庭的母亲还可能承担接送、陪学、陪同训练等各种事宜。当然,这并不意味着城市家庭因此而支付的机会成本高于农村家庭,因为农村家庭母亲的劳动收入(尤其是外出务工的收入)在家庭经济来源中所占比重或许更为可观。在此我们并非要作出一个确切的城乡比较,只是必须要注意到机会成本的存在。另外,虽然确实存在机会性教育成本,但在考察义务教育阶段成本分担是否公正这一问题时,机会成本或许并不是一个合宜的考察对象,我们很难把机会成本的大小与教育成本分担是否公正直观地联系在一起。

概而言之,上述各种教育成本可分为两类:(1) 基本教育成本,包括公共税收、书本费、住宿费等;(2) 额外教育成本,包括选择性教育成本、附加性教育成本和机会性教育成本。不同家庭义务教育阶段儿童的教育成本在支付项目和支付数量上都有很大差异。在分析供给方式选择对教育成本分担的公正性的影响时,机会成本不在考察之列。

综合以上论述我们发现,教育公平的内涵包括三个维度,一是教育权利平等,二是教育机会均等,三是成本分担公正。其中教育权利平等是教育公平的基本要义,但它却无法自我实现;平等教育权利的实现有赖于权利主体具备行使权利的可行能力,包括可行的教育机会和可承受的成本分担,前者要求教育机会均等,后者要求成本分担公正。教育机会均等既包括起点上的入学机会均等,过程上的资源分享机会均等和对待机会均等,也包括学业成就和日后成功机会的均等。成本分担公正包括基本成本和额外成本分担的公正性,其中额外成本主要包括选择性教育成本和附加性教育成本。通过表 9-1,我们可以更为清晰地表明教育公平的三个维度及其内在联系。

表 9-1 教育公平的三个维度及其内在联系

	基本维度	子维度		备注
教育公平	教育权利平等	基本权利	可行能力	(1) 可行而均等的教育机会
		其他权利		(2) 可行而公正的成本分担
	教育机会均等	起点公平	入学机会均等	入学的非排斥性与全纳性
		过程公平	资源分享机会均等 对待机会均等	义务教育学校均衡发展一致性对待与差异性对待
		结果相对公平	学业成就相对均等 成功机会相对均等	相同天赋,大致相当的成就 不同天赋,缩小的成就差距 政府和学校承担更大责任 升迁性社会流动机会减小阶层分化,促进社会平等
	成本分担公正	基本成本	公共税收、书本费、住宿费	义务教育阶段免收书本费
		额外成本	选择性成本	公立学校差异所致择校成本 户籍制度限制所致流动成本 选择私立学校所致市场成本
			附加性成本	培优、竞赛、特长训练
			机会性成本	家庭劳动力转移可不在考察之列

注:(1) 其他权利是指特殊群体(如流动人口子女、残疾儿童、携带病毒者等)获得适当的教育补偿的权利。严格地说,流动人口子女异地入学应当纳入到基本权利当中。

(2) 平等教育权利的真正实现依赖于权利主体的可行能力,这正是教育公平三个维度的连接点。

(二) 影响教育公平的主要因素

正如教育公平的内涵是多维的一样,若把教育公平看作因变量,影响教育公平的自变量亦是多元的,而且影响因素的多元性远比内涵的多维性复杂得多,教育公平的任何一个维度及其子维度,都很可能受到多种因素的影响。随着教育公平状况的变化,影响教育公平的主要因素也可能发生改变。比如在 1966 年发布的《科尔曼报告》中,科尔曼及其合作者就指出,经济因素曾一度是美国教育机会不均等的主要根源,但是随着免费教育的实施,教育机会不均等的经济根源在美国已经变得不重要了,不过他们认为经济因素在某些国家(具体什么国家他们未曾指出)依然是教育机会不均等的主要根源。全面分析影响教育公平的所有因素显然是十分困难的,也不是本书的研究目的。我们在此主要是归纳影响教育公平的一些突出因素,同时也表明本书采取了一种与既有研究很不相同但又试图整合既有研究的分析视角——即供给方式选择视角。

T. 胡森在研究教育机会均等问题时,不仅讨论了"均等"概念,还着重分析了"机会"概念,也就是影响均等的各种因素(或者说机会)及其测定。他认为,属于"机会"这一范畴的变量主要有如下几类①:

第一组变量涉及学校外部的各种物质因素,即学生家庭经济状况、学习开支总额、学校地理位置和上学的交通工具。

第二组变量包括学校内部的各种物质设施,即学校建筑物总的质量、实验室、图书馆和教科书等等。

第三组变量是指家庭背景中的某些心理因素,主要包括家长对子女在学习方面的期望、家庭对掌握知识所持有的总体态度,以及家庭为子女提供的独立自主的口头表达等习惯。

第四组变量是指学校背景中的某些心理因素,如教师的能力,教师对各学生组的态度,教师希望学生所取得的成绩以及学生所具有的学习动机。

第五组变量特指学校情境中所固有的"学习机会",如教学课程、教学时数、课外作业量等等。

胡森把以上影响教育机会均等的各种因素区分为物质上的障碍和心理上的障碍,认为即使物质上的障碍已经消除,某些心理上的障碍也依然存在②;教育机会均等问题受到整个社会、学校和家庭的物质条件与心理状况的综合影响。

胡森的"物质—心理"("校内—校外")机会两分法为我们研究教育

---

① 〔瑞典〕托尔斯顿·胡森:《平等——学校和社会政策的目标》,载张人杰主编:《国外教育社会学基本文选》,第162—163页。

② 随着物质生活条件的差别有所缩小,心理障碍对教育公平产生的影响将更大。

公平的影响因素提供了有益的基础,他也试图概括影响教育公平的所有变量。不过,胡森的研究对影响教育公平的政府因素缺乏足够的重视,实际上,在义务教育阶段,政府对教育公平的影响是至关重要的。

以胡森的研究为基础,我们把影响教育公平的主要因素归为两大类:一类是外显因素,包括制度因素、物质因素(含经济因素)和组织因素;另一类是内隐因素,主要是心理因素,包括行为主体的动机、态度、期望等等。这两类因素在不同行为主体——政府、学校和家庭——那里都存在,但具体内容和体现形式是有差异的,对教育公平的影响机制也互不相同。

1. 政府制度与财政因素

影响教育公平的政府制度包括一国的教育法律、教育发展战略、教育体制及与教育发展紧密相关的其他制度安排(如户籍制度)。教育法律赋予公民什么样的教育权利和资格,对于教育权利的行使和实现提供什么样的法律保障,将从根本上决定教育权利的平等程度。目前中国教育法、义务教育法都赋予了公民平等的教育权利,并致力于通过义务教育的均衡发展来实现这种平等权利。然而,异地入学的权利资格尤其是进城务工人员随迁子女在流入地入学的权利和资格仍然受到户籍制度的极大限制,我国教育法和义务教育法都还未对这类权利资格作出明确的保障,因而是国家制度引致的一种教育不公平(权利不平等)。随着城市化进城和人口流动速度的加快,如果不及时解决国家制度设计问题,异地入学对于教育公平的冲击将愈发显著。

教育发展战略究竟采取精英主义(elitism)导向、平等主义(egalitarianism)导向还是其他战略导向,对教育公平将产生根本性的影响。[①] 精英主义教育观实际上是以个人资质或社会背景优越的少数精英为教育重心的受教育模式,它主张依据个体的需求、能力、贡献或功绩来分配教育资

---

① 有关精英主义和平等主义教育观的理论概括,可参阅周洪宇等著:《教育公平论》,人民教育出版社 2010 年版,第 34—38 页。有关新中国成立以来精益主义教育路线与平等主义(大众主义)教育路线的更替与变迁,可参阅杨东平:《中国教育公平的理想与现实》,北京大学出版社 2006 年版,第 29—62 页。

源,反对不分需求、能力和贡献而给予等量资源的平均主义分配模式。精英主义教育观还认为,社会资源是有限的,国家必须把有限的资源用于培养各行各业的精英人物,推动国家的社会经济发展。与这种国家主义本位的教育观念相伴随的是高度筛选性、竞争性和淘汰性的教育模式,在这种教育模式下,大部分公民的教育权利和教育机会得不到切实保障。平等主义教育观认为所有社会成员应享有平等的教育权利,教育不平等的主要根源不是个体的自然差异(如智力、才能差异),而是个体的社会条件差异(如社会背景、阶层、种族等),因此,平等主义者主张通过重新分配教育资源来消除由社会条件差异所造成的教育不公平。当然,平等主义教育观不仅受到精英主义的质疑,也受到多元文化主义“差异政治”思想的挑战,后者质疑一元文化观下的教育差距,以承认个体差异、多元文化的合理性为前提,重视给儿童提供有助于其个性充分发展的多元化教育。

在不同的教育发展战略下,政府通常会采取不同的教育体制安排。教育体制安排将决定教育资源的投入方向和投入比例,这会直接影响到什么样的群体在什么程度上分享这些教育资源。比如在精英主义战略所主导的重点学校制度下,极少数的学生(主要是经济社会优势学生)将获得绝大部分的教育资源,而在平等主义战略所主导的均衡学校制度下,所有学生对于教育资源的分享机会将更趋均等。

除制度因素外,公共财政也是政府影响教育公平的一个主要因素。公共财政对教育公平的影响体现在两个方面:一是公共财政总量大小及其分配方式对教育公平的影响。如果经济发展程度低,公共财政总量有限,即使政府将财政资源较为均等地分配给各个学校,由此带来的也仅仅是低水平的均衡;倘若政府将有限的教育资源集中地分配给个别学校,正如长期以来中国许多地方教育资源的分配方式那样,教育公平将受到极大损害。二是公共财政的区域差距和城乡差距对教育公平的影响。由经济发展水平差异带来的公共财政、公共教育资源的区域差距和城乡差距目前依然是中国最为突出的教育差距,区域之间和城乡之间教育机会的不均等在未来相当长时期内依然是中国义务教育面临的巨大挑战。与《科尔曼报告》所指出的美国状况(在那里,经济因素不再是影响教育机会均等的根源)不一样,影响中国教育公平问题的根源依然是经济因素,这一方面来自于公共教育资源总量的不足,尤其是优质教育资源总量匮乏;另一方面来自于公共教育资源的分配方式,包括城乡间、区域间和区域内的分配方式。

2. 政府动机因素

影响教育公平的政府动机因素包括政府的教育目标、教育期望和利益诉求等方面。在国家层面,政府的教育目标和教育期望往往可以转化为国家教育发展战略,它们对教育公平的影响上文已作论述。我们在此主要讨论地方政府利益诉求的不同对于教育公平的影响。如果地方政府致力于实现教育公共利益,并且贯彻国家教育发展战略,地方政府动机对教育公平的影响将与国家教育发展战略(精英主义—平均主义或其他战略)对教育公平的影响保持一致。但是,如果地方政府无视教育公共利益,或者用部门利益(如地方政府的教育形象工程)甚至个人利益(如官员子女的入学便利、权学交易、钱学交易)来替代公共利益,国家教育发展战略将被扭曲,寻租和腐败现象将充斥教育领域,教育公平亦将受到严峻挑战。

3. 学校物质、组织因素和学习机会

校际差异是影响教育公平的最为直接的一个因素。就外显因素而言,导致校际差异进而影响教育公平的学校因素包括学校的物质条件(经济资源)、组织结构和学习机会。其中物质条件涉及独立的校园、教学楼、图书馆、实验楼、教材和实验用具、运动场所、后勤保障(如食堂、宿舍条件)以及所有这些物质条件的总体质量。学校物质条件与它所能获取的经济资源有关,对于大多数公立义务教育学校而言,经济资源主要是来自于政府拨款。学校的组织结构是否良好对教育质量会产生重要的影响,尤其是学校的领导者水平、教师激励机制、教师参与学校管理的民主化程

度。学校组织因素也包括组织成员因素,即师资水平。学校所提供的学习机会,如开设什么样的课程、课时数量、教学模式等等,同样会影响到学生所能获取的教育资源和教育机会,对学生学业成就的影响甚至更为直接。

4. 学校心理因素

就内隐因素而言,正如胡森所注意到的,学校背景中的某些心理因素也是"教育机会"的一组变量,它们所造成的校际差异也会对教育公平产生影响。这些心理因素可以概括为学校的文化环境,它涉及领导层和教师的教育理念,学校和教师对学生的教育期望,教师对待学生的态度,师生关系,学生间的相互关系,学生的学习目的、动机和积极性等诸多方面。虽然我们可以意识到,在教育机会均等这一维度上,学校心理因素对过程公平(对待的公平)和结果公平(学业成就机会)会产生直接影响,但是这种影响的大小和程度却是难以测定的,这种相关性的测定还有待进一步研究。尽管如此,在讨论影响教育公平的"机会变量"的时候,学校心理因素或者说文化环境是不可忽视的。

5. 家庭经济社会背景

社会阶层差异是影响教育公平的另一个重要因素,而且它的重要性越来越受到人们的关注。衡量社会阶层的指标通常是家庭的经济状况和社会背景,其中社会背景涉及父母教育水平、父母职业、社会地位、社会声望、社会关系等等。在《当代中国社会阶层研究报告》中,研究者以职业分类为基础,以组织资源、经济资源和文化资源的占有状况作为划分社会阶层的标准,将当前中国社会划分为十大阶层。[①] 无论划分标准如何,经

---

① 中国社会十大阶层分别是:(1) 国家与社会管理者阶层(拥有组织资源);(2) 经理人员阶层(拥有文化资源和组织资源);(3) 私营企业主阶层(拥有经济资源);(4) 专业技术人员阶层(拥有文化资源);(5) 办事人员阶层(拥有少量文化资源或组织资源);(6) 个体工商户阶层(拥有少量经济资源);(7) 商业服务业员工阶层(拥有很少量三种资源);(8) 产业工人阶层(拥有很少量三种资源);(9) 农业劳动者阶层(拥有很少量三种资源);(10) 城乡无业、失业、半失业者阶层(基本没有三种资源)。参阅陆学艺主编:《当代中国社会阶层研究报告》,社会社会科学文献出版社 2002 年版。

济状况和以职业为中心的社会背景是社会阶层差异的显著标识。

学校教育究竟会减小还是再生产这种社会阶层差异呢？人们对此产生了两种截然不同的观点。美国“公共教育之父”贺拉斯·曼认为,教育是人类诞生以来最伟大的发明,是促进人类社会稳定和平等的伟大平衡器,是社会机器的平衡轮。[①] 针对这种“乐观主义”,美国新马克思主义代表人物之一塞缪尔·鲍尔斯(Samuel Bowles)提出了相反的观点,认为学校制度中的种种不平等现象正在一代一代地再生产原有的阶级结构,美国学校制度中的阶级不平等现象在过去半个世纪中并没有显示出减少的迹象,这种不平等的教育根植于使之合法化并使之再生的那种阶级结构之中。[②] 按照鲍尔斯的观点,现实的教育不仅没有减少社会阶层差异,反而是社会阶层(阶级)差异的再生产机制。法国社会学家 P. 布尔迪约(Pierre Bourdieu,也译:皮埃尔·布尔迪厄)和帕斯隆(Jean-Claude Passeron)全面深入地论证了教育系统的再生产功能,认为教育系统以象征符号和文化专断的形式再生产既定社会的阶级结构和权力关系,文化不平等是社会不平等的主要原因,而教育系统则延续了文化不平等,进而再生产了社会不平等,因此,学校是保持原有社会结构的有效机制。[③] 正如科尔曼所指出的,公共教育的问世不仅是工业发展的一种功能,同时也是社会阶级结构的一种功能。教育机会的性质很大程度上也是阶级结构的反映(如英国长期存在的双轨制教育[④])。在中国义务教育阶段,社会阶层差异导致的教育不公平也日益显著。

---

① 滕大春:《美国教育史》,人民教育出版社 2001 年版,第 304 页。

② 〔美〕塞缪尔·鲍尔斯:《不平等的教育和社会分工的再生产》,载张人杰主编:《国外教育社会学基本文选》,华东师范大学出版社 2009 年版,第 180—181 页。

③ 〔法〕P. 布尔迪约、帕斯隆:《再生产——一种教育系统理论的要点》(刑克超译),商务印书馆 2002 年版。

④ 作为公立教育的“寄宿学校”主要针对下层劳动阶级,作为私立教育且由教会创办和管理的“民办小学”主要接纳上层阶级子女。直到 1870 年英国教育法令颁布之后,“民办小学”才通过国立制度获得资助,纳入国立体制的一部分,不过它们依然具有一定程度的私立性质。1870 年之前的双轨制的影响并没有因为民办小学纳入国立体制而消失,至今,英国公立中等教育的结构仍然具有双轨制特点。

6. 家庭心理因素

家庭心理因素是家庭环境的内隐层面,是影响儿童学业成就和日后成功机会的心理机制,也是"教育机会"的一组变量。具体来说,家庭心理因素包括单向和双向两个方面。单向心理因素是指家长的教育观念,对孩子的教育期望,对成功的界定和态度等等;双向心理因素是指与孩子相处、沟通的方式,对孩子性格、品行、处事方式的塑造,对孩子学习动机、兴趣和方法的引导,以及对孩子表达习惯、语言能力的培养等等。在相同的家庭经济状况下,家庭心理因素对儿童成功机会将产生更为显著的影响。尽管我们可以意识到,家庭心理因素与家庭经济状况之间并非绝对的线性关系,一些经济状况欠佳的家庭也具备良好的心理因素,但从总体上而言,家庭心理因素与社会阶层状况(这里并非强调经济状况)的相关度较大,尤其与家庭社会背景中的父母受教育水平和文化资源占有状况有极大的相关性。据此,笔者认为,在我国义务教育治理中,为减小由家庭因素引致的机会不均等,必须加强对学生家长的再教育,帮助家长确立和运用适宜于儿童发展的教育理念与教育方法,形成与学校教育相衔接的良好的家庭教育。

(三)新的解释:以供给方式选择作为统一视角

尽管很可能还存在其他一些因素可以看做是"教育机会"变量进而影响到教育公平,不过上述六个方面应该是影响教育公平的主要因素。既有研究大都直接讨论上述各因素与教育公平之间的关系,尤其对政府资源配置、家庭经济社会背景与教育公平之间的关系有较多分析,不过许多研究所展现的仅是个别因素对教育公平的影响,鲜有把这些主要因素纳入到一个统一的视角中加以考察。

本书所要做的,正是将以上影响教育公平的六组因素纳入到一个统一的研究视角——供给方式选择——中来,进而考察供给方式的不同选择对教育公平不同维度的不同影响。具体而言,就是把供给方式选择看做是元初自变量,将以上六组影响因素看作中间自变量(简称中间变量),把教育公平及其各个维度看做是因变量,通过分析供给方式的不同选择对各中间变量的作用来考察供给方式选择对教育公平的影响。

当然,在具体分析过程中,我们难以考察所有的中间变量,因而只选取与具体供给方式紧密相关的若干中间变量加以讨论。另外,我们也提醒读者注意,尽管本书从供给方式选择视角来解释中间变量对教育公平的影响,但并不排除其他的解释视角,更不否认我们未曾注意到的其他影响因素对教育公平可能产生的作用。

二、政府供给对教育公平的影响

在经验分析部分,我们已经得出一个结论:政府单一供给既可能取得良好供给绩效,也可能供给效果欠佳,取得良好供给绩效的前提,是政府单一供给能够同时有效满足四个供给要件。这个结论基本上也适用于政府供给对教育公平的影响,也就是说:政府供给既可能在所有维度上促进教育公平,也可能在某些维度上损害教育公平,在所有维度上促进教育公平的前提,是政府供给能够同时有效改善影响教育公平的各组变量。

之所以得出上述判断,是因为政府供给是一个笼统的概念,在不同情况下很可能采取极不相同的供给方式,从而产生差异性的供给效果。就义务教育而言,政府供给既可能采取精英主义战略,也可能走平等主义路线,既可能以重点学校为导向,也可能以均衡发展为导向。因此,我们在分析政府供给对教育公平的影响时就不能一概而论,而要区分不同情形。

1. 政府供给对教育权利平等的影响机制

如果把有关教育的制度供给也纳入到政府供给的范畴,那么政府供给显然就应该是确保教育权利平等的根本方式。政府供给能否确保教育权利平等取决于如下几个方面:

第一,政府制度安排是否确保了所有儿童享有同等的受教育权利。这一点既是政府的法定职责,因为政府是国家法律的执行机构;也是政府供给的优势所在,因为政府具有制定具体制度安排的权限;还是政府供给出现问题的一个潜在原因，因为政府可能制定具有歧视性或排他性的制度安排。另外，政府对制度供给权限的垄断实际上也是其他供给方式（如市场供给、社会供给）无法替代政府供给的根本原因。

目前中国义务教育制度安排从形式上赋予了所有儿童平等的教育权利，但在异地入学的权利资格上却存在实际的不平等。2006 年新修订的《义务教育法》第 12 条规定："父母或者其他法定监护人在非户籍所在地工作或者居住的适龄儿童、少年，在其父母或者其他法定监护人工作或者居住地接受义务教育的，当地人民政府应当为其提供平等接受义务教育的条件。具体办法由省、自治区、直辖市规定。"然而，正因为具体办法由地方政府自行规定，该法律条款在很多地方尚未得到良好执行。由于户籍制度的限制，农村籍儿童与流入地城市籍儿童的教育权利实际上是不对等的，前者因不具备流入地城市户籍而被许多城市公立学校排除在外。这种状况有些类似于 20 世纪 60 年代前美国的种族分校制度。随着城市化进程的加快和人口流动愈发频繁，城乡二元户籍制度对流动人口子女教育权利的限制显得越来越严重，由此造成的教育权利（也包括很多其他方面的权利）不平等问题也越发突出。尽管一些城市政府正在努力接纳流动人口子女，解决他们的入学问题，但所做还远远不够。若不从法律层面根本解决异地入学问题，流动人口子女面临的不对等权利和受到的排斥、歧视（尤其是来自心理上的）还将持续存在。除了在法律层面确立平等的教育权利外，保障流动人口子女受教育权从根本上应当是政府的职责，但目前城市公立学校容量有限却是事实，所以完全依赖政府供给也存在很大局限性，这就为政府与其他供给主体合作保障公民同等的受教育权利提供了必要与可能。

第二，政府供给是否确保了所有儿童都接受了最低限度的义务教育。根据中国义务教育法，政府应当确保所有儿童接受九年制义务教育。然而，直到 2007 年在中西部地区完成"两基"攻坚计划，中国才算全面普及了九年制义务教育。换言之，在 2007 年以前，一些中西部地区还尚未完成"普九"目标，不少儿童并没有达到最低限度的义务教育水平。而且，更为重要的一点是,即使在全面实现“普九”目标以后,并非所有儿童都是在政府供给的公立学校中就学的,2008 年民办学校小学在校生 480.4 万人,初中在校生 428.4 万人,分别占相应阶段全国在校生数的 4.65% 和 7.69% 。[①] 如果这一部分学生的义务教育也完全由政府供给的话,将对政府供给提出更为严峻的挑战。另外,全面“普九”仅仅是在全国各地“基本”普及九年制义务教育,而非“完全”普及;在“普九”之后还存在义务教育巩固率、辍学率等问题,少数贫困地区和流动儿童中还存在较高的辍学率,这些意味着政府供给还尚未确保“所有”儿童接受最低限度的义务教育。

第三,政府供给是否确保了所有儿童在特定学区内具有充分的教育选择权。在义务教育阶段,儿童和家长在特定学区内应当具有教育选择权,但这一点长期以来未曾受到重视,儿童入学总体上是被动的。造成这种被动至少有三个方面的原因:一是升学竞争依然是义务教育阶段学校和学生的生存法则,为了在升学上取得优势,所有学生和家长都致力于进入当地最好的学校。二是校际差距非常大,同一学区内优质学校稀缺,有些地方甚至没有优质学校,这使得学生和家长的选择空间相当有限;三是义务教育民主化程度低,家长不仅在学校发展方面缺乏参与度和发言权,在选择自己满意的学校方面更是缺乏选择权。由此看来,为确保儿童和家庭的教育选择权,政府供给必须根本改变升学竞争导向,实现义务教育优质均衡发展,并加大教育民主化改革。

第四,政府供给是否为特殊群体提供了必要的教育补偿,以便他们具备行使教育权利的可能能力。这些特殊群体包括特别贫困学生、语言困难类学生和伤残学生。这类群体不仅需要经济上的补偿,更需要政府为其提供便利的就学条件和必要的心理辅导。就目前中国义务教育而言,在针对特殊群体的教育补偿方面,政府还有许多工作需要做。

---

① 教育部发展规划司编:《中国教育统计年鉴 2008》,人民教育出版社 2009 年版。

2. 政府供给对教育机会均等的影响机制

重点导向型政府供给与均衡导向型政府供给对教育机会均等的影响会有显著的差异。

从入学机会均等来看，虽然重点导向型政府供给也可能为所有儿童提供入学机会，但由于重点学校的排他性，儿童的入学机会实际上是不均等的。在中国教育发展史上，重点学校在不同时期存在不同的排他标准。在新中国的前三十年，重点学校甚至所有学校教育的排他性标准是“政治正确”。国家在普及和扩大教育的过程中特别重视工农和革命干部子女的受教育机会，然而，“对大多数人教育权利的保障，是以限制和剥夺少数非劳动人民家庭的教育权为代价的，实行的是一种‘阶级内的平等’”；不平等对待非无产阶级家庭子女的教育政策发展成具有歧视性的“阶级路线”政策，并直接导致了“文化大革命”时期的“血统论”；这种不平等教育政策的另一个变种则是建立一些享有特权、具有显著排他性的干部子弟学校。[①] 在这段时期，对非无产阶级家庭子女的排斥不仅来自重点学校，甚至来自所有学校；而特权学校则不仅排斥非无产阶级家庭子女，也排斥普通工农家庭子女。改革开放以来，阶级路线政策被纠正，教育领域抛弃了基于政治面貌和家庭出身的政治歧视，重点学校的排他性标准从“政治正确”转向“分数高低”。“分数面前人人平等”的筛选机制看上去似乎实现了入学机会的均等，然而，如果考虑到家庭经济社会背景和心理因素对学生学业成就的影响，我们就会发现，分数标准在一定程度上再现了社会阶层标准；不仅如此，重点学校制度的选拔性导致入学竞争相当激烈，而优势家庭在这种入学竞争中往往更胜一筹。此外，一些重点学校在实际的教育选拔过程中，并没有严格贯彻分数标准，教育寻租也为一些优势家庭增加了筹码。由此可见，重点学校的排他性实际上演变成了对弱势家庭子女的排他性。21 世纪以来，国家试图用示范性学校制度取代重点学校制度，可是这种尝试目前看来并没有取得预期效果，示范学校在入学机

---

① 杨东平：《中国教育公平的理想与现实》，北京大学出版社 2006 年版，第 35 页。

会上的排他性与传统的重点学校并无二异。

要在义务教育阶段真正实现入学机会的均等,就必须彻底改变传统的重点学校制度和当前所谓的示范学校制度,甚至要从根本上改革分数标准。达成这些目标的根本前提,是义务教育学校的(优质)均衡发展。因此,义务教育的政府供给应当从以精英为本位的重点导向战略转向以所有学生为本位的均衡发展战略。

从教育过程的机会均等来看,政府供给同样需要从重点导向转向均衡发展才能确保所有儿童资源分享机会的均等和教育对待的均等。资源分享机会的均等要求所有义务教育学校按其规模大小在资金配置、师资配备、硬件设施和组织建设等方面都大体相当,也就是要确保学校外显变量的均等性。为此,政府公共教育资源(包括资金、师资、场地和设施等)在不同学校中要实现均等的配置。不仅如此,政府供给还应形成一种大资源观,使所有公共教育资源具有开放性,通过资源的开放性来促进资源分享机会的均等性。教育对待机会关涉到学校心理因素,这种心理因素与师资水平、学校和教师的教育理念以及由此形成的学校文化环境密切联系在一起。为实现教育对待机会的均等,政府必须确保义务教育学校之间师资水平的大体均等,并且要增强学校教育的自主性,为学校自主办学和教师自主教学排除各种干扰,尤其是来自政府本身的不必要干扰。

从教育结果的相对均等来看,不同导向的政府供给对教育结果的差异性影响更为显著。在重点导向型政府供给中,若根据总体概率加以比较,重点学校的学生在学业成就机会和日后成功机会方面远胜于非重点学校学生,尽管非重点学校的部分学生也可能取得不错的学业和事业成就,但重点学校学生的总体优势应该不会受到质疑。因此,教育结果的相对均等更有赖于学校的均衡发展,尤其有赖于入学机会的均等性和教育过程中各种机会的均等性。然而,由于学校教育并非学生学业成就和成功机会的唯一重要影响因素,家庭背景对学生学业成就和成功机会也会产生具有相当分量的影响(这一点我们已经论及),因此,学校均衡发展对于促进教育结果的相对均等来说仅是一个方面,另一个同样重要的方面,是如何为弱势家庭学生提供必要而合理的教育补偿,以缩小由家庭背景所导致的学业成就差距。这种教育补偿应当成为政府和学校的职责。也就是说,为实现教育结果的相对均等,政府和学校的职责不能仅仅局限于提供均等的教育机会,把能否取得教育成就看作是学生和家庭自己的事情,而应该对家庭背景因素作出有助于促进学生学业成就均等的合理干预。从这一点看,政府供给相对于其他供给方式尤其是市场供给更具优势。

3. 政府供给对成本分担公正的影响机制

从成本分担维度看,政府供给在理论上是一种促进成本分担公正的理想选择,因为政府可以通过建立公正的税收体制和实行免费的义务教育来共同确保"基本"教育成本分担的公正性。然而,糟糕的政府供给却很可能导致一种极不公正的成本分担,因为免费义务教育并不意味着仅有以税收形式支付的基本教育成本,它还可能产生"选择性"教育成本和"附加性"教育成本。这就是说,免费义务教育并不意味着所有家庭的义务教育成本都同样为零,更不意味着所有家庭在教育成本的支付项目和支付数量上都相同。

就基本教育成本而言,由于政府可以通过公共税收实行免费义务教育,因而政府供给在促进基本成本分担的公正性方面最具优势,市场供给显然不会采取免费供给的方式,而社会供给虽可免费,但供给数量将远远不足。可见,政府供给是通过税收共担机制来承担基本教育成本的,确保这类成本分担公正的前提是建立公正的税收体制。

就选择性教育成本而言,如果这种选择成本是由于公立学校之间的巨大差距所导致的择校竞争成本(包括寻租成本),那么政府供给显然没有带来成本分担的公正性,这无论对于优势家庭还是弱势家庭均是如此,因为二者都不得不参与择校竞争。要想改善择校成本分担的不公正性,政府供给就需要在优质均衡发展和缓解升学竞争压力方面做出更大努力。如果这种选择成本是由于异地入学所导致的流动成本,政府供给同样没有带来成本分担的公正性,这种不公正既来自于教育法律对于异地入学资格的规范性缺失和户籍制度对人口流动的限制,也来自于政府在异地入学问题上的应对乏力。流动成本的承担者虽然是所有流动人口,但由于进城务工人员是流动人口大军,因而流动成本分担的不公正性主要是面向进城务工人员,这类承担主体在社会中的弱者地位进一步加剧了流动成本分担的不公正性。如果这种选择成本是由于部分家庭偏好于优质私立学校而产生的市场选择成本,那么它就不属于政府供给所应直接考察的范畴,这一点我们将在市场供给与教育公平的关系中予以讨论。

就附加性教育成本而言,由于这种成本不是由政府供给直接产生的,而且它涉及各种支付项目,如培优费用、竞赛费用、特长发展费用等等,所以,要讨论政府供给与附加成本分担是否公正之间的关系就显得相当困难。我们必须注意到,无论政府供给效果如何,附加性教育成本都可能存在,但这并不能排除政府供给效果欠佳与附加教育成本增长之间可能存在的相关性。糟糕的政府供给很可能从两个方面促使附加教育成本增长:一是政府供给的义务教育具有强烈的筛选性,从而引发激烈的升学竞争,这导致学生通过在学校教育之外参加各种培训来增强自身竞争力;二是政府供给的义务教育在质量方面不被家长认可,致使家长为孩子提供额外教育以弥补学校教育之不足。在这两种情况下所增加的附加成本都可以认为是政府供给不良的结果。如果政府供给使得大部分家庭在附加成本方面持续增长,显然我们可以认为,政府供给并没有很好地确保成本分担的公正性。实际上,附加成本的增长与择校竞争性选择成本的增长有着共同的根源——校际差异与升学竞争,因而改善两类成本分担的不公正状况需要共同的解决方案。

通过以上分析我们发现,从理论上讲,优质的政府供给可以在各个维度上有效地促进教育公平,尤其在确保所有儿童享有同等的受教育权利并接受最低限度的义务教育、促进入学机会均等、教育结果相对均等和基本教育成本分担公正方面,政府供给相较于其他供给方式应当更具有优势。然而,现实的情况是,政府单一供给要想在所有维度上有效促进教育公平,就必须满足诸多严苛条件,如公正的制度供给、充足的公共财政和教育资源、公立学校的优质均衡发展、以所有学生全面发展为本位的教育定位、合理而公正的教育补偿等等，这里的每一项条件都需要政府的长期努力。因此，从现实角度看，这些严苛条件极大地限制和降低了政府单一供给在所有维度上促进教育公平的可能性。尽管如此，我们仍然可以认为，政府不仅是促进教育公平的责任主体，而且在促进教育公平方面可以大有作为。

三、市场供给对教育公平的影响

关于是否允许和鼓励非政府主体“举办”义务教育的问题，我国 1986 年颁布施行的《义务教育法》第 9 条规定：“国家鼓励企业、事业单位和其他社会力量，在当地人民政府统一管理下，按照国家规定的基本要求，举办本法规定的各类学校。”在当时公共财政和教育资源特别紧缺的情况下，国家不仅允许而且特别鼓励非政府主体举办义务教育。然而，2006 年新修订的《义务教育法》取消了这一鼓励性条款，只在附则中（第 62 条）规定：“社会组织或者个人依法举办的民办学校实施义务教育的，依照民办教育促进法有关规定执行。”这意味着新法虽然允许非政府主体“举办”义务教育，但并不鼓励。当然，新法鼓励非政府主体向义务教育进行“捐赠”，如新《义务教育法》第 48 条规定：“国家鼓励社会组织和个人向义务教育捐赠，鼓励按照国家有关基金会管理的规定设立义务教育基金。”但捐赠与举办是两回事。从鼓励举办到取消对举办的鼓励，一方面意味着增强了国家和政府在举办义务教育方面的责任，另一方面也意味着降低了对非政府主体举办义务教育的依赖。

尽管新义务教育法并不明确地鼓励非政府主体举办义务教育，但非政府主体是具备举办资格的，而且非政府主体举办义务教育的行为适用于民办教育促进法。2002 年颁布施行的《民办教育促进法》第 5 条规定：“民办学校与公办学校具有同等的法律地位，国家保障民办学校的办学自主权。国家保障民办学校举办者、校长、教职工和受教育者的合法权益。”

该法第27条进一步规定:“民办学校的教师、受教育者与公办学校的教师、受教育者具有同等的法律地位。”据此,民办义务教育学校与公办义务教育学校在法律地位上是平等的。然而,由于办学模式不同,二者对教育公平不同维度的影响是有差异的。

在本书中,我们根据资金来源和办学动机把民办学校分为两类,一类是具有市场性质的民办私立学校,一类是具有社会公益性质的民办公益学校。前者的办学资金来自于办学主体的自主筹款,在办学动机上存在或明确或隐含的营利性;后者的办学资金来自于社会或个人捐赠,在办学动机上具有显著的公益性;前者我们称之为市场供给,后者称之为社会供给。在此先讨论市场供给对教育公平的影响。

1. 市场供给与教育权利平等

教育权利是否平等首先是一个制度规范问题,而义务教育制度供给的主体是国家立法机关和行政机关,市场主体并不具有这种制度供给的权限,因而市场供给无法从制度层面上规范平等的教育权利,它在这一点上无法替代政府供给。市场供给实际上是在国家制度规范之下进行的,它所涉及的不是教育权利的制度规范问题,而是教育权利的具体行使问题。

由于义务教育的公益性和免费性(至少在最低限度教育水平上应当免费),具有营利动机和倾向的市场主体显然不是承担所有义务教育供给职责的理想选择,因为市场供给难以确保公益性,更无法确保免费性。从另一角度看,如果国家严格控制市场主体在举办义务教育过程中的营利行为,市场供给将会短缺,因而无法确保所有儿童接受最低限度水平的义务教育。

教育权利的具体行使要求权利主体具备相应的可行能力,也就是在教育机会、经济成本承担、身体、语言等各方面有机会和能力行使教育权利。然而,对于特殊儿童群体,如贫困家庭儿童、流动儿童、残疾儿童等,他们可能在一个或多个方面缺乏权力行使的可行能力,这就需要特定机构为之提供相应的教育补偿和教育协助,愿意而且能够承担这类教育补偿的通常是公益性社会组织而不是市场主体，必须承担这类教育补偿的则是国家和政府。因此，市场供给并不是教育补偿的有效方式。

尽管存在上述诸多不足，市场供给也并非一无是处。市场供给在促进教育权利平等方面的最大优势在于，能够为儿童和家长行使教育选择权提供更为广阔的空间。我们知道，政府供给的职责是提供最低限度水平的义务教育，而且目前中国公立义务教育学校的一个突出问题是"千校一面"，缺乏特色。尽管公立学校也必须朝着优质方向发展，而且必须更具多元性，但在这两方面走在前面的通常是私立学校。私立学校提供的高于普通公立学校的优质教育和基于特色发展的多元选择，为有这类教育需求的儿童和家长提供了更多的选择空间。这应当是市场供给相较于政府供给的一个优势。

2. 市场供给与教育机会均等

市场供给增加了不同的、更多的入学机会选择，但绝不意味着这些更多的入学机会对于所有儿童都是同样均等的。实际上，相较于政府供给，市场供给在入学机会方面扩大了不均等性。市场性私立学校通常收取高额学费，甚至以各种形式收取数额不菲的杂费，如赞助费、住宿费、上下学接送费、用餐费等等，这就从经济上把大部分儿童排除在外，这些经济困难家庭儿童不是没有选择权，而是无力行使这种高费用选择权。一些市场性私立学校不仅通过收费进行排他，还通过考试成绩进行选拔，分数标准同样具有强烈的排他性。另外，市场性私立学校具有高度的办学自主权，他们在根据何种标准选拔学生方面也有高度的自主性，这种自主性的不当运用很可能演化为入学机会方面的随意性和不平等性。

优质私立学校（而非办学水平一般的私立学校）对大多数家庭都有吸引力，但真正能够进入优质私立学校的，通常都是优势家庭儿童。正因为这种入学机会的不均等性，教育过程的不均等性就被强化，这种强化机制就是校际差异和入学筛选。进入优质私立学校的儿童，无论在享有优质教育资源还是在享有良好的教育对待方面，都比普通私立学校和普通公立学校具有更多更好的机会。当然，在教育过程是否均等这个子维度上,我们必须注意到私立学校的一个可取之处,那就是它能够部分地实现差别对待,从而在一定程度上可以促进纵向的教育机会均等。换言之,在任何教育水平阶段,都存在一些家庭和儿童对超过公立学校教育水平的优质教育的需求,公立学校无法满足这种需求,而优质私立学校恰恰能够弥补这一点。

从教育结果来看,私立学校未必一定优于公立学校,也存在一些优质公立学校比普通私立学校办学水平更高。不过,私立学校中能够达到优质水平的比例相对较高,若非如此,私立学校将很难维持下去。如果仅考察这些优质私立学校,我们就会发现教育结果上的不平等性。由于优质私立学校在物质条件、组织因素(含师资水平)、学习机会和心理因素等各方面均具有显著的优势,因而学生通常有更好的学业成就机会和生活成功机会,据此可以认为,优质私立学校与普通公立学校之间在教育结果上存在显著的不平等性;再加上中国义务教育阶段普通公立学校在所有学校中比例甚高,少数优质学校学生与多数普通学校学生之间的不平等程度被进一步扩大。[①] 另外,我们已经提到,学生的学业成就很大程度上还受到家庭因素——包括经济状况、社会背景和心理因素——的影响,而优质私立学校的学生总体上都拥有更为良好的家庭背景,这进一步增加了优质学校学生的成功机会。在市场供给的情况下,市场主体缺乏为弱势家庭学生(成绩特别优异者除外)提供教育补偿的动力,相反他们更乐意为优势家庭学生和成绩优秀学生提供更多激励,因而市场供给几乎不会致力于缩小教育结果方面的差距。市场供给更有可能扩大而非缩小教育结果的不平等状况。

3. 市场供给与成本分担公正

在市场供给的成本分担这一维度上,我们主要考察私立学校学生家庭的成本分担问题。在基本教育成本方面,私立学校学生家庭与任何学

① 当然,普通公立学校比例甚高也可理解成大部分学生在低水平教育上有较高的平等程度,但这不是我们考察问题的角度。我们所考察的是,只有少部分学生能够取得较优的教育结果,而大部分学生却不能,这对后者而言存在教育成功机会的不均等。

生家庭一样，需要通过公共税收承担基本教育成本，只要税收体制是公正的，这种税收分担也应被认为是公正的。当然，由于基本教育成本还包括住宿费、生活费等，私立学校若收取相对较高的费用，从市场选择角度看，只要家长是自主的，这种基本成本的分担看上去似乎也是公正的。然而，这里却存在某种容易被忽略的不公正性，那就是私立学校在定价方面的单边垄断性。即使政府对于私立学校在住宿费和生活费等方面具有原则性的规定，私立学校在定价方面相对于家长而言仍然是单边垄断的，家长并没有讨价还价的余地。根据市场规则，家长完全可以"用脚投票"，另择低价，但是，优质私立学校是稀缺的，优质教育可以被认为是"卖方市场"，家长与学校之间并不处在平等的博弈地位，因而家长不得不被动接受私立学校的定价，甚至也不得不接受私立学校开出的一系列支付清单。从这个角度看，即使家长选择私立学校是自主的（并不意味着内在的真正自愿），这也是一种不平等的市场交换。

在选择性教育成本方面，我们不考察因公立学校差距所产生的择校成本和因异地入学所产生的流动成本，仅考察因选择优质私立学校而产生的市场选择成本。这种市场选择成本虽然与我们针对公立学校所界定的择校成本所有不同，但它们在本质上具有相似性，而且同样都源于校际差异和对优质教育的诉求。与基本教育成本中的住宿费、生活费等费用一样，市场选择成本也是自主选择的结果，看上去似乎也是公正的，但在当前私立学校"卖方市场"下，它同样存在隐含的不公正性，这种不公正性的逻辑（私立学校对优质教育资源和市场定价的单边垄断）与上述住宿费等基本费用的不公正逻辑是一样的，所不同的是在支付数额上远远超过基本费用。由此我们可以证实一个经济学原理，即垄断市场中的自主选择并非是严格公正的；我们还可以进一步发现，在垄断的私立学校市场中，公民虽然可以行使教育选择权，但这种教育选择权的行使却未必是内在自愿的，可以被认为是受到了垄断市场的扭曲。

根据以上论述，我们的结论是：市场供给提供了更为多样的入学机会，为儿童和家庭行使教育选择权提供了更为广阔的空间，也为教育过程

的机会不均等性。然而,如果将社会公益学校的学生能够分享社会公益教育资源与不能分享任何教育资源相比,社会供给则提供或增加了相当宝贵的资源分享机会,在此意义上它极大地增进了教育公平,或者说极大地缩小和改善了教育不公平状况。

从教育结果来看,社会供给与教育结果公平的关系类似于与教育过程公平的关系。在横向比较的意义上,由于公益学校教育资源的相对劣势,公益学校学生与公立学校和市场性私立学校学生相比,在学业成就机会和日后成功机会方面很可能也会处于相对劣势;[①]但是,在纵向比较的意义上,与因为不能获得任何入学教育机会而无法达到最低限度水平的义务教育相比,公益学校学生所取得的“成就增加值”是巨大的,如果进一步考虑到义务教育阶段对于儿童成长的至关重要性(第二章已作论述),这种“成就增加值”的意义将会更大。另外,在横纵向结合比较的意义上,假设公益学校学生在不能获得任何入学机会的情况下,与其他能够获得正常入学机会的学生相比,成就水平的差距为 100;又假设公益学校学生在能够获得最低限度水平义务教育的情况下,与其他能够获得正常入学机会的学生相比,成就水平的差距为 20;这种对比性假设与现实情况存在一定的吻合度,基本上可以展现两组学生在两种情况下的成就差距变化,这意味着,社会供给可以显著地缩小教育结果的不公平程度。

公益学校学生之所以能够取得显著的成就增加值,是因为社会供给通过免费、公益教育有效地干预了家庭经济社会背景,为弱势家庭提供了必要的教育补偿,使这些学生不至于因为家庭贫困或其他不利因素而失去入学机会。从中国当前的教育供给来看,社会供给还较少介入家庭心理因素,实际上,由于社会供给的志愿性和专业性,社会供给在改善家庭心理因素方面应该有更为广阔的空间。如果社会供给能够进一步介入家庭心理因素,如为家庭教育理念和教育方法提供专业辅导,公益学校学生在学业成就和日后成功方面将有更优的机会。

---

① 当然,这只是一种大体判断,我们绝不是说所有公益学校的教学水平都低于公立学校和市场私立学校,现实中不乏一些优质公益学校,但也不得不承认其数量相当有限。

3. 社会供给与成本分担公正

就基本教育成本而言，随着农业税的取消和个人所得税起征点的提高，大部分农村家庭和部分城市贫困家庭的公共税收都被减免，大多数进程务工人员的个人所得数额都不在起征点之上。因此，在贫困家庭儿童的基本教育成本中，通过公共税收形式承担的部分已被免除，当然这是政府公共政策的结果。在这种背景之下，社会供给的免费性维护了基本教育成本分担的公正性。当然，公益性义务教育学校也可能产生一些必要的住宿费和生活费，但通常数额相当小，这并不会影响基本成本分担的公正性。

就选择性教育成本而言，公益学校通常都是免费入学的，而且它本身就是对特定群体的教育补偿，几乎不会产生选择性教育成本。就附加性教育成本而言，是否产生附加教育成本并非社会供给所能决定的，这与政府教育导向及由此引发的教育竞争状况有关；而且，社会供给面向的群体通常也缺乏支付数额较大的附加成本的经济能力，因而这类群体的附加教育成本相对是非常少的。据此我们可以认为，在额外教育成本方面，由于社会供给的公益性、免费性以及面向群体的特殊性，社会供给基本能够确保额外教育成本分担的公正性。

通过以上分析我们发现，社会供给能够协助政府实现义务教育的全纳性，是除政府供给之外的一种有效的教育补偿机制；它通过为特定群体提供政府与市场之外的入学机会和资源分享机会而显著地缩小教育不公平程度，并且能够确保教育成本分担的公正性。因此，社会供给总体上能够有效、有力地促进教育公平。当然，社会供给也存在自身的局限性，如它只面向极少数特定群体，而且一些公益学校的教学条件和教育水平有待大力改善，这种局限性主要来自于社会资金和资源捐赠的有限性。随着社会捐赠的增加和政府扶持力度的加大，社会供给在改善教育不公平方面应当会有更大作为。

五、复合供给与教育公平

以上分析表明,无论是政府供给、市场供给还是社会供给,在促进教育公平方面都存在自身的有效性和局限性,虽然政府供给理论上有可能在所有维度上促进教育公平,但必须满足诸多严苛条件,这些严苛条件使得政府供给在所有维度上促进教育公平的现实可能性大大降低。既然任何一种方式的单一供给都难以同时在所有维度上促进教育公平,那么是否可以寻求多种方式的复合供给呢?答案是肯定的。

当然,复合供给有多种复合模式,任意两种以上供给方式的任意组合,都可以看做是复合供给。究竟什么样的复合供给模式有助于同时在所有维度上促进教育公平呢?这需要我们设想一种理想的状态,因而对此问题的回答更多的是理论层面的探讨。

我们已经分析,教育公平有三个维度,每一个维度又区分不同的子维度,同时我们也已讨论,影响教育公平的主要是六组变量。我们可以接受这么一个总体判断:如果供给方式的选择能够同时改善影响教育公平的六组变量,那么它就能有效地促进教育公平。在具体论述中,我们以教育公平的三个维度为目标指向,讨论在每一个维度上什么样的供给方式组合有助于改善相关变量进而促进教育公平。这种讨论是分维度进行的,对于该如何从整体角度构建一种理想的复合供给模式,我们将在最后一张予以探讨。

1. 有助于保障教育权利平等的供给方式组合

从制度层面规范和保障公民平等的教育权利必须依赖于国家和政府,只有国家立法机关和行政机关方有一国范围内的制度供给权限,在这一点上,政府(和国家)供给是具有不可替代性的根本机制。然而,政府制度供给既可以采取封闭、垄断方式,也可以采取公开、参与方式。为确保政府教育制度真正赋予所有儿童公正平等的教育权利,制度供给必须采取公开的、多方有序参与的方式,以程序公正保证制度结果公正。因此，即使在政府制度供给方面，市场主体、社会组织、公民个人，尤其是教育领域的专家、工作者以及与儿童教育权益密切相关的家长，都应当有正式可行的渠道参与教育制度的制定，并形成对政府决策的有力约束，确保政府制定良好的制度安排。

在我国现有的教育制度安排中，政府有责任确保所有儿童接受最低限度的义务教育。然而，在我国当前的经济发展水平下，公共教育资源相当有限，尤其是优质的公共教育资源更为稀缺。政府供给难以确保入学的全纳性，更无法为大多数儿童提供优质教育。社会供给和市场供给恰恰弥补了政府在这两个方面的局限性。社会供给可以为部分贫困家庭儿童和特殊儿童提供政府尚未有效供给的入学机会，并为他们提供政府之外的教育补偿，是政府供给的有力的补充机制。与社会供给的指向和功能有所不同，市场供给虽然也提供了更多的入学机会，但这些入学机会主要针对那些高需求儿童，而且相对政府供给和社会供给都更为昂贵。市场供给的指向在于弥补政府优质教育、多元教育和教育选择空间的不足，为有优质、多元教育需求的儿童提供可选择的教育服务，从而为教育选择权的有效行使提供更为广阔的空间。社会供给和市场供给分别从广度和深度上改善了政府教育资源这一变量，前者扩大了教育资源的涵盖面，后者在扩大涵盖面的同时增加了优质教育资源。

据此，为确保所义务教育的全纳性，政府供给与社会供给的互补性组合是相对理想的，这种组合还能为弱势家庭和弱势儿童提供必要的、适度的教育补偿；为给更多儿童提供更为丰富、多元、优质的教育选择，保障儿童和家长的教育选择权，政府供给与市场供给的相互组合是相对理想的。

2. 有助于促进教育机会均等的供给方式组合

入学机会的均等实际上具有两层有所不同的含义：一是在所有儿童都可以入学（无论进入什么学校）的意义上的机会均等；二是在特定学区内所有儿童进入同一所学校（尤其是优质公立学校）的机会均等。第一种含义侧重于义务教育的全纳性，这与保障所有儿童接受最低限度义务教育的权利是一致的。因此，为确保所有儿童都有非排他性入学的均等机会,政府供给与社会供给的组合更为理想,社会供给可以在政府力所不及之处发挥重要作用。第二种含义对入学机会均等提出了更为严格的要求,它致力于破除由分数差异和家庭差异所导致的入学机会不均等。为做到这一点,政府的作用至关重要。就公立学校而言,一方面,政府应当制定相应的制度安排,确保所有公立学校不因分数和家庭差异而排斥任何一个儿童;另一方面,政府应当大力促进义务教育优质均衡发展,使得教育选择空间更大,从而使前一方面所确定的非排他性具有现实可行性。尽管如此,市场私立学校的排他性依然是存在的,在进入优质私立学校的竞争过程中,成绩因素尤其是家庭背景因素很大程度上会影响入学机会的均等性,然而我们又不能因此而禁止市场私立学校。对此,一种理想的解决方案或许是政府机制介入市场供给,也就是政府应当为私立学校制定合理的定价机制,杜绝私立学校的高收费和乱收费现象,严格监管、约束私立学校的排他行为。另一种破解私立学校排他性的更为根本的解决方案或许还应当回归公立学校,也就是政府应当提供更为多元的、优质的、均衡发展的义务教育,使得优质公立学校在数量上、质量上和特色上都不逊于优质私立学校。这两种方案应当可以并行不悖。

资源分享机会的均等性一方面要求入学机会的均等性,另一方面则要求义务教育学校发展的均衡性,后者必须依赖于政府供给,依赖于政府对公共教育资源的均衡配置。物质资源的均衡配置有助于改善学校的外显因素,而教师资源的均衡配置则有助于改善学校的心理因素。当然,资源分享机会的均等性还有其他实现途径,那就是教育资源的开放性。这种开放性包括两层含义:一是校际之间的流动性与开放性,主要是指师资的流动性和学校之间教育资源的开放性与共享性,这对于同时改善学校外显因素和心理因素均有积极意义。实际上,如果有良好的激励机制,校际流动与开放不仅仅可以在公立学校之间进行,也可以在公立学校与公益学校甚至私立学校之间进行。二是社会教育资源对学校的开放性,这主要是指包括公共图书馆、博物馆、科技馆、社会实践基地等在内的社会教育资源针对义务教育学校的免费供给或低偿供给。由此可见,为促进资源分享机会均等,我们完全可以在政府机制、社会机制和市场机制之间寻求有效的合作方式。

由于教育结果同时受学校因素和家庭因素的影响,因此教育结果的均等性一方面要求改善学校因素,另一方面也要求改善家庭因素。在改善学校因素方面,最为关键的仍然是缩小公立学校、公益学校与私立学校之间的教育质量差异。在改善家庭因素方面,政府机制和社会机制具有十分重要的作用。政府机制除了努力为所有儿童提供同等入学机会之外,还应当尽可能地为弱势家庭儿童和弱势儿童提供必要的教育补偿。然而,在公共教育资源总量不足的情况下,政府供给无法做到这两点,在此情况下,社会供给作为一种有效可行的补充机制就显得至关重要。社会机制不仅可以为弱势儿童提供力所不及的入学机会,还可以为之提供适度的教育补偿,从而在增进横向的教育机会平等的同时,显著地缩小纵向的教育结果不平等。另外,由于社会供给主体的专业性和志愿性,社会机制在改善家庭心理因素方面也是政府机制之外的一种理想选择。

由此可见,在入学机会均等上,政府机制和社会机制存在互补关系(当然也不乏监管与被监管关系),而政府机制与市场机制之间更多的是政府对于市场的监管。在资源分享机会均等上,政府、社会与市场之间存在多样的合作空间;在教育结果均等上,政府机制将发挥主导性作用,社会供给是提供教育补偿、改善家庭因素的重要机制,对于补充政府机制,促进教育公平具有显著的、不容忽视的积极作用。

3. 有助于确保成本分担公正的供给方式组合

在基本教育成本分担方面,政府供给是根本机制,政府在理论上和法律制度上都应承担所有义务教育的基本成本。在政府公共教育资源不足的情况下,社会供给是分担基本教育成本的一种有效补充机制。政府与社会的互补性合作是确保基本成本分担公正的理想选择,所以我们应当鼓励社会捐赠,鼓励社会供给主体以公益为导向,面向政府力所不及的群体提供义务教育服务。在这种互补性合作中,政府为社会供给提供政策扶持和适度的资源支持是一种可行的合作机制。对于市场供给中所产生的住宿费、生活费等基本教育成本,政府应当积极加以干预和监管,杜绝私立学校乱收费现象,确保私立学校学生在基本成本分担方面的公正性。

在择校成本分担方面,由于择校成本主要是因校际差距和升学竞争所产生的,所以根本的治理对策在于改善政府供给,变革义务教育发展导向,促进公立学校优质均衡发展。义务教育应当以培养完善的人、促进学生全面健康发展为宗旨,政府必须改变目前以升学竞争为导向的教育发展模式。为有效遏制择校竞争,政府还必须切实缩小校际差距,大力推进义务教育学校的多元化发展和优质均衡发展,使得儿童和家长有广阔的、多元的选择空间。在此过程中,政府还必须着力解决教育寻租、腐败问题,杜绝权学交易和钱学交易。对此,一种可行的解决思路是政府供给与社会监督相结合,也就是坚持学校招生过程的公开性和透明性,接受社会各界的监督。

在流动成本分担方面,流入地政府应当根据新义务教育法,为流动儿童提供同等的义务教育机会和条件,承担相应的流动教育成本。在流入地政府供给能力有限的情况下,应当发挥社会供给的补充作用,通过政府机制与社会机制的合作最大限度地降低流动儿童教育成本,确保流动成本分担的公正性。

在市场选择成本分担方面,政府首先应当发展好公立义务教育,使得目前一些被迫选择优质私立学校的儿童群体有机会选择优质公立学校。当然,由于在任何阶段上都会存在部分儿童对超过公立教育水平的优质教育和特色教育的需求,政府还应当通过价格监管积极干预市场选择成本,确保市场选择成本分担的合理性和公正性。

至此,本章从教育权利平等、教育机会均等和成本分担公正三个维度解读了教育公平的含义,以教育权利行使的可行能力为逻辑中心将三者有机联系了起来,并根据政府、学校和家庭三大行为主体的外显因素和心理因素分类整理了影响教育公平的六组变量。在此基础上,本章从供给方式选择这一统一视角,将影响教育公平的六组变量和教育公平的三个维度进行了整合性分析,分别讨论了政府供给、市场供给、社会供给对于教育公平的影响,以及有助于促进教育公平的复合方式选择,由此得出的基本结论是:任何一种单一供给方式通常都难以在所有维度上确保教育公平的实现;在理论上存在这种可能性的政府单一供给由于需要同时满足诸多严苛条件而大大降低了现实可行性;单一供给通常只能在个别维度上有效地改善教育不公平状况;相比而言,复合供给最有助于在所有维度上最大限度地促进教育公平。当然,在教育公平的不同维度上,通常需要不同的复合方式,总体而言,政府机制是任何复合方式中的主导机制。既然政府主导的复合供给是更为理想的选择,那么在中国义务教育的未来供给中,政府应当如何转变自身职能,变革治理方式呢?这是下一章的研究主题。

第十章　政府在义务教育供给中的职能转变与治理变革

在经验研究部分，我们归纳了中国义务教育供给的总体模式，即政府主导的区域多样供给模式，分析了决定政府主导的关键因素以及政府主导的基本内容和主要方式。在上一章中，我们考察了政府供给对于教育公平的影响，强调了政府主导型复合供给是改善教育不公平状况，促进义务教育公平发展的理想选择。无论在经验上、理论上还是制度规范上，政府在义务教育供给中都具有至关重要的地位和作用。在中国义务教育的未来发展中，政府的主导地位不仅不能改变，而且还必须巩固，需要调整的只是政府主导的环节、内容和方式。为有效发挥政府的主导作用，切实促进义务教育优质均衡发展，我国政府在未来的义务教育供给中究竟该如何转变职能，变革治理方式呢？这是本章需要解答的问题。

实际上，第二部分的现实场景研究为我们回答上述问题提供了丰富而有益的经验，本章很大程度上将会立足于这些经验基础，围绕政府职能转变与治理变革展开理论探讨。具体来讲，本章将首先基于政府主导的区域多样供给模式提炼中国义务教育供给模式的整体设计原理，为未来义务教育供给模式选择提供一个原则性方案；然后以筹资责任、管理责任和服务职能为中心讨论政府职能转变问题；在明确政府职能的基础上，围绕政府与学校、市场和社会等方面的关系探讨义务教育的治理变革。

一、义务教育供给模式的整体设计原理

我们对政府职能转变与治理变革的探讨是依系于特定的义务教育供给模式选择的。也就是说,我们必须首先确定我们需要什么样的义务教育供给模式,然后才能确定在这种供给模式下应该如何转变政府职能与治理方式。

从现实经验看,中国义务教育采取政府主导的区域多样供给模式,然而,由于区域约束条件(包括资源禀赋和地方政府政策)的差异和具体供给模式(对供给机制的选择与组合)的不同,有些地方像本书选取的案例那样取得了良好的供给绩效,有些地方则供给效果欠佳。因此,尽管我们从总体上认可"区域多样供给模式"在中国义务教育未来发展中的适切性,但我们必须充分认识到,许多地方对供给模式的具体选择是存在问题的。要取得良好的供给效果,就必须选择适切的供给模式。那么,从整个中国义务教育发展的战略性全局来看,我们究竟该如何设计义务教育的供给模式呢,这种整体设计应该遵循什么样的基本原理?

本书认为,如同中国改革发展的顶层设计需要包括指导方针、主要内容和实现路径三个层面一样,中国义务教育供给模式的整体设计(如图10-1)也应当包括三个层面:一是供给模式整体设计的基本依据,即指导整体设计的价值目标与战略方针,体现为国家层面的制度规则与制度精神;二是供给模式整体设计的核心内容,即政府主导型复合供给模式,体现为整体性供给模式的关键构成要素及其相互关系的内在原理,这是承上启下的中枢神经;三是整体性供给模式的实现路径,即不同地区的具体供给模式选择,体现为在特定约束条件下对供给机制的不同选择及其复合方式。这一整体设计原理既以中国义务教育供给实践为经验基础,又以国家制度安排与制度精神为指导原则,实质上是自下而上与自上而下相互交汇的设计过程,在具体论述上则呈现为自上而下的逻辑演绎。

(一)对顶层规则的选择:价值目标与指导方针

中国义务教育供给模式整体设计的第一个层面涉及对顶层规则的选择,这些顶层规则是国家宪法、教育法、义务教育法层面的制度安排,当然也包括依法制定的国家教育发展战略,它们共同确定义务教育供给模式整体设计所依据的价值目标和指导方针。对顶层规则的选择就是对价值目标与指导方针的选择。

中国义务教育发展的价值目标概括起来就是实现法定的“义务教育公共利益”,这种公共利益是由宪法及宪法精神所确定并由教育法和义务教育法所明确表达的。具体而言,义务教育公共利益包括义务教育发展所要实现的建构性价值和工具性价值两个维度。

其中建构性价值是指义务教育作为目的本身的内在价值,它一方面包括义务教育的终极目标——培养完善的人,也就是把人作为目的本身,实现每一个人的自由全面发展。[①] 这一点不仅与康德有关“人是目的而不是手段”的道德原则相契合,也与马克思、恩格斯关于社会主义本质属性与最高价值的界定相一致,还是当前我国科学发展观“以人为本”这一核心要义的体现。在《共产党宣言中》,马克思和恩格斯就把人的自由发展作为社会主义的终极目标和最高价值,他们指出,“代替那存在着阶级和阶级对立的资产阶级旧社会的,将是这样一个联合体,在那里,每个人的自由发展是一切人的自由发展的条件”[②]。这是马克思、恩格斯关于未来社会理想的核心命题。[③] 另一方面,义务教育发展的建构性价值还包括教育公平,这是义务教育作为一项教育活动的内在价值目标,它不依系于教育活动的外在功能而存在。换言之,教育公平本身就应成为国家教育制度安排的内在价值诉求。如果把上述两个方面的建构性价值合并起

---

① 关于把“培养完善的人”作为义务教育的终极目标,本书第二章已作论述。

② 马克思、恩格斯:《共产党宣言》(单行本),人民出版社 1997 年版,第 50 页。

③ 叶汝贤:《每个人的自由发展是一切人的自由发展的条件——〈共产党宣言〉关于未来社会的核心命题》,《中国社会科学》2006 年第 3 期。

来，义务教育本质上就是“以培养完善的人为终极目标的公平教育”。

工具性价值是指国家发展义务教育致力于实现的教育活动之外的特定价值，它涉及政治、经济、文化、社会诸多方面，具体包括通过公民教育和道德教育塑造政治认同，实现政治整合；投资人力资本，促进经济发展；促进社会公平，实现社会稳定；传承优秀文化传统，发展人类文明等等。

在二维价值目标中，建构性价值是根本性的，第一位的，工具性价值必须服从于建构性价值，当工具性价值与建构性价值相冲突（如人力资本投资目标与人的自由发展相违背）时，前者应当让位于后者。

义务教育公共利益（尤其是建构性价值）作为我国义务教育发展的价值目标，在我国义务教育顶层规则设计中的具体化，就是实现“素质教育”和“教育公平”。为实现这些价值目标，我国义务教育发展的战略性指导方针是“均衡发展”，这已被写入《义务教育法》当中。义务教育均衡发展是我国针对当前的教育格局和经济社会背景提出的基本战略，随着教育格局的调整变化和经济社会的发展变迁，义务教育发展的指导方针也需相应调整。从长远来看，我国义务教育发展的指导方针应当是，通过“多元可选的优质均衡发展”实现素质教育和教育公平。

（二）依据规则的整体设计：政府主导型复合供给模式

顶层规则及其所确立的价值目标和指导方针为我们设计中国义务教育供给模式提供了制度基础和战略方向。结合经验研究部分我们对中国义务教育实际采取的总体供给模式——政府主导的区域多样供给模式——的归纳和分析，我们可以从战略全局角度上把中国义务教育供给模式设计为“政府主导型复合供给模式”。决定政府主导的因素主要是义务教育的纯公共物品属性、顶层规则选择和公民的共同需求；决定复合供给的原因则是单一供给的局限性、区域约束条件的差异性和公民的差异需求。

“政府主导型复合供给”与“政府主导的区域多样供给”原则上并不

矛盾,前者能够涵盖后者,而且更能强调不同供给机制之间的合作性与相互契合性。根据供给主体的不同,中国义务教育实际运用的供给方式可以概括为政府供给、社会供给和市场供给三大类,这是“政府主导型复合供给”的基本构成要素。当然,每一种构成要素(供给方式)内部都有其子要素,如社会供给包括 NGO 机制、自愿捐赠机制、志愿服务机制和自治机制等。我们在此更为关注的是三大构成要素之间的相互关系。一方面,复合供给是任意多种机制的相互组合,而且组合方式也是多元的。从扩展的角度看,复合供给可以是任一机制单一供给到任意多种机制复合供给的连续统一集,因而能够涵盖多样化的区域供给模式。另一方面,就中国义务教育而言,复合供给的复合方式是有限度的,这个限度就是保持政府机制的主导性,因为在一个规模庞大的共同体范围内,保持政府的主导地位是确保义务教育公益性、免费性和优质均衡发展的基本前提。从政府主导这个限制条件来看,市场单一供给和社会单一供给是可以排除在外的;市场机制主导的复合模式与社会机制主导的复合模式亦可排除。

尽管存在政府主导这一限制性条件,复合供给模式仍然有相当丰富的选择空间。从三种供给方式的组合来看,政府供给与任意其他一种供给方式都可相互组合,三种供给方式也可共同组合,而且,具体组合方式将依区域约束条件和现实需要而定(随后论述)。从政府主导来看,政府主导的环节、内容和主导方式是可变的。政府既可能主导教育提供环节,也可能主导管理环节或生产环节;政府既可能主导政策供给,也可能主导资源提供、校长任免、学区划分、课程设置、教学评估等等;政府既可能采用政策杠杆、财政扶持方式,也可能采取资质审批等方式主导教育供给。[①] 由此可见,政府主导型复合供给是对一整套供给方式组合的统称,而不是单指某一种特定组合;它是有关中国义务教育供给模式的整体设计,而不是个别地区义务教育供给模式的具体选择。

---

① 详见第七章有关政府主导内涵的论述。

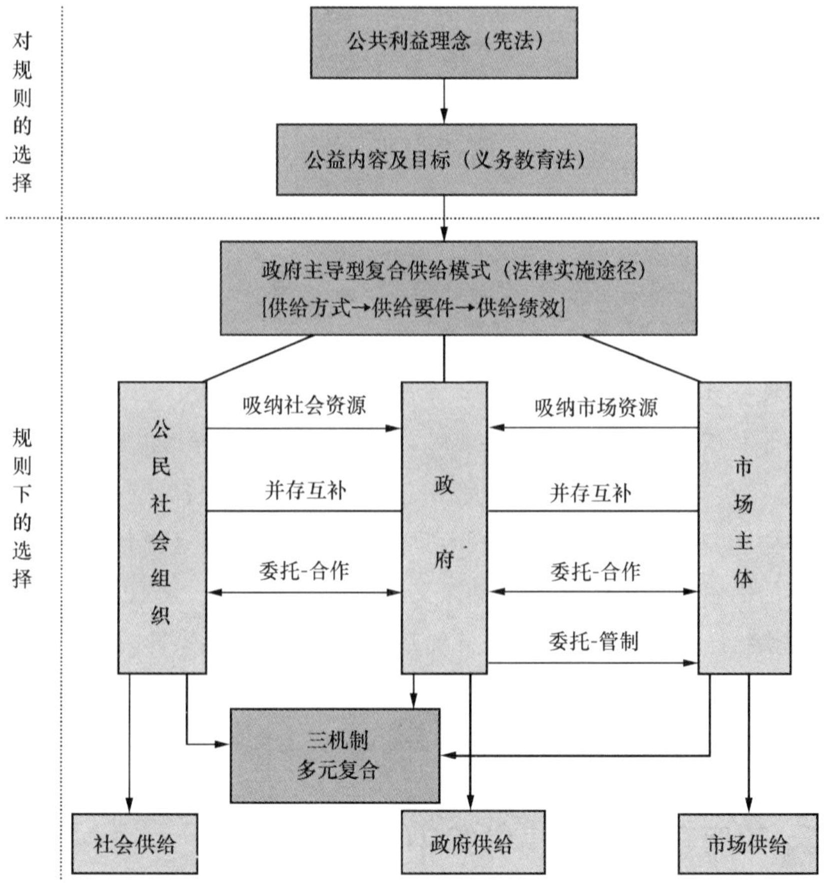

图 10-1　中国义务教育供给模式整体设计原理

（三）规则之下的策略选择：约束条件与复合方式

由于区域约束条件和公民需求等因素的差异性，作为一种整体设计的政府主导型复合供给模式在不同地区的具体实现路径是有差异的，这种实现路径的差异性就体现为具体供给方式选择及其复合方式的差异性，也可看做是区域性供给模式的差异性。

区域性供给模式是在特定约束条件之下的策略选择，这种约束条件包括但不限于如下方面：一是国家层面的制度安排，即顶层规则，区域性供给模式不能偏离顶层规则所确定的价值目标和指导方针。二是地方政府的教育政策安排,它在很大程度上会决定区域性供给模式的具体选择。三是区域性的资源禀赋条件,主要是当地的经济发展水平及由此决定的公共财政水平,当地的教育传统、教育资源存量。四是区域性的教育发展格局和所面临的教育问题,以及不同发展阶段上公民的共同教育需求与差异教育需求。

在差异性约束条件下,不同地方很可能需要选择不同的供给机制与复合方式,具体包括政府向社会或(和)市场主体吸纳教育资源,政府供给与社会供给或(和)市场供给并存互补,政府与社会或(和)市场建立委托合作关系(如上海浦东案例那样),政府对社会供给与市场供给的监管,以及政府、社会与市场三方的多元合作等等。供给机制及其复合方式的多样性表明,区域性供给模式的具体选择是多元的。我们致力于义务教育的优质均衡发展,但并非追求义务教育的整齐划一发展。中国义务教育供给必须在应对一致性条件的基础上应对差异性条件,在满足共同需求的基础上满足差异需求,在实现义务教育公共利益的同时确保个体教育权益,在政府主导的共同前提下采取多元复合选择。

二、政府在义务教育供给中的职能转变

上述整体设计确立了政府在义务教育供给中的主导地位,现在我们分析政府在复合供给模式中应当承担什么样的职能。义务教育供给的首要责任主体是政府,政府职能与政府义务应当匹配。我们在上一章讨论教育权利平等问题时曾提到,联合国经济、社会和文化委员会针对1966年通过的《经济、社会和文化权利国际公约》提出了“一般性意见”,认为缔约国在确保其国民的受教育权方面应当担负三个层面的义务,即尊重义务、保护义务和实现义务,其中实现义务包括便利义务和提供义务。所有这些义务的履行首先要求政府提供良善的制度安排,因而制度供给是政府的首要职能,这一点无需多论。在这三项义务中,最为关键的实现义

务，为此政府需要承担方方面面的职能，但最为核心的是三项，分别是筹资责任、管理责任和服务职能，我们主要围绕这三个方面分析中国政府在义务教育供给中的职能转变。

（一）筹资责任与管理责任的分离

在传统教育供给理论与实践中，以及在原来的义务教育制度安排中，筹资责任主体与管理责任主体往往是一致的，负责义务教育管理的地方政府同样需要承担义务教育供给的筹资任，而且很大程度上是完全的筹资责任。

从 1986 年颁布义务教育法到 2000 年，我国义务教育在管理体制上实行“地方负责、分级管理”体制，农村义务教育实际上是“县乡村三级办学、县乡两级管理、以乡为主”的管理体制。与之相对应，筹资责任主体主要是县乡两级政府，在农村地区则以乡为主。这种筹资模式导致许多地方政府财政不堪重负，直接的教育后果是，教育资源短缺，教育负债累累，有限的教育资源大都投入个别学校，教育发展严重畸形；由此引发的政治社会后果是，公民教育负担沉重，怨声四起，政府与公民关系恶化，民众冲击乡级政府办公场所的事件时有发生，危及政治社会稳定。

为应对这种状况，从 2001 年起至 2005 年，我国政府在义务教育管理职能的配置上实行了“地方政府负责、分级管理、以县为主”的管理体制，把乡级政府管理职能上移至县级政府，明确了以县级政府为主的管理框架。由于县域在面积、人口、资源等方面都是规模适中的共同体，在管理幅度、管理层级和管理有效度上都适于作为一个相对独立的管理单位，因此，以县为主的义务教育管理模式是比较理想的。然而，这一阶段的改革并未改变“谁管理、谁筹资”的基本模式，县级政府在承担管理责任的同时负责教育资金的统筹。在县级财政相对充裕的地方，县级政府基本上能够承担筹资责任，但在许多经济欠发达县域，县级财政往往成为教育财政，教育资金不足的情况没有得到根本解决。

实践证明，在以县为主的管理框架中，筹资责任主体与管理责任主体相统一的模式并不适用于经济欠发达县域,也不适用于当前我国区域间极不均衡的经济发展状况,它不仅难以确保义务教育在县域内的均衡发展,更难以实现县域间、省际均衡发展的长远战略目标。理论上,一种可能的替代方案是,把筹资责任主体和管理责任主体同时上移至省级政府。然而,这种替代方案会造成管理上的困难,因为省域面积大、人口多、义务教育学校数量和学生规模均很庞大,在管理幅度、层级和有效性上并非一个适宜的管理单位。

由此看来,筹资责任主体有必要与管理责任主体相分离,而且在实际操作上也完全可行。正是根据这一点,2006 年新义务教育法确立了"管理上以县为主、经费上省级统筹"的全新职责配置方案。具体来讲就是,在管理体制上,实行"在国务院领导下,由地方负责、分级管理、以县为主"的体制;在经费投入保障机制上,实行"各级政府共同负担、省级统筹"的体制。[①] 这个全新的职责配置方案符合我国当前经济发展现状和未来的经济发展趋势,也与我国义务教育优质均衡发展的长远战略相适应。

(二)财政责任重心上移与中央转移支付

筹资责任主体与管理责任主体相分离的职能配置方案解决了长期以来困扰人们的管理责任主体缺乏筹资能力的问题。不过,"各级政府共同负担、省级统筹"的经费投入保障机制仅仅是一个原则性的方案,它虽然确定了省级政府的统筹责任,但并未确定各级政府在经费投入上的合宜比例。省级政府在经费投入比例的划分上具有高度的自主性,省级统筹很可能演变为由省级政府统筹安排县级政府承担主要的经费比例,如此一来将难以贯彻省级政府统筹落实经费投入的初衷,经费投入的实际责任重心仍可能落在县级政府上。

为避免这种潜在危险,我们必须从法律制度上将财政责任重心上移

---

① 具体参阅本书第二章有关中国义务教育国家制度安排的梳理。

至省级政府，也就是明确规定省级政府在经费划分比例上应当承担主要的投入责任，这一方面能够最大限度地化解县级政府尤其是经济欠发达地区县级政府的财政困难，使县级政府能够更专注于管理职能的履行；另一方面也有助于省级政府在全省范围内均衡资源配置，缩小县域间、地市间和城乡间的资源差距，推动省域内义务教育均衡发展。

财政责任重心上移并不意味着县级政府无需承担经费投入责任，而是使县级政府的经费投入比例降到一个相对较低的可承受水平。然而，在一些贫困地区和经济贫困县，即使是较低水平的经费投入比例，也可能存在较大的公共财政缺口；另一方面，若县级政府所承担的经费投入比例过低，如果要确保省内各县经费投入水平不下降，省级政府必须承担较高的投入比例，这对于经济欠发达省域将构成严峻的挑战。在这种情况下，中央政府应当承担财政转移支付责任。中央转移支付是缩小省际资源差距的一种方式，更是弥补贫困地区和贫困县市公共财政不足、教育资源匮乏的有力手段，是许多国家普遍使用的一种教育补偿机制。

尽管我们强调要加大中央转移支付力度，但绝不意味着中央转移支付没有潜在风险，因而绝不意味着中央转移支付可以随意、盲目进行。中央转移支付的最大风险在于“挤出效应”，也就是说，一些贫困县市为了获取更多的中央转移支付而减少实际上可以由本县市承担的经费投入。这种“挤出效应”不仅浪费了中央转移支付的财政资源（这些资源本可以转移至更有需要的贫困县市），而且对这些贫困县市形成了一种负向激励机制，降低了它们的教育投入积极性，形成了一种中央依赖心理。

为预防“挤出效应”，使中央转移支付更有实效，我们必须把中央转移支付纳入到规范化的使用渠道，在确定中央转移支付比例和数额的时候，综合评估如下几方面因素：一是贫困县市的学校数量和学生规模，以及由此决定的教育资源需求量；二是由贫困县市经济发展水平和社会发展状况所决定的当地政府可承受的最高投入水平；三是贫困县市所在省份各级政府按比例投入教育经费之后的资金缺口。中央转移支付所针对的主要是贫困县市为达到最低限度义务教育水平所存在的资金缺口。中央教育机构应当对中央转移支付的实际成效加以评估,并据此调整中央转移支付,使其在补偿贫困县市教育不足的同时,建立积极的教育激励机制。

(三)坚持以县为主的管理原则,合理转变管理职能

新义务教育法确立以县为主的管理原则,县域的确是一个合适的管理单位,县级政府作为管理责任主体符合公共管理基本原理。然而,目前大多数县级政府的义务教育管理职能过于繁杂、微观,既是学校举办者和管理者,又是质量监督者和评估者,既是教育提供者和生产者,又是提供与生产的连接者,可以说是事无巨细,面面俱到。这种围观管理模式一方面令县级政府疲于应对各项管理职能,另一方面也极大地约束了学校的办学自主权,限制了学校的多元化发展。因此,合理转变县级政府的管理职能,有效承担义务教育管理责任,是当前我国义务教育供给中迫切需要解决的职能配置问题。

在本书经验研究部分,浦东政府所建立的"管办评"联动机制和北京东城的学区化管理模式为我们转变政府管理职能提供了十分有益的启示。所谓"管办评"联动机制,就是构建"政府宏观管理、学校自主办学、社会公正评价"的教育管理框架。它要求合理界定政府、学校、社会和市场等多元主体在教育供给中的职责边界:其中政府负责政策制定、教育规划、布局调整、资源供给、质量监督等宏观管理事务;学校享有充分的办学自主权;社会专业组织负责教育评估,家长、社区和社会舆论也能参与教育评价。"管办评"联动机制也是浦东转变政府职能,建设"小政府、大社会、大服务"治理模式的一种努力。北京市东城区的学区化管理本质上是学校间的共同联合管理,政府的作用在于为这种联合管理创建运行平台和激励机制。学区化管理的核心是通过动员政府资源、学校资源和社区资源,实现各类教育资源的流动和共享。此外,社区和家长也是学区化管理的参与方。

根据这些成功经验我们发现,政府管理职能的转变主要有两个方向:

一是权力下放,二是职能转移。所谓权力下放就是把传统上政府对学校的直接管理转变为间接管理,将学校从传统上被控制的状态中解放出来,赋予学校充分的办学自主权,也赋予学区充分的学校管理权。所谓职能转移就是把一些专业技术性管理职能转移给社会专业教育组织,如浦东政府把公立学校委托给专业教育组织进行管理,把教育评估委托给专业评估机构完成等等。总之,无论是权力下放还是职能转移,目的都是为政府管理职能"瘦身",使政府从微观管理走向宏观管理,提高政府的管理能力和管理效力。当然,政府管理职能的转变并不意味着政府管理责任的祛除,县级政府依然是义务教育管理的责任主体。

(四) 管理职能与服务职能并重

义务教育本质上是一项公共服务,这一公共服务的提供不仅要求政府承担管理职能,也要求政府立足于服务本位。为便于讨论这一点,我们先简单回顾公共行政学领域有关政府治理理念的几次重要演变。

在老公共行政阶段,政府组织结构及其运行方式的核心特点可以概括为传统官僚主义或老式官僚主义。官僚主义的首要价值观是效率和理性,它主张建立严密的官僚等级制,并通过正式的官僚制政府机构直接提供服务。传统官僚主义是工业化时代的产物,并在那个时代取得了可观的成绩。著名社会学家马克斯·韦伯曾说过,"推进官僚主义制度的决定性理由一直是[官僚主义制度]超过其他任何组织形式的纯技术性优越性……精确、速度、细节分明……减少摩擦、降低人和物的成本,在严格的官僚主义治理中这一切都提到最佳点"①。然而,在现代社会里,官僚主义越来越成为机构庞大,老态龙钟,缺乏灵活性、主动性和创造性,得过且过和不负责任的代名词。

为改革传统官僚主义和官僚机构,西方从 20 世纪七八十年代以来兴起了一场新公共管理运动,"其核心内容是力图将私营部门和工商企业管

---

① 转引自〔美〕戴维·奥斯本、特德·盖布勒:《改革政府:企业家精神如何改革着公共部门》(周敦仁等译),上海译文出版社 2006 年版,初版译序第 4 页。

理的方法用于公共部门"[①]。从最广泛的意义上讲,新公共管理改革就是试图用以市场为基础、由竞争所驱动的策略取代传统上以规则为基础、由权威所驱动的过程。[②] 这场改革运动的杰出代表作当属美国公共行政学家戴维·奥斯本(David Osborne)和特德·盖布勒(Ted Gaebler)所著的《改革政府:企业家精神如何改革着公共部门》(又译《重塑政府》)。在这本书中,两位作者的中心思路是用"企业家精神"来克服"官僚主义"。他们从十个维度阐述了政府改革的定位:(1) 起催化作用的政府:掌舵而不是划桨;(2) 社区拥有的政府:授权而不是服务;(3) 竞争性政府:把竞争机制注入提供服务中去;(4) 有使命感的政府:改变照章办事的组织;(5) 讲究效果的政府:按效果而不是投入拨款;(6) 受顾客驱动的政府:满足顾客而不是官僚政治的需要;(7) 有事业心的政府:有收益而不浪费;(8) 有预见的政府:预防而不是治疗;(9) 分权的政府:从等级制到参与和协作;(10) 以市场为导向的政府:通过市场力量进行变革。[③] 这些政府改革主张根植于市场经济和企业管理的价值观,显示出一种对政府管理行为的经济学解释偏好,而且明显地与理性主义观点尤其是公共选择理论相联系。

新公共管理因其对传统官僚主义的有效替代而在 20 世纪最后二十年成为公共行政和公共管理领域的一个规范模式,然而,这种规范模式正在经受各种批评,批评的焦点在于,以企业家精神为指导的新公共管理很可能会侵蚀民主精神和宪政价值(如代表制、参与、公平、正义),它在强调"政府应当掌舵而不是划桨"时淡忘了"政府应当属于公民"。批评者强调,政府应当把公民置于首位并服务于公民。

在这些批评中,以珍妮特·V. 登哈特(Janet V. Denhardt)和罗伯

---

① 〔美〕珍妮特·V. 登哈特、罗伯特·B. 登哈特:《新公共服务:服务,而不是掌舵》(丁煌译),中国人民大学出版社 2010 年版,第 8 页。

② *Kettl. The Global Public Management Revolution*, Washington, DC: Brookings Institution, 2000, p. 3. 转引自〔美〕珍妮特·V. 登哈特、罗伯特·B. 登哈特:《新公共服务:服务,而不是掌舵》,第 9 页。

③ 〔美〕戴维·奥斯本、特德·盖布勒:《改革政府:企业家精神如何改革着公共部门》。

特·B.登哈特(Robert B. Denhardt)为代表的新公共服务理论逐渐兴起。他们在《新公共服务:服务而不是掌舵》一书中反思了老公共行政范式和新公共管理理论,主张政府应当从民主治理理论而不是从私营部门管理中获得行动启示,提出了他们所主张的新公共服务理论,这种理论致力于促进公共服务的尊严和价值,并将民主、公民权和公共利益重新肯定为公共行政的规范性基础和卓越价值理念。他们认为,新公共服务是关于公共机构在以公民为中心的民主治理系统中所扮演角色的一系列思想和理论,其核心内涵是:(1)政府的职能是"服务"而不是"掌舵";(2)公共利益是政府行动的目标而非副产品;(3)政府应当服务于公民,而不是服务于顾客;(4)公民权和公共服务比企业家精神更为重要;(5)思考上要具有战略性,行动上要具有民主性;(6)政府并非只对市场或只对政治官员负责,政府所承担的复杂责任涉及公共利益、宪法法律、社区价值、民主政治规范、职业标准、公民需要等各种制度、标准和现实因素;(7)重视人的价值,而不只是重视生产率。

新公共服务理论代表着政府治理新的发展方向,为当前的政府治理变革提供了指南,也为我们构建服务型政府奠定了理论基础。当然,把政府的根本职能定位于公共服务,并不意味着对政府应当履行的其他职能尤其是管理职能的排斥。

政府的最终价值指向是为共同体成员实现公共利益。公共服务既可能是政府致力于实现的特定公共利益目标,也可能是政府实现其他公共利益目标的途径。当公共服务作为一种公共利益目标时,它的实现很可能需要包括服务、管理、控制、调节等在内的一系列手段;当公共服务作为实现其他公共利益目标的途径时,它只是诸多实现途径中的一种,管理、控制、调节、分配等也可能成为其他公共利益目标的实现途径。

回到义务教育供给问题上,我们已经提到,义务教育既有建构性价值目标,也有工具性价值目标。从建构性价值目标看,义务教育本质上是一项公共服务,它要求政府将服务职能作为自己的根本职能。当然,由于义务教育供给主体的多元性和供给方式的多样性,要取得良好的供给效果,仅仅立足于服务视角是不够的。政府不仅要为各种供给主体提供服务和便利,如制定良善的制度安排,营造良好的办学环境,提供资金支持和政策扶持等等,还应当有效监督、管理义务教育供给行为,尤其是不规范的办学行为,使其不至于偏离义务教育的建构性价值目标——素质教育(培养完善的人)和教育公平。从工具性价值目标看,义务教育是一项具有诸多正外部性的公益事业,为了在不与建构性价值相冲突的前提下实现这些正外部性,政府在提供教育服务的同时,要对这种教育服务加以引导、规范和管理,使得义务教育的供给能够最大限度地发挥其正外部性。由此看来,在义务教育供给中,我们不仅要强调政府的公共服务职能,同样也需重视政府的管理职能。

三、政府在义务教育供给中的治理变革

根据我们对义务教育供给模式的整体设计,为实现义务教育公共利益,发挥政府主导型复合供给的优势,在当前和未来的义务教育供给中,政府除了需要合理转变职能以外,还需要有效变革治理方式。义务教育治理方式的变革涉及诸多方面,最为关键的是要妥善处理好政府与学校、市场、社会之间的关系,以及学校内部关系,学校与社区、家长之间的关系。

(一)政府与学校:在适度放权中实现多元均衡发展

在义务教育治理中,政府与学校的关系始终是具有根本重要性的一组关系。传统上,政府与公立学校的关系可以被看做是一种高度控制型关系,这种控制主要是通过资源分配上的控制与管理上的控制实现的。资源分配上的控制不仅包括预算内教育财政的分配、师资力量的配备、教育场所的提供和教育设施的配给,还包括政府对学校教育资源使用方式的控制。管理上的控制则包括学校管理层的任命,对学校组织形式的控制,对学校教师的直接管理,对课程设计和规划、教学评估等方面的直接

控制。

政府对学校高度控制的结果是，为获得政府的重视和更多的资源投入，学校变得越来越对上负责而非对儿童和家长负责，对政府的指令负责而非对教育的宗旨负责；在同一种控制体制下，所有学校在教学和培养模式上越来越缺乏主动性和创造性，呈现出同质化、一致化特点；与教学培养模式的一致性并不矛盾的是，由于政府资源分配的不均衡性，不同学校之间在资源数量和教学水平上的差距却越来越大，“千校一面”与巨大的“校际差距”同时并存。

为破解这些问题，中国义务教育迫切需要变革高度控制型的政校关系，将学校从被控制与被压抑的办学模式中解放出来，赋予学校更大程度的办学自主权。学校的办学自主权首先体现在学校的自我管理权上，因而政府权力下放首先就是管理权的下放。学校应当有权根据国家教育法规和教育发展战略确立自身的教育目标和教育期望，追求学校认为富有吸引力的教育特色，以促进公立学校的多元发展；同时，学校应当有权根据校长负责和民主治校原则建立适当的学校组织形式，构建促进教师全心投入教学活动的激励机制；学校还应当有权处理其他应纳入学校管理的各项事务。当然，管理权的下放并不意味着学校不受政府的任何约束，政府应当在宏观教育规划、教育布局、教育动态监测、评估（或委托评估）等方面发挥主要作用，确保学校教育活动符合国家教育法规和教育战略。总之，管理权下放的基本原则是合理界定政府与学校的权力边界，改变传统的政府微观管理模式，变政府微观控制为宏观管理。

学校管理权的自主程度与资源使用权的自主程度具有高度的相关性，一个缺乏资源使用权的学校根本谈不上自主管理，更谈不上自主办学。因此，政府权力下放的第二个关键是资源使用权的下放。在给定的宏观使用原则下，政府应当将教育资源的具体使用权最大限度地下放给学校，鼓励学校领导层将教育资源运用到能够提升教育质量和促进教育公平的方面。当然，资源使用权的下放并不意味着资源责任归属由政府转移至学校，政府依然是资源分配的责任主体，关键的问题是政府应当如何分配教育资源方可保证学校的办学自主性。

显然,仅有管理自主权和资源使用自主权仍然是不够的,这两点并不能确保所有学校都能获得相对均等的教育资源。因此,我们需要改变政府在教育资源分配上的随意性,通过将义务教育各项经费全面纳入公共预算来确保义务教育学校能够均等地分享教育资源。义务教育学校所能获得的教育资源应当主要根据学生规模并结合当地经济社会发展状况来确定,并确立相应的国家教育经费基准。同时,资源分配应当纳入法制化、规范化渠道,县级以上人民代表大会应当成为义务教育学校资源分配的权力机关。对此,有研究者主张建立义务教育中小学预算制度,保证教育经费的规范使用。他们提出:

> 中小学预算是单位预算,是县一级(县级市)政府的教育部门预算的组成部分。义务教育中小学必须遵守《中华人民共和国预算法》和《中华人民共和国义务教育法》《中华人民共和国会计法》,严格编制农村中小学预算。每一所中小学校的预算必须包括七个部分:即,预算管理、预算审查、预算批准、预算执行、预算调整、决算、监督评价,对每一个方面都必须进行详细的列支,做到环环相扣、依次推进……这样,在法律的框架下,通过预算编制,做到依法理财、民主理财和规范理财。①

为缩小当前巨大的校际差距,促进义务教育均衡发展,在预算编制过程中,教育资源的配置应当向薄弱学校和农村学校倾斜,这是政府履行宏观调节职能的一个重要方面。

政府权力的适度下放是变革控制型政校关系的基本方向,但我们必须清楚,放权并非提升学校效益(包括质量和效率)的充分条件,学校效益还受到学校组织形式(学校内部关系)和学校的社区环境(学校与社区、家长的关系)等诸多因素的影响,后二者的变革我们随后再予以讨论。

---

① 张钰等编著:《中国义务教育公平推进实证研究》,教育科学出版社 2011 年版,第 259 页。

英国教育学者杰夫·惠迪(Geoff Whitty)和萨莉·鲍尔(Sally Power)等人批判性地考察了向学校下放决策权与提高学校效益之间的关系,认为证据不足以表明自治学校能够显著地提高学校效益。同时,他们还认为,学校自治与教育公正之间也不一定存在正相关关系,学校自治虽然可能鼓励校长将更多资源分配给弱势群体,从而满足公正要求,但这并不是必然结果。[①] 这种反思暗含了两点:一是放权并非提高学校效益的充分条件,因而教育治理不能仅仅依赖于放权;二是放权是有限度的,有效而成功的放权必须在提高学校效益、促进教育公平方面作出更大贡献。

(二)政府与市场:公民权利与消费者权利的平衡

放权与择校往往被联系在一起,但放权与择校的确是两回事。放权包括向学校放权和赋予家长选择权,而向学校放权又区分为向公立学校放权与放松对私立学校的管制;择校既可能是在公立学校之间进行选择,也可能仅仅是对私立学校的自主选择,还可能是对各种不同性质的学校的自由选择;另外,择校有可能是源于校际差距(及对优质教育的需求),也有可能是源于学生和家长对特色教育的多元需求。

我们需要承认,市场供给的最大优势是为学生和家长提供了广阔的选择空间,有助于满足学生和家长的差异教育需求,也有助于学生和家长更为充分地行使教育选择权。然而,对于市场供给或者是以市场原则为导向的教育供给是否一定能够提高学校效益、促进教育公平,学界却存在很大争议。

激进的市场化倡导者坚信,教育市场化可以提高学校的资源使用效率,私立学校比传统上受到政府控制的公立学校更为高效。这种观点的突出代表是美国教育学者约翰·E.丘伯(John E. Chubb)和泰力·M.默(Terry M. Moe)。他们在《政治、市场和学校》一书中借用政治学研究中的制度理论建立了一个分析学校治理状况的理论框架。他们认为,美国

---

① 〔英〕杰夫·惠迪等:《教育中的放权与择校:学校、政府和市场》(马忠虎译),教育科学出版社2003年版,第141—146页。

政府致力于学校教育改革却收效甚微,根本原因在于政府本身,在于美国公立学校的民主控制制度及由此导致的高度科层制的教育管理体系;相比于以科层制为特征的公立学校制度模式,在择校、竞争和学校自主权等要素基础上建立起来的中小学制度模式(市场化制度模式)将更有效率,而学券制是建立这样一种制度模式的有效途径。他们指出:

> 在所有改革措施中,择校运动最能从根本上解决问题,其他都只是保守的表层化的改革——它们仍然维护民主控制制度,仅仅用另外的方式来实践它的威权。
>
> ……
>
> 我们设计这一个择校体系的指导原则是:必须利用公共威权建立一个几乎完全远离公共威权掌握范围的体系。我们认为,由于美国的公立学校都由各州管理,所以实行一场彻底改革的最佳方式是把公共威权从现存体制中抽离出来,建立一个新的体系——在这里,几乎所有的威权都直接交给学校、家长和学生,这种结构性的重建不能通过分权得以实现:只要在州政府的高层仍然存在公共威权,就必然要去控制学校。所以,应该尽可能消除高层威权。①

由此可见,丘伯他们极力倡导教育市场化,主张将自由市场原则引入美国公共教育体系,用私立学校的办学模式彻底改革美国的公立中小学,进而在市场制度基础上建立一种以学校自主权和学生(及家长)选择权为中心的全新的公共教育体系。当然,丘伯他们也强调,这种市场化教育改革并不意味着公立学校的私有化,他们致力于建立的是真正意义上的、彻底的民主化公共教育体制。

针对这种激进的教育市场化主张,一些学者从教育公正和教育多样化的角度作出了反思。本书在上一章全面讨论了市场供给对于教育公平的影响,在此简单介绍一些西方学者的观点。雷·格兰德(J. Le Grand)

---

① 〔美〕约翰·E. 丘伯、泰力·M. 默:《政治、市场和学校》(蒋衡等译),教育科学出版社2003年版,第227、229页。

和巴特利特(W. Bartlett)在他们的研究中发现,尽管家长择校的机会因开放入学而大为增加,但这将鼓励学校采取一种选拔性招生政策,在这种选拔过程中,弱势学生将处于不利地位,弱势学校也将受损,选拔优等生的现象将对教育公正构成最大的威胁。[①] 一些研究则强调,虽然择校可为一些儿童带来高质量的教育,但证据显示,它将导致对边缘群体或弱势群体——特别是工人阶级的子女以及非洲和加勒比地区的后裔——的歧视。[②] 布莱克莫尔(J. Blackmore)认为,与市场化改革初衷相悖的是,市场加剧了基于阶级、人种和民族划分形成的校际差距。[③] 就教育市场化与教育多样化的关系而言,格兰特(R. Glatter)等人从一项有关家长择校与学校反应的实证研究中得出的结论是:至今没有证据表明市场化改革削弱了科层化制度,也没有证据表明择校会使学校体制多样化;相反,有证据表明,若非政府特别投资来举办一些特色技术学校,学校将存在一种更趋一致的倾向。[④] 杰夫·惠迪和萨莉·鲍尔等人总结了这类反思[⑤],他们指出,"不少评论家预测,只要人们倾向于按照学术优异的单一尺度来评价学校,择校就不可能如其倡导者所言会导致更加多样、灵活的办学形式,相反,它会加强基于学术考试成绩和社会阶级的现存学校分层机制"[⑥]。因此,他们并不支持择校倡导者的"强烈要求",而是主张对择校加以慎重规范,以确保教育公正。

那么,如何规范择校,进而增强择校制度中的公正性呢?阿德勒(Aldler)对英国择校政策提出了一些修改意见,其基本指导思想是,在家

---

① J. Le Grand and W. Bartlett, eds., *Quasi-markets and Social Policy*, London: Macmillan, 1993.

② Walford, G., "Educational Choice and Equity in Great Britain", in P. W. Cookson, ed., *The Choice Controversy: Current Debates and Research*, Newbury Park, CA: Corwin Press, 1992.

③ Blackmore, J., "Breaking out of a Masculinist Politics of Education", in B. Limerick and B. Lingard, eds., *Gender and Changing Education Management*, Rydalmere, NSW: Hodder, 1995.

④ Glatter, R., Woods, P. and Bagley, C., "Diversity, Differentiation and Hierarchy: School Choice and Parental Preference", in R. Glatter, P. A. Woods and C. Bagley, eds., *Choice and Diversiy in Schooling: Perspectives and Prospects*, London: Routledge, 1997.

⑤ 参阅〔英〕杰夫·惠迪等:《教育中的放权与择校:学校、政府和市场》,第147—155页。

⑥ 同上书,第149—150。

长为其子女选择学校的权利和公共教育当局促进所有儿童的义务之间寻求更好的平衡;他主张建立积极的择校政策,以体现“所有儿童”而不仅仅是“积极择校者”的利益。[①] 杰夫·惠迪等人基本同意这种观点,认为我们应当在主张受教育群体的消费者权利的同时重申其公民权利来更多地关注教育公正问题。[②] 也就是说,我们需要有效地平衡学生作为教育消费者的权利和作为一国公民的权利。作为教育消费者,其教育权利的实现要求承认择校、分权和学校自治在某些方面的合意性;作为一国公民,其教育权利的实现要求政府在履行教育义务方面承担更大的集体责任,同时也要求在学校管理中增强民主参与。

在中国义务教育未来的治理变革中,我们同样需要有效平衡消费者权利与公民权利,归根结底也就是要妥善处理好政府与市场的关系。一方面,市场供给在实现消费者权利方面具有优势,因而我们应当允许私立学校的发展,避免对私立学校的强力控制;我们也要将一些可以由市场主体承担的管理职能和服务职能转移给市场主体,提高管理效率和服务效益;与此同时,政府需要赋予学生和家长更多的选择权。另一方面,政府是保障学生作为公民所应同等享有的教育权利的最终责任主体,并且在确保教育公正方面负有更重要的集体责任,因而政府有责任为所有学生提供最低限度水平的义务教育;同时,政府应当采取有效措施监管私立学校,审慎地运用市场机制,最大限度地减少市场选择对教育公平的损害,在承认市场选择的某些合理性的同时采取有效措施增进择校制度中的公正性。最后,消费者权利和公民权利的主体都是学生,二者是学生受教育权的两个层面,这两个层面的共同实现对于政府与市场的互补、合作提出了要求并营造了空间。

---

① M. Aldler, *An Alternative Approach to Parental Choice*, National Commission on Education Briefing Paper 13, London: National Commission Education, 1993.

② 〔英〕杰夫·惠迪等:《教育中的放权与择校:学校、政府和市场》,第158页。

（三）政府与社会：更多的引导、扶持、激励与合作

在政府和市场之外，社会组织或个人也是许多国家和地区义务教育的供给主体，因而在义务教育治理变革中，我们同样需要重视政府与社会的关系。社会是一个大的概念，它不仅包括社会组织，也包括社区、家长和公民个人，社会供给也包括多种机制，如社会组织供给、社会捐赠、个人志愿服务等等。

针对传统上由政府控制的公立学校的科层制弊端，约翰·E.丘伯和泰力·M.默主张通过放权和择校来实现教育市场化，然而，杰夫·惠迪和萨莉·鲍尔等人对这种教育市场化改革持怀疑态度，认为教育市场化将对教育公正构成严峻的挑战，他们提供的替代选择是，通过复兴市民社会来超越放权和择校。他们明确地宣称，"我们的观点是：无论是政府还是市场都无法重建教育决策的合法性。相反，这将要求复兴市民社会和发展更适合当今社会的新的民主形式"；"我们相信一个真正复兴的市民社会有能力与政府抗衡，防止政府控制、分化社会的其他部分"。[①] 他们还设想，推动市民社会复兴的途径是建立不同于国家集体主义和市场个人主义的联合体民主，这种新型民主类似于吉登斯所主张的"对话式民主"，它注重公民个体之间的对话、协商和自发行动，强调小型政治组织为公民提供的协调空间和决策参与机制。当然，杰夫·惠迪他们也意识到政府（大型政治组织）的定位问题。他们认为，在未来的市民社会中，教育政策既要重视差异，也要重视共同点，这就要求"承认差异"与"重新分配"并举。为此，他们引证弗雷泽的观点，后者认为承认的政治倾向于突出和重视群体差异，而重新分配的政治致力于颠覆社会差异的基础。[②]

这种复兴市民社会的解决方案尽管没有完全排除政府的作用，但它很大程度上先入为主地把市民社会与政府对立起来，并且把市民社会置

① 〔英〕杰夫·惠迪等：《教育中的放权与择校：学校、政府和市场》，第171页，179页。

② Fraser, N. *Justice Interruptus: Critical Reflections on the 'Postsocialist' Condition*, New York: Routledge, 1997.

于至高无上的地位。这不仅过分怀疑政府可能产生的积极作用,过分夸大了市民社会在教育治理中的重要性,而且几乎完全忽视了政府与社会之间合作的可能性。他们的解决方案不仅不适用于中国,即使在西方社会中也被认为是理想的乌托邦,至少在当前是如此。

在我国义务教育治理中,由于市民社会发育不成熟,社会组织发展也相对滞后,社会捐赠和志愿服务都处在相对较低的水平,因此,仅仅依赖社会供给是远远不能普及免费义务教育的,社会供给只能是一种补充机制,政府必须在义务教育供给和治理中居于主导地位。不过,我们绝不能因为社会供给的补充地位而忽视其重要性。相反,在未来的义务教育治理中,政府应当采取适当措施积极引导社会供给,尤其要在政策优惠、资金扶持和个人事业发展等方面建立有效的激励机制,鼓励社会捐赠,鼓励社会主体和个人在边远和贫困地区提供义务教育服务,并且在适当的供给环节中与社会主体建立有效的合作机制。

总之,在政府与学校、市场、社会的关系上,本书肯定约翰·E. 丘伯等人对传统官僚主义教育体制的批判,但反对他们的教育市场化主张;本书肯定杰夫·惠迪等人对放权与择校的合理质疑(主要是对教育市场化的批判),但反对他们寄希望于复兴市民社会的替代方案。本书的基本立场是,在我国义务教育治理中,政府向学校、市场和社会适度放权、变直接的全面控制为间接的宏观管理是改革的基本方向,但政府依然是义务教育供给的财政责任主体和宏观管理责任主体,在确保政府主导地位的同时,应当在政府、市场与社会之间建立起互补与合作关系,充分发挥各自的优势,有效平衡所有学生的消费者权利和公民权利。

(四)学校内部组织:以民主治理实现高效优质教育

学校效益——资源使用效率和教育质量——如何,除了受到政校关系的影响外,很大程度上还取决于学校组织形式。政校关系决定着学校所能获得的教育资源和师资队伍的数量和质量,以及学校的办学自主程度;而学校组织形式决定着学校采取什么样的制度形式把教育资源和教师队伍组织起来并加以运用。

学校组织形式涉及学校的教育目标和教育理念、制度章程和道德规范、领导者队伍及其分工配合、学校决策机制、教师参与学校决策并监督学校运行的程度和方式、课程设置与教学组织、领导者队伍与教师之间的关系、师生之间的关系,以及学校的文化环境等等。

学校组织形式与学校效益具有高度相关性,在同样的政校关系和社会环境下,学校组织形式对于学校效益和学生成绩具有决定性的作用。在确定需要什么样的学校组织形式之前,我们首先需要了解高效益学校的基本组织特征。高效益学校通常被称作"有效学校"或"优效学校"。萨蒙斯(Sammons)等人在一项对学校效益的研究中指出了有效学校的若干要素,具体包括:

(1) 由高级管理人员,尤其是校长扮演的专业领导角色

(2) 对学校目标和价值的共识

(3) 对教与学的质量和数量的关注

(4) 有目的的教学

(5) 家校之间的互助和合作

(6) 促进行业持续发展的氛围……[①]

尽管我们并不赞成约翰·E. 丘伯等人的教育市场化改革主张,但他们对"优效学校"组织特征的研究却颇有借鉴价值。他们通过描述优效学校和低效学校之间的组织对比,从教育目标、领导方式、教职员工安排和教学实践四个量度上分析了学校组织特性对学生成绩的影响,在每一个量度上都对比了更为细致的组织特征,得出的基本结论是:如果一所学校确实具备一些高效率组织的特性——如目标明确、领导和管理有力、教师质量优良且职业化程度高、学校教学要求严格但又更少官僚作风,其运作显然会更为良好。

---

① P. Sammons, J. Hillman, P. and Mortimore, *Key Characteristics of Effective Schools: A Review of School Effectiveness Research*, London: Ofsted and Institute of Education, University of London, 1995, p.5. 转引自〔英〕杰夫·惠迪等:《教育中的放权与择校:学校、政府和市场》,第 142 页。

具体来讲,丘伯他们对优效学校组织特性的分析主要有四个方面:(1)就教育目标而言,优效学校更有使命感,他们的目标更为明确而长远,而且作为重点目标的学术优越性和个人发展更为突出。(2)就领导方式而言,优效学校的校长是强大的领导者,他们有一个清晰的目标,对教学有丰富的知识,能够帮助教师和学生向希望的方向前进,而且他们能够保护学校。(3)就教职员工而言,优效学校的校长鼓励教师参与政策制定,校长和管理者尊重教师的专业知识、技术和判断力,并赋予其足够的权力管理课堂内事务;优效学校吸引优质教师,并鼓励教师提高教学质量和工作效率;学校赋予教师较大的责任感和方向性;校长与教师之间彼此合作,成为一个职业群体;教师职业化程度高并带来较高的团体化程度和合作水平。(4)就教学实践而言,优效学校的课程设置更加强调学术指导性,教师的教学工作更少受到“日程和文件”等非学术事务的干扰,课堂更有纪律但又更少官僚作风。①

以上两项有关优效学校组织特征的研究为我们变革学校治理,构建有助于提高学校效益的学校组织形式提供了十分有益的参考。我们不仅要改变政府对学校的直接控制模式,也要彻底改变学校内部的官僚主义组织模式,通过民主治理形式实现高效优质教育。在从官僚控制型组织模式转向民主治理型组织模式的过程中,为确保学校组织形式具备高效率组织的特性,我们可以以丘伯等人提出的四个量度——教育目标、领导方式、教职员工、教学实践——为基础框架,添加两个更能体现民主治校的量度——协商共治机制和学校文化环境。

前四个量度我们基本赞成丘伯等人对优效学校组织特性的描述,其中需要强调的是在教职员工这个量度上,我们要着重建立起有效的激励机制,包括物质激励、精神激励和个人事业发展激励,并在这些激励机制之间取得适度的平衡。在后两个量度上,就协商共治机制而言,要真正破除官僚主义,就必须充分重视教师的主体地位,赋予教师更大的决策参与

① 〔美〕约翰·E.丘伯、泰力·M.默:《政治、市场和学校》,第73—105页。

权和治校监督权,建立教师有序参与、平等对话的决策机制、协商机制和监督机制,使教师真正成为学校的主人,并由此形塑教师对学校的归属感和忠诚感,强化教师对教育事业的责任感和使命感,激发教师对教育事业的热情、活力和创造力。就学校文化环境而言,我们应当努力营造一种以人为本、崇尚创新、进步和卓越、平等对话、团结合作的学校文化环境。在学校文化环境的塑造中,教师对待学生的态度、期望、与学生的相处方式等心理和行为因素将起到重要的作用,这些因素也是影响学生学业成就的变量。另外,师生关系很可能受到教师间关系的影响,因此学校文化环境的塑造也要求处理好领导者队伍与普通教师的关系以及普通教师之间的关系,后两组关系应该更多地建立在平等信任、团结友爱、互助合作、共同进取的基础上。

(五) 学校与社区/家长:更多的参与、监督、选择与协作

学校与社区、家长的关系——或者说,学校的社区环境——是影响学校效益的另一个不可忽视的因素。传统上人们通常认为义务教育是政府和学校的事情,与学校所处的社区没有很大关系,家长几乎很少参与学校治理,即使存在家长参与学校事务的情况,大都也是被动的,家长会通常都是“通知会”甚至是“训话会”,而不是建言献策会、共商治校会或监督促进会,何时和如何召开家长会也完全由学校决定。学校的单边垄断地位和学校对于家长的强势地位极大地限制了家长对学校治理的参与权和监督权,更约束了家长对学校的选择权。这种不对等关系实际上是科层官僚制政校关系在家校关系中的延伸,学校把政府命令、控制自己的方式转而运用于对待家长。在此背景下,学校的办学行为难以受到社区、家长的监督与约束,家长对于学校的决策和要求只能被动执行;学校更多的是对政府负责而不是对学生及家长负责,对教育指标负责而不是对教育宗旨负责,对教育命令负责而不是对教育需求负责。

为提高学校效益,保障学生和家长权益,我们必须彻底改变这种不对等的家校关系,营造有利于学校健康发展的良好社区环境。

首先,政府必须明确赋予家长在学校治理中的参与权和监督权以及在儿童入校方面的选择权。正如浦东模式在家校关系方面提供的有益经验那样,我们可以通过设立家长委员会或社区委员会的形式建立常态化的家校协商合作制度,为家长参与、配合并监督学校治理提供有效的途径和方式。学校的重要决策必须事先提交家长委员会进行讨论,并在家长委员会上达成共识。学校必须充分保障家长的批评权、建议权和监督权,对于可以采纳的批评建议予以明示,对于不能采纳的则予以解释。当然,对于个别家长的不当要求,学校可以通过家长委员会或家长联合大会予以驳回。

其次,政府和学校需要建立一种家庭教育辅助机制,以实现学校教育和家庭教育的对接。所谓家庭教育辅助机制,本质上是"对家长的教育",也就是政府和学校在如何开展家庭教育的问题上为家长提供力所能及的帮助。在上一章我们已经论述,社会阶层差异是影响学生学业成就的重要因素,这种阶层差异就体现在家庭的经济社会背景和心理因素方面。为缩小由社会阶层差异所导致的学业成就差异,我们需要适度干预家庭因素,一方面是通过均衡发展、平等入学和提供教育补偿降低经济社会因素的影响,另一方面就是通过辅助家庭教育降低心理因素的影响。在我国义务教育阶段,由于一些家长自身受教育程度低,或者是持有某些不当的家庭教育观念,他们所提供的家庭教育并不利于儿童的健康全面发展,也对儿童在学校的学业成就产生不良的影响。这种状况在目前尤为普遍而且特别严重,因而迫切需要政府和学校采取有效措施向义务教育阶段学生的家长传达有益的家庭教育理念和教育方式,尽快改进家庭教育水平,使家庭教育能够为学校教育奠定良好的基础。家庭教育的辅助机制多种多样,教师家访、召开家长会、为家长提供家庭教育专题讲座和家庭教育交流沟通平台,都是辅助家庭教育的可取机制。当然,如何使得家庭教育辅助机制发挥实效,是政府、学校和教育工作者在理论和实践中需要进一步解决的问题。

最后,社区应当为义务教育学校营造良好的社会环境,包括提供便利的交通、整洁干净的环境、健康的餐饮，开放社会教育资源，配备公益教育实践场所等等。除此之外，尤其重要的是，社区应当营造有利于学生健康发展的文化环境，为学校教育提供必要的协助。

概括起来，本章讨论了从中国义务教育供给模式选择的经验研究中所引申出来的政府职能转变与治理变革问题。政府的职能转变和治理变革是在特定的供给模式设计下进行的。我国义务教育供给模式的整体设计包括三个层面：在价值目标和指导方针层面，我国义务教育供给模式的整体设计应当致力于实现义务教育公共利益，并通过多元可选的优质均衡发展实现素质教育和教育公平目标；在整体模式层面，根据既有经验，我们应当从战略全局角度上把中国义务教育供给模式设计为"政府主导型复合供给模式"；在实现路径层面，不同地区应当根据区域约束条件和公民需求的差异选择不同的供给机制及复合方式。

这一整体设计确立了政府在义务教育供给中的主导地位。为有效落实这种整体设计，我国政府应当合理转变其筹资责任、管理责任和服务职能及其相互关系。一方面，政府要实现筹资责任和管理责任的分离，将筹资责任主体上移至省级政府，财政责任重心也应当上移，并且要加大中央转移支付力度；另一方面，我们要坚持以县为主的管理原则，通过权力下放和部分职能转移，使政府从微观管理走向宏观管理，提高政府的管理能力和管理效力，并且要强调管理职能与服务职能并重。在这种职能定位之下，政府在义务教育供给中的治理变革要妥善处理好政府与学校、市场、社会之间的关系，以及学校内部关系，学校与社区、家长之间的关系。

上一章和本章的延伸性讨论进一步明确了复合供给的相对优势和政府在复合供给中的主导地位与职能定位。下一章的理论建构工作既是对全书的全面总结，也是有关纯公共物品复合供给理论的深化研究。

第十一章　理论建构:纯公共物品的复合供给理论

本书第一章在质疑经典公共物品理论之后提出了本书研究的中心问题,即纯公共物品应该采取什么样的供给方式才能实现良好的供给绩效?第三至八章对中国义务教育供给实践的经验研究表明:如果供给方式的选择能够有效满足供给要件,纯公共物品就既可以由政府单一供给,也可以由政府机制与非政府机制复合供给;无论在单一供给模式还是在复合供给模式中,政府都占主导地位;决定政府主导的因素是纯公共物品的物品属性和国家制度安排,而决定多样化供给的因素则是差异性的资源禀赋和其他相关约束条件。这是本书基于经验研究论证的中心命题。

当然,笔者也注意到,虽然政府单一供给可能取得良好的供给绩效,但是,政府单一供给也存在很大的局限性,如政府供给意愿不良、供给能力不足、难以在所有维度上有效促进教育公平。正因为如此,中国义务教育在一些地区并没有采取政府单一供给模式,而是采取政府主导的复合供给模式(如上海浦东的多主体合作供给模式)。那么,复合供给是否比单一供给更具优势呢?本书第九章以教育公平为因变量探讨了各种供给方式的优劣,论证了复合供给的相对优势。然而,如果把复合供给和单一供给分别看作两种区域供给模式,由于本书所选区域案例的外部约束条件互不相同,因而难以进行这种比较,二者的比较必须设定相同的外部约束条件。

本章的任务是,从经验验证与规范理论整体关联和系统结合上,努力构建纯公共物品的复合供给理论并论证其优越性,进而把纯公共物品复合供给理论提升为公共物品供给的一般化理论,以此来修正和发展经典公共物品理论。最后,本章还将归纳总结全书的基本结论。

一、纯公共物品的复合供给理论

对经典公共物品理论的理论反思和经验验证,分别从理论层面和经验层面表明,在既定的资源禀赋与制度约束条件下,为切实实现纯公共物品供给致力于实现的公共利益目标,纯公共物品可以采取政府主导型复合供给模式,该模式的关键是政府机制与非政府机制的有效组合。因此,若能构建一种有关纯公共物品的复合供给理论,将有助于修正经典公共物品理论并有助于指导纯公共物品供给的具体实践。

纯公共物品的复合供给理论是以"供给方式、供给要件与供给绩效"之间的变量关系为基础的,其中供给绩效的衡量标准涉及公共利益的实现程度,而供给方式的选择涉及既定的约束条件。本书第二章已经初步分析了三者的变量关系并将之设计为本书的分析框架(参阅图2-1)。为构建一个相对完整的纯公共物品复合供给理论,笔者将从供给绩效这个目标出发,首先建立供给绩效的衡量标准;其次考察供给方式的不同选择是如何通过影响供给要件来决定供给绩效的;再次分析既定约束条件对供给方式选择的影响,并着重探讨如何选择正确的供给方式组合以满足供给要件;最后,笔者还将讨论相同约束条件下纯公共物品的复合供给相较于单一供给的优越性。这种理论建构实际上是对前面的理论反思和经验研究的总结与提炼。

(一)供给绩效的衡量标准:公共利益实现程度

要判断供给方式的选择与组合是否契合特定条件下的纯公共物品供给,最终是要看这种供给方式选择是否有助于纯公共物品取得良好的供给绩效,而要衡量供给绩效,首先就必须明确适切的绩效标准。纯公共物品供给绩效的衡量标准应该是纯公共物品供给所致力于实现的公共利益目标,这一公共利益目标应该由纯公共物品供给的国家制度安排来确定。

根据第二章对供给绩效这一因变量的分析,一般而言,供给绩效的衡量标准应该与供给过程的各个环节相对应:首先,公共物品应当基于公民需求而供给;其次,在供给过程中必然需要资源,资源的提供和配置涉及成本分担问题;当资源提供和配置之后,就进入到生产过程,此时应当考察公共物品的生产绩效(质量、效率)问题;最后,当公共物品生产出来之后,必须考察公共物品的分配及利益的分享问题。

据此,纯公共物品供给绩效的衡量标准一般包括四个维度:

(1)公民需求的满足程度——公民对纯公共物品的需求包括基本需求、差异需求和过度需求。其中基本需求是指由宪政安排所确定的、必须保障每一个公民平等享有的最低限度供给水平,这个最低供给水平通常都是发展性或变动性的,它会随着经济社会发展水平或政治社会环境的变化而改变。差异需求是指公民对纯公共物品的多元、可选和优质需求,多元、可选需求依不同社会群体而定,优质需求是相对于基本需求而言的。过度需求是指远远高于基本需求的额外需求。在把政府规定为纯公共物品供给的法定责任主体的国家制度安排中,政府有法定责任和义务保障基本需求,也有一定的法定责任和道德义务尽可能地满足公民的差异需求,但是,过度需求通常不是政府的法定责任。在衡量纯公共物品供给绩效时,更多的是考察基本需求和差异需求的满足状况。

(2)成本分担的公正程度——公民在纯公共物品供给过程中所分担的成本包括基本成本和额外成本。其中基本成本是指公民为满足基本需求所分担的成本。如果基本需求是以免费形式供给的,基本成本的分担方式就是公共税收,基本成本分担的公正性就取决于税收体制的公正性。额外成本是指公民为满足差异需求和过度需求所分担的成本,额外成本分担的公正性也是衡量纯公共物品供给绩效的一个要素。

(3) 生产绩效的优良程度——生产绩效的优良性包括两个层面:一是资源的配置与利用效率,二是产品或服务的数量、质量与生产效率。前者涉及资源配置的合理性,即把适量的资源配置在适当的地方,避免资源供给不足、供给过剩等低效供给状况;后者涉及成品的数量与质量规格,以及投入产出比。

(4) 利益分享的公平程度——利益分享的公平性包括起点公平、过程公平和结果公平。起点公平主要涉及平等的权利、公正的机会以及劣势补偿,过程公平涉及资源分享机会的公平和对待的公平,而结果公平可能包括成功机会的公平、利益分享差别的公正。

可见,四个衡量维度都包括一些次级评估要素。一般情况下,纯公共物品供给绩效的衡量标准都可以包括上述四个维度,当然,不同纯公共物品的次级评估要素可能会有所不同,在具体的评价过程中,也未必需要用到所有的次级评估要素。

(二) 供给方式、供给要件与供给绩效之间的关系

本书已经提到,纯公共物品的供给绩效如何取决于供给要件是否满足,供给要件是否满足取决于供给方式的选择,而供给方式的选择必须考虑既定的约束条件,供给方式的不同选择是通过影响供给要件来决定供给绩效的。供给方式、供给要件与供给绩效之间的理论关系实际上可以从两个层面展开分析:其一,供给要件如何影响供给绩效?其二,供给方式的不同选择如何影响供给要件进而决定供给绩效?

1. 供给要件对供给绩效的影响方式

纯公共物品要取得良好的供给绩效,就必须在提供、生产及其连接环节都能有效地满足四个必备的供给条件(供给要件),包括(1)“良善的供给意愿”、(2)“充分的提供能力”、(3)“高效的生产能力”和(4)“有效连接提供与生产的管理协调机制”。既然如此,供给要件究竟是如何影响供给绩效的呢?

首先,良善的供给意愿影响公民需求的满足和利益分享的公平,理由

是:良善的供给意愿制定合理的供给目标。一方面,供给目标的制定是供给主体的供给意愿与消费主体的服务需求相互博弈的过程,如果供给主体的供给意愿能够契合公民的服务需求,就能制定合理的供给目标。另一方面,合理的供给目标必然要求考虑公共物品与公共服务在不同群体间的公平分配。

其次,提供能力的增强必须以确保成本分担的公正为前提,也就是说,当公共财政资源有限时,为增强提供能力所选择的供给方式不能以损失成本分担的公正为代价。在增强提供能力的过程中,必须结合税收原则和能力原则,通过税收原则确保基本成本分担的公正性,通过能力原则确保额外成本分担的公正性。

最后,充分的提供能力、高效的生产能力和有效的连接机制共同决定生产绩效。其中有效的连接机制有助于确保资源的配置与利用效率;充分的提供能力与高效的生产能力有助于确保纯公共物品成品的数量与质量。

2. 供给方式选择通过影响供给要件来决定供给绩效

既然供给绩效如何取决于供给要件是否满足,而供给要件是否满足又取决于供给方式的选择,那么,在既定的外部约束条件下,供给方式的不同选择是如何影响供给要件进而决定供给绩效的呢?

首先,在形成良善的供给意愿方面,作为供给主体,政府与非政府的供给动机和供给意愿有所不同,而且同一供给主体在不同地区不同时候的供给动机也有很大差异,这就要求有适切的供给方式能够激励和促进良善的供给意愿,规制或抑制不良的供给动机。作为消费主体,国家、政府与公民的消费需求既有共同性也有差异性,如果单纯从政府需求和政府意愿出发,未必能够满足公民的多元、正当需求,这就要求建立合理的需求表达机制与合成机制,使政府的供给意愿契合公民的消费需求。

其次,在保障充分的提供能力方面,政府的资源禀赋和公共财政因地而异,单纯的政府机制未必能确保充分的提供能力。在政府机制难以或无法提供足够资源的情况下,就必须选择补充性或合作性供给机制,以吸纳和运用非政府资源。

再次,在确保高效的生产能力方面,若把政府主导的生产企业统称公共企业,把非政府部门主导的生产企业统称私人企业,公共企业与私人企业生产效率的比较尚无定论。对于有些公共物品而言,公共企业具有规模效应,生产效率较高;对于另一些公共物品而言,私人企业生产更具优势。正是如此,这就需要根据具体情况,在公共企业与私人企业之间作出恰当的选择及其组合,以确保生产能力的高效性。

最后,在建立有效连接提供与生产的管理协调机制方面,有些情形下,政府直接管理方式能有效地配置资源并高效地管理生产部门,但在另一些情形下,政府直接管理可能出现寻租、腐败行为,也可能约束生产部门的自主性,此时,包括委托管理、合作管理等间接管理模式或许更为有效,这就要求在直接管理和间接管理之间作出适当的选择。

总之,供给方式的不同选择是通过影响供给要件来决定供给绩效的。

(三)既定约束条件对供给方式选择的影响

既然供给方式的不同选择会通过影响供给要件来决定供给绩效,问题的关键就在于,究竟该如何选择供给方式。在探讨这个问题之前,需要首先分析既定约束条件对供给方式选择的影响,因为在不同的约束条件下,纯公共物品需要选择不同的供给方式才能有效地满足供给要件。

纯公共物品的供给绩效主要取决于三个因素:一是资源禀赋,二是国家制度安排,三是供给方式,本书一直强调在既定的资源禀赋和制度约束条件下考察纯公共物品的供给方式选择问题。实际上,供给方式的具体选择强烈地受到资源禀赋和国家制度安排的制约与影响。

就资源禀赋这个约束条件而言,它可能存在两个问题:资源不足和分布不均衡。特定地区的资源不足至少有两种情形:一种是政府资源不足,但非政府资源相对充裕;另一种是政府资源不足,而且非政府资源也很匮乏。在第一种情形下,即使加大政府投入也解决不了资源短缺问题,这说明地方政府的供给能力是有限的,但政府可以吸纳本地区的非政府资源,因而可以在本区域内适当地采取社会机制和市场机制来扩充资源。在第二种情形下,供给方式选择的选择会有很大变化,因为区域内无法或难以吸纳足够的非政府资源来弥补政府资源短缺问题。如果政府坚持采用政府机制,就不得不依赖于政府间转移支付方式;如果政府接受非政府机制,这种非政府机制也必须是跨区域的。

在资源分布不均衡的问题上,一般而言,资源的均衡配置既可以采取政府配置方式,也可以采取市场竞争方式。由于市场竞争方式依赖于完全竞争性市场,而根据本书理论反思部分的分析,具有非竞争性和非怕他性特征的纯公共物品在完全的市场化供给下会出现无人供给或供给不足的状况。因此,在纯公共物品供给过程中,政府机制更适宜应对资源分布不均衡问题。

就国家制度安排这个约束条件而言,它可能会规定某种负有法律责任的供给主体,对于纯公共物品来说,这通常是政府,也可能在此基础上鼓励某些非政府供给方式,也可能禁止某种非政府供给方式,还可能对非政府供给方式既不鼓励也不禁止,只采取许可态度。所有这些国家制度安排都会对地方层面的政策制定和供给方式选择划定范围并确定方向,这自然会对地方行动主体的供给行为产生激励或约束作用。

(四)政府供给与非政府供给各自的理论基础

从供给主体来看,纯公共物品的供给机制可以简单地分为三类:政府机制、社会机制与市场机制,其中社会机制包括非政府组织机制、自治机制和志愿服务机制等等,社会机制与市场机制可以统称为非政府机制。

政府供给与非政府供给的理论基础有所不同。决定政府供给的因素往往是共同的物品属性,国家制度安排,以及公民共同的基本需求;决定非政府供给的因素往往是差异的资源禀赋条件和公民的差异需求。政府供给的首要目标是保障公民的基本需求,确保纯公共物品供给的公平性和公正性;非政府供给的首要目标则是尽可能满足公民的差异需求(包括效率、质量、特色等方面的差异),尽量实现纯公共物品供给的多元性和可选择性。政府供给和非政府供给都会寻求效率目标，二者的效率差异并没有线性的定论。

（五）政府机制与非政府机制的有效复合方式

现在我们参照政府供给与非政府供给各自的理论基础，在既定的资源禀赋和制度约束条件下来探讨如何选择正确的供给方式及其复合模式的问题。

当政府在提供层面具有良好的供给意愿、充分的提供能力，在生产层面具备较高的生产能力，在连接提供与生产的层面能够建立有效的管理协调机制时，“政府单一供给”也能有效地满足四个供给要件，从而能够取得良好的供给绩效。当上述任何一个供给要件得不到较好地满足时（这是时常发生的情况），政府单一供给行不通，必须采取“复合供给模式”。

纯公共物品的复合供给模式就是指政府机制与任意一种或多种非政府机制的有效组合模式。政府机制与非政府机制的有效组合往往不止一种，但是，它们的组合也不是任意的，这种组合必须能够最优地满足四个供给要件——良善的供给意愿、充分的提供能力、高效的生产能力、有效连接提供与生产的管理协调机制——才能取得良好的供给绩效。为有效满足四个供给要件，必须根据既定约束条件谨慎地选择适切的供给机制及其复合方式。

1. 有助于形成良善供给意愿的供给机制组合

由于政府是纯公共物品供给的核心决策主体，供给机制的选择及其组合必须有助于激励和监督政府形成良善的供给意愿。有些地方政府基于中央政府的压力和自身的内在自觉，可能具备良好的供给意愿，但实际上并非所有地方政府都是如此，即使地方政府具备良善的供给意愿，也未必能准确清楚地了解公民的需求和其他供给主体的供给动机。

正因为如此，为使地方政府形成良善的供给意愿，除了政府机制（包括中央政府的压力）以外，还需要两种机制：一是有助于地方政府了解与汇集公民需求和非政府主体供给意愿的公共协商机制,这种公共协商机制的具体形式是多样的,如意见征集制度、一事一议制度、年度协商论坛,等等。通常而言,地方政府应该建立常规化、制度化和多渠道的公共协商机制,才能有助于公民利益的表达与公共需求的合成。二是有助于激励和约束政府行为的外部监督机制,这种外部监督机制的具体形式也是多样的,包括人大监督、舆论监督、公民个人监督等等。

2. 有助于增强提供能力的供给机制组合

当地方政府公共资源有限、提供能力不足时,有多种渠道和方式可以增强地方政府的提供能力:一是政府内部的互助合作,二是政府与非政府主体的合作互补。

政府内部的互助合作包括中央对地方的转移支付方式,地方政府间的转移支付方式,地方政府间的对口援助方式,地方政府间基于契约的合作供给方式,等等。

政府与非政府主体的合作互补方式更多:

(1) 资源吸纳——政府吸纳社会和市场资源为政府所用,以此弥补政府资源的短缺;

(2) 并存互补——在政府资源不足的情况下,允许社会和市场主体根据制度安排供给纯公共物品,以此补充政府供给的不足;

(3) 合作供给——在允许非政府主体根据制度安排供给纯公共物品的同时,与非政府主体进行合作,包括合资供给、委托生产、委托管理等等,以此扩充政府的提供能力;

(4) 购买服务——政府允许非政府主体供给纯公共物品或为供给纯公共物品提供部分服务,同时政府向非政府供给主体购买纯公共物品或部分服务,以此来节省政府的供给成本;

(5) 政府扶持——纯公共物品既由政府供给也由非政府主体供给,在非政府主体供给纯公共物品的情形下,政府为其提供倾斜性政策和(或)直接的公共财政资助;

(6) 公共激励——政府建立公共激励机制,鼓励公民社会组织供给纯公共物品，也鼓励公民个人为纯公共物品的供给捐赠财物或提供志愿服务。

此外，根据具体情形的不同，政府机制与非政府机制之间还有更多的合作互补方式可资运用。

3. 有助于提高生产能力的供给机制组合

我们已经提到，对于公共企业与私人企业的生产效率究竟孰优孰劣的问题，目前尚无定论，因此在选择生产方式时也不能一概而论。若政府部门的生产企业表现出较高的生产能力，完全可以采取政府生产方式；若非政府部门生产企业的管理方式更成熟、生产效率也更高，政府不妨把部分或全部生产任务委托给非政府部门，政府的职责则是监管和评估；当然，若公共企业与私人企业各有优缺，政府也可以与非生产主体合作生产。在后两种情况下，购买服务、委托生产与合作生产就是政府机制与非政府机制的组合方式。

4. 有助于建立有效连接方式的供给机制组合

连接提供与生产的管理协调机制包括政府直接管理和政府间接管理，其中政府间接管理包括委托管理等多种方式。完全由政府配置资源并且管理生产（直接管理）可能会出现寻租腐败问题，也可能会影响资源配置效率——把过多的资源投入在不必要的地方或在必要的地方缺乏足够的资源投入。在政府直接管理效果欠佳的情况下，必须改变直接管理模式，其改变途径主要有两种：一是政府部门（含政府生产部门）内部的权力下放，二是政府部分管理职能的转移，即把部分管理职能转移给具有先进的管理理念、丰富的管理经验和良好的管理能力的中介组织（包括营利性和非营利中介组织）。如果合理的权力下放或职能转移能够把直接管理与间接管理有效地结合起来，则不仅能较好地避免寻租腐败行为，还能最大限度地提高资源配置效率和产品（或服务）生产效率。

（六）相同约束条件下复合供给相较于单一供给的优越性

纯公共物品的所有供给模式均可简单地归纳为两类：一是任意多机

制的“复合供给”。考虑到纯公共物品的消费特性,本书所指的复合供给侧重于政府主导型复合供给。二是任何一种机制的“单一供给”,包括政府单一供给,社会组织单一供给,自治群体单一供给,市场主体单一供给,等等。

根据中国义务教育供给经验,纯公共物品既可以由政府单一供给,也可以由政府机制与非政府机制复合供给。然而,在不同的区域约束条件下,复合供给与单一供给究竟孰优孰劣尚难作出可靠的比较。

为了从理论上比较复合供给与单一供给的优劣,我们需要设定相同的区域约束条件。也就是说,如果一个地区的资源禀赋和制度安排等外部约束条件都相同,采取复合供给方式相较于采取单一供给方式是否更有优势?

根据本书建立的分析框架,纯公共物品的供给绩效如何取决于供给要件能否有效满足,而供给要件能否有效满足取决于既定约束条件下的供给方式选择,供给方式的不同选择是通过影响供给要件来决定供给绩效的。据此,如果能够证明“相同约束条件下复合供给比单一供给能够更容易或更有效地满足四个供给要件”,就能证明相同约束条件下复合供给相较于单一供给的优越性。

1. 复合供给在形成良善的供给意愿方面更具优势

由于纯公共物品具有消费的非竞争性和非排他性,社会主体和市场主体往往不愿供给纯公共物品。现实生活中虽然存在一些社会主体和市场主体基于社会责任感或其他动机愿意供给纯公共物品,但是,单独的社会供给或单独的市场供给都无法提供帕累托效率数量的纯公共物品,由此导致的供给不足或市场失灵正是经典公共物品理论要求由政府供给的理由。然而,本书已经证明,政府未必总是具有良善的供给意愿,在缺乏有效的外部监督和强有力的内在自觉的情况下,政府很可能会基于部门利益甚至个人利益供给纯公共物品,由此产生寻租、腐败行为。

与任一机制单一供给不同的是,复合供给在形成良善的供给意愿方面有其独特的优势。首先,复合供给可以选择适切的需求表达机制,这种需求表达机制包括政治参与机制、舆论表达机制和公共协商平台,等等,它们有助于公民和消费者充分表达自己的需求和偏好,也有助于供给者以公民需求为导向作出供给安排。其次,复合供给可以选择有效的监督制约机制,这种监督制约机制可以包括上述用于表达需求的各种机制,也可以包括法律监督机制和其他专门设立的监督机制,它们有助于监督供给主体尤其是政府的供给行为,避免政府基于部门利益或私人利益行事。最后,复合供给还可以选择积极合理的公共激励机制,由政府鼓励非政府主体为纯公共物品的供给提供捐赠、协助和支持,甚至鼓励非政府主体积极参与纯公共物品的直接供给,这有助于激发非政府主体的公益心和社会责任感。

由此可见,复合供给可以选择多种机制表达公民需求,规避政府的非公共性动机,激发非政府主体的公益性动机。利益相关者需求和愿望的表达,便于政府形成良善的供给目标,制定合理的供给政策。

2. 复合供给在扩充提供能力方面更具优势

在既定的资源禀赋条件下,如果政府的公共财政能力短缺,政府单一供给纯公共物品显然会出现供给不足的问题。但是,在同样的资源禀赋条件下,如果采用复合供给方式,将有助于克服政府资源短缺的状况。首先,复合供给可以选择资源吸纳方式,将非政府资源吸纳为政府所用。其次,复合供给可以选择多主体共同供给或多主体合作供给的方式,由政府与非政府主体相互合作,共同供给纯公共物品。再次,复合供给可以采用政府向社会组织购买服务的方式,在节省政府开支的同时提高供给绩效。最后,复合供给还可以采取由政府鼓励和支持非政府主体供给的方式,充分调动非政府资源,积极发挥非政府主体的作用。这些形式多样的供给方式在本书所选的义务教育区域案例中都被不同程度地得以采纳,并且有效地扩充了当地的教育提供能力。从理论上讲,这些供给方式的复合运用比单一供给方式更加能够有效扩充供给主体的提供能力。

3. 复合供给能更好地建立有效的管理协调机制

在政府单独供给纯公共物品的情况下,政府既是提供者,也是生产者,还是连接提供与生产的管理协调者。一方面,多重职能系于一身有可能出现职能分工不清楚、权责划分不明确的问题,从而造成管理协调上的紊乱。另一方面,作为连接提供与生产环节的管理部门既有可能与提供部门结成利益共同体,也有可能与生产部门结成利益共同体,一旦如此,政府的管理协调职能将转变成谋取私利的工具。

复合供给虽然也不排除上述可能出现的问题,但是,复合供给可以采取提供、管理与生产相互分离、相互监督的供给方式。在提供者为非政府主体的情况下,政府可以对非政府主体的供给行为加以引导、规范、管理和监督。在管理者与生产者相互分离的情况下,政府可以通过契约机制进行管理,同时,被管理者也可以根据预先订立的契约监督和制约政府的管理行为。此外,如果政府自身在管理上不具有优势,政府甚至可以像浦东新区义务教育供给案例所展示的那样,把部分管理职能委托给中介组织去实施,并委托另外的中介组织对"委托管理行为"本身进行中立性评估,从而提高管理效率和管理质量。

总之,在复合供给模式中,政府可资运用的管理方式多种多样,它可以根据不同情况选择合理有效的管理方式,在管理工具的选择方面,政府单一供给则很受限制。

4. 复合供给在提高生产能力方面也更有优势

就"公共企业"与"私人企业"生产效率的比较而言,目前尚无系统的证据能够证明孰优孰劣。因此,就生产效率而言,我们不能说非政府机制一定高于政府机制,企图通过完全的市场化(即使是生产层面的完全市场化)来提高生产效率未必能够奏效。当然,我们也不能因此而忽视非政府机制在生产方面可能带来的高效率。非此即彼的选择常常令人陷入困境。

复合供给则有助于克服单一供给的这一困境。对于特定的纯公共物品,如果政府部门的生产效率更高,复合供给可以倚重政府生产机制;如果非政府部门的生产效率更高,复合供给也可以通过委托生产等方式运用非政府生产机制。当然,二者的同时运用也可能带来相互竞争、共同促进的效果。

综合考虑四个供给要件,在同样的资源禀赋和制度安排等外部约束条件下,任何一种机制的单一供给或许能较好地满足其中一两个供给要件,但往往难以同时满足所有供给要件。复合供给则可以在不同的供给环节选择不同的供给机制及其组合方式,从而能够更容易或更有效地满足四个供给要件。

此外,从另一个角度看,复合供给可以看作是从"任一机制单一供给"到"任意多机制共同供给"之间的连续统一集,它能够包含所有类型的单一供给。单一供给可以看做是复合供给的一种极端模式,在这种极端模式中,只有一种供给机制发挥作用。因此,复合供给所能选择的供给机制及其组合模式的空间远远大于单一供给。由此可见,复合供给能够包含并且总体上优于单一供给。

二、纯公共物品复合供给理论的提升性讨论

笔者已经在理论反思和经验研究的基础上,努力构建了纯公共物品的复合供给理论,现在需要讨论的是,这种复合供给理论能否适用于一般意义上的公共物品与公共服务,或者说,可否把这种复合供给理论提升为公共物品供给的一般化理论?

从总体上来看,公共物品(包括公共服务)可以区分为纯公共物品、准公共物品和混合物品,其中准公共物品又可进一步区分为俱乐部物品和共有资源[①],混合物品与准公共物品相似但有所区别,它在不同维度上同时具有私人物品和纯公共物品(或准公共物品)的特征。[②] 在经典公共物品理论看来,纯公共物品应该而且只能由政府供给,准公共物品和混合

① 共有资源所面临的主要是如何治理与利用的问题,它与一般所说的公共物品"供给"又有所不同。如果要把共有资源的治理与利用统一到一般意义上的公共物品"供给",在此过程中所涉及的主要是为治理与利用共有资源而提供的公共服务。

② 本书第一章已对此作出区分。

物品则既可以由政府供给,也可以采取非政府供给方式。本书的分析和论证显示,纯公共物品可以采取复合供给模式,而且在同样的约束条件下,复合供给往往比单一供给更具优势。

本章在构建复合供给理论时,先验地把纯公共物品的供给区分为提供、生产及其连接三个环节,并认为在不同环节需要选择适切的供给机制组合以满足供给要件。从理论上看,所有公共物品与公共服务,无论是纯公共物品、准公共物品还是混合公共物品,在供给环节上都可以区分为提供、生产以及提供与生产的连接三个环节(当然还可以加上供给效果的评估环节),只不过有些公共物品在实际供给过程中能够清晰地区分这些供给环节,而另一些公共物品则未必需要作出这种区分。既然如此,所有能够区分提供、生产及其连接环节的公共物品供给,都可以根据不同环节的需要选择相应的供给机制组合,因而都能够运用复合供给理论。对于那些在实际供给中不能或不必严格区分供给环节的公共物品,只要非政府供给能够有效地的满足供给要件,非政府机制同样也能与政府机制共存。

由此可见,纯公共物品的复合供给理论可以适用于一般的公共物品与公共服务,尤其适用于提供过程与生产过程能够明确区分的公共物品与公共服务。在这个意义上,有理由把复合供给理论认定为公共物品供给的一般理论。

在具体实践中,文化产品或文化服务是能够运用复合供给理论的典型例子。文化产品本身可以区分为具有公共物品性质的文化产品和具有私人物品性质的文化产品。根据物品属性的不同和公民需求、资源禀赋的差异,文化产品也应相应地选择不同的供给机制及其组合模式。具有公共物品性质的文化产品通常需要采取以政府为主导的复合供给模式,而具有私人物品性质的文化产品则更适宜于非政府供给机制,即使就前者而言,政府机制与非政府机制的有效组合模式也不止一种。此外,基础设施、基本医疗服务等公共物品与公共服务的供给也可以运用复合供给理论。

三、本书基本结论

结合经验研究和理论分析,本书得出如下基本结论:

1. 中国不同地区的义务教育供给方式既有相似之处,也有很大差别。本书所选的四种供给模式(包括三种区域性供给模式和一种补充性供给模式)具有广泛代表性,它们分别是“政府单一供给模式”、“政府供给—多方协助模式”、“多主体合作供给模式”,以及“政府支持—民办供给模式”。虽然四种供给模式在形式上是并列的,但实质上呈现出依次渐变的顺序:政府机制发挥的作用渐减,非政府机制发挥的作用渐增。

2. 四种典型供给模式在国家层面的约束条件基本相同,在地方层面的约束条件则差异甚大。正因为如此,四种供给模式既有共同性又有差异性。它们的共同特征在于:供给对象即义务教育的物品属性相同,国家制度安排相同,政府都占主导地位,而且在本书所分析的个案中都取得了相对良好的供给绩效。它们的差异性在于:地方资源禀赋的差异,地方教育政策的差异,供给机制的具体选择及其内部组合的差异,政府所主导的供给环节、内容与程度的差异等等。

3. 尽管四种供给模式的内部组合互有差异,但都取得了相对良好的供给绩效,之所以如此,是因为它们都解决了一些共同问题:在提供层面,形成了相对合理的教育期望,较好地增强和拓展了当地的教育提供能力;在生产层面,政校关系、学校内部关系和校社关系的改善提高了学校教育绩效;在连接提供与生产的层面,政府对义务教育的直接或间接管理能力也相对较强。也就是说,这些互有差异的供给模式都有效地满足了教育期望、提供能力、学校生产能力和政府管理能力等供给要件。

差异性供给模式与相似性供给绩效表明,在中国义务教育供给问题上,政府机制与非政府机制的有效组合方式不止一种,但政府机制通常都占主导地位;政府机制与非政府机制的有效组合不仅要合乎国家层面的共同要求,更要契合当地的约束条件与现实问题。

4. 四种典型供给模式的共同性和差异性特征同样适用于中国其他地区,是整个中国义务教育供给特征的反映。从全国范围来看,中国义务教育供给采取了政府机制、社会机制(具体包括非政府组织机制、自治机制、个体志愿服务机制、捐赠机制)和市场机制。在不同地区,这些供给机制被不同程度地运用并且以不同方式加以组合,然而,无论采取何种具体组合模式,政府都占主导地位。因此,可以把中国义务教育的总体供给模式称作"政府主导的区域多样供给模式"。

"政府主导"是指政府在各种模式中都是义务教育供给的核心主体、唯一的权力中心与最终责任主体,政府机制是各种组合模式的中心机制。"区域多样化供给"是指政府机制与非政府机制的多种组合方式,它是从政府单一供给到非政府主体独立供给之间的连续流。决定政府主导的内在因素是义务教育共同的纯公共物品属性与国家制度安排,决定区域多样供给的关键因素是差异性的区域约束条件。

5. 教育公平包括教育权利平等、教育机会均等和成本分担公正三个维度,供给方式的不同选择将对教育公平的各个维度产生差异性影响。任何一种单一供给方式通常都难以在所有维度上确保教育公平的实现;理论上存在这种可能性的政府单一供给由于需要同时满足诸多严苛条件而大大降低了现实可行性;相比而言,复合供给最有助于在所有维度上最大限度地促进教育公平。当然,在教育公平的不同维度上,通常需要不同的复合方式,而政府机制是任何复合方式中的主导机制。由此可见,政府主导的复合供给模式是促进教育公平的更为理想的选择。

6. 在中国义务教育的未来治理中,供给模式整体设计的价值目标是实现义务教育公共利益,指导方针是通过多元可选的优质均衡发展实现素质教育和教育公平,整体模式可以设计为"政府主导型复合供给模式",不同地区在实现路径上应当根据区域约束条件和公民需求的差异选择不同的供给机制及复合方式。为有效落实这种整体设计,政府应当合理转变其筹资责任、管理责任和服务职能及其相互关系,妥善处理好政府与学校、市场、社会之间的关系,以及学校内部关系和校社关系。

7. 纯公共物品由政府单一供给未必能够取得良好的供给绩效,因为政府未必总是具有良善的供给意愿和充足的供给能力。但是,从理论上看,只要能有效满足四个供给要件,纯公共物品就既可以由政府单一供给,也可以由政府机制与非政府机制复合供给。在既定的资源禀赋和制度约束条件下,如果政府单一供给能够有效地满足这些供给要件,就能实现良好的供给绩效;如果任何一个供给要件无法有效满足,政府单一供给方式就难以奏效,在此情形下,政府机制与非政府机制的复合供给将是更优选择。

8. 纯公共物品的复合供给理论涉及如下方面的内容:

(1) 纯公共物品的供给绩效需要由纯公共物品供给所致力于实现的公共利益目标来衡量,这种公益标准通常包括四个方面:一是公民需求是否满足,包括基本需求与差异需求;二是成本分担是否公正,包括基本成本与额外成本,三是生产绩效是否优良,包括产品质量与生产效率;四是利益分享是否公平,包括起点公平、过程公平与成功机会的公平。

(2) 纯公共物品供给方式、供给要件与供给绩效的内在关系是:供给绩效如何取决于供给要件是否满足,供给要件是否满足取决于供给方式的选择,而供给方式的选择必须考虑既定的约束条件,供给方式的不同选择是通过影响供给要件来决定供给绩效的。所有供给方式都可以简单地归为两类:"任一机制单一供给"与"任意多机制复合供给";供给要件则根据供给过程中的提供环节、生产环节及其连接环节区分为四个,分别是供给意愿,提供能力,生产能力和连接机制。

(3) 供给方式的选择必然会受到既定的外部约束条件的影响,这些约束条件主要是指物品属性、资源禀赋条件和国家制度安排。

(4) 政府供给与非政府供给的理论基础有所不同。决定政府供给的因素往往是共同的物品属性,国家制度安排和公民的基本需求;决定非政府供给的因素往往是差异的资源禀赋条件和公民的差异需求。政府供给的首要目标是保障公民的基本需求,确保纯公共物品供给的公平性和公正性;非政府供给的首要目标则是尽可能满足公民的差异需求(包括效率、质量、特色等方面的差异),尽量实现纯公共物品供给的多元性和可选择性。

(5) 供给方式选择的关键是政府机制与非政府机制的有效复合。虽然各机制的有效复合方式不止一种,但其有效复合方式也不是任意的,各机制的选择与复合必须确保供给要件的有效满足才能实现良好的供给绩效。

(6) 尽管政府单一供给也可能有效满足供给要件进而取得良好的供给绩效,但是,在同样的资源禀赋和制度约束条件下,(政府主导型)复合供给往往比单一供给更有优越性,因为复合供给比单一供给能够更容易或更有效地满足四个供给要件,从而更容易取得良好的供给绩效。不仅如此,复合供给还可以看作是从“任一机制单一供给”到“任意多机制共同供给”之间的连续统一集,它能够包含所有类型的单一供给。

9. 纯公共物品的复合供给理论可以适用于一般的公共物品与公共服务,尤其适用于提供过程与生产过程能够明确区分的公共物品与公共服务。在此意义上,可以把复合供给理论认定为公共物品供给的一般理论。

结　语

至此，本书基本完成了对纯公共物品供给方式选择问题的预定讨论，并通过构建纯公共物品的复合供给理论对经典理论作了一定的修正和发展，因而算是基本完成了本书预期的研究目标。然而，公共物品与公共服务的有效供给至今仍然是政治学、公共经济学和公共管理学中的重要前沿问题，与之相关的以及有待开拓的研究领域还有很多。

公共物品与公共服务种类繁多，其供给实践也比较复杂，不同类型公共物品与公共服务的供给虽有相似之处，但也有各自面临的特殊情况，当前公共治理中迫切需要解决的每一类公共物品与公共服务的供给，如医疗卫生、社会保障、文化产品，都需要专门研究。虽然本书的复合供给理论能够提供一种理论上的参照和分析方式上的借鉴，但是，现实问题的具体解决显然因物、因时、因地而异。不仅如此，对不同类型公共物品与公共服务的专门研究也有助于进一步深化、完善和发展公共物品理论。实践发展、经验研究与理论进步之间往往是一个相互促进的过程。实践发展需要理论指导，而理论指导来自于对社会实践的经验研究，经验研究则有助于促进理论的进步，理论进步最终又会引领实践发展。正是如此，随着实践的向前发展和经验研究的深入，本书所构建的复合供给理论也应该是一个动态发展的理论。

回顾本书在选题由来中所谈到的，任何公共物品与公共服务的供给都有其致力于实现的公共利益目标，因此，公共物品与公共服务供给可以看做是公共利益的一种实现途径，即使是在公共物品供给这一实现途径下，我们也发现，公共利益的具体实现方式（在此把“实现方式”看做是比“实现途径”更小的概念）是丰富多样的。然而，公共利益的实现途径并非只有公共物品供给一种，利益调节、利益分配和公共资源治理都是与严格的公共物品供给有所不同的实现途径。在每一种实现途径之下，公共利益都可能有多样化的具体实现方式（如利益的法律调节、中介调节、协商调节等等）。由此可见，全面深入地考察公共利益的实现途径和具体实现方式是一个重要而复杂的研究领域。

与公共利益相关的另一个研究主题是公共利益的本质问题，这至今在理论界也尚未取得共识，在国家和社会公共治理的具体实践中，公共利益也仍然是一个模糊的概念。虽然国家法律制度和政府决策频频提到需要以公共利益为目标和准则，但究竟何为公共利益，则鲜有明确的界定。因此，对公共利益的本质及其界定方式问题的讨论仍需继续。

此外，本书考察了中国义务教育供给中的几种区域供给模式和一种补充性供给模式，并在此基础上总结了中国义务教育供给的总体模式。然而，这并不意味着有关中国义务教育供给方式的问题已经得到了全面的考察，在纷繁复杂的供给实践中，还有许多富有创造性和实用性的具体供给方式尚未纳入到本书的视野，对这些供给方式的研究还需进一步推进。

最后，中国义务教育的有效供给和均衡发展还涉及由资源禀赋差异、城乡二元体制、社会阶层分化等因素所导致的区域差异、城乡差异、校际差异和群体差异等问题，对这些问题的考察虽然也可从供给方式选择的角度进行，但还有更为广阔的研究视角。从多学科角度深入分析这些问题的政治、经济和社会成因并探讨其有效可行的解决方案，对于推进中国义务教育的优质均衡发展具有十分紧迫而重要的现实意义。

参考文献

一、中文文献

（一）译著

〔英〕C. V. 布朗、P. M. 杰克逊:《公共部门经济学(第四版)》(张馨主译),中国人民大学出版社 2000 年版。

〔美〕E. S. 萨瓦斯:《民营化与公私部门的伙伴关系》(周志忍等译),中国人民大学出版社 2002 年版。

〔法〕P. 布尔迪约、帕斯隆:《再生产——一种教育系统理论的要点》(刑克超译),商务印书馆 2002 年版。

〔印〕阿玛蒂亚·森:《以自由看待发展》(任赜等译),中国人民大学出版社 2002 年版。

〔以〕阿耶·L. 希尔曼:《公共财政与公共政策:政府的责任与局限》(王国华译),中国社会科学出版社 2006 年版。

〔美〕埃莉诺·奥斯特罗姆等:《公共服务的制度建构:都市警察服务的制度结构》(宋全喜等译),上海三联书店 2000 年版。

〔美〕埃莉诺·奥斯特罗姆等:《制度激励与可持续发展:基础设施政策透视》(陈幽泓译),上海三联书店上 2000 年版。

〔美〕艾莉诺·奥斯特罗姆:《公共事物的治理之道:集体行动制度的演进》(余逊达、陈旭东译),上海三联书店 2000 年版。

〔美〕安东尼·唐斯:《民主的经济理论》(姚洋等译),上海人民出版社 2005 年版。

〔美〕戴维·奥斯本、特德·盖布勒:《改革政府:企业家精神如何改革着公共部门》

(周敦仁等译),上海译文出版社 2006 年版。
〔美〕厄内斯特·波伊尔:《基础学校——一个学习化的社区大家庭》(王晓平等译).人民教育出版社,1998.
〔美〕弗雷德·E. 弗尔德瓦里:《公共物品与私人社区:社会服务的市场供给》(郑秉文译),经济管理出版社 2007 年版。
〔美〕戈登·图洛克:《贫富与政治》(梁海音、范世涛等译),长春出版社 2006 年版。
〔美〕戈登·图洛克:《特权和寻租的经济学》(王永钦、丁菊红译),上海人民出版社 2008 年版。
〔美〕哈维·S. 罗森、特德·盖亚:《财政学(第八版)》(郭庆旺、赵志耘译),中国人民大学出版社 2009 年版。
〔美〕赫伯特·金迪斯、萨娒·鲍尔斯等著:《人类的趋社会性及其研究:一个超越经济学的经济分析》(浙江大学跨学科社会科学研究中心译),上海人民出版社 2006 年版。
〔英〕杰夫·惠迪等:《教育中的放权与择校:学校、政府和市场》(马忠虎译),教育科学出版社 2003 年版。
〔美〕莱斯特·M. 萨拉蒙等:《全球公民社会:非营利部门视界》(贾西津、魏玉等译),社会科学文献出版社 2007 年版。
〔美〕莱斯特·M. 萨拉蒙:《公共服务中的伙伴:现代福利国家中政府与非营利组织的关系》(田凯译),商务印书馆 2008 年版。
联合国教科文组织国际教育发展委员会编著:《学会生存——教育世界的今天和明天》(华东师范大学比较教育研究所译),教育科学出版社 1996 年版。
〔美〕罗纳德·J. 奥克森:《治理地方公共经济》(万鹏飞译),北京大学出版社 2002 年版。
马克思、恩格斯:《共产党宣言》(单行本),人民出版社 1997 年版。
《马克思恩格斯论教育》,人民教育出版社 1979 年版。
《马克思恩格斯选集》第 3 卷,人民出版社 1995 年版。
〔美〕迈克尔·麦金尼斯主编:《多中心治道与发展》(王文章、毛寿龙译),上海三联书店 2000 年版。
〔美〕曼瑟尔·奥尔森:《集体行动的逻辑》(陈郁等译),上海三联书店、上海人民出版社 1995 年版。

〔法〕让-雅克·拉丰、让·梯若尔:《政府采购与规制中的激励理论》(石磊、王永钦译),上海三联书店、上海人民出版社 2004 年版。

世界银行:《2004 年世界发展报告:让服务惠及穷人》(本报告翻译组译),中国财政经济出版社 2004 年版。

〔美〕威廉姆·A. 尼斯坎南:《官僚制与公共经济学》(王浦劬等译),中国青年出版社 2004 年版。

〔日〕香山健一:《为了自由的教育改革:从划一主义到多样化的选择》(刘晓民译),高等教育出版社 1990 年版。

〔澳〕休·史卓顿、莱昂内尔·奥查德:《公共物品、公共企业和公共选择:对政府功能的批评与反批评的理论纷争》(费昭晖等译),经济科学出版社 2000 年版。

〔古希腊〕亚里士多德:《尼各马可伦理学》(廖申白译注),商务印书馆 2003 年版。

〔美〕约翰·E. 丘伯、泰力·M. 默:《政治、市场和学校》(蒋衡等译),教育科学出版社 2003 年版。

〔美〕约翰·罗尔斯:《正义论(修订版)》(何怀宏等译),中国社会科学出版社 2009 年版。

〔美〕约瑟夫·E. 斯蒂格利茨:《公共部门经济学(第三版)》(郭庆旺等译),中国人民大学出版社 2005 年版。

〔美〕詹姆斯·M. 布坎南:《公共物品的需求与供给》(马珺译),上海人民出版社 2009 年版。

〔美〕詹姆斯·M. 布坎南:《民主财政论——财政制度和个人选择》(穆怀朋译),商务印书馆 1993 年版。

张人杰主编:《国外教育社会学基本文选》,华东师范大学出版社 2009 年版。

〔美〕珍妮·H. 巴兰坦,弗洛伊德·M. 海默克:《教育社会学:系统的分析(第 6 版)》(熊耕等译),中国人民大学出版社 2011 年版。

〔美〕珍妮特·V. 登哈特、罗伯特·B. 登哈特:《新公共服务:服务,而不是掌舵》(丁煌译),中国人民大学出版社 2004 年版。

(二) 中文著作

北京大学高等教育科学研究所:《"十五"期间继续实施"国家贫困地区义务教育工程"的前期调研与实施方案的制定:论文及报告》,北京大学高等教育科学研究所,2002 年。

陈平主编:《基础教育改革新模式探索》,人民教育出版社 2007 年版。
董礼胜等:《中国公共物品供给》,中国社会出版社 2007 年版。
杜育红:《教育发展不均衡研究》,北京师范大学出版社 2000 年版。
范先佐等:《中国中西部地区农村中小学合理布局结构研究:基于对中西部地区 6 省区 38 个县市 177 个乡镇的调查与分析》,中国社会科学出版社 2009 年版。
费菊瑛:《改善义务教育投融资体制研究》,中山大学出版社 2007 年版。
高如峰:《中国农村义务教育财政体制研究》,人民教育出版社 2005 年版。
郭瑞萍:《我国农村公共产品供给制度研究》,中国经济科学出版社 2008 年版。
国家教育发展研究中心编著:《中国教育绿皮书——中国教育政策年度分析报告:2007—2009 年》,教育科学出版社 2007—2009 年版。
国家西部地区"两基"攻坚领导小组办公室编:《民生之本 强国之基:西部地区"两基"攻坚报告》,人民教育出版社 2008 年版。
华桦:《教育公平新解——社会转型时期的教育公平理论和实践研究》,上海社会科学院出版社 2010 年版。
黄金荣主编:《〈经济、社会、文化权利国际公约〉国内实施读本》,北京大学出版社 2011 年版。
教育部发展规划司、上海市教育科学研究院:《中国民办教育绿皮书》,上海教育出版社 2003 年版。
金安平主编:《权利与权力:教育公共政策的政治学研究》,中国文联出版社 2007 年版。
金一鸣主编:《教育社会学》,江苏教育出版社 2000 年版。
李雪萍:《城市社区公共产品供给研究》,中国社会科学出版社 2008 年版。
厉以宁主编:《教育的社会经济效益》,贵州人民出版社 1995 年版。
刘成斌、吴新慧:《留守与流动——农民工子女的教育选择》,上海交通大学出版社 2008 年版。
刘国平:《浦东教育改革的国家命题》,华东师范大学出版社 2008 年版。
柳海民、杨兆山主编:《我国义务教育均衡发展问题研究》,东北师范大学出版社 2007 年版。
陆学艺主编:《当代中国社会阶层研究报告》,社会社会科学文献出版社 2002 年版。
马戎:《中国农村教育发展的区域差异:24 县调查》,福建教育出版社 1999 年版。

闵维方、王蓉主编:《中国教育与人力资源发展报告:2005—2006》,北京大学出版社 2006 年版。
明航:《民办学校办学模式——产权配置与治理机制》,教育科学出版社 2008 年版。
全国人大教科文卫委员会教育研究室编:《中国普及义务教育的实践与经验:全国人大检查〈义务教育法〉实施情况文献汇编》,中国民主法制出版社 1993 年版。
上海市浦东新区社会发展局:《中国教育改革前沿报告:浦东新区教育公共治理结构与服务体系研究》,上海教育出版社 2009 年版。
孙国英、许正中等:《教育财政:制度创新与发展趋势》,社会科学文献出版社 2002 年版。
滕大春:《美国教育史》,人民教育出版社 2001 年版。
田正平、肖朗主编:《世纪之理想:中国近代义务教育研究》,浙江教育出版社 2000 年版。
王景英主编:《农村义务教育整体办学模式与评价》,北京大学出版社 2008 年版。
王蓉:《公共教育解释》,中国财政经济出版社 2009 年版。
王善迈、袁连生:《2001 年中国教育发展报告》,北京师范大学出版社 2002 年版。
席恒:《利益、权力与责任:公共物品供给机制研究》,中国社会科学出版社 2006 年版。
谢维和等:《中国的教育公平与教育发展(1990—2005)——关于教育公平的一种新的理论假设及其初步证明》,教育科学出版社 2008 年版。
谢维和:《教育活动的社会学分析:一种教育社会学的研究》,教育科学出版社 2007 年版。
杨东平:《中国教育公平的理想与现实》,北京大学出版社 2006 年版。
杨东平主编:《中国教育发展报告(2010)》,社会科学文献出版社 2010 年版。
杨莹:《教育机会均等——教育社会学的探究》,台北:师大书苑有限公司 1995 年版。
叶澜等:《基础教育改革与中国教育学理论重建研究》,经济科学出版社 2009 年版。
叶澜主编:《中国基础教育改革发展研究》,中国人民大学出版社 2009 年版。
袁振国、周彬:《中国民办教育政策分析》,中国社会科学出版社 2003 年版。
曾满超主编:《教育政策的经济分析》,人民教育出版社 2000 年版。
翟博:《教育均衡论:中国基础教育均衡发展实证分析》,人民教育出版社 2008 年版。
张钰等编著:《中国义务教育公平推进实证研究》,教育科学出版社 2011 年版。
郑书耀:《准公共物品私人供给研究》,中国财政经济出版社 2008 年版。

钟启泉等编:《解读中国教育》,教育科学出版社 2000 年版。

周洪宇等著:《教育公平论》,人民教育出版社 2010 年版。

朱家存:《教育均衡发展政策研究》,中国社会科学出版社 2003 年版。

转型期中国重大教育政策案例研究课题组:《缩小差距:中国教育政策的重大命题》,人民教育出版社 2005 年版。

（三）中文论文

东城区教育工委、东城区教委:《学区化管理:义务教育均衡发展的新探索》,《前线》2007 年第 3 期。

范先佐、郭清扬:《我国农村中小学布局调整的成效、问题及对策——基于中西部地区 6 省区的调查与分析》,《教育研究》2009 年第 1 期。

范先佐:《教育公平与制度保障——进城务工人员子女接受义务教育的现状分析》,《教育发展研究》2007 年第 12A 期。

方铁铮、林春生:《铜陵:教育均衡从城市推向农村》,《江淮文史》2007 年第 5 期。

郭彩琴:《论马克思恩格斯的教育公平观》,《马克思主义研究》2007 年第 1 期。

郭建如:《国家—社会视角下的农村基础教育发展:教育政治学分析》,《北京大学教育评论》2005 年第 3 期。

郭建如:《我国民办学校发展的背景、特征及发展方式研究》,《清华大学教育研究》2003 年第 5 期。

郭建如:《乡村社会的教育资源配置与民办教育的发展——从“私塾”到“村办学校”再到“民办学校”的社会学考察》,《民办教育研究》2003 年第 5 期。

国家教育督导团:《国家教育督导报告 2005——义务教育均衡发展:公共教育资源配置状况》,《教育发展研究》2006 年第 5A 期。

胡鞍钢、熊义志:《大国兴衰与人力资本变迁》,《教育研究》2003 年第 4 期。

金燕:《安徽省铜陵市推进基础教育均衡发展的实践与探索》,《教育发展研究》2006 年第 5A 期。

句华:《公共服务中的市场机制:理论、方式与技术》,北京大学博士论文,2003 年。

课题组:《关于发达地区基础教育现代化发展水平若干指标的思考》,《教育研究》2001 年第 10 期。

劳凯声:《教育体制改革的公益性诉求》,《理论视野》2008 年第 7 期。

劳凯声:《面临挑战的教育公益性》,《教育研究》2003 年第 2 期。

劳凯声:《世纪之交的中国教育改革走向:教育与市场的关系问题》,《北京大学教育评论》2003 年第 3 期。

劳凯声:《在教育改革中坚守公立学校的公益性》,《中国教育法制评论》2008 年第 6 辑。

李文利、曾满超:《美国基础教育“新”财政》,《教育研究》2002 年第 5 期。

刘复兴:《教育民营化与教育的准市场制度》,《北京师范大学学报:社会科学版》2003 年第 5 期。

刘复兴:《教育券制度的政治学分析——以浙江长兴县的教育券改革为例》,《教育发展研究》2003 年第 9 期。

刘复兴:《转型期我国中小学类型的多样化及其制度安排》,《教育研究》2005 年第 4 期。

刘群:《以资源共享破解均衡难题——北京市东城区促进教育均衡发展纪实》,《人民教育》2006 年第 17 期。

刘泽云:《政府如何为农村义务教育买单?——农村义务教育财政体制改革新论》,《华中师范大学学报(人文社会科学版)》2005 年第 3 期。

唐娟:《政府治理模式研究——以公共物品供给模式多元化为研究视角》,北京大学博士论文,2002 年。

王蓉:《“办人民满意的学校”——一个关于中小学校的民众满意度调查》,《北京大学教育评论》2008 年第 4 期。

王蓉、杨建芳:《中国地方政府教育财政支出行为实证研究》,《北京大学学报:哲学社会科学版》2008 年第 4 期。

王善迈:《关于教育产业化的讨论》,《北京师范大学学报:人文社会科学版》2000 年第 1 期。

王善迈:《教育服务不应产业化》,《求是》2000 年第 1 期。

王善迈:《教育公平的分析框架和评价指标》,《北京师范大学学报:社会科学版》2008 年第 3 期。

魏后凯、杨大利:《地方分权与中国地区教育差异》,《中国社会科学》1997 年第 1 期。

吴华:《关注“周口经验”对中国民办教育长期发展的价值》,《民办教育研究》2007 年第 3 期。

叶平、张传萍:《对教育公平与义务教育均衡发展的思考》,《政策》2007 年第 4 期。

叶汝贤:《每个人的自由发展是一切人的自由发展的条件——〈共产党宣言〉关于未来社会的核心命题》,《中国社会科学》2006 年第 3 期。

袁桂林:《农村义务教育"以县为主"管理体制现状及多元化发展模式初探》,《东北师大学报(哲学社会科学版)》2004 年第 1 期。

袁连生论:《教育的产品属性、学校的市场化运作及教育市场化》,《教育与经济》2003 年第 1 期。

袁连生:《我国政府教育经费投入不足的原因与对策》,《北京师范大学学报(社会科学版)》2009 年第 2 期。

曾满超、丁延庆:《中国义务教育财政面临的挑战与教育转移支付》,《北京大学教育评论》2003 年第 1 期。

曾满超、丁延庆:《中国义务教育资源利用及配置不均衡研究》,《教育与经济》2005 年第 2 期。

中国民办教育发展现状研究课题组:《我国民办基础教育发展的地域性、阶层性与多样性分析》,《民办教育研究》2006 年第 3 期。

(四) 门户网站与报刊文献

褚清源:《周口教育招商的连锁效应》,搜狐教育,http://learning. sohu. com/20060920/n245446836. shtml。

褚清源:《周口现象:民间办学的多元化攻略》,《中国教育报》2007 年 4 月 24 日,第 011 版。

国家统计局门户网站

《河南周口市推进公共财政解决民办学校教师工资》,搜狐教育,http://learning. sohu. com/20080924/n259719515. shtml。

《河南周口为民办教育"铺路架桥"》,《中国教育报》2005 年 2 月 28 日,第 1 版。

教育部门户网站

联合国(中文)网站,http://www. un. org/zh/documents/udhr/#atop.

浦东门户网站

浦东新区教育门户网站

铜陵市政府网站

王友文等:《铜陵:消灭择校后的均衡新路》,《中国教育报》2009 年 3 月 30 日,第 003 版。

王友文、俞路石:《铜陵:一个没有择校的城市》,《中国教育报》2005 年 12 月 23 日,第 001 版。
新华网
《一个无需择校的城市》,《南方周末》2005 年 12 月 1 日,第 A01 版。
尹海涛:《周口教育招商的“鲶鱼效应”》,《河南日报》2006 年 9 月 29 日,第 013 版。
原东城区政府网站
周口市人民政府门户网站

(五) 统计文献

安徽省统计局、国家统计局安徽调查总队编:《安徽统计年鉴 2009》,中国统计出版社 2009 年版。
北京市东城区统计局:《北京市东城区 2009 年国民经济和社会发展统计公报》,2010 年 5 月发布.
财政部预算司:《全国地市县财政统计资料》(历年),中国财政经济出版社。
国家教育委员会计划建设司:《中国教育统计年鉴》(历年),人民教育出版社。
教育部财政司:《中国教育经费统计年鉴》(历年),中国统计出版社。
上海市浦东新区社会发展局:《浦东教育统计手册(2008—2009 学年度)》,2009 年。
上海市统计局编:《上海统计年鉴 2009》,中国统计出版社 2009 年版。
《周口年鉴 2007—2008》,周口市人民政府门户网站。
《周口市 2009 年国民经济和社会发展统计公报》,周口市人民政府门户网站。

二、英文文献

(一) 英文著作

Aldler, M. , *An Alternative Approach to Parental Choice*, National Commission on Education Briefing Paper 13, London: National Commission Education, 1993.
Blackmore, J. , "Breaking out of a Masculinist Politics of Education", in B. Limerick and B. Lingard eds. , *Gender and Changing Education Management*, Rydalmere, NSW: Hodder, 1995.
Buchanan, M. James, *The Demand and Supply of Public Goods*. Indianapolis: Liberty Fund, 1999, Originally published: Chicago: Rand McNally, 1968.
Foldvary, E. Fred, *Public Goods and Private Communities: The Market Provision of Social*

Services. Brookfield, Vt.: E. Elgar Pub., 1994.

Fraser, N., *Justice Interruptus: Critical Reflections on the 'Postsocialist' Condition*, New York: Routledge, 1997.

Glatter, R., Woods, P. and Bagley, C. "Diversity, Differentiation and Hierarchy: School Choice and Parental Preference", in R. Glatter, P. A. Woods and C. Bagley eds., *Choice and Diversiy in Schooling: Perspectives and Prospects*, London: Routledge, 1997.

Grand, J. Le and W. Bartlett eds., *Quasi-markets and Social Policy*, London: Macmillan, 1993.

Hoxby, C. M., ed. *The Economics of School Choice*. Chicago: The University of Chicago Press, 2003.

Levin, H. M., "School Finance", in M. Carnoy ed., *International Encyclopedia of the Economics of Education*, Oxford, UK: Elsevier Science Ltd, 1995, pp. 412—419.

Mitch, D., "School finance", in G. Johnes & J. Johnes eds., *International Handbook on the Economics of Education*, Cheltenham, UK: Edward Elgar Publishing Ltd, 2004, pp. 260—297.

Olson, *The Logic Of Collective Action: Public Goods And The Theory Of Groups*, Cambridge, Mass.: Harvard University Press, 1971.

Ostrom, Vincent and Elinor Ostrom, "Public Goods and Public Choices", in Vincent Ostrom, *The Meaning of American Federalism*, Oakland, Calif.: ICS Press, 1991.

Sammons, P., Hillman, J. and Mortimore, P. *Key Characteristics of Effective Schools: A Review of School Effectiveness Research*, London: *Ofsted* and Institute of Education, University of London, 1995.

Walford, G., "Educational Choice and Equity in Great Britain", in P. W. Cookson ed., *The Choice Controversy: Current Debates and Research*, Newbury Park, CA: Corwin Press, 1992.

(二) 英文论文

Bardach, Eugene, "On Representing the Public Interest", *Ethics*, Vol. 91, No. 3, Special Issue: Symposium on the Theory and Practice of Representation, Apr., 1981, pp. 486—490.

Benditt,M. Theodore, "The Public Interest", *Philosophy and Public Affairs*, Vol. 2, No. 3, Spring, 1973, pp. 291—311.

Boudreau,A. J., "Public Administration and the Public Interest", *The Canadian Journal of Economics and Political Science / Revue canadienne d'Economique et de Science politique*, Vol. 16, No. 3, Aug., 1950, pp. 371—374.

Buchanan,M. James, "An Economic Theory of Clubs", *Economica*, *New Series*, Vol. 32, No. 125, Feb., 1965, pp. 1—14.

Cheng Kai-Ming, "Young Adults in a Changing Socialist Society: Post-Compulsory Education in China", *Comparative Education*, Vol. 30, No. 1, Special Number (16): Edmund King's Contribution to Post-Compulsory Education: An International Review and Appreciation, 1994, pp. 63—73.

Cooper,L. Terry, "Serving the Public Interest", *Public Administration Review*, Vol. 44, No. 6, Nov.-Dec., 1984, pp. 555—556.

Cox,W. J. Roxbee, "The Appeal to the Public Interest", *British Journal of Political Science*, Vol. 3, No. 2, Apr., 1973, pp. 229—241.

Demsetz,Harold, "The Private Production of Public Goods", *Journal of Law and Economics*, Vol. 13, No. 2, Oct., 1970, pp. 293—306.

Douglass,Bruce, "The Common Good and the Public Interest", *Political Theory*, Vol. 8, No. 1 Feb., 1980, pp. 103—117.

Felix,E., "Oppenheim. Self-Interest and Public Interest", *Political Theory*, Vol. 3, No. 3, Aug., 1975, pp. 259—276.

Frank Sorauf,J., "The Public Interest Reconsidered", *The Journal of Politics*, Vol. 19, No. 4, Nov., 1957, pp. 616—639.

Hannum,Emily, "Political Change and the Urban-Rural Gap in Basic Education in China, 1949—1990", *Comparative Education Review*, Vol. 43, No. 2, May, 1999, pp. 193—211.

Hannum,Emily, "Poverty and Basic Education in Rural China: Villages, Households, and Girls' and Boys' Enrollment", *Comparative Education Review*, Vol. 47, No. 2, May, 2003, pp. 141—159.

McCann, W. Michael, "Public Interest Liberalism & the Modern Regulatory State",

Polity, Vol. 21, No. 2, Winter, 1988, pp. 373—400.

Ostrom, Vincent, Charles M. Tiebout and Robert Warren, "The Organazation of Government in Metropotitan Areas: A Theoretical Inquiry", *American Political Science Review*, Vol. 55, No. 4, Dec., 1961, pp. 831—842.

Samuelson, P. A., "Diagrammatic Exposition of a Theory of Public Expenditure", *The Review of Economics and Statistics*, Vol. 37, No. 4, Nov., 1955, pp. 350—356.

Samuelson, P. A., "The Pure Theory of Public Expenditure", *The Review of Economics and Statistics*, Vol. 36, No. 4, Nov., 1954, pp. 387—389.

Tiebout, M. Charles, "A Pure Theory of Local Expenditures", *The Journal of Political Economy*, Vol. 64, No. 5, Oct., 1956, pp. 416—424.

Tsui Kai-yuen, "Economic Reform and Attainment in Basic Education in China", *The China Quarterly*, No. 149, Mar., 1997, pp. 104—127.

附　　录

附录 1　有关教育指标项计算或测度方法的说明

（一）测度教育指标项差异情况（或离散程度）的具体方法①

本书使用的测度一些教育指标项差异情况（或离散程度）的具体方法，包括极差、标准差、极差率、差异系数和教育基尼系数等等。其中极差和标准差主要反映数据离散程度的绝对差异，数值越大，表明绝对差异越大；而极差率、差异系数和教育基尼系数主要反映数据离散程度的相对差异，数值越大，相对差异也越大。

（1）极差是一组数据中最大值与最小值之差，计算公式为：

$$r = y_{\max} - y_{\min}$$

它能反映数据两端的差异情况，但不能反映中间数据的分散程度。

（2）标准差是方差的平方根，而方差是各变量值与其均值之差的平方和的平均数。标准差的计算公式为：

$$S = \sqrt{\frac{\sum_{t-1}^{n}(s_t - \bar{s})^2}{n}}$$

标准差是测度一组数据离散程度最重要也最常用的指标，它能比较全面地反映区域之间的绝对差异。标准差越大，表明大部分数值与其平均值的差异越大，数据越离散；标准差越小，表明大部分数值与其平均值的差异越小，数据越聚集。

---

① 参考文献：贾俊平等编著：《统计学（第二版）》，中国人民大学出版社 2004 年版，第 77 页；翟博：《教育均衡论：中国基础教育均衡发展实证分析》，人民教育出版社 2008 年版，第 154—158 页。

(3) 极差率是一组数据中最大值与最小值之间的比率,计算公式为:

$$I = y_{max} / y_{min}$$

它与极差类似,只反映数据离散程度的极端情况。

(4) 差异系数是一组数据中标准差与其均值的比值,它主要用于比较不同总体或样本数据的离散程度,能很好地反映各地区间的相对差异。差异系数越大,表明数据离散程度越大;差异系数越小,表明数据离散程度越小。

(5) 教育基尼系数是在收入基尼系数的基础上发展而来的,它是反映教育不平等程度的指标。教育基尼系数各取值区间所反映的不平等程度可参考收入基尼系数。根据联合国有关组织规定,若收入基尼系数低于 0.2 表示绝对平均;0.2—0.3 之间表示比较平均;0.3—0.4 之间表示相对合理;0.4—0.5 之间表示收入差距比较大;0.6 以上表示收入差距悬殊。

(二) 城镇义务教育阶段生均教育经费计算方法

在考察历年义务教育阶段生均教育经费"城乡之比"时,由于《中国教育经费统计年鉴》只统计了农村地区小学生均教育经费和全国小学生均教育经费,故"城镇小学生均教育经费"需根据历年《中国教育经费统计年鉴》和《中国教育统计年鉴》计算得出。"城镇初中生均教育经费"亦是如此。

(1) 城镇小学生均教育经费 =(全国小学生均教育经费 × 全国小学在校生数 - 农村小学生均教育经费 × 农村小学在校生数) ÷ 城镇小学在校生数;

(2) 城镇初中生均教育经费 =(全国初中生均教育经费 × 全国初中在校生数 - 农村初中生均教育经费 × 农村初中在校生数) ÷ 城镇初中在校生数。

附录2 相关统计数据与图表

一、中国义务教育基本情况

附表1 义务教育阶段中小学历年学校数、学生数、专任教师数

	学校数(所)		学生数(万人)		专任教师数(万人)	
	小学	普通初中	小学	普通初中	小学	普通初中
1980	919316	87077	14627.00	4538.29	549.94	244.90
1985	832309	75903	13370.20	3964.83	537.68	215.99
1990	766072	71953	12241.38	3868.65	558.18	247.03
1995	668685	67029	13195.15	4657.82	566.41	278.37
2000	553622	62704	13013.25	6167.65	586.03	324.86
2001	491273	65525	12543.47	6431.05	579.77	334.84
2002	456903	64661	12156.71	6604.06	577.89	343.03
2003	425846	63711	11689.74	6618.42	570.28	346.67
2004	394183	63060	11246.23	6475.00	562.89	347.68
2005	366213	61885	10864.07	6171.81	559.25	347.18
2006	341639	60550	10711.53	5937.38	558.76	346.35
2007	320061	59109	10564.00	5720.90	561.26	346.43
2008	300854	57701	10331.51	5574.15	562.19	346.90

资料来源:历年《中国教育统计年鉴》(《中国教育事业统计年鉴》),教育部发展规划司:《中国教育统计年鉴:历年》,北京:人民教育出版社。

附表 2　2008 年义务教育阶段学校、学生、教师基本情况

		学校数（所）	教学点数（个）	班数（个）	在校生数（人）	女生数（人）	专任教师（人）
小学	总计	300854	79088	2783495	103315122	47928148	5621938
	城市	17339	230	377966	18043818	8270192	
	县镇	30474	1339	533159	26022475	11874978	
	农村	253041	77519	1872370	59248829	27782978	
初中	总计	57701	—	1020659	55741542	26398568	3468957
	城市	7851	—	208143	10670632	5015201	
	县镇	18662	—	426604	24428493	11530494	
	农村	31458	—	385912	20642417	9852873	

注:初中学校数包括初级中学和九年一贯制学校。

资料来源:教育部发展规划司:《中国教育统计年鉴 2008》,北京:人民教育出版社 2009 年版。

附表 3　1993—2008 年义务教育阶段生师比

年份	小学	普通初中
1993	22.37	15.65
1994	22.85	16.07
1995	23.30	16.73
1996	23.73	17.18
1997	24.16	17.33
1998	23.98	17.56
1999	23.12	18.17
2000	22.21	19.03
2001	21.64	19.24
2002	21.04	19.25
2003	20.50	19.13
2004	19.98	18.65
2005	19.43	17.80
2006	19.17	17.15
2007	18.82	16.52
2008	18.38	16.07

资料来源:历年《中国教育统计年鉴》。

二、中国义务教育发展的不均衡性:数据统计

附表4 2000—2007年各地区国家财政性教育经费

（单位:万元）

年份 / 地区	2000	2001	2002	2003	2004	2005	2006	2007
合计	**25626055.7**	**30570099.5**	**34914047.5**	**38506236.6**	**44658574.8**	**51610759.3**	**61183645.7**	**80897342.1**
平均	**826646.96**	**986132.24**	**1126259.60**	**1242136.66**	**1440599.19**	**1664863.20**	**1973666.00**	**2609591.68**
北京	1698275.3	2160968.1	2194372.8	2523392.4	2983476.1	3357549.6	4104540.1	5020900.9
天津	430982.1	534954.6	596587.8	691054.9	781629.6	895562.1	1068008.7	1276192.5
河北	1069417.6	1212157.6	1373880.8	1481519.2	1754771.2	2126918.2	2406900.6	3139524.4
山西	547718.0	689074.0	774618.8	849910.2	1012934.1	1289169.0	1541154.8	1953980.0
内蒙古	446033.8	558750.4	641468.4	707598.6	855424.3	997738.2	1188169.1	1639264.1
辽宁	1026656.0	1131081.6	1283469.8	1443058.6	1774299.7	2059684.7	2420799.1	3193350.5
吉林	647520.0	748477.2	856766.1	885322.0	985194.0	1126803.3	1318829.9	1754232.1
黑龙江	835947.2	1003535.6	1096739.7	1227114.3	1370091.6	1508936.6	1764933.7	2322148.0
上海	1436730.3	1533929.5	1740616.5	1925679.2	2285942.5	2750648.1	2951195.8	3693250.5
江苏	1821456.7	1988589.9	2336580.5	2607027.0	3099409.2	3660669.7	4250687.6	5669781.2
浙江	1279741.1	1714621.8	1973232.3	2320312.0	2853665.1	3237876.4	3714427.9	4518396.6
安徽	722775.1	874985.3	1061197.5	1150903.7	1386903.9	1575071.4	1909602.7	2604158.8
福建	842125.0	984196.0	1149599.7	1241810.9	1391027.1	1541166.8	1875555.7	2308837.9
江西	486698.3	613926.4	684152.4	733139.5	831076.3	979639.2	1180180.3	1857367.1

（续表）

年份 地区	2000	2001	2002	2003	2004	2005	2006	2007
山东	1691665.4	1908783.2	2094603.7	2289913.1	2561587.9	2991837.6	3625997.9	4937547.3
河南	1150617.1	1346540.0	1555518.4	1699490.0	1966366.2	2357388.8	2848394.7	4077291.0
湖北	968963.9	1140396.9	1292427.4	1357803.6	1531661.1	1681180.6	1953948.6	2783548.3
湖南	857728.7	997202.3	1151360.5	1221033.7	1409493.8	1669161.8	1941148.5	2773150.2
广东	**2157814.8**	**2566792.4**	**3247693.4**	**3800234.9**	**4217378.9**	**4692174.2**	**5430440.3**	**6811152.3**
广西	630072.9	782554.7	924536.3	959254.5	1060559.5	1208967.3	1549576.9	2062095.0
海南	146294.8	172822.5	195177.6	208048.7	248164.2	314243.8	392227.8	550565.1
重庆	440470.1	540814.5	645003.9	695287.5	826797.5	956460.0	1158392.3	1581935.0
四川	1083405.5	1337988.7	1519277.4	1614052.1	1828023.3	2055506.6	2554401.5	3766372.1
贵州	411336.3	506803.7	660740.2	692410.9	816926.9	1031411.2	1188513.6	1670935.2
云南	827618.1	976141.7	1071094.8	1155358.0	1391479.8	1536867.7	1833305.8	2191861.7
西藏	77127.9	95944.1	134182.8	176969.4	222773.7	288218.8	263422.1	406062.6
陕西	668226.1	864832.2	944163.4	1026279.5	1144359.2	1276078.3	1689852.4	2174736.8
甘肃	425020.8	520918.3	606262.4	652145.8	727916.5	847512.0	1108365.2	1415673.9
青海	110233.5	139900.1	161859.6	168022.9	190741.6	246544.8	331129.4	405547.8
宁夏	115670.5	152583.3	177182.2	182463.6	223603.9	277220.7	327551.3	547977.1
新疆	571712.8	769836.5	769681.3	819625.9	924891.6	1072551.8	1292033.2	1789476.1

数据来源：教育部财务司、国家统计局社会和科技统计司编写的历年《中国教育经费统计年鉴》。

附表 5 2000—2007 年各地区财政预算内教育经费

（单位：万元）

地区＼年份	2000	2001	2002	2003	2004	2005	2006	2007
合计	**20856792.0**	**25823761.9**	**31142383.3**	**34538582.6**	**40278158.0**	**46656939.0**	**55656138.0**	**74644281.9**
平均	**672799.75**	**833024.58**	**1004593.01**	**1114147.83**	**1299295.42**	**1505062.55**	**1795359.29**	**2407880.06**
北京	1534733.7	1973772.7	2017388.5	2319631.6	2679010.7	3102584.8	3830793.0	4718812.7
天津	367188.3	458512.4	531016.7	604289.3	700831.1	811664.3	971812.9	1174306.3
河北	842672.5	1013142.2	1243140.5	1350020.3	1611233.6	1950141.9	2191082.9	2869666.1
山西	435372.0	574416.5	665526.1	743811.3	887726.2	1123124.2	1353767.7	1748247.8
内蒙古	357953.5	466137.2	575370.9	636218.6	779271.5	905043.9	1072909.4	1498153.0
辽宁	858972.9	967952.8	1135498.1	1293260.5	1587349.9	1853963.6	2208307.7	2946940.6
吉林	523482.0	625730.5	757042.8	786851.5	885564.0	1037038.4	1239426.3	1674673.4
黑龙江	583029.3	764916.1	902091.5	992137.5	1136687.0	1288563.6	1530728.9	2060663.0
上海	1223298.8	1306651.7	1528275.5	1690253.6	1992391.3	2351703.3	2561723.0	3304902.7
江苏	1458663.5	1730964.5	2061504.1	2271204.8	2738972.7	3233064.7	3726215.2	5060599.5
浙江	876538.9	1276846.5	1580231.6	1875090.9	2304294.2	2615565.5	3135520.4	3863231.8
安徽	647207.7	805656.7	997076.1	1081197.5	1310319.1	1471848.5	1775835.4	2449205.1
福建	744465.9	889224.7	1041590.5	1164045.4	1296799.6	1442703.1	1742205.6	2144709.7
江西	409413.8	527729.9	635353.0	685835.7	781880.7	922478.9	1116175.8	1776743.1
山东	1310999.7	1523456.0	1831983.8	2015068.2	2237315.5	2648999.4	3130480.9	4363764.8
河南	919366.7	1113695.0	1437318.2	1582775.7	1831162.2	2212157.8	2693940.3	3864736.2

（续表）

年份 地区	2000	2001	2002	2003	2004	2005	2006	2007
湖北	760615.0	906239.7	1162285.4	1237342.2	1392406.7	1534620.5	1795203.3	2599262.8
湖南	651782.1	797038.7	1056543.2	1124481.0	1296561.9	1529979.9	1788846.0	2616791.7
广东	**1821597.7**	**2218268.6**	**2910766.1**	**3485442.4**	**3898843.8**	**4358518.3**	**5055834.8**	**6416442.5**
广西	501999.2	663989.1	824650.0	871282.3	987753.5	1146766.4	1468480.9	1922575.2
海南	107346.7	135157.4	161222.4	173969.3	207015.2	272459.0	332803.7	486130.6
重庆	371844.0	479263.7	593211.8	638962.6	751434.6	885290.6	1071494.4	1506387.5
四川	871506.9	1131403.4	1380815.2	1474876.7	1684852.1	1880914.2	2359134.0	3550768.5
贵州	346372.1	443419.3	601850.0	636651.5	753752.1	933707.0	1109322.7	1565242.9
云南	733995.9	885747.5	987968.2	1081578.6	1315972.3	1449152.2	1739744.7	2088526.8
西藏	**76134.0**	**95738.4**	**133970.8**	173700.1	221771.2	285946.0	**261064.3**	403688.2
陕西	557676.1	758456.1	882321.2	948219.6	1074132.2	1186420.9	1590938.0	2046885.0
甘肃	352952.2	442921.7	538792.9	582180.8	659016.7	785026.4	1024273.4	1342364.3
青海	98973.8	128853.6	155645.5	**162434.6**	**184898.7**	**239082.6**	321999.9	**391398.8**
宁夏	99561.2	137895.7	164007.4	170016.1	207277.8	262882.5	314573.5	525718.9
新疆	411074.9	580563.6	647925.3	685752.4	793659.8	935546.6	1141499.0	1662739.6

数据来源:教育部财务司、国家统计局社会和科技统计司编写的历年《中国教育经费统计年鉴》。

附表 6 2000—2007 年各地区普通初中生均教育经费支出

（单位：元）

地区＼年份	2000	2001	2002	2003	2004	2005	2006	2007
合计	**1210.42**	**1371.18**	**1533.48**	**1667.95**	**1925.43**	**2277.32**	**2668.63**	**3485.09**
北京	4308.68	4920.15	5584.91	6519.63	7763.04	9087.89	12848.64	**16945.83**
天津	2293.86	2535.93	3087.56	3318.95	3727.84	4636.38	5612.81	6769.97
河北	849.60	956.94	1078.26	1143.51	1418.97	1803.09	2216.05	2893.97
山西	1042.67	1220.19	1390.36	1361.47	1463.20	1858.35	2297.27	2946.16
内蒙古	1132.59	1330.87	1667.09	1725.83	2073.16	2572.61	2917.21	3988.32
辽宁	1526.40	1555.20	1767.80	1903.98	2450.60	2971.37	3644.75	4543.25
吉林	1470.25	1666.91	1896.52	1942.12	2198.94	2603.46	3144.46	3941.39
黑龙江	1004.39	1269.26	1366.53	1588.29	1756.02	2329.62	2919.41	3712.19
上海	**4413.52**	**5182.94**	**6106.60**	**7797.70**	**9990.49**	**12255.10**	**13623.58**	15728.94
江苏	1813.60	2047.82	2124.67	2270.58	2562.52	3092.65	3622.77	5079.79
浙江	2359.28	2823.67	3168.61	3955.18	4917.79	5642.21	6097.74	7105.53
安徽	757.09	895.73	1007.06	1046.93	1214.15	1398.99	1733.16	2291.53
福建	1366.23	1499.28	1879.10	1875.14	2068.34	2259.65	2658.01	3541.43
江西	815.91	961.37	1055.99	1103.99	1261.98	1559.26	1851.03	2508.62
山东	1056.07	1210.74	1363.83	1586.47	1910.20	2489.04	3033.80	3993.44
河南	773.76	857.55	879.19	**928.60**	1067.23	**1255.59**	1531.68	2267.64
湖北	1107.91	1202.02	1268.17	1314.44	1496.72	1713.26	1997.36	2713.74

（续表）

年份 地区	2000	2001	2002	2003	2004	2005	2006	2007
湖南	1016.93	1081.15	1222.84	1297.22	1536.10	1941.43	2531.13	3656.44
广东	1889.53	2048.97	2511.99	2885.77	3081.76	3312.50	3490.06	3978.73
广西	857.95	1030.52	1234.47	1244.69	1422.49	1628.42	1868.76	2443.15
海南	1308.49	1532.98	1655.96	1766.36	1951.67	2106.40	2840.45	3202.80
重庆	1077.65	1173.51	1395.23	1529.88	1864.23	2486.30	2448.22	3304.29
四川	954.84	1118.63	1216.11	1279.25	1498.85	1705.71	2039.45	2764.41
贵州	**648.37**	**807.54**	**873.25**	966.95	**1040.07**	1317.04	**1464.12**	**1961.97**
云南	1269.09	1323.69	1416.72	1470.74	1721.51	1946.25	2171.31	2664.73
西藏	2929.67	4242.18	3103.23	4437.14	5041.01	5252.34	4424.05	6802.67
陕西	769.89	930.51	992.19	1038.65	1219.93	1419.96	1768.43	2538.64
甘肃	840.90	995.91	1103.60	1066.71	1278.04	1517.54	1874.89	2374.00
青海	1295.17	1557.19	1766.88	1743.94	1931.53	2447.42	2830.80	3740.50
宁夏	1062.75	1423.01	1637.96	1524.91	1965.79	2230.87	2465.91	3412.97
新疆	1394.20	1740.93	2126.16	2174.75	2189.16	2744.94	3550.84	4393.30

数据来源:教育部财务司、国家统计局社会和科技统计司编写的历年《中国教育经费统计年鉴》。

附表 7 2000—2007 年各地区普通初中生均预算内教育经费支出

（单位：元）

年份 地区	2000	2001	2002	2003	2004	2005	2006	2007
合计	**698.04**	**838.77**	**998.09**	**1096.98**	**1296.13**	**1561.69**	**1962.67**	**2731.27**
北京	2467.93	2897.05	3340.29	3793.11	4746.75	5706.57	8049.15	11411.37
天津	1679.98	1880.12	1983.89	2329.43	2726.10	3605.17	4477.27	5260.14
河北	555.75	657.29	795.83	865.21	1081.27	1404.03	1718.39	2377.30
山西	628.85	818.51	899.20	960.54	1080.64	1398.11	1720.25	2368.21
内蒙古	684.85	888.89	1156.04	1239.20	1532.67	1999.80	2370.55	3195.78
辽宁	934.19	954.42	1144.38	1327.35	1731.35	2165.20	2809.90	3514.59
吉林	748.97	965.86	1119.98	1141.59	1362.94	1681.15	2147.23	2940.24
黑龙江	740.98	975.32	1127.57	1291.71	1499.69	1919.67	2501.42	3289.69
上海	**2861.90**	3438.17	**4349.10**	**5523.96**	**7014.04**	**8934.52**	**10459.78**	**13377.01**
江苏	940.81	1114.68	1192.81	1270.11	1504.35	1849.71	2299.87	3661.02
浙江	1030.25	1402.60	1777.73	2242.44	2832.04	3278.34	3916.27	4931.98
安徽	458.63	578.39	686.00	697.08	809.56	935.33	1229.98	1818.27
福建	814.90	923.73	1098.55	1188.24	1370.61	1512.56	1965.05	2653.21
江西	469.23	584.96	696.05	745.76	883.98	1120.44	1378.95	2105.14
山东	642.47	744.22	922.06	1101.80	1381.30	1815.25	2292.39	3391.69
河南	**425.90**	**517.51**	**608.54**	**649.41**	**773.38**	**932.28**	**1210.74**	1926.00
湖北	555.08	651.92	801.86	828.11	986.95	1151.98	1442.97	2234.79

（续表）

年份 地区	2000	2001	2002	2003	2004	2005	2006	2007
湖南	468.77	557.62	767.03	822.53	1022.89	1361.73	1847.96	2681.66
广东	1012.09	1143.13	1492.08	1776.47	1929.06	2054.45	2403.45	2848.53
广西	496.94	660.03	841.06	859.58	967.15	1127.13	1558.44	2044.88
海南	719.76	893.29	1022.32	993.56	1252.39	1617.40	1866.57	2619.85
重庆	531.40	668.42	794.69	821.22	1007.63	1304.78	1553.68	2208.94
四川	514.94	637.61	737.33	739.44	850.50	947.43	1403.36	2016.29
贵州	450.20	584.90	664.45	715.66	821.72	1039.17	1251.72	**1760.46**
云南	930.71	1044.81	1122.09	1187.69	1349.63	1526.38	1805.22	2235.38
西藏	2838.34	**4109.71**	2958.07	4361.64	4829.82	5190.30	4852.15	6701.42
陕西	515.94	664.97	749.09	769.03	937.77	1102.68	1512.26	2188.59
甘肃	616.22	751.43	862.25	845.68	993.91	1216.92	1645.33	2080.79
青海	1132.32	1354.30	1574.69	1523.66	1685.64	2179.02	2399.39	3023.56
宁夏	774.18	1103.18	1204.03	1143.30	1353.99	1710.20	1945.85	2698.31
新疆	938.42	1234.52	1535.33	1514.17	1530.54	1932.56	2616.28	3310.66

数据来源：教育部财务司、国家统计局社会和科技统计司编写的历年《中国教育经费统计年鉴》。

附表8 2000—2007年各地区普通小学生均教育经费支出

（单位:元）

地区＼年份	2000	2001	2002	2003	2004	2005	2006	2007
合计	**729.36**	**971.47**	**1154.94**	**1295.39**	**1561.42**	**1822.76**	**2121.18**	**2751.43**
北京	2894.93	3683.93	4553.12	5245.24	6411.28	7100.98	7985.58	10684.09
天津	1645.36	2098.74	2465.57	3062.27	3621.47	4294.73	4809.81	5703.36
河北	559.80	678.10	860.22	1014.05	1299.61	1764.47	2076.93	2680.71
山西	701.09	871.92	1025.04	1029.64	1202.85	1564.09	1845.54	2388.74
内蒙古	945.06	1272.04	1573.72	1774.15	2202.34	2441.31	2933.48	3856.75
辽宁	966.51	1114.77	1382.57	1585.24	1982.51	2348.69	2871.62	3618.60
吉林	992.51	1285.48	1547.50	1816.21	2056.18	2495.74	3002.33	4010.04
黑龙江	1079.36	1396.54	1735.18	1789.79	2080.97	2498.20	3068.65	3906.05
上海	**3715.22**	**4875.97**	**5559.40**	**7030.12**	**9038.51**	**9767.45**	**11632.49**	**13591.86**
江苏	1044.43	1256.10	1481.39	1808.89	2300.63	2845.84	3388.36	4726.26
浙江	1577.21	2018.44	2372.95	2866.95	3583.49	3983.28	4347.87	5234.73
安徽	534.70	645.27	803.12	865.35	1081.06	1268.94	1590.81	2054.25
福建	1008.48	1167.38	1443.28	1590.18	1896.36	2252.82	2660.53	3350.85
江西	595.77	769.53	859.76	949.69	1092.00	1293.44	1496.15	1906.76
山东	783.41	1001.45	1130.93	1266.19	1482.35	1791.10	2088.14	2724.59
河南	**447.15**	**536.64**	**621.41**	**677.43**	853.06	**972.74**	**1170.74**	1628.08
湖北	561.60	665.55	774.46	895.91	1131.37	1330.77	1579.77	2265.39

（续表）

年份 地区	2000	2001	2002	2003	2004	2005	2006	2007
湖南	683.63	813.89	992.03	1133.09	1387.39	1634.06	1838.01	2514.09
广东	1331.28	1489.62	1798.88	1928.62	2115.06	2200.07	2406.76	2850.92
广西	611.03	771.49	913.98	970.69	1117.31	1299.01	1555.03	2034.71
海南	754.57	841.83	1034.56	1063.66	1300.34	1491.55	1952.35	2548.96
重庆	698.51	838.16	983.24	1065.40	1350.09	1731.02	1916.69	2612.38
四川	646.70	832.31	953.91	1055.86	1218.38	1392.96	1582.19	2268.54
贵州	**418.23**	545.41	643.04	694.91	**819.24**	1019.89	1197.18	**1574.49**
云南	819.00	968.56	1137.83	1255.41	1510.01	1649.84	1849.99	2215.56
西藏	1254.53	1764.61	2178.54	2577.95	2814.21	3095.76	3342.09	4982.78
陕西	466.19	659.60	749.36	869.60	1038.00	1306.75	1696.71	2416.78
甘肃	554.73	686.82	811.98	865.15	1019.03	1215.78	1498.65	1948.32
青海	877.10	1189.31	1375.27	1430.26	1662.60	2112.37	2696.79	3446.72
宁夏	755.77	950.76	1278.45	1082.28	1285.53	1496.96	1707.17	2465.25
新疆	1010.57	1363.76	1594.33	1741.17	2071.77	2418.05	2881.32	3631.16

数据来源:教育部财务司、国家统计局社会和科技统计司编写的历年《中国教育经费统计年鉴》。

附表 9　2000—2007 年各地区普通小学生均预算内教育经费支出

（单位:元）

年份 地区	2000	2001	2002	2003	2004	2005	2006	2007
合计	**499.69**	**658.44**	**834.07**	**952.44**	**1159.21**	**1361.09**	**1671.41**	**2230.97**
北京	1955.53	2472.26	2977.89	3405.56	4291.84	4810.58	5554.99	7883.81
天津	1259.69	1625.19	1848.89	2385.77	2929.53	3551.41	4219.51	5078.79
河北	389.06	506.19	718.55	864.67	1110.22	1464.52	1747.24	2276.37
山西	448.47	615.72	729.79	801.09	956.36	1277.37	1523.18	2061.51
内蒙古	606.39	849.92	1114.45	1303.41	1634.29	1926.04	2342.33	2988.04
辽宁	584.63	716.90	901.77	1114.88	1455.07	1748.60	2226.39	2854.73
吉林	567.36	778.01	984.82	1193.06	1359.34	1722.24	2125.63	3028.91
黑龙江	858.52	1176.15	1546.45	1609.32	1882.94	2240.48	2818.82	3557.01
上海	**2791.63**	**3634.25**	**4447.95**	**5428.67**	**6732.55**	**7958.33**	**9483.01**	**11605.17**
江苏	622.57	832.71	1019.43	1248.16	1651.09	2069.96	2528.77	3771.05
浙江	793.33	1148.18	1484.50	1826.99	2268.10	2552.59	3010.77	3794.99
安徽	381.25	485.98	636.38	686.41	851.95	1000.75	1276.41	1656.07
福建	699.94	830.05	1009.37	1141.37	1361.71	1600.97	2009.87	2602.28
江西	403.67	555.44	681.59	755.22	872.23	1025.63	1211.81	1687.36
山东	493.47	647.30	833.67	969.14	1163.19	1394.12	1659.93	2399.79
河南	**261.39**	**355.75**	**471.87**	**520.12**	**662.52**	**756.88**	**954.91**	**1403.05**
湖北	294.12	396.90	551.95	652.03	847.11	990.33	1241.26	1924.64

（续表）

年份 地区	2000	2001	2002	2003	2004	2005	2006	2007
湖南	353.05	481.65	722.66	852.52	1087.82	1291.72	1490.93	1911.76
广东	685.23	840.63	1075.19	1226.83	1375.13	1432.67	1734.63	2098.28
广西	416.95	591.12	699.86	788.01	930.41	1069.79	1440.08	1837.72
海南	509.34	620.43	778.75	801.32	1043.09	1356.91	1745.82	2239.92
重庆	373.76	501.70	599.96	620.49	764.15	935.22	1287.66	1783.48
四川	372.37	509.41	623.47	673.47	772.83	878.24	1154.17	1691.91
贵州	334.85	452.51	556.87	590.10	720.99	894.51	1074.92	1475.22
云南	664.43	815.83	968.14	1064.14	1212.51	1282.19	1504.56	1805.23
西藏	1198.04	1678.99	2032.09	2436.12	2728.56	2797.19	2971.34	4779.96
陕西	325.20	483.08	610.61	707.78	858.77	1108.48	1545.55	2138.45
甘肃	440.46	568.17	694.33	756.28	882.67	1029.18	1383.34	1778.27
青海	754.16	1031.03	1266.48	1331.27	1533.21	1970.69	2289.51	2788.06
宁夏	612.43	813.73	1048.26	829.58	963.46	1204.28	1404.71	1979.49
新疆	741.49	1019.65	1188.44	1275.27	1540.28	1755.68	2123.76	2619.39

数据来源：教育部财务司、国家统计局社会和科技统计司编写的历年《中国教育经费统计年鉴》。

附表 10 2000—2007 年各地区初中生均预算内教育经费的标准差和差异系数

年份	平均数	最大值	最小值	极差	标准差	极差率	差异系数
2000	**921.69**	2861.90	425.90	2436.00	**646.13**	6.72	0.701
2001	**1141.99**	**4109.71**	**517.51**	**3592.20**	**834.82**	7.94	0.731
2002	**1291.11**	4349.10	608.54	3740.56	**829.67**	7.15	0.643
2003	**1460.28**	5523.96	649.41	4874.55	**1114.93**	8.51	0.764
2004	**1737.11**	7014.04	773.38	6240.66	**1370.24**	9.07	0.789
2005	**2120.01**	8934.52	932.28	8002.24	**1668.28**	9.58	0.787
2006	**2601.67**	10459.78	1210.74	9249.04	**1972.81**	8.64	0.758
2007	**3512.12**	13377.01	1760.46	11616.55	**2573.16**	7.60	0.733

注:表中涉及的初中生均预算内教育经费原始数据的单位是“元”。

数据来源:根据历年《中国教育经费统计年鉴》计算。

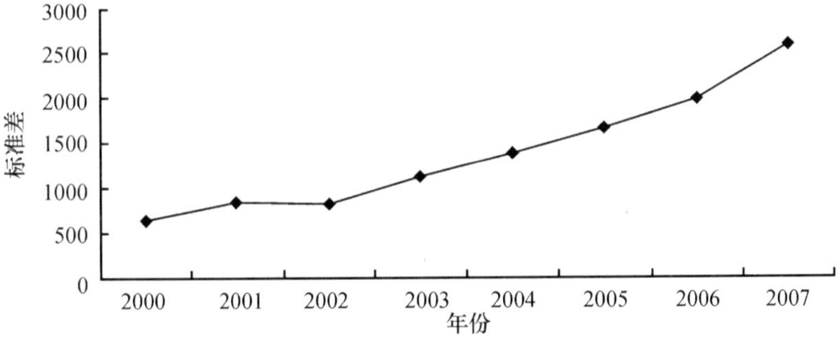

附图 1 各地区初中生均预算内教育经费标准差的时序变化

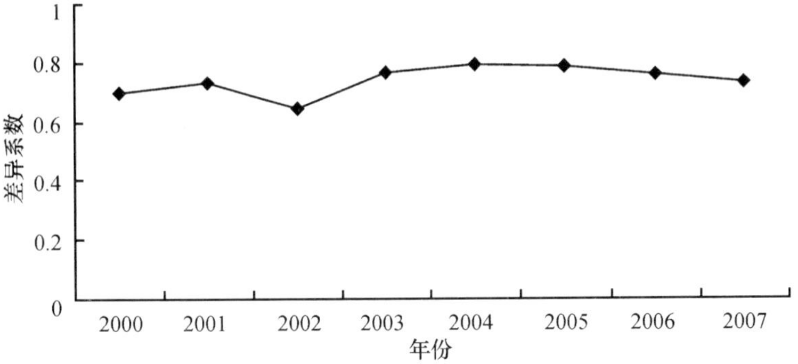

附图 2 地区初中生均预算内教育经费差异系数的时序变化

附表 11　2000—2007 年各地区小学生均预算内教育经费的标准差和差异系数

年份	平均数	最大值	最小值	极差	标准差	极差率	差异系数
2000	**683.64**	2791.63	261.39	2530.24	**512.38**	10.68	**0.749**
2001	**904.35**	3634.25	355.75	3278.50	**662.62**	10.22	**0.733**
2002	**1123.37**	4447.95	471.87	3976.08	**795.94**	9.43	**0.709**
2003	**1285.78**	5428.67	520.12	4908.55	**977.79**	10.44	**0.760**
2004	**1562.71**	6732.55	662.52	6070.03	**1211.34**	10.16	**0.775**
2005	**1841.86**	7958.33	756.88	7201.45	**1399.23**	10.51	**0.760**
2006	**2228.57**	9483.01	954.91	8528.10	**1629.68**	9.93	**0.731**
2007	**2951.64**	11605.17	1403.05	10202.12	**2050.73**	8.27	**0.695**

注:表中涉及的小学生均预算内教育经费原始数据的单位是“元”。

数据来源:根据历年《中国教育经费统计年鉴》计算。

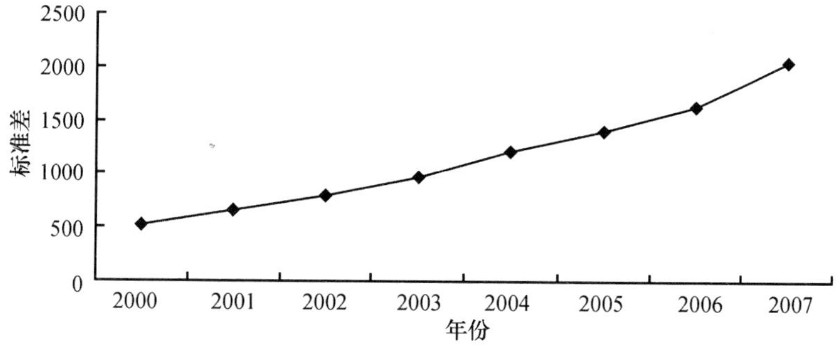

附图 3　各地区小学生均预算内教育经费标准差的时序变化

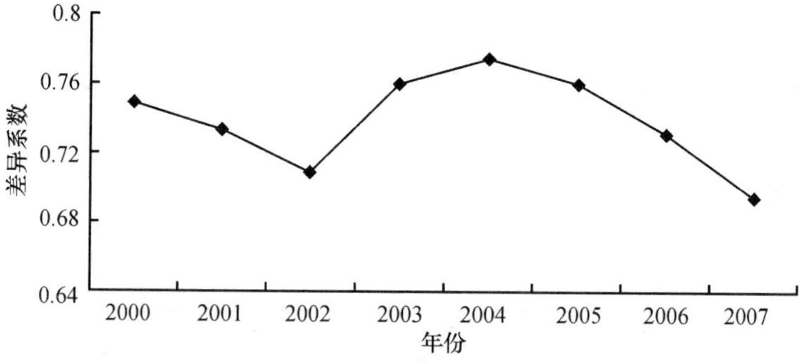

附图 4　各地区小学生均预算内教育经费差异系数的时序变化

三、不同国家和地区私立教育所占比重

附表 12 1988 年不同国家和地区各级私立教育所占的比重①（单位:%）

国家	学前	小学	中学	大学
日本	77	1	14	80
韩国	60	1	41	79
泰国	25	10	11	30
印度尼西亚	25	10	11	30
马来西亚	55	0	6	8
新加坡	72	24	27	0
菲律宾	55	7	37	85
孟加拉国	100	13	90	58
印度	—	25	52	57
尼泊尔	4	5	10	23
斯里兰卡	—	2	3	0
德国	66	2	8	0
冰岛	100	100	70	100
意大利	30	7	6	0
荷兰	70	69	72	55
瑞典	7	5	9	0
英国	—	4	10	47
美国	36	11	8	20

注:“—”代表数据缺失。

① W. P. Cummings, ed,“Private Education in Eastern Asia”, in W. Cummings, P. G. Altbach, ed. *The Challenges of Eastern Asian Education*, New York: State University of New York Press, 1997 P. 138. 全表转移自阎凤桥:《满足多样化教育需求,构建多元化教育提供机制》,载闵维方,王蓉主编:《中国教育与人力资源发展报告:2005—2006》,北京大学出版社 2006 年版,第 92—93 页。

附录3 访谈笔记

农村民办义务教育学校缘何受到青睐

中国义务教育发展状况一直是笔者比较关注的领域，在做本项研究之前，笔者的关注比较宽泛，并没有围绕特定的中心问题。自确立本书选题以来，笔者围绕义务教育供给方式与供给绩效问题作了一些访谈，访谈的对象主要是义务教育阶段公办学校和民办学校的校长与专职教师，也包括一些学生家长。其中校长和教师大都是本人熟知的亲朋好友，跟他们的交流能够了解到许多符合实际情况的信息，学生家长则既有本人熟知的，也有随机遇到的。访谈形式一般都是非结构式面谈和漫谈式的电话交流，这可为获得客观的事实和真实的看法营造良好的交谈环境。笔者在访谈过程中得到的一些启示及引发的相关思考已或多或少地融入到正文当中，现将一篇访谈笔记摘录于此。这种访谈笔记是在交谈之后进行的信息甄选和总结概括。

这篇访谈笔记所涉及的对象是一所位于湘南 YQ 镇的农村民办义务教育学校（简称 HQ 学校），笔记内容源自笔者同 HQ 学校校长和当地一位公办小学校长的多次交流。

当地经济社会背景

YQ 镇靠近广东省北部，是典型的产业转移带。十年前，该镇农村居民以种植水稻为生，2000 年以来，逐步兴起一些小型企业，尤其以爆竹厂居多。爆竹厂的兴旺，带来了建筑、餐饮、运输等相关产业的发展，也吸引了来自中西部地区的务工人员。爆竹厂兴起之前，YQ 镇中青年大都前往广州、深圳一带谋求农业外收入。爆竹厂兴起之后，虽然外出务工人员有所减少，但仍有一些中青年外出务工，留下一批老人和留守儿童，没有外出务工的农村居民大都进入爆竹厂或从事其他非农行业，农业已不是主要的收入来源。交待 YQ 镇的经济发展状况和农村居民的就业取向有助于理解当地村民的教育选择。

当地义务教育发展概况

从当地义务教育发展状况来看,YQ 镇大部分村都有公办村小,生源少的一般是 100 人左右,生源多的村小只有一所,该校位于镇集市(可称为集市村小),有近 1000 人;另有一所面向全镇的中心小学(原来的重点小学,不在镇集市),在校生 1000 人左右。全镇还有一所公办初中和一所民办学校(即 HQ 学校)。公办初中的生源虽然面向全镇,但只有 200 多人,许多小学毕业生没有选择本镇公办初中,而是选择 HQ 学校或其他乡镇学校甚至县市学校就读。

HQ 学校设小学至初中九个年级,目前在校生 1200 多人,其中初中 500 多人,小学 700 人左右,在校生总数超过该镇所有公办学校。HQ 学校的生源并不局限于本镇,其他乡镇甚至广东省也有学生前往就读。为什么该民办学校能受到如此青睐呢?

全托式封闭管理迎合了许多民众的教育需求

一般而言,民办义务教育学校吸引学生和家长的地方主要在于其教育质量或教育特色,家长愿意为更高的教育质量支付额外的教育费用,而且这种额外费用通常非常高。然而,访谈中发现,从小学阶段看,HQ 学校并非当地教育质量最好的学校,人数稍多的中心小学和集市村小在教育质量方面都略优于 HQ 学校,但这种优势并不显著;从初中阶段来看,HQ 学校优于当地镇办公立初中,但稍弱于毗邻镇的一所公办中学和一所民办中学。

从这种校际比较可见,HQ 学校的教育质量处于中等偏上水平,但是,至少从小学来看,它并非当地最好的学校。这意味着,HQ 学校的教育质量对家长而言并没有强烈的吸引力(当然也没有强烈的排斥感),那什么因素促使家长选择 HQ 学校呢?

根据两位校长对 HQ 学校运行方式的描述,笔者与他们达成共识:HQ 学校吸引家长的地方首先在于其独特的全托式封闭管理模式,其次才是其教育质量。

HQ 学校的全托式封闭管理是指,所有学生采取寄宿制,实行封闭式管理,学生每半个月放假回家一次,在校期间(含每半个月中间的那个周末),家长委托学校负责学生的学习、饮食起居、课余活动、生活保健和安全保障等所有事宜,学校为此提供相应服务。全托式封闭管理对家长而言主要有如下几个方面的吸引力:

首先,"封闭式管理"能够确保学生的人身安全,这是家长最为放心的地方。虽然许多家长都看重教育质量,但令他们最担忧的仍然是孩子的人身安全。封闭式管理可以避免学生外出,从而尽量避免学生在校外沾染不良习气,避免其进入网吧。这种管理优势最大限度地缓解了家长的担忧,满足了其安全需求。

其次,也是至关重要的一点,“全托式就学”为家长挣取农业外收入提供了大量时间和机会。上面已提到,YQ 镇有许多爆竹厂,其中许多工作环节适合于女性,而且,对于当地农民来说,在爆竹厂工作可以挣取较好的收入。一位熟练女工在爆竹厂一个月的收入(少则 2000 元,多的可达 3000 元以上)已经远远超过 HQ 学校一个学期的收费(杂费)。若就读于公办学校,家长每天得操劳孩子的饮食起居,而这需要花费大量的时间。对于想要挣取更多农业外收入的家长而言,他们更愿意把孩子送入全托式管理学校,以便可以务工创收。

再者,全托式封闭管理一定程度上解决了留守儿童的就学问题,使部分家长放心地外出务工。由于爆竹厂和农村地区其他行业的工作有旺季和淡季,一些中青年更愿意进城务工,这就出现了留守儿童问题。老年人显然没有足够的精力照顾留守儿童的饮食起居,全托式封闭管理在确保人身安全和提供生活服务等方面都满足了外出务工者的需要。

最后,HQ 学校所提供的优质后勤服务也吸引了学生和家长。该校为 1—4 年级的学生配置生活教师,提供包括饮食起居在内的所有生活服务。5—9 年级的学生则有所不同,学校主张增强学生的自理能力,他们需要自己购买餐卡(正是如此,他们的收费相对较低)。

公办学校的质量优势并不显著

尽管全托式封闭管理对家长具有充分的吸引力,但并不意味着家长不考虑教育质量的因素。实际上,大部分家长对优质教育的需求是非常强烈的,这也是一些家长选择毗邻镇公办学校和民办学校就读的原因。然而,就选择 HQ 学校就读的学生家长而言,他们之所以不选择本地相对好些的公办学校,也不选择毗邻镇的学校,关键原因在于,公办学校在教育质量方面并没有显著的优势。倘若公办学校教育质量显著高于民办学校,人们大都更乐于选择公办学校(况且公办学校免收学杂费)。在各所学校质量相当的情况下,HQ 学校是更优选择。

学生家长能够承担合理的收费

既然全托式封闭管理有如此优势,那是否意味着收费很高呢?

根据 HQ 学校校长提供的数据,学校依照为学生提供的额外服务的多少收取杂费,其中 1—4 年级每学期 1980 元(含住宿、餐饮、生活护理、校服等等),5—9 年级每学期880元(除餐饮以外的所有费用)。相比于当地爆竹厂的收入水平,HQ学校的收费并不算高。这种收费水平能否为民办学校教师提供比公办学校教师更高的工资呢?

情感管理吸引教师并激励其工作积极性

通常的观点都认为,民办学校教师大都参加企业养老保险,其社会保障待遇低,因此,民办学校吸引教师的关键之处在于现期收入。城市的民办学校在某种程度上或许真是如此。然而,就HQ学校而言,它并不是通过高额工资来吸引教师的。相反,HQ学校的教师比当地公办学校教师的工资低。那么,为什么这些教师愿意在民办学校就职呢?他们的积极性何在?

就校长而言,民办学校确实为其提供相对较高的收入,但更重要的原因是,该校长原是公办学校教师,积累了丰富的治校经验,股东信任和欣赏校长,而校长能够在民办学校实现自己的人生抱负和教育理想。

就一般教师而言,他们的工作积极性主要是来自情感方面。HQ学校的普通教师主要有两类:一类是未转为公办教师的民办教师,他们教师热衷于教育事业,但因未"转正",曾一度面临清退问题,而民办学校恰好为他们提供了机会,股东和校长对之采取包容、鼓励和支持态度,这激发了其积极性。另一类是刚毕业的大中专毕业生,就业的困难使得他们珍惜在民办学校的教学机会。

校长的治校经验和两类教师的积极性使得HQ学校能够保持良好的运转,同时在教育质量上也保持一定水平。当然,师资薄弱恰恰也能解释HQ学校的教育质量为何难以鹤立鸡群。

为什么HQ学校不聘请更优秀的师资以提高教育质量呢?这有两个关键原因:其一,聘请优质师资需要高额成本,这必然要求高收费,但高收费既受政府的管制,又很可能会使民办学校流失生源。其二,公办学校的教育质量并没有明显的优势,这并不会对民办学校构成外部压力。在HQ学校的立场上,只要在目前的教育质量上稳中求进,他独特的管理模式就依然可以为其赢得生源。

综观以上,民办学校的全托式封闭管理模式迎合了家长的多元需求,而大体相当的教育质量更坚定了许多家长对民办学校的选择。当然,全托式封闭管理模式不等于高水平教育质量,民办学校的进一步发展不仅需要自身的内在动力,也需要由公办学校教育质量的提高所形成的外部压力。民办学校与公办学校可以互补共进。

后　记

本书是对我的博士学位论文进行深化研究的成果，也是国家社会科学基金重大项目“科学发展观与政府管理改革”（项目编号：04&ZD015）子课题“纯公共物品供给方式及其供给绩效分析：以中国义务教育为例”的研究成果。

本书基本保持了我的博士学位论文的总体研究思路和分析框架，但也作了不小的修改、调整和深化研究，这主要体现在三个方面：一是增补了大量的实证研究资料，尤其在第八章和附录中更是如此。实际上，这些实证研究资料早在为博士论文作准备的过程中就已搜集并整理好，只是考虑到论文的简约明了而有选择地作了舍弃，值此出版之际，特增补这些实证资料，以供研究者参考。二是特别强调了本书的人本关怀，在第二章中增加了有关义务教育性质和目的的讨论。之所以如此，是因为本书把义务教育当作一种公共物品（公共服务）来加以研究，但义务教育有其独特的性质，它首先是一种基础教育，而且是以培养完善的人为最终目的的教育，这要求我们在将义务教育作为分析对象时始终铭记这一人本要求。三是大力深化了理论分析，一方面把原来在经验研究之后进行的理论反思调整至经验研究之前，也就是在第一章对经典理论的观点提出质疑之后，随即从理论层面对经典理论展开了反思。另一方面，本书在第三部分增加了第九章和第十章，对经验研究所引申出来的、与本书的理论建构紧密相关的两个理论问题——(1) 供给方式的不同选择对教育公平的影响，(2) 政府在义务教育供给中的职能转变与治理变革——作了深入探讨。此外,本书还在其他一些细节方面对我的博士论文作了修改和调整。需要说明的一点是,根据出版社注释体例要求,脚注中首次出现的文献都列出了完整信息,再次出现的文献,大都仅列出了作者、文献名和页码。

人生历程总是一段一段的。作为在校生,我的二十二年学生生涯已告一段落,在燕园的四载苦读亦已划上终止符。回忆往昔,最令我珍爱的是作为学生的那种纯净心灵、自由人格、朝气精神和真挚友谊。当然,我希望,在后续人生阶段中,我不仅仅是怀念,而且能够拥有、保持和发展它们。

人生历程又是奇妙多彩的。当年赤脚奔走于山河之间、从未想象过大学模样的我,奇妙地趟过山河,进入了大学校园;在湖南师范大学度过那最为自由快乐的四年大学生活与两年颇为艰辛的硕士生活之后,我于2007年极其庆幸地迈入了北京大学。

很难想象我有多么幸运,才能够师从于王浦劬教授。于我而言,对王老师的敬重,并非仅仅源自其高深的学术造诣,更是源自其独特的人格魅力和博大的人生智慧。王老师对出身寒门的弟子总是关爱有加,而我算是其中受益最深者之一。在北大的四年,王老师所给予的充分信任和全力支持使得我在科研和教学等方面都得到了全面历练,迅速提升了我的科研水平和处事能力,这种高度的信任感和支持度对我所产生的激励作用是前所未有的。在我的博士学位论文方面,王老师倾注了大量心血,不仅在选题和研究思路上提供了关键性和思想性的指导,让我避免走岔道,而且还逐字逐句对全书进行了五六遍的通篇修改。可以说,论文中的许多重要思想都凝聚着王老师的心血和智慧。不仅如此,王老师在指导论文过程中展现出的严谨的治学精神、高度的责任感和优美流畅的语言表达,都令我受益匪浅。在生活和工作方面,王老师和方向勤老师都给予了热忱的关心、耐心的指导和大力的帮助,让我感觉到在北京也并非举目无亲,这种关心和帮助即使在我离开北京来到武汉之后也仍在持续。师恩厚重,妄不敢单单一言以谢之,感激之情,尚留心底,期日后踏实为人、勤恳工作方可不愧厚重师恩。

在北京大学的求学过程中,北京大学政府管理学院的燕继荣教授、王丽萍教授、周志忍教授、徐湘林教授、李成言教授、黄恒学教授、金安平教授、沈明明教授和杨明教授,国家行政学院的许耀桐教授,中国社会科学院政治学研究所的杨海蛟教授,北京师范大学管理学院的杨冠琼教授等人都在博士生培养的相关环节为我提供过各种支持和帮助,为我博士学位论文提供了睿智而富有建设性的指导意见,在此谨对各位老师的指导、支持、关心和帮助表示深切的感谢!

湖南师范大学公共管理学院的王敏老师、李屏南老师、杨小云老师、张润泽老师、吴家庆老师和湖南商学院的胡穗老师等人,在我攻读硕士学位的过程中曾经提供过非常重要的指导和帮助,在我来北大之后一以贯之地关心和支持我的学业,尤其我的硕士生导师王敏老师给予我莫大的信任和支持,我经常可以在他那里寻求到各种帮助,在此对各位老师表示由衷的谢意!

攻读博士学位期间,很荣幸能为燕继荣老师担任助教,在此过程中受到的培养和锻炼令我受益颇深。班主任王丽萍老师一贯的耐心指导和热心帮助也令我受益匪浅。高鹏程师兄总是在我感到困惑的时候提供令人茅塞顿开的见解,金明老师、王清师姐、李风华师兄、吕文栋师兄、胡元梓师兄、邓名奋师兄、祝灵君师兄、龚宏龄师妹亦是不厌其烦地提供各种帮助,在此一并致以诚挚的谢意!北京大学政府管理学院研究生教务办公室的贾俐斌老师、刘佳老师等人为博士生培养的每一个环节辛勤工作,在此深表感谢!

在我就职武汉大学以来,武汉大学政治与公共管理学院的邓大松院长、谭君久教授、申建林教授、虞崇胜教授、张星久教授、丁煌教授、刘俊祥教授、储建国教授、叶娟丽教授、柳新元教授和唐皇凤、陈刚、刘伟等诸位老师都为我提供了非常珍贵的信任、支持和帮助,特此表示衷心感谢!武汉大学人事部博士后管理办公室的蒋瑛主任和袁小明老师为我的博士后研究工作提供了诸多帮助,在此致以诚挚谢意!

清华大学政治学系的景跃进教授、张小劲教授,中国社会科学院的房宁教授,中国社会科学院研究生院的董礼胜教授、崔建明书记,华中科技大学公共管理学院的徐晓林院长、钟书华教授、何流清书记、徐顽强教授和葛平老师，北京市委党校的袁达毅教授和董武教授也曾提供了各种关心和帮助，在此致以由衷的敬意和谢意！

北京大学出版社的倪宇洁女士在本书出版过程中细致耐心地提供了各种帮助，为本书的编辑、润色和出版付出了艰辛的努力，特此致以诚挚谢意！

我和我的同学及好友尹艳红、何隽、任梅、曹胜、胡本良、肖俊奇、宫经理、蒋凯、徐鸣、雷红军、王毅、罗阳、陈晓燕、朱国伟、黄振威、任艳、李翠玲等人时常一起探讨学术、政治和社会生活，从他们身上，我获得了大量的启发和帮助，尤其尹艳红随时都很乐意为我提供力所能及的关心和帮助，在此感谢他们的多元智慧和珍贵友谊。我的老同学李瑞艳运用她专业的统计学知识和精妙的统计学方法为我解答了许多与统计和制图相关的疑问，特此感谢！

华南师范大学的罗春华是我人生中的一位贵人，她在我进入大学以来就一直给予着各种各样的关心和支持，在我攻读硕士学位和进京考博的最为艰难的岁月里，她的帮助为我继续求学提供了便利。对此，我由衷地表示深切感谢！

感谢我的家人、亲戚和父老乡亲，我的学业完全是他们支撑起来的。在此向年迈的父亲深深鞠一躬，也深切怀念操劳一世的已故母亲！

真心感谢至亲姚金艳对我的人生信条、处事方式、学业及事业追求的尊重、理解与全力支持！同时感谢她的家人为培养她所付出的艰辛劳动，感谢她的大家庭对我们的关心和支持。

最后诚挚感谢以各种形式提供过各种帮助的所有亲朋师友，也感谢我自己，感谢自己一贯的坚持和努力！

吕普生

于武汉大学珞珈山

2012 年 8 月